Aktive Arbeitsmarktpolitik in Deutschland und Südkorea im Vergleich

Europäische Hochschulschriften

Publications Universitaires Européennes
European University Studies

Reihe V
Volks- und Betriebswirtschaft

Série V Series V
Sciences économiques, gestion d'entreprise
Economics and Management

Bd./Vol. 3035

PETER LANG
Frankfurt am Main · Berlin · Bern · Bruxelles · New York · Oxford · Wien

Weon Ho Jeong

Aktive Arbeitsmarktpolitik in Deutschland und Südkorea im Vergleich

Implikationen für Südkorea

PETER LANG
Europäischer Verlag der Wissenschaften

Bibliografische Information Der Deutschen Bibliothek
Die Deutsche Bibliothek verzeichnet diese Publikation in der Deutschen Nationalbibliografie; detaillierte bibliografische Daten sind im Internet über <http://dnb.ddb.de> abrufbar.

Zugl.: Bremen, Univ., Diss., 2003

Gedruckt mit freundlicher Unterstützung der
Hans-Böckler-Stiftung

D 46
ISSN 0531-7339
ISBN 3-631-52019-0

www.peterlang.de

Für meine Familie

Vorwort

Mein unmittelbares Motiv für dieses Thema war die beispiellose Zunahme der Arbeitslosigkeit Südkoreas und vor allem die katastrophale Verschlechterung der Lebenslage der Arbeitslosen seit 1998, als ich die Promotion anfing. Dabei hoffte ich, meine Arbeit könne zur Bewältigung der Arbeitslosigkeit Südkoreas einen Beitrag leisten. Nun, da die Arbeit fertig ist, bin ich nicht mehr davon überzeugt, dass sich meine ursprüngliche Hoffnung voll erfüllt hat. Denn meine Arbeit konnte der Vielfalt und der schnellen Veränderung des südkoreanischen Arbeitsmarktes nur begrenzt gerecht werden. Erst wenn ich mich mit diesem Thema weiterhin intensiv auseinandersetze, könnten diese Grenzen ein wenig erweitert werden. Noch einmal hoffe ich, dass diese Arbeit ein Grundstein dazu sein kann.

Für das Erscheinen der vorliegenden Arbeit war die Betreuung durch Herrn Prof. Dr. Holger Heide an der Universität Bremen entscheidend. Wissenschaftlich eröffnete er mir viele neue Sichtweisen und gab mir in unseren Diskussionen und Gesprächen wertvolle Anregungen. Auch persönlich hat er ganz herzlich für mich Sorge getragen und mir damit die Schwierigkeiten meines Lebens im Ausland erleichtert. Ihm gilt deshalb mein besonderer Dank.
Ebenso dankbar bin ich meinem wissenschaftlichen Ansprechpartner in Südkorea, Dr. Byung-Hee Lee am Korea Labor Institute. Er hat mich nicht nur über neue Trends des Arbeitsmarktes und die Diskussionen darüber informiert, sondern mir auch viele südkoreanische Daten und Literatur besorgt.
Außer den beiden haben zahlreiche Deutsche und Koreaner mir geholfen, deren Namen ich hier nicht im Einzelnen nennen kann. Ich möchte mich auch bei ihnen allen herzlich bedanken.
Finanziell wurde ich teils vom Korea Development Institute in Seoul, bei dem ich seit 1990 gearbeitet habe, und teils von der Hans-Böckler-Stiftung (HBS) des Deutschen Gewerkschaftsbundes in Düsseldorf unterstützt. Insbesondere wurde die Publikation der vorliegenden Arbeit erst mit der Unterstützung der HBS ermöglicht. Ich danke den beiden Institutionen.
Dank schulde ich auch zwei deutschen Freunden, Herrn Hanno Phal und Herrn Holger Leweling, die meine Arbeit sprachlich korrigiert haben.
Schließlich liegt mir daran, mich bei meiner Frau und meinen beiden Kindern zu bedanken, die während meiner Arbeit die Schwierigkeiten, die ein Leben im Ausland mit sich bringt, auf sich genommen haben. Ich widme ihnen die vorliegende Arbeit.

Bremen, im Oktober 2003

Inhaltsverzeichnis

Tabellenverzeichnis

Abbildungsverzeichnis

Abkürzungsverzeichnis

ABM: Arbeitsbeschaffungsmaßnahmen
AFG: Arbeitsförderungsgesetz
AFKG: Arbeitsförderungskonsolidierungsgesetz
AFRG: Arbeitsförderungsreformgesetz
ASFG: Arbeits- und Strukturförderungsgesetz
AVAVG: Gesetz über Arbeitsvermittlung und Arbeitslosenversicherung
BA: Bundesanstalt für Arbeit
BAVAV: Bundesanstalt für Arbeitsvermittlung und Arbeitslosenversicherung
BDA: Bundesvereinigung der Deutschen Arbeitgeberverbände
beE: betriebsorganisatorisch eigenständige Einheit
BeitrAB: Beiträge zur Arbeitsmarkt- und Berufsforschung
BIP: Bruttoinlandsprodukt
BMA: Bundesministerium für Arbeit und Sozialordnung
BMF: Bundesministerium der Finanzen
BSM: Beschäftigungssicherungsmaßnahmen
BVG: Beschäftigungsversicherungsgesetz
CDU: Christlich-Demokratische Union
CSU: Christlich-Soziale Union
EPB: Economic Planning Board
FbW: Förderung der Weiterbildung
FDP: Freie Demokratische Partei
FGbBA: Förderungsgesetz für berufliche Bildung des Arbeitnehmers
FKTU: Federation of Korean Trade Unions
FuU: Fortbildung und Umschulung
GGB: Grundgesetz für Beschäftigungspolitik
GGbB: Grundgesetz für berufliche Bildung
IAB: Institut für Arbeitsmarkt- und Berufsforschung
ILO: International Labour Organization
IWF: Internationaler Währungsfonds
KCTU: Korea Confederation of Trade Unions
KDLP: Democratic Labor Party of South Korea
KLI: Korea Labor Institute
KNSO: Korea National Statistical Office
MittAB: Mitteilungen aus der Arbeitsmarkt- und Berufsforschung

OECD: Organization for Economic Cooperation and Development
SAM: Strukturanpassungsmaßnahmen
SGB III: Sozialgesetzbuch III – Arbeitsförderung
SPD: Sozialdemokratische Partei Deutschlands
StWG: Gesetz zur Förderung der Stabilität und des Wachstums der Wirtschaft
SVR: Sachverständigenrat zur Begutachtung der gesamtwirtschaftlichen Entwicklung
TNKs: Transnationale Konzerne
WSI: Wirtschafts- und Sozialwissenschaftliches Institut
WZB: Wissenschaftszentrum Berlin für Sozialforschung

1. Einleitung

1.1. Fragestellung und Gegenstand der Arbeit

Die Wirtschaftskrise Südkoreas, die Ende 1997 im Zuge der ostasiatischen Devisenkrise ausbrach, brachte der südkoreanischen Gesellschaft einen ungeheuren Schock, den die Presse oft als „das größte Ereignis nach dem koreanischen Krieg (1950 ~ 1953)“ oder als „die zweite Schande des Landes“[1] bezeichnete. Wirtschaftlich war die Wachstumsrate des Bruttoinlandsproduktes (BIP) 1998 mit -6,7% am niedrigsten seit den 60er Jahren, und politisch kam die Oppositionspartei bei der Staatspräsidentenwahl vom Ende 1997 zum ersten Mal[2] nach der Regierungsbildung (1948) an die Macht. Auch gesellschaftlich verschlechterte sich die Lebenslage der arbeitenden Massen stark, z.B. durch die Senkung des Einkommens (der Löhne), sie hatte aber auch drastisch sichtbare Folgen, z.B. in einer Erhöhung der Ehescheidungsrate und der Selbstmordraten usw. Während diese gesellschaftlichen Phänomene bei einer Wirtschaftskrise wohl noch im Rahmen dessen liegen, was man als – unter diesen Bedingungen – „normal“ bezeichnen könnte, war es ein beispielloses Phänomen, dass die U-Bahnhöfe (im Winter) bzw. die öffentlichen Parks (im Sommer) mit unzähligen Obdachlosen vollbesetzt waren. Sie stammten aus den Arbeitslosen, deren Zahl nach der Krise kräftig zunahm.[3]

Lag die Arbeitslosenquote Südkoreas in den 90er Jahren (bis 1997) bei ca. 2%, so erreichte sie 1998 mit 6,8% (im Februar 1999 sogar mit 8,7%) ihren geschichtlichen Höhepunkt. Zwar war diese Höhe der Arbeitslosenquote niedriger

[1]) In Korea wird der 29.08.1910, an dem durch den Annexionsvertrag zwischen Korea und Japan die japanische Kolonialherrschaft über Korea begann, als „Schandtag des Landes“ bezeichnet. In Anspielung darauf spielt die „zweite Schande“ darauf an, dass durch den Beistandskredit des Internationalen Währungsfonds (IWF) die wirtschaftspolitische Autonomie der südkoreanischen Regierung erheblich eingeschränkt wurde. Vgl. dazu 3.1.2.3.

[2]) Auch 1960 übernahm die Oppositionspartei die Macht (die zweite Republik), was aber in der unnormalen Situation erfolgte, dass der vorherige diktatorische Präsident durch die Studentenrevolution im April 1960 vertrieben wurde. Aber auch die zweite Republik ist durch den Militärputsch 1961 nach nur einem Jahr zusammengebrochen.

[3]) Generell lassen sich die Folgen von hoher Arbeitslosigkeit wie folgt formulieren, wobei auch Südkorea keine Ausnahme darstellt: „Die Folge von Massenarbeitslosigkeit ist, dass Volkseinkommen und Bruttosozialprodukt gemindert werden, es entstehen Wohlfahrtseinbußen. Zugleich erhöht sie die Ungleichverteilung der Einkommen; sie beeinträchtigt das Arbeitsvermögen und das Humankapital bis zu seiner Entwertung; sie schafft hohe finanzielle, gesamtwirtschaftliche Kosten, hat teure Langzeitwirkungen und stellt zugleich psychosoziale Belastung dar. Sie bedeutet häufig, trotz vorgegebener Freizeitmehrung, Verlust an gesellschaftlicher Teilhabe und Wertschätzung und führt mitunter zu sozialem Abstieg, Artmut und Ausgrenzung aus der Gesellschaft“ (Engelen-Kefer u.a. 1995, S. 143). Vgl. auch Huffschmid (1995, S. 72f.) und Friedrich/Wiedemeyer (1998, S. 43ff.).

als diejenige Westeuropas,[4] aber der Schock der Arbeitslosigkeit war in der Situation eines völlig mangelhaften sozialen Sicherungssystems[5], wie sie in Korea vorlag (und noch heute weitestgehend vorliegt), schwer hinzunehmen. Damit wurde die Arbeitslosigkeit für einige Jahre nach der Krise zum größten sozialen Problem.

Angesichts dieser hohen Arbeitslosigkeit ergriff die neue Regierung verschiedene Bekämpfungsmaßnahmen, so z.B. auch demonstrativ darin zum Ausdruck kommend, dass sie sich selbst als das „Kabinett gegen Arbeitslosigkeit" bezeichnete (vgl. Arbeitsministerium 2003). Zu den getroffenen Maßnahmen gehörte zum einen die Beschaffung von (normalen) Arbeitsplätzen z.B. durch die Ankurbelung des sog. „Venture Capital" bzw. der Informationsindustrie. Aber diese Maßnahmen konnten bei der extremen Stagnation keinen direkten bemerkenswerten Erfolg haben.

Eine weitere Achse der Bekämpfung der Arbeitslosigkeit war die Ausweitung der Arbeitsmarktpolitik. Im Zuge der schnellen wirtschaftlichen Entwicklung seit den 60er Jahren gab es in Südkorea abgesehen von der Arbeitskräftepolitik (Ausbildungspolitik) keine Arbeitsmarktpolitik im eigentlichen Sinne, und erst 1995 trat das Beschäftigungsversicherungsgesetz[6] (BVG) in Kraft, das die gesetzliche Grundlage der Arbeitsmarktpolitik darstellt. Es war zwar ein Glück, dass gerade vor der Entstehung der Massenarbeitslosigkeit ein solches Gesetz erlassen worden war, aber die dadurch eingeleiteten Maßnahmen waren bloß „ein Netz mit vielen Löchern" (Yoon 1999, S. 64), weil die Arbeitsmarktpolitik noch in den Anfängen steckte und insbesondere nicht in der Erwartung einer hohen Arbeitslosigkeit konzipiert wurde (vgl. 4.1.2.1.). So weitete die Regierung durch die Erweiterung des Kreises der Versicherungspflichtigen, die Erhöhung der Leistungen, die Einführung neuer Maßnahmen usw. die Arbeitsmarktpolitik aus.

Im Zuge dessen erhöhte sich nach der Einführungsphase des BVG (Anfang der 90er Jahre) erneut das Interesse an ausländischer Arbeitsmarktpolitik. Zwar ist es in allen Fällen von primärer Bedeutung, der eigenen spezifischen Situation entsprechende Maßnahmen zu entwickeln. Aber es ist auch wichtig, von arbeitsmarktpolitischen Erfahrungen anderer („entwickelterer") Länder zu profi-

---

[4]) Mitte der 90er Jahre überschritt die Arbeitslosenquote der europäischen Union 10% (vgl. OECD 2001).

[5]) Vgl. zur Übersicht über die südkoreanischen Sozialversicherungen Lee (2003).

[6]) Der Begriff „Beschäftigungsversicherung" klingt etwas ungewöhnlich, weil das Wort international nicht häufig benutzt wird. Der Arbeitskreis BVG (1993, S. 50ff.), der das BVG entworfen hat, definiert diesen Begriff als eine neue Form der Arbeitslosenversicherung, in der sich die traditionelle Arbeitslosenversicherung und die aktive Arbeitsmarktpolitik miteinander mischen. Die „Beschäftigungsversicherung" umfasse demnach mehr als das Konzept der Arbeitslosenversicherung. Das Wort stammt aus dem japanischen Beschäftigungsversicherungsgesetz von 1975. Vgl. auch Yoo (1995) und Arbeitsministerium (2001a).

tieren, weil dort im Zuge der langfristigen Durchführung der Arbeitsmarktpolitik verschiedene Maßnahmen gegen verschiedene Situationen entwickelt worden sind. So wurden in diesem Zusammenhang auch einige Untersuchungen ausländischer Arbeitsmarktpolitik durchgeführt (vgl. KLI 1998, Yoo/Hong 1999, u.a.m.).

Allerdings ist dabei zu beachten, dass die arbeitsmarktpolitischen Maßnahmen in entwickelten Ländern kein Allheilmittel sind, das auf alle anderen Länder übertragen werden kann, wie es sich auch gerade bei der Tatsache zeigt, dass sich das allgemeine System bzw. die konkreten Instrumente der Arbeitsmarktpolitik auch in entwickelten Ländern voneinander unterscheiden. Um von ausländischen Erfahrungen zu profitieren, ist es deshalb wichtig, sowohl die Ausgestaltung als auch die Rahmenbedingungen und die Wirkungen ausländischer Arbeitsmarktpolitik mit denjenigen Südkoreas ausführlich zu vergleichen. Trotzdem beschränken sich die bisherigen Untersuchungen ausländischer Arbeitsmarktpolitik in Südkorea nur auf die Darstellung einer Übersicht über ihre Ausgestaltung, so dass der Nutzen solcher Untersuchungen begrenzt ist. Aus diesen Gründen liegt das Interesse dieser Arbeit darin, durch einen vertiefenden Vergleich ausländischer Arbeitsmarktpolitik mit derjenigen Südkoreas nützliche Implikationen für Südkorea herauszufinden. Der Nutzen einer solchen Arbeit ist auch jetzt gegeben, wo die Arbeitslosenquote Südkoreas auf unter 4% sank, weil sich die Volatilität der Wirtschaft Südkoreas nach der Krise erheblich erhöhte und damit die Arbeitslosigkeit jederzeit wieder zunehmen könnte.

In diesem Zusammenhang ist die deutsche Arbeitsmarktpolitik besonders bedeutend. In der Einführungsphase des BVG wurden zwar die arbeitsmarktpolitischen Konzepte vieler Länder untersucht, doch gerade Deutschland und Japan stellen aufgrund des aktiven Charakters ihrer Arbeitsmarktpolitik die wichtigsten Beispiele dar (vgl. Arbeitskreis Beschäftigungsversicherung 1993, Yoo 1995). Folgt man den einschlägigen Untersuchungen, so sind Deutschland und Japan typische Beispiele für die Zusammenführung eines traditionellen Arbeitslosenversicherungssystems und einer neuen aktiven Arbeitsmarktpolitik, auf der der Schwerpunkt der Arbeitsmarktpolitik liegt (vgl. das deutsche Arbeitsförderungsgesetz (AFG)[7] und das japanische BVG).[8] Nach diesen Beispielen wurde

---

[7]) Das deutsche AFG wurde ab 1998 durch das Sozialgesetzbuch III – Arbeitsförderung (SGB III) abgelöst. Vgl. dazu 4.1.1.3.

[8]) Diese aktive Arbeitsmarktpolitik war schon in den 50er Jahren in Schweden eingeführt worden, aber das ganze System der Arbeitsmarktpolitik unterscheidet sich sehr von denjenigen Deutschlands, Japans und Südkoreas. Zunächst sind die Träger der Arbeitslosenversicherung vierzig voneinander getrennte Fonds, und der Eintritt in die Fonds ist nicht verpflichtend, sondern freiwillig. Darüber hinaus ist die Regierung der Träger der aktiven Arbeitsmarktpolitik, und die aktive Arbeitsmarktpolitik wird nicht aus den Beiträgen, sondern aus den Steuern finanziert (vgl. Yoo/Hong 1999). Aus diesem Grund wurde das schwedische Beispiel in der Einführungsphase des BVG Südkoreas nicht besonders berücksichtigt.

auch die südkoreanische Arbeitsmarktpolitik so konzipiert, dass sie die aktive Arbeitsmarktpolitik betont. Insofern nahmen das deutsche AFG und das japanische BVG auf die Entstehung des südkoreanischen BVG, also auf die Gestaltung der südkoreanischen Arbeitsmarktpolitik, einen wichtigen Einfluss. Vor diesem Hintergrund wäre es für die weitere Entwicklung der Arbeitsmarktpolitik Südkoreas sehr sinnvoll, zum Zeitpunkt, wo sich nun auch in Südkorea arbeitsmarktpolitische Erfahrungen einigermaßen anhäufen, die Arbeitsmarktpolitik von Deutschland und Korea vertiefend zu vergleichen.[9]

In dieser Arbeit beschränkt sich aber der Gegenstand des Vergleichs – wie aus der oberen Darstellung bereits vermutet werden konnte – auf die aktive Arbeitsmarktpolitik beider Länder. Arbeitsmarktpolitik lässt sich in passive und aktive Arbeitsmarktpolitik unterteilen, wobei die erstere als die bloße Zahlung von Lohnersatzleistungen an Arbeitslose (z.B. Arbeitslosengeld und -hilfe) und die letztere als auf die Vermeidung oder Verringerung von Arbeitslosigkeit zielende Maßnahmen (z.B. berufliche Bildung, Arbeitsbeschaffungsmaßnahmen (ABM)) definiert sind (vgl. 2.1.2.). Zwar ist passive Arbeitsmarktpolitik für die soziale Sicherung von Arbeitslosen unentbehrlich, aber noch wichtiger ist es selbstverständlich, die Entstehung von Arbeitslosigkeit an sich zu vermeiden oder entstandene Arbeitslosigkeit zu beseitigen. In diesem Sinne wird aktive Arbeitsmarktpolitik als ein Kernmerkmal gegenwärtiger Arbeitsmarktpolitik gekennzeichnet.

Zusammenfassend liegt das Ziel dieser Arbeit darin, durch den Vergleich der aktiven Arbeitsmarktpolitik von Deutschland und Südkorea Implikationen für Südkorea herauszufinden.[10] Bisher gibt es in Südkorea (und auch in Deutschland) keine Vorgängeruntersuchungen mit diesem Ziel.[11] Daher wird diese Arbeit der erste Versuch zu einem solchen Vergleich sein.

---

[9]) Auch der Vergleich mit der japanischen Arbeitsmarktpolitik ist natürlich eine wichtige Aufgabe, soll jedoch nicht Gegenstand dieser Arbeit sein.

[10]) Angesichts einiger sozioökonomischer Veränderungen (anhaltende Massenarbeitslosigkeit, Veränderung der Formen der Arbeit usw.) wird schon seit Jahrzehnten in den entwickelten Ländern die These, dass „der Arbeitsgesellschaft die Arbeit ausgeht“ (Dahrendorf 1982), oder das Thema „das Ende der Arbeit“ (Rifkin 1995) viel diskutiert. Diese Grundsatzfrage nach der „Zukunft der (Erwerbs)Arbeit“ könnte die bestehende Arbeitsmarktpolitik beeinflussen, die auf die Vermehrung der Erwerbsarbeit zielt, wird aber hier nicht untersucht. Vgl. zu diesen Fragen z.B. den Überblicksartikel von Heide (1997b).

[11]) Chung (1995) verglich das allgemeine System der Arbeitsmarktpolitik von Deutschland und Korea auf der gesetzlichen Ebene kurz, liefert aber keine Analyse der tatsächlichen Entwicklung bzw. Wirkungen der Arbeitsmarktpolitik, weil sein Beitrag gerade nach dem Inkrafttreten des koreanischen BVG geschrieben worden ist.

1.2. Vorgehensweise und Aufbau der Arbeit

Bevor mit dem konkreten Vergleich der aktiven Arbeitsmarktpolitik beider Länder begonnen wird, sind zwei Vorarbeiten notwendig:
Erstens soll auf der konzeptionellen Ebene geklärt werden, was aktive Arbeitsmarktpolitik überhaupt ist. Dabei werden ihre Definition, Instrumente, Ziele und Leistungsfähigkeit (Möglichkeiten und Grenzen) untersucht (2.1.). Darüber hinaus werden theoretische Ansätze zur Fundierung bzw. Effektivität aktiver Arbeitsmarktpolitik untersucht (2.2.), um den Gesichtspunkt dazu in dieser Arbeit aufzustellen.
Eine weitere Vorarbeit bezieht sich auf die Arbeitsmarktlage beider Länder, die die Rahmenbedingung der (aktiven) Arbeitsmarktpolitik darstellt. Dabei geht es nicht nur um die quantitativen Größen auf dem Arbeitsmarkt wie z.B. die Beschäftigung und die Arbeitslosigkeit, sondern auch um die qualitativen Charakteristika des Arbeitsmarkts, die von der spezifischen Akkumulationsweise des Kapitals bestimmt werden. Zeigen die quantitativen Größen die Erscheinungen auf dem Arbeitsmarkt, so stellt die Akkumulationsweise die Ursache solcher Erscheinungen dar. Deshalb wird im Kapitel 3 zunächst die Akkumulationsweise der beiden Länder (3.1.) untersucht, danach werden ihre Beschäftigungs- (3.2.) und Arbeitslosigkeitssituationen (3.3.) als Kerngrößen auf dem Arbeitsmarkt untersucht.
Aufgrund dieser Vorarbeiten soll nun die aktive Arbeitsmarktpolitik beider Länder konkret verglichen werden. Der Vergleich wird auf zwei Ebenen angestellt:
Im Kapitel 4 wird zunächst das allgemeine System der Arbeitsmarktpolitik verglichen, das die Funktionsbedingungen der einzelnen Instrumente regelt. Dabei geht es um drei Elemente, die das allgemeine System der Arbeitsmarktpolitik konstituieren. Erstens bestimmt das arbeitsmarktpolitische Konzept bzw. die „Philosophie" der Arbeitsmarktpolitik die allgemeine Richtung der Arbeitsmarktpolitik, nach der Institutionen bzw. konkrete Instrumente geregelt werden (4.1.). Zweitens spiegelt der Träger der Arbeitsmarktpolitik im Prozess der Durchführung arbeitsmarktpolitischer Maßnahmen die Interessen von Subjekten auf dem Arbeitsmarkt wider (4.2.). Drittens bestimmt das Finanzierungssystem den materiellen Spielraum der Arbeitsmarktpolitik (4.3.).
Im Kapitel 5 werde ich mich mit dem Vergleich der einzelnen Instrumente der aktiven Arbeitsmarktpolitik auseinandersetzen. Es gibt zwar sehr viele einzelne Instrumente in beiden Ländern, aber hier beschränken sich die Gegenstände des Vergleichs auf berufliche Weiterbildung (5.1.), Kurzarbeitergeld (5.2.) und ABM (5.3.), weil diese drei Instrumente gemeinsam in beiden Ländern aufgrund der hohen Teilnehmerzahlen und der dafür notwendigen finanziellen Aufwendungen zum Kernbereich der aktiven Arbeitsmarktpolitik gehören.
Bei diesem Vergleich werden – wie erwähnt – sowohl die institutionellen Ausgestaltungen als auch die tatsächlichen Entwicklungen und sogar verschiedene

Reformvorschläge in beiden Ländern untersucht, und daraus werden einige Implikationen für Südkorea abgeleitet. In den Schlussfolgerungen (6.) werden diese Implikationen zusammengefasst.

2. Konzeptionelle Überlegungen zu aktiver Arbeitsmarktpolitik

2.1. Aktive Arbeitsmarktpolitik im Überblick

2.1.1. Definition von Arbeitsmarktpolitik

Es gibt zwar in der einschlägigen deutschen Literatur viele Definitionen von Arbeitsmarktpolitik, aber eine allgemein anerkannte Definition von Arbeitsmarktpolitik gibt es nicht. Daher möchte ich damit beginnen, die zwei am häufigsten zitierten Definitionen kritisch zu überprüfen.
Nach der Definition von Mertens/Kühl (1977, S. 279) ist Arbeitsmarktpolitik „die Summe aller Regelungen, Einrichtungen und Aktivitäten, welche die generellen Beziehungen zwischen Angebot und Nachfrage auf den externen und betriebsinternen Arbeitsmärkten und zwischen ihnen beeinflussen sollen.“
Aber diese Darstellung ist zu umfangreich, weil fast jegliche Politik in irgendwelcher Weise die Beziehungen zwischen Angebot und Nachfrage auf dem Arbeitsmarkt beeinflusst, insofern der Arbeitsmarkt nicht völlig unabhängig von anderen Märkten wie dem Güter- oder Geldmarkt ist. Daher schließen auch die Verfasser selbst Tarifautonomie und -politik sowie Arbeitskampf, die verbands-, unternehmens- und betriebsbezogene, interne Arbeitsmarktpolitik und schließlich die arbeitsmarktpolitische Würdigung der Sozialpolitik und der Lohnpolitik von der Kategorie der Arbeitsmarktpolitik aus, obwohl sie vielfältig in den Arbeitsmarkt eingreifen können.[12] Anschließend räumen sie ein, dass „in diesen Überschneidungsbereichen (...) noch größere Unsicherheit im Hinblick auf die begrifflichen, theoretischen und konzeptionellen Grundlagen der Arbeitsmarktpolitik als im eingegrenzten Themenbereich" (Mertens/Kühl 1977, S. 280) herrscht.
Nach Lampert (1998, S. 179) lässt sich Arbeitsmarktpolitik (für im Prinzip marktwirtschaftliche Ordnungen) normativ definieren als „die Gesamtheit der Maßnahmen, die das Ziel haben, den Arbeitsmarkt als den für die Beschäftigungsmöglichkeiten und für die Beschäftigungsbedingungen der Arbeitnehmer entscheidenden Markt so zu beeinflussen, dass für alle Arbeitsfähigen und Arbeitswilligen eine ununterbrochene, ihren Neigungen und Fähigkeiten entsprechende Beschäftigung zu bestmöglichen Bedingungen, insbesondere in Bezug auf das Arbeitsentgelt und die Arbeitszeit, gesichert wird.“ Ausgehend von dieser generellen Definition unterteilt der Autor Einzelbereiche von Arbeitsmarkt-

[12]) Leider geben sie keinen Grund für die Ausschließung an.

politik in Arbeitsmarktausgleichspolitik, Arbeitsmarktordnungspolitik und Vollbeschäftigungspolitik.[13]
Diese Definition ist zwar konkreter als diejenige von Mertens/Kühl, besitzt aber einen ähnlich übermäßigen Umfang. Dieser umfangreichen Definition nach scheint Arbeitsmarktpolitik die oberste Politikkategorie zu sein. Aber die hier als Einzelbereiche von Arbeitsmarktpolitik aufgenommenen Politikformen, z.B. Lohnpolitik oder Finanzpolitik, haben jeweils ihre eigenen primären Ziele, die anders als die Beeinflussung der Beschäftigung sind, und beeinflussen lediglich indirekt die Beschäftigung auf dem Arbeitsmarkt. Daher ist es m.E. wenig sinnvoll, diese Politikformen als untergeordnete Formen von Arbeitsmarktpolitik zu bestimmen, weil das die Erkenntnis der Eigenart dieser Politikformen behindert. Von dieser Betrachtung her finde ich es besser, die Definition von Arbeitsmarktpolitik enger zu fassen, um die Eigenart von Arbeitsmarktpolitik von anderen Politikbereichen abzugrenzen. Dafür müssen sowohl ihr Ziel als auch der Marktbereich, auf den sich die Politik richtet, konkretisiert werden.
Zuerst gibt es zwar vielfältige Ziele von Arbeitsmarktpolitik, aber das oberste Ziel ist die Erreichung von Vollbeschäftigung bzw. eines hohen Beschäftigungsstandes.[14] Natürlich wird dieses Ziel nicht nur durch Arbeitsmarktpolitik verfolgt. Aber Arbeitsmarktpolitik unterscheidet sich grundsätzlich von den beschäftigungspolitischen Politikbereichen dadurch, dass sie direkt am Arbeitsmarkt ansetzt (vgl. Deeke 1994, S. 57). Von Arbeitsmarktpolitik ist also immer dann die Rede, wenn die Maßnahmen – unabhängig von ihrer allgemeinen Zielsetzung – allein auf den Arbeitsmarkt (besser: die Arbeitsmärkte) und direkt auf seine Angebots- und Nachfrageseite gerichtet sind (vgl. Engelen-Kefer u.a. 1995, S. 64). Betrachtet man diese zwei Punkte, kann Arbeitsmarktpolitik folgendermaßen definiert werden:
Arbeitsmarktpolitik ist die Gesamtheit aller Maßnahmen, die zur Erreichung eines hohen Beschäftigungsstandes direkt und allein auf die Angebots- und Nachfrageseite und die Beziehungen zwischen ihnen auf dem Arbeitsmarkt gerichtet sind.

---

[13]) Die Instrumente bzw. die konkreten Teilpolitiken dieser Einzelbereiche sind folgendermaßen (S. 182ff.):
(1) Arbeitsmarktausgleichspolitik: Arbeitsvermittlung, Arbeitsberatung und Berufsberatung, Mobilitäts- und Ausbildungsförderung, Arbeitsplatzerhaltungs- und Arbeitsplatzbeschaffungspolitik und problemgruppenorientierte Arbeitsmarktpolitik.
(2) Arbeitsmarktordnungspolitik: Tarifautonomie und Lohnpolitik
(3) Vollbeschäftigungspolitik: Finanzpolitik, Geldpolitik, Währungs- und Außenwirtschaftspolitik und Strukturpolitik.

[14]) Alle übrigen Ziele von Arbeitsmarktpolitik sind nur Teilziele bzw. Zwischen- und Unterziele, also Instrumente zur Erreichung des Oberziels (vgl. Mertens/Kühl 1977, S. 281; Meier-Grob 1986, S. 31). Vgl. zu den konkreten Zielen von Arbeitsmarktpolitik 2.1.4.

Die Definition von Arbeitsmarktpolitik lässt sich darüber hinaus durch den Vergleich mit derjenigen von Beschäftigungspolitik verdeutlichen, auch wenn die Unterscheidung der beiden Politikformen nicht von allen akzeptiert wird. Es gibt zwar ebenfalls keine allgemein anerkannte Definition von Beschäftigungspolitik, aber üblicherweise wird mit dem Begriff die Gesamtheit von Maßnahmen staatlicher und anderer Institutionen bezeichnet, „die zum Zweck der Beschäftigungssteigerung am Güter- oder Geldmarkt ansetzen und den Arbeitsmarkt nur indirekt – wenn auch vielleicht viel stärker als die Arbeitsmarktpolitik – beeinflussen“ (Kromphardt 1994, S. 4).
Nach dieser Definition haben Arbeitsmarktpolitik und Beschäftigungspolitik hinsichtlich eines hohen Beschäftigungsstandes eine gemeinsame Zielsetzung. Aber die entscheidenden Unterschiede zwischen beiden liegen nach Lampert (1982, S. 119) im Ansatzpunkt der Instrumente und in der Qualität der eingesetzten Mittel: Die Unterschiede im Ansatzpunkt des Mitteleinsatzes liegen darin, dass Ansatzpunkte von Beschäftigungspolitik wichtige Kreislaufdeterminanten sind bzw. Bestimmungsgrößen der gesamtwirtschaftlichen Nachfrage und des gesamtwirtschaftlichen Angebotes, dagegen diejenigen von Arbeitsmarktpolitik die Akteure der Arbeitsmärkte, vor allem die Anbieter von Arbeitsleistungen. Die Unterschiede in der Qualität der Mittel liegen darin, dass in der Beschäftigungspolitik überwiegend generelle Mittel, vorwiegend der Finanz- und der Geldpolitik eingesetzt werden, in der Arbeitsmarktpolitik dagegen überwiegend spezielle Instrumente des Ausgleichs von Ungleichgewichten auf Teilarbeitsmärkten.[15]
Um es kurz zu sagen, ist Arbeitsmarktpolitik ein Politikbereich, der durch direkt und allein auf den Arbeitsmarkt gerichtete Instrumente das Angebot und die Nachfrage der Arbeitskräfte beeinflusst; Beschäftigungspolitik ist dagegen ein Politikbereich, der durch allgemeine Wirtschaftspolitik indirekt das Angebot und die Nachfrage auf dem Arbeitsmarkt beeinflusst.[16]

2.1.2. Passive und aktive Arbeitsmarktpolitik

Arbeitsmarktpolitik lässt sich in passive und aktive Arbeitsmarktpolitik unterteilen. Der üblichen Unterteilung nach wird passive Arbeitsmarktpolitik als die bloße Zahlung von Lohnersatzleistungen (an Arbeitslose) definiert, während aktive Arbeitsmarktpolitik alle Maßnahmen umfasst, die auf die Vermeidung oder Verringerung von Arbeitslosigkeit zielen (vgl. Schmid 1990a, S. 234; Deeke

[15]) Es ist unverständlich, dass Lampert (1998) die Vollbeschäftigungspolitik als einen Einzelbereich der Arbeitsmarktpolitik positioniert, obwohl er wie oben die Unterschiede zwischen beiden klärt.
[16]) Vgl. zu den weiteren Ausführungen darüber 2.2.2.2.

1994, S. 98; Engelen-Kefer u.a. 1995, S. 64f.).[17] Wenn man diese Unterteilung aufnimmt, gehören z.B. Arbeitslosengeld, -hilfe und Konkursausfallgeld zum Bereich von passiver Arbeitsmarktpolitik und alle anderen Instrumente zu demjenigen aktiver Arbeitsmarktpolitik.[18]

Diese Unterteilung ist jedoch keinesfalls absolut. Denn zum einen haben auch die passiven Leistungen ein aktives Potential, indem sie zumindest dem Anspruch nach dazu beitragen können, dass Arbeitslose materiell abgesichert hinreichend Zeit und Möglichkeiten zur Arbeitssuche haben, sich also dem Arbeitsmarkt verfügbar halten können (vgl. Deeke 1994, S. 98f.). Zum anderen begleiten auch die als aktiv klassifizierten Instrumente manchmal eine Einkommenserhaltung (z.B. Unterhaltsgeld bei beruflicher Weiterbildung).

Außerdem gibt es auch den Fall, dass die Zuordnung eines Instruments zu passiver oder aktiver Arbeitsmarktpolitik nicht deutlich ist. Umstritten ist dabei vor allem das Kurzarbeitergeld, das bei vorübergehendem Arbeits- und Entgeltausfall zur Erhaltung von Arbeitsplätzen gewährt wird. Es kann von einigen Wissenschaftlern als ein passives Instrument angesehen werden, weil es äußerlich nur eine Ersatzleistung zum ausgefallenen Arbeitsentgelt darstellt (vgl. z.B. Klös 1992, S. 87). Gleichwohl gilt es im Allgemeinen als ein aktives Instrument, weil dadurch Entlassungen und damit Arbeitslosigkeit zumindest vorübergehend vermieden werden können. Darüber hinaus hat es ein weitergehendes „aktives Potential“, indem die Ausfallzeiten produktiv z.B. für die Teilnahme an Qualifizierungsmaßnahmen genutzt werden können (vgl. Deeke 1994, S. 144f.).

Trotz dieser begrifflichen Unklarheit ist die Unterteilung von Bedeutung. Passive Maßnahmen haben primär gegenüber bereits eingetretener Arbeitslosigkeit reaktiven, kompensatorischen bzw. therapeutischen Charakter. Dagegen sollte die neue Qualität aktiver Arbeitsmarktpolitik vor allem darin bestehen, die Entwicklung des Arbeitsmarktes durch vorausschauende und präventive Interventionen so zu gestalten, dass die Entstehung von Arbeitslosigkeit möglichst vermieden wird. Der konzeptionelle Kern aktiver Arbeitsmarktpolitik liegt also in ihrem antizipierenden-prophylaktischen Charakter (Seifert 1984, S. 24ff.; Egle/Kühl 1997, S. 207).

Die Bedeutung aktiver Arbeitsmarktpolitik im Vergleich zu passiver Arbeitsmarktpolitik wird in folgendem Zitat deutlich: „Der Anspruch auf Versicherungsleistungen wie Arbeitslosengeld und Arbeitslosenhilfe ist für Arbeitslose eine unverzichtbare soziale Sicherungsleistung. ... Aber jeder zusätzliche Tag in Arbeitslosigkeit verschlechtert tendenziell die Wiederbeschäftigungschancen

---

[17]) Die erste Konzeptionalisierung dieser Unterteilung auf eine international vergleichbare Weise wurde in den 80er Jahren durchgeführt. Bei der Kategorisierung der arbeitsmarktpolitischen Ausgaben der Mitgliedsländer unterscheidet die OECD (1988, S. 85ff.) *„passive“ income maintenance* und *„active“ measures to help the jobless get work.* Vgl. auch OECD (1993, S. 39ff.).

[18]) Vgl. zu den Instrumenten aktiver Arbeitsmarktpolitik den nächsten Abschnitt (2.1.3.).

durch Verlust an Qualifikation und beinhaltet längerfristig das Risiko materieller Verarmung und sozialer Ausgrenzung. Arbeitsmarktpolitisch ist deshalb die aktive Qualifizierung und öffentlich geförderte Beschäftigung von Arbeitslosen der erfolgversprechendere Schutz gegen Langzeitarbeitslosigkeit" (Arbeitskreis AFG-Reform 1994, S. 19). D.h. aktive Arbeitsmarktpolitik fördert „Arbeit statt Arbeitslosigkeit", und erhält bzw. entwickelt dadurch auch Humankapital auf sowohl individueller als auch gesellschaftlicher Ebene.
International wurde aktive Arbeitsmarktpolitik zum ersten Mal Ende der 50er Jahre in Schweden von Rehn und Meidner konzipiert („Rehn-Meidner-Modell"). Danach haben die *Organization for Economic Cooperation and Development* (OECD) und die *International Labour Organization* (ILO) 1964 den Mitgliedsländern die Einführung aktiver Arbeitsmarktpolitik empfohlen,[19] und dadurch wurde der Richtungswechsel zu aktiver Arbeitsmarktpolitik ab Mitte der 60er Jahre, insbesondere nach der ersten Ölkrise von 1973 von allen westlichen Industrieländern vollzogen (vgl. Kühl 1982, S. 252; Schömann 1995, S. 9; Egle/Kühl 1997, S. 207).[20] Demzufolge wird sie als ein Kernmerkmal gegenwärtiger Arbeitsmarktpolitik gekennzeichnet.[21]

2.1.3. Instrumente aktiver Arbeitsmarktpolitik

Es ist unmöglich, alle Instrumente aktiver Arbeitsmarktpolitik in verschiedenen Ländern im Einzelnen zu erfassen, weil sich die Instrumente von Land zu Land unterscheiden und auch in einem Land im Laufe der Zeit verändern. Deshalb müssen sie nach bestimmten Kriterien kategorisiert werden, die allerdings je nach Wissenschaftler sehr unterschiedlich sind. Da sich durch solche unterschiedliche Kriterien die vielseitigen Charakteristika von Instrumenten feststellen lassen, ist es sinnvoll, einige Kategorisierungen vorzustellen, auch wenn die Kategorien einige Wiederholungen einschließen.

---

19) Vgl. OECD Recommendation of the Council Manpower Policy as a Means for the Promotion of Economic Growth (21. Mai 1964), das Übereinkommen Nr. 122 der ILO über die Beschäftigungspolitik (9. Juli 1964). Dabei scheint der Begriff „aktiv" zum ersten Mal verwendet worden zu sein (vgl. Schmid 1982b, S. 165).

20) Auch die Verabschiedung des AFG Deutschlands von 1969 ist in diesen internationalen Trend einzuordnen. Vgl. dazu Kühl (1982).

21) Dies bedeutet jedoch nicht, dass der Anteil der Ausgaben aktiver Arbeitsmarktpolitik in allen Ländern größer ist als derjenige passiver Arbeitsmarktpolitik. Die Wirklichkeit zeigt in den meisten Industrieländern wegen der hohen Arbeitslosigkeit das Gegenteil: Der durchschnittliche Anteil der Ausgaben für die aktive Arbeitsmarktpolitik an den gesamten Ausgaben für die Arbeitsmarktpolitik in den OECD Ländern betrug 1998 nur 37,3% (vgl. OECD 2001, S. 24). Aber aktive Arbeitsmarktpolitik ist in dem Sinne von zentraler Bedeutung, dass sich die politischen Anstrengungen zur Reduzierung der Arbeitslosigkeit auf sie konzentrieren müssen.

Auf der internationalen Ebene teilt die OECD (1988, S. 85ff.) aktive Instrumente in zwei Untergruppen: Die eine Gruppe zielt auf die Verbesserung der *labour market efficiency* ab. Dazu gehören

- employment services: placement, counselling, vocational guidance, mobility supports and administration of labour market programmes,
- labour market training,
- youth measures: special schemes to promote the transition from school to work.

Für die andere Gruppe werden *social objectives* generell wichtiger berücksichtigt. Dazu gehören

- direct job creation and employment subsidies,
- measures for the disabled: vocational rehabilitation, employment subsidies and sheltered work targeted on disabled persons.

Auch in der deutschen Literatur werden verschiedene Kategorisierungen beobachtet. Die eine erfolgt nach den Funktionen der Instrumente, wonach sich die Instrumente grob in drei Kategorien unterschieden (vgl. z.B. Bach 1995, S. 35ff.; Keller 1997a, S. 350ff.):

- Berufs- und Arbeitsberatung und Arbeitsvermittlung,
- Maßnahmen der Qualifizierung: Aus- und Weiterbildung (Fortbildung und Umschulung),
- Maßnahmen zur Erhaltung und Schaffung von Arbeitsplätzen: Kurzarbeitergeld, Arbeitsbeschaffungsmaßnahmen (ABM) und Förderung der ganzjährigen Beschäftigung in der Bauwirtschaft.

Die andere Kategorisierung erfolgt nach dem Kriterium, auf welche Seite des Arbeitsmarkts sich die Instrumente richten (vgl. z.B. Schmid/Blancke 2001, S. 99ff.):

- nachfrageorientierte Instrumente: Mit ihrem Einsatz wird beabsichtigt, Anreiz für die Arbeitgeber zur Einstellung Arbeitsloser, insbesondere der Problemgruppen auf dem Arbeitsmarkt zu schaffen, um die Arbeitslosen vor zunehmender Dequalifizierung zu schützen und in den Arbeitsprozess zu integrieren. Dazu gehören vor allem ABM, Lohnkosten- und Einarbeitungszuschuss und im weiteren Sinne auch Kurzarbeitergeld, die Förderung der ganzjährigen Beschäftigung und Überbrückungsgeld (Hilfe für Existenzgründung).
- angebotsorientierte Instrumente: Sie zielen auf die berufliche und horizontale (räumliche) Mobilität der Arbeitslosen und sollen damit ihre Chancen auf dem Arbeitsmarkt verbessern. Zu den Instrumenten zur beruflichen Mobilität gehören Aus- und Weiterbildung und auch Maßnahmen zur sozialen Betreuung der Problemgruppen. Die räumliche Mobilität der Arbeitslosen wird durch Zuschüsse zu Bewerbungs-, Reise- und Umzugskosten usw. gefördert.

- Infrastrukturmaßnahmen: Sie sollen die angebots- und nachfrageorientierten Programme durch die Schaffung und Unterstützung einer dem Arbeitsmarkt nahen Infrastruktur flankieren. Dazu gehören zum einen die Beratungs- und Vermittlungstätigkeiten sowie die Unterstützung von Selbsthilfegruppen.[22] Zum anderen können hierzu solche Maßnahmen gezählt werden, welche die institutionellen Rahmenbedingungen der Arbeitsmarktpolitik betreffen, wie z.B. die Errichtung und Unterstützung von regionalen Koordinierungsstellen.

Die Instrumente aktiver Arbeitsmarktpolitik lassen sich auch nach der Art der Arbeitslosigkeit klassifizieren (Stein 1995, S. 136ff.):

- konjunkturpolitisch orientierte Instrumente: Sie sind primär auf die Bekämpfung bzw. Vermeidung konjunkturell induzierter Arbeitslosigkeit ausgerichtet und überbrücken damit eine vorübergehende Minderauslastung der Produktionskapazitäten (Überbrückungsfunktion). Das Kurzarbeitergeld ist das typische Instrument dafür.
- arbeitsmarktstrukturpolitisch orientierte Instrumente: Sie zielen mit einer auf die Gestaltung der Arbeitsmarktstruktur ausgerichteten Funktion auf die Verringerung struktureller Arbeitslosigkeit ab. Dazu zählen Mobilitätsförderung und berufliche Bildung.
- personengruppenbezogene Instrumente: Sie wirken einer fortschreitenden Entwertung der Arbeitskraft durch längerfristig andauernde Arbeitslosigkeit und der damit verbundenen sukzessiven Verschlechterung der Lebenslage entgegen. Dazu gehören Aus- und Fortbildung, berufliche Rehabilitation, Lohnkostenzuschüsse, ABM und Vorruhestand.[23]

Schließlich ist zu erwähnen, dass die oben angeführten deutschen Instrumente auf dem AFG/SGB III beruhen, welches die auf der Arbeitslosenversicherung basierte öffentliche Arbeitsmarktpolitik regelt. Diese Instrumente stellen zwar die wesentlichen dar, aber es gibt auch zahlreiche Instrumente, die nicht darin kodifiziert sind. Darunter gibt es zum einen die Instrumente, die in anderen Gesetzen kodifiziert sind, wie z.B. Frühverrentung nach dem Altersteilzeitgesetz und befristete Arbeitsverträge nach dem Beschäftigungsförderungsgesetz. Zum anderen werden verschiedene Sonderprogramme sowohl auf Ebene des Bundes (z.B. Sofortprogramm zum Abbau der Jugendarbeitslosigkeit (JUMP: Jugend mit Perspektive), Aktion Beschäftigungshilfen für Langzeitarbeitslose usw.) als

---

[22]) Walwei (1996, S. 360) sortiert aktive Instrumente in zwei, also nachfrage- und angebotsorientierte, und dabei werden Beratung und Vermittlung zu den angebotsorientierten Instrumenten gezählt.

[23]) Nach Stein (1995, S. 139) ist die Trennschärfe der erwähnten Klassifikation dadurch begrenzt, dass arbeitsmarktstrukturpolitisch orientierte sowie personengruppenbezogene Instrumente auch zur Bewältigung einer konjunkturell induzierten Problemlage funktionalisiert werden können.

auch auf Ebene der Länder und Gemeinden durchgeführt.[24] Dieser Sachverhalt gilt auch für Südkorea, aber ein deutlicher Unterschied zu Deutschland liegt darin, dass ABM als ein Kerninstrument der aktiven Arbeitsmarktpolitik nicht auf dem BVG beruht, sondern ein Sonderprogramm ist (vgl. 5.3.2.).

2.1.4. Ziele von (aktiver) Arbeitsmarktpolitik

Ziele von Arbeitsmarktpolitik leiten sich nicht nur aus den Situationen auf dem Arbeitsmarkt, sondern auch aus den sozialen Grundrechten (z.B. „Recht auf Arbeit" und soziale Sicherung) ab (vgl. Mertens/Kühl 1977, S. 280f.). Daher sind sie vielfältig, aber generell werden die folgenden drei Ziele als die wichtigen Ziele von Arbeitsmarktpolitik angesehen (vgl. Schmid 1990b, S. 83)

(1) beschäftigungspolitisches Ziel

Darunter ist das Hauptziel bzw. das „einzige dominante" (Mertens/Kühl 1977, S. 281) Ziel von Arbeitsmarktpolitik, wie in der Definition erwähnt, die Erreichung von Vollbeschäftigung bzw. eines hohen Beschäftigungsstandes. Dieses Ziel steht demnach in den einschlägigen Artikeln der Gesetze, die die Grundlage der Arbeitsmarktpolitik darstellen, im Vordergrund.[25] Da Vollbeschäftigung bzw. ein hoher Beschäftigungsstand durch die Vermehrung von Beschäftigung und/oder die Vermeidung von Arbeitslosigkeit erreicht wird, wird das beschäftigungspolitische Ziel in diesen zwei Zielen konkretisiert.
Dieses beschäftigungspolitische Ziel stellt zwar im Sinne der Veränderung des Beschäftigungsniveaus das quantitative Ziel von Arbeitsmarktpolitik dar. Jedoch ist der Begriff Vollbeschäftigung bzw. ein hoher Beschäftigungsstand an sich

---

[24]) Außerdem werden diese Programme seit 1995 auch durch ein Programm ergänzt, das aus Mitteln des Europäischen Sozialfonds (ESF) finanziert wird. Dieses Programm ist in Richtlinien des Bundesministeriums für Arbeit (BMA) ausformuliert und in Durchführungsanweisungen der BA konkretisiert, so dass es als ESF-BA-Programm bzw. AFG-Plus bezeichnet wird (vgl. Deeke 1999, S. 2).

[25]) In §1 Abs. 1 des SGB III [Ziele der Arbeitsförderung] steht: „Die Leistungen der Arbeitsförderung sollen dazu beitragen, dass *ein hoher Beschäftigungsstand* (Hervorhebung d. Verf.) erreicht und die Beschäftigungsstruktur ständig verbessert wird. Sie sind insbesondere darauf auszurichten, das Entstehen von Arbeitslosigkeit zu vermeiden oder die Dauer der Arbeitslosigkeit zu verkürzen".
Auch in §1 BVG [Ziele] steht: „Dieses Gesetz zielt darauf ab, dadurch zur wirtschaftlichen und gesellschaftlichen Entwicklung beizutragen, durch die Durchführung der Beschäftigungsversicherung *Arbeitslosigkeit zu vermeiden, Beschäftigung zu fördern* (Hervorhebung d. Verf.), berufliche Fähigkeiten der Arbeitnehmer zu erhöhen, Berufsberatung und -vermittlung der Regierung zu verstärken und mit dem Arbeitslosengeld das Leben der Arbeitslosen zu sichern und ihre Arbeitssuche zu fördern".

keineswegs zu quantifizieren, weil es kein absolutes Kriterium von „voll" bzw. „hoch" gibt.[26] Darüber hinaus erfasst die registrierte bzw. offizielle Arbeitslosenquote an sich, die üblicherweise als der wichtigste Beschäftigungsindikator verwendet wird, den tatsächlichen Beschäftigungsstand nicht genau, weil sie stille Reserve, Teilnehmer an arbeitsmarktpolitischen Maßnahmen und unterwertige Beschäftigung nicht zeigt. Daher besteht die Möglichkeit des Streits um den Zielerreichungsgrad.

(2) strukturpolitisches Ziel

Wirtschaftliche Entwicklung ist immer vom sektoralen, qualifikatorischen und regionalen Strukturwandel begleitet. Da der Strukturwandel zu erheblichen Anpassungsfriktionen auf dem Arbeitsmarkt führt, ereignet sich die Verbiegung der Beschäftigungsstruktur wie sektorale und regionale Ungleichgewichte und unterwertige Beschäftigung[27] usw. unvermeidlich im Zuge des Strukturwandels. Daraus leitet sich das strukturpolitische Ziel von Arbeitsmarktpolitik ab, dass sie die Beschäftigungsstruktur verbessern soll.[28]
Im Gegensatz zum beschäftigungspolitischen Ziel stellt das strukturpolitische Ziel das qualitative Ziel von Arbeitsmarktpolitik dar. Aber auch die Kriterien, mit denen der Erreichungsgrad des qualitativen Ziels gemessen werden kann, sind unklar. Insbesondere gibt es kaum Möglichkeiten, die Bedingungen und Auswirkungen unterwertiger Beschäftigung festzustellen und zu prognostizieren (vgl. BA 1974, S. 19). Aus diesem Grund steht das strukturpolitische Ziel oft bei der tatsächlichen politischen Rangordnung hinten an.[29]

(3) sozialpolitisches Ziel

Soziale Sicherung von Schwachen ist eine der wichtigsten Pflichten von gegenwärtigen Staaten, egal ob sie stark sozialstaatsorientiert sind oder nicht. Daraus leitet sich das sozialpolitische Ziel von Arbeitsmarktpolitik ab, dass sie Schwache auf dem Arbeitsmarkt schützen soll.

---

26) Der Bundesminister für Arbeit und Sozialordnung hat 1974 eine Arbeitslosenquote zwischen 0,7 und 1,2 v.H. als Vollbeschäftigung definiert (Der Bundesminister für Arbeit und Sozialordnung (1974): Perspektiven der Arbeitsmarktpolitik, Bonn, S. 9; zitiert nach Schmid/Wiebe 1999, S. 358). Aber der Versuch scheint nur ein Ausdruck politischen Willens zu sein.

27) Vgl. zu den Kriterien unterwertiger Beschäftigung BA (1974, S. 18ff.).

28) Vgl. Fn. 25). Diesbezüglich schreibt auch §1 Abs. 2 des SGB III wie folgt vor: „Die Leistungen der Arbeitsförderung sollen insbesondere
...
4. unterwertiger Beschäftigung entgegenwirken und
5. zu einer Weiterentwicklung der regionalen Beschäftigungs- und Infrastruktur beitragen".

29) Im BVG ist dieses Ziel als sein Ziel nicht einmal genannt. Vgl. Fn. 25).

Soziale Sicherung von Arbeitslosen wird in erster Linie durch die Einkommensersatzleistungen (Arbeitslosengeld bzw. -hilfe für Arbeitslose, Unterhaltsgeld für Teilnehmer/innen an einer arbeitsmarktpolitischen Maßnahme) durchgeführt. Aber im Hinblick auf das sozialpolitische Ziel ist es von besonderer Bedeutung, die Beschäftigung von benachteiligten Personengruppen wie Behinderte, Frauen, Jugendliche, Ältere usw. zu fördern. Diese Personengruppen sind einem besonderen Risiko des Zugangs und des Verbleibs in der Arbeitslosigkeit ausgesetzt. Daher ist es unter dem Gesichtspunkt der sozialen Gerechtigkeit unentbehrlich, durch die Sicherung der Chancengleichheit die Integration dieser Gruppen in das Berufs- und Arbeitsleben anzustreben.[30]

Überdies werden auch andere weitere Ziele oft hinzugefügt,[31] aber diese weiteren Ziele haben keinen ähnlichen Rang wie diese drei Ziele, sondern sind nur Nebenziele oder begleitende Auswirkungen bzw. Funktionen von Arbeitsmarktpolitik.
Diese arbeitsmarktpolitischen Ziele sind zwar auf der analytischen Ebene getrennt zu betrachten, aber in Wirklichkeit bestehen sie nicht unabhängig voneinander. Sie haben einander ergänzende, aber gleichzeitig auch konfliktäre Aspekte. Beispielsweise kann eine großzügige Einkommensunterstützung für Arbeitslose und TeilnehmerInnen an arbeitsmarktpolitischen Maßnahmen die Möglichkeit gewähren, aus ihrer Sicht stabilere Stelle zu suchen, und dadurch zur künftigen Beschäftigungsstabilität beitragen. In diesem Fall stehen sozialpolitisches und beschäftigungspolitisches Ziel in einer harmonischen Beziehung.
Aber die Einkommensunterstützung kann andererseits auch einen negativen Anreizeffekt hervorrufen, und die Eingliederungserfolge steigen, je weniger sich die Arbeitsämter bei der Auswahl der Teilnehmer auf die benachteiligten Personengruppen konzentrieren (vgl. Hagen/Steiner 2000, S. 21ff.). In diesem Fall geraten sozialpolitisches und beschäftigungspolitisches Ziel in Konflikt. Darüber hinaus kann eine übermäßige Verfolgung des beschäftigungspolitischen Ziels das strukturpolitische Ziel beeinträchtigen, weil für mehr Beschäftigung sogar unterwertige Beschäftigungen gefördert werden können.
Um diese Zielkonflikte zu vermeiden bzw. zu minimieren, ist eine Zielgewichtung erforderlich. Aber eine Zielgewichtung an sich kann nur über das politische Interesse erfolgen, und daher ist die politische Orientierung einer der grundle-

---

30) In diesem Sinne nennt Schmid (1982a, S. 8) dieses Ziel getrennt vom sozialpolitischen Ziel als „integratives Ziel“. Aber es sollte ins sozialpolitische Ziel integriert werden, wie er selber es später gemacht hat (Schmid 1990b, S. 83), weil genau die soziale Integration zur Essenz der Sozialpolitik gehört.

31) Z.B. allokationspolitisches (Schmid 1982a, S. 8; Stein 1995, S. 48ff.), verteilungspolitisches (Schmid 1982a, S. 8), gesellschaftspolitisches (Schmid 1982a, S. 9) Ziel und konjunkturpolitische und vermögenspolitische Nebenwirkungen (Stein 1995, S. 53ff.) usw.

genden Faktoren, die über Erfolg und Misserfolg von Arbeitsmarktpolitik entscheiden.
Schließlich ist die Beziehung zwischen Zielen und Instrumenten von Arbeitsmarktpolitik zu erwähnen. Ein bestimmtes Ziel kann zwar auch mit einem einzigen Instrument einigermaßen erreicht werden, aber der Effekt wird durch die Zusammenarbeit von verschiedenen einschlägigen Instrumenten maximiert, weil sich die Betroffenen in unterschiedlichen Situationen befinden. Auf der anderen Seite haben Instrumente von Arbeitsmarktpolitik in der Regel zwar ihre eigenen zielfunktionalen Schwerpunkte, die Auswirkungen betreffen aber meistens mehr oder weniger das ganze Zielspektrum (vgl. Schmid 1982a, S. 9). Dies bedeutet, dass sich Ziele und Instrumente nicht immer eins zu eins entsprechen.[32] Daher ist es nicht weniger wichtig als eine angemessene Zielgewichtung, alle Auswirkungen von verschiedenen Instrumenten organisch und synthetisch zu berücksichtigen und aufgrund dessen die Programme fein auszugestalten.

2.1.5. Leistungsfähigkeit aktiver Arbeitsmarktpolitik

Obwohl aktive Arbeitsmarktpolitik auf einen hohen Beschäftigungsstand zielt, hält die Massenarbeitslosigkeit seit Jahrzehnten in den meisten Industrieländern an und nimmt sogar zu. Von daher stellt sich die Frage, in welchem Maße aktive Arbeitsmarktpolitik tatsächlich zur Reduzierung der Arbeitslosigkeit beitragen kann. Zwar streiten sich unterschiedliche theoretischen Positionen um diese Frage (vgl. 2.2.), aber unabhängig davon ist zunächst darauf zu verweisen, dass aktive Arbeitsmarktpolitik konzeptbedingt in ihrer beschäftigungspolitischen Leistungsfähigkeit begrenzt ist.
Die strukturellen Grenzen aktiver Arbeitsmarktpolitik entstehen aus der Tatsache, dass die meisten Instrumente überwiegend die Angebotsseite von Arbeitskräften beeinflussen (vgl. Lampert 1982; Lampert 1989, S. 180ff.; Keller 1997a, S. 379ff.). Z. B. erhöht Beratung und Vermittlung die Transparenz auf dem Arbeitsmarkt, behebt Berufsbildung durch die Verbesserung der Qualifikationen von Arbeitnehmern das qualifikatorische Mismatch, und Eingliederungszuschüsse verbilligen den Preis von Arbeitskräften. Es ist klar, dass diese Effekte durch die Verbesserung der Angebotsbedingungen von Arbeitskräften die Attraktivität für die Nachfrager erhöhen und dadurch der Vergrößerung von Einstellungen helfen.
Aber die Rolle dieser Instrumente beschränkt sich auf eine Hilfsfunktion und geht nicht weiter. Dies bedeutet, dass die Instrumente allein nicht in der Lage sind, zusätzliche reguläre und dauerhafte Arbeitsplätze zu schaffen und dadurch

32) Das ist der Grund dafür, dass in diesem Abschnitt die Ziele aktiver und passiver Arbeitsmarktpolitik nicht getrennt betrachtet werden.

die Nachfrage nach Arbeitskräften zu erhöhen. Zwar beeinflussen ABM durch zusätzliche Beschaffung von Arbeitsplätzen die Nachfrageseite des Arbeitsmarkts, aber die dadurch geschaffenen Arbeitsplätze sind nicht nur nicht regulär (sog. „zweiter" Arbeitsmarkt), sondern auch vorläufig.[33] So wird die Nachfrage nach Arbeitskräften wesentlich nicht direkt auf dem Arbeitsmarkt entschieden, sondern aus der Endnachfrage nach Gütern und Leistungen auf dem Gütermarkt abgeleitet. Da aktive Arbeitsmarktpolitik aber nur am Arbeitsmarkt ansetzt, hat sie keine Möglichkeit, die Nachfrage auf dem Gütermarkt und demzufolge die Nachfrage nach Arbeitskräften zu beeinflussen.[34]
Deshalb kann aktive Arbeitsmarktpolitik für die strukturelle Arbeitslosigkeit, die aus dem Mismatch zwischen der Nachfrage und dem Angebot auf dem Arbeitsmarkt entsteht, effektiv sein. Aber ihre Fähigkeit, Arbeitslosigkeit zu reduzieren und Beschäftigung zu vermehren, begrenzt sich unvermeidlich, wenn die Arbeitslosigkeit nicht durch Mismatch, sondern durch eine gesamtwirtschaftliche Nachfragelücke begründet ist (vgl. Schettkat 1996, S.28).[35]
Für die erfolgreiche Bekämpfung von Arbeitslosigkeit müssen daher neben aktiver Arbeitsmarktpolitik auch andere politischen Maßnahmen durchgeführt werden. Z.B. bedarf es zum einen einer konsequenten Beschäftigungspolitik, die die gesamtwirtschaftliche Nachfrage und dadurch die Nachfrage nach Arbeitskräften beeinflusst. Zum anderen ist eine solidarische Umverteilung von Arbeit durch die raschere Verkürzung der Wochen- und Lebensarbeitszeit erforderlich, was direkt das Angebot an Arbeitskräften reduziert. Natürlich können und müssen sie je nach sozialen und wirtschaftlichen Rahmenbedingungen und vor allem dem Charakter der Arbeitslosigkeit unterschiedlichen Anteil haben. Wenn dieses Zusammenspiel entfällt, ist die Arbeitsmarktpolitik allein für die Bekämpfung der Arbeitslosigkeit überfordert (vgl. Kühl 1986, S. 30).

---

[33]) Auch das endgültige Ziel von ABM liegt nicht in der Beschaffung dieser „nicht regulären" und „vorläufigen" Arbeitsplätze, sondern darin, „durch Arbeit gegen Entgelt die zugewiesenen Arbeitnehmer beruflich zu stabilisieren und zu qualifizieren und dadurch deren berufliche Eingliederungschancen zu verbessern" (BA 1999, S. 31).

[34]) Mit der Implementierung aktiver Arbeitsmarktpolitik entsteht zwar zusätzliche Beschäftigung bei Trägern und durch den Multiplikatoreneffekt der Ausgaben. Aber diese zusätzlichen Effekte sind keine wesentlichen Beschäftigungseffekte aktiver Arbeitsmarktpolitik.

[35]) Diese Grenzen können auch von der sog. „Reform der Arbeitsmarktpolitik" nicht beseitigt werden. „Selbst wenn alle unterbreiteten Vorschläge realisiert würden, wären Reichweite und Leistungsfähigkeit der Instrumente ... nach wie vor begrenzt" (Keller 1997a, S. 380).

2.2. Theoretische Ansätze zur Fundierung bzw. Effektivität aktiver Arbeitsmarktpolitik

Es gibt zwar sehr viele Positionen darüber, wie sich aktive Arbeitsmarktpolitik theoretisch fundieren lässt bzw. in welchem Maße sie wirksam ist, aber die Grundpositionen lassen sich in zwei Gruppen unterteilen: Die eine Gruppe ist davon überzeugt, dass Beschäftigungs- und Arbeitsmarktprobleme grundsätzlich über den Marktmechanismus („Selbstheilungskräfte des Markts") zu lösen sind. Aktive Arbeitsmarktpolitik ist danach für die Reduzierung der Arbeitslosigkeit wirkungslos, so dass ihr Einsatz reduziert werden muss. Die andere geht davon aus, dass Beschäftigungs- und Arbeitsmarktprobleme aus Besonderheiten des Beschäftigungssystems folgen und deswegen politische Intervention zur Lösung erfordern.[36] Wie bei anderen zahlreichen Streitpunkten in der Wirtschaftswissenschaft stehen sich auch bei diesem Punkt die neoklassische und die keynesianische Arbeitsmarkttheorie gegenüber.

Natürlich könnte diese Unterscheidung zu einfach sein, weil es im jeweiligen theoretischen Lager verschiedene weiterentwickelte Arbeitsmarkttheorien gibt und diese selbst jeweils ihre eigenartigen arbeitsmarktpolitischen Implikationen enthalten.[37] Aber sie teilen im Grunde die Grundansätze des jeweiligen Lagers, obwohl sie auf eigene Weise ein bestimmtes Charakteristikum des Arbeitsmarkts behandeln. Deshalb wird hier nicht auf alle vorliegenden Arbeitsmarkttheorien, sondern nur auf die ihnen zugrunde liegenden Grundansätze eingegangen.

---

36) Nach Egle/Kühl (1997, S. 209) wird die erste durch konservativ-liberale Regierungen, weite Teile der Wirtschaft, Arbeitgeberverbände, Mittelstand und organisierte Interessenvertretungen vertreten, und die zweite durch sozialdemokratische Regierungen, Gewerkschaften, Bundesländer, Kirchen und gesellschaftliche Bewegungen. In diesem Kontext bezeichnen Heinelt/Weck (1998, S. 102) die erste als „'liberale' advocacy coalition" und die zweite als „'sozialdemokratische' advocacy coaltion".

37) Zum neoklassischen Lager zählen z.B. Humankapitaltheorie, Suchtheorie, Kontrakttheorie, Effizienzlohntheorie und Insider-Outsider Theorie und zum keynesianischen Lager zählen verschiedene postkeynesianische Strömungen wie z.B. *New Keynesian Economics*. Darüber hinaus gibt es auch Theorien bzw. Ansätze, die zu niemandem von beiden zählen, z.B. Segmentationstheorie und institutionalistische Ansätze. Vgl. zu den verschiedenen Arbeitsmarkttheorien Abrahamsen/Kaplanek/Schips (1986), Schettkat (1993), Keller (1997a), Sesselmeier/Blauermel (1997), Kromphardt (1998) und Richter (1999) usw.

2.2.1. Neoklassischer Ansatz

2.2.1.1. Neoklassisches Basismodell

Das zentrale Theorieelement des neoklassischen Paradigmas[38] stellt die Theorie des allgemeinen Gleichgewichts dar, die als umfassender Ansatz zur Verhaltensbeschreibung des gesamten ökonomischen Systems konzipiert ist. Die entscheidende strategische Variable, die jeden einzelnen Markt in eine Gleichgewichtslage bringt, ist der jeweilige markträumende Gleichgewichtspreis.

In diesem Denkgebäude wird der Arbeitsmarkt als ein Markt wie jeder andere betrachtet, und für den Faktor Arbeit gelten damit dieselben Gesetzmäßigkeiten wie für alle anderen Güter. Der gleichgewichtige Lohnsatz als Preis des Produktionsfaktors Arbeit wird wie alle anderen Preise allein durch Angebot und Nachfrage bestimmt; dem Lohn kommt eine allgemeine Indikations- und Lenkungsfunktion zu.

Dieses Modell basiert auf folgenden zugrunde liegenden Prämissen:

- vollständige Konkurrenz ohne Beschränkung des Wettbewerbs sowie des Marktzutritts und -austritts (Ausschluss von Marktmacht)
- Homogenität und vollständige Substituierbarkeit aller Anbieter des Faktors Arbeit (Ausschluss von Diskriminierung)
- vollkommene Information aller Wirtschaftssubjekte über die vergangene, gegenwärtige und zukünftige Arbeitsmarktsituation (Markttransparenz)
- vollständige Mobilitätsfähigkeit und -bereitschaft aller Anbieter von Arbeitskraft
- vollkommene Flexibilität des Lohns und unendliche Geschwindigkeit der Anpassung individuellen Verhaltens an sich ändernde Knappheitsrelationen

Unter diesen Prämissen verhalten sich die Marktteilnehmer nach dem Marginalprinzip: Der Anbieter von Arbeitskraft teilt sein knappes Zeitbudget zwischen den substitutiven Gütern Arbeit und Freizeit so auf, dass der Grenznutzen von Arbeit und Freizeit ausgeglichen wird, um so seinen Nutzen zu maximieren (Grenznutzentheorem). Wenn in einer bestimmten Situation der Reallohn steigt, der den Grenznutzen der Arbeit ausdrückt, steigen die Opportunitätskosten für den Konsum von Freizeit, und daher steigt auch das Arbeitsangebot, und umgekehrt. Das Arbeitsangebot ist somit eine monoton wachsende Funktion des Reallohns.

Auf der anderen Seite ist der Nachfrager von Arbeitskraft bestrebt, seinen Gewinn zu maximieren. Da produzierte Güter zum gegebenen Marktpreis vollstän-

---

38) Vgl. Schmid, A. (1984), Keller (1997a), Sesselmeier/Blauermel (1997) usw.

dig abgesetzt werden können (Saysches Theorem; s. unten), liegt das Interesse von Unternehmern darin, – unter dem kurzfristig gegebenen Kapitalbestand und technischen Niveau – den Grenzertrag der Arbeit mit den Grenzkosten der Arbeit, die dem Lohnsatz entsprechen, anzugleichen. Aber wegen des Ertragsgesetzes nimmt die Grenzproduktivität der Arbeit ab (Grenzproduktivitätstheorem). Wenn der Reallohn daher steigt, sinkt die Arbeitsnachfrage, und umgekehrt. Die Arbeitsnachfrage ist somit eine monoton fallende Funktion des Reallohns.
Ein weiteres Theorem der Neoklassik ist das Saysche Theorem. Das Theorem besagt, dass sich jedes Angebot über die mit ihm verbundene Einkommensentstehung seine eigene Nachfrage schafft, und dass damit das Gleichgewicht des Marktes immer und überall erreicht wird. Das gilt auch für den Arbeitsmarkt, was bedeutet, dass jeder Arbeitswillige auch einen Nachfrager findet und somit unfreiwillige Arbeitslosigkeit im Prinzip nicht entsteht.
Nun wird das Gleichgewicht des Arbeitsmarktes im Schnittpunkt von Arbeitsangebot und -nachfrage erreicht. Wenn aber ein Ungleichgewicht am Arbeitsmarkt in Form von Arbeitslosigkeit oder Arbeitskräftemangel entsteht, wird es durch Veränderung des Lohns gelöst: Zuerst verändert sich der Lohn in Richtung Gleichgewichtslohnsatz, und dann revidieren die Marktteilnehmer sofort ihre Mengenentscheidungen (Selbstheilungskräfte des Marktes). Wenn aber ein Anbieter von Arbeitskraft mit seiner freiwilligen Wahl es ablehnt, im Gleichgewichtslohnsatz seine Arbeitskraft anzubieten, dann entsteht Arbeitslosigkeit (freiwillige Arbeitslosigkeit). Darüber hinaus ist eine persistente Arbeitslosigkeit auf die institutionellen Regelungen der Gewerkschaften oder des Staates zurückzuführen, die das normale Funktionieren des Gleichgewichtsmodells verhindern.
Das vereinfachte neoklassische Basismodell lässt sich wie die Abbildung 2.1 darstellen.

2.2.1.2. Arbeitsmarktpolitische Implikationen

Daraus leitet sich die wesentliche arbeitsmarktpolitische Implikation der Neoklassik ab, dass Arbeitslosigkeit lediglich durch Lohnsenkung bewältigt werden kann und dafür alle institutionellen Regelungen, die eine flexible Senkung des Lohns verhindern, beseitigt werden müssen. So lässt sich die arbeitsmarktpolitische Forderung der Neoklassik in Deregulierung und Flexibilisierung zusammenfassen.
Aus neoklassischer Sicht gehören Gewerkschaften und Staat zu den Marktmächten, die institutionelle Regelungen hervorbringen. Ihre „solidarische Lohnpolitik" z.B. durch Tariflöhne, Mindestlöhne, Beschäftigungsschutz usw. schränke den Freiheitsspielraum der auf dem Arbeitsmarkt handelnden Wirtschaftssubjek-

te in dem Sinne ein, „dass sie nicht gestattet, dass Arbeitskräfte einen vergleichsweise niedrigen Lohn gegenüber der Arbeitslosigkeit oder Umschulung vorziehen“ (Soltwedel 1984, S. 147). Deswegen sei es erforderlich, „dass die Rahmenbedingungen auf den Arbeitsmärkten in der Weise verändert werden sollten, dass sie auf eine stärkere Flexibilität relativer Preise hinwirken“ (Soltwedel 1981, S. 50), und konkret „dass durch Änderungen im Tarifvertragsgesetz die juristischen Voraussetzungen für einen institutionell und individuell intensivierten Lohnwettbewerb geschaffen werden. ... Dadurch würde den Arbeitskräften der Freiheitsspielraum erweitert, selbst darüber zu bestimmen, ob sie bereit sind, für niedrige Löhne weiterzuarbeiten oder arbeitslos zu sein“ (Soltwedel 1984, S. 159).[39]

Abbildung 2.1: Neoklassischer Arbeitsmarkt

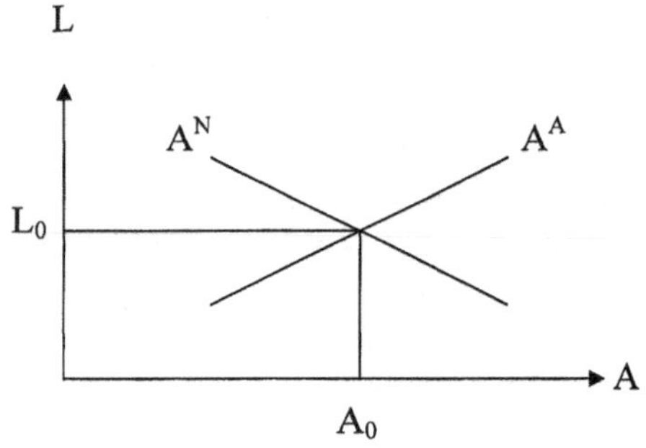

L, A: Reallohn, Arbeitsmenge
A^N, A^A: Arbeitsnachfrage, -Angebot
L_0, A_0: Gleichgewichtslohn, -arbeitsmenge

Neben der Lohnpolitik kritisiert der neoklassische Ansatz aufgrund der Logik des Lohnmechanismus auch die aktive Arbeitsmarktpolitik.[40] Seine grundlegende These dazu lautet, „dass die ergriffenen (arbeitsmarktpolitischen) Maßnahmen dazu beigetragen haben, marktwidrig hohe Löhne aufrechtzuerhalten, und dadurch problemverstärkend wirkten, sowohl hinsichtlich des Niveaus als auch der Struktur der Arbeitslosigkeit“ (Soltwedel 1981, S. 38). Die soziale Absiche-

39) Dies ist natürlich nur eine der wesentlichen Forderungen. Zu weiteren Forderungen nach Deregulierung und Flexibilisierung auf dem Arbeitsmarkt vgl. Deregulierungskommission (1991).

40) Die Bereiche aktiver Arbeitsmarktpolitik werden von Neoklassikern manchmal sehr eng verstanden. Z.B. versteht Soltwedel (1984, S. 13) darunter die „direkt auf die Nachfrageseite abzielenden Maßnahmen wie Lohnkostenzuschüsse, Arbeitsbeschaffungsmaßnahmen und auch Vorschriften zur Beschäftigung bestimmter Arbeitskräftegruppen“.

rung durch sowohl passive[41] als auch aktive Arbeitsmarktpolitik entlaste die Gewerkschaften davon, für Arbeitslose eine beschäftigungsorientierte Lohnpolitik zu betreiben. Dies führe zu hohen Beschäftigungskosten der Unternehmen, und beeinträchtige damit die Bereitschaft der Unternehmen, Beschäftigung zu vermehren. Auf der anderen Seite vermindere die Absicherung die individuelle Anpassungsnotwendigkeit und -willigkeit von Arbeitslosen. Daraus wird gefolgert, aktive Arbeitsmarktpolitik sei entgegen der zugrunde liegenden guten Absicht wirkungslos für den Abbau von Arbeitslosigkeit oder vermehre diese sogar. Darüber hinaus verringerten die Kosten von Arbeitsmarktpolitik, die durch Beiträge von Arbeitnehmern und Unternehmen finanziert würden, zum einen das Nettoeinkommen der Arbeitnehmer, was den Anreiz zu arbeiten beeinträchtige. Zum anderen verteuerten sie die Beschäftigungskosten von Unternehmen, was das Interesse an neuen Arbeitskräften schwäche. Außerdem werde aktive Arbeitsmarktpolitik, die in der Regel über ein erhöhtes Geldangebot finanziert werde, nach der langfristigen Phillipskurve auf lange Sicht nichts anderes bewirken als ein Ansteigen der Inflationsrate, nicht aber das Niveau der „natürlichen" Arbeitslosigkeit senken. Zum Schluss sei die beste Strategie für die Bewältigung der Arbeitslosigkeit eine beschäftigungsorientierte Lohnpolitik als „Kausaltherapie", die Arbeitslosigkeit gar nicht entstehen lasse, und auf aktive Arbeitsmarktpolitik müsse verzichtet werden (vgl. Soltwedel 1981; 1984; Siebert 1994).
Von diesem Ansatz ausgehend stehen Neoklassiker kritisch zur Wirksamkeit der einzelnen Instrumente, vor allem hinsichtlich Lohnkostenzuschüssen und ABM (vgl. Soltwedel 1981; Siebert 1994; Reichling 1994): Bei den Lohnkostenzuschüssen, die als Beschäftigungsgarantie für wettbewerbschwache Gruppen interpretiert werden könnten, bestehe die Gefahr, dass zum einen bei diesen Arbeitsgruppen die Bereitschaft zur Selbsthilfe erlahme und zum anderen unerwünschte Rückwirkungen auf die Lohnpolitik aufträten. Denn die Bereitschaft, bei Lohnabschlüssen Arbeitslosigkeit ins Kalkül einzubeziehen, schwinde wegen der Überzeugung, dass die Regierung die erforderliche Kostenentlastung letztlich doch übernehme. Dadurch werde der bei hoher Arbeitslosigkeit notwendige Anpassungsprozess hinausgezögert oder unterbleibe gegebenenfalls

[41]) Auch Neoklassiker verneinen die Bedeutung der Arbeitslosenversicherung als passive Arbeitsmarktpolitik nicht: „Heute bestreitet niemand mehr, dass die Pufferfunktion der Arbeitslosenversicherung in den modernen Industriestaaten unentbehrlich ist" (Siebert 1994, S. 211). Aber sie stehen kritisch zu ihrer konkreten Ausgestaltung und ihrem Niveau: „Ein relativ hohes Unterstützungsniveau im Falle der Arbeitslosigkeit hat negative Rückwirkungen auf die Bereitschaft der Tarifpartner, die Arbeitslosigkeit in ihren Verhandlungen angemessen zu berücksichtigen. ... Das Niveau der Unterstützungszahlungen sollte gesenkt werden und mit der Dauer der Arbeitslosigkeit abnehmen oder die Bezugszeit sollte verringert werden" (Soltwedel 1984, S. 160f.).

völlig. Die Gefahr bestehe, dass die Arbeitslosigkeit dann auf längere Sicht höher ist, als sie es ohne solche Maßnahmen wäre.
Mit dem sog. zweiten Arbeitsmarkt, der z.B. durch ABM geschaffen werde, bestehe zunächst die Gefahr, dass sie den privaten Sektor verdrängten,[42] was zu einer Reduzierung der Beschäftigung im regulären ersten Arbeitsmarkt führe. Auf der anderen Seite sei auch zu befürchten, dass die Einführung eines zweiten Arbeitsmarktes die Anreize auf dem Arbeitsmarkt so setzen würde, dass die verdeckte Arbeitslosigkeit langfristig zunehme. Denn Arbeitnehmer könnten sich mit dem zweiten Arbeitsmarkt zufrieden geben, falls der Abstand des auf dem zweiten Arbeitsmarkt erzielten Lohnes vom Lohn auf dem ersten Arbeitsmarkt nicht deutlich genug sei.
Wie bisher gesehen, ist das wesentliche Merkmal des neoklassischen Ansatzes, dass (nachfrageorientierte) aktive Arbeitsmarktpolitik wirkungslos ist und daher auf sie verzichtet werden muss. Dennoch ist nicht davon die Rede, dass der Ansatz gar keine arbeitsmarktpolitischen Forderungen enthält. Im neoklassischen Modell entsteht Arbeitslosigkeit sowohl wegen des zu hohen Lohnes und der ihn verursachenden institutionellen Regelungen als auch wegen der Realität, die von den Prämissen des Modells abgewichen ist. Daher werden aus neoklassischer Sicht sowohl eine „beschäftigungsorientierte" Lohnpolitik als auch andere arbeitsmarktpolitische Maßnahmen gefordert, um die abgewichene Realität den Prämissen des Modells anzunähern.
Zu solchen Maßnahmen gehören zunächst Berufsberatung und Arbeitsvermittlung[43] im Hinblick auf die Annahme der vollkommenen Information, und verschiedene mobilitätsfördernde Maßnahmen im Hinblick auf die Annahme der vollständigen Mobilität. Aber der arbeitsmarktpolitische Schwerpunkt der Neoklassik liegt in der Berufsbildungspolitik, deren Notwendigkeit aus der Humankapitaltheorie[44] abgeleitet wird. Die Humankapitaltheorie als eine Weiterentwicklung des neoklassischen Grundmodells gibt vor allem die Prämisse der Homogenität und vollständigen Substituierbarkeit der Arbeitskräfte auf. Das heißt, die Individuen hätten als Folge der unterschiedlichen Bildungsinvestitionen in ihr Arbeitsvermögen (*human capital*) unterschiedliche Qualifikationen, die zu Unterschieden sowohl bei Arbeitsproduktivität und -einkommen (Lohn) als auch bei Beschäftigungschancen führten, wobei bei denjenigen mit niedrigen Qualifikationen die Möglichkeit für Arbeitslosigkeit (und niedrigen Lohn) zunehme. Deshalb sei die Erhöhung des Qualifikationsniveaus des Individuums

---

[42]) „Im Grunde gibt es kaum eine Arbeit, die nicht in einem regulären Beschäftigungsverhältnis getan werden könnte" (Reichling 1994, S. 70).
[43]) Neoklassiker forderten andauernd im Kontext der Deregulierung des Arbeitsmarkts auch die Zulassung gewerblicher Arbeitsvermittlung, weil „Arbeitsvermittlung ... eine Dienstleistung und damit ein Gut im wirtschaftlichen Sinn" (Soltwedel 1984, S. 160) ist. Mit der Aufhebung des Vermittlungsmonopols der BA von 1994 hat sich ihre Forderung realisiert.
[44]) Vgl. zu den Ausführungen die Literatur der Fn. 38).

durch eine Berufsbildungspolitik notwendig für die Vermeidung bzw. Bekämpfung von Arbeitslosigkeit. Da dabei eine Ausbildung für den zukünftigen Berufsverlauf von zentraler Bedeutung sei, müsse eine chancenausgleichende Ausbildungspolitik der zentrale Bereich der Arbeitsmarktpolitik werden.
Diese Humankapitaltheorie teilt trotz des Verzichts auf einige Prämissen des neoklassischen Basismodells dadurch seine grundsätzliche Problematik, dass sie die Ursache von Arbeitslosigkeit lediglich auf Ebene des Individuums, also auf der Angebotsseite von Arbeitskräften sucht. Auf jeden Fall wirkten diese humankapitaltheoretisch fundierten Überlegungen vor allem in den 60er und 70er Jahren auf die Bildungs- und Arbeitsmarktpolitik (vgl. Keller 1997a, S. 312f.).

2.2.2. Keynesianischer Ansatz

2.2.2.1. Besonderheiten des Arbeitsmarkts und keynesianisches Standardmodell

Keynesianische Arbeitsmarkttheorie entstand historisch und logisch aus der Kritik am neoklassischen Arbeitsmarktmodell heraus. Dabei richtet sich ihre Kritik[45] unter anderem gegen die Irrealität der Prämissen des neoklassischen Arbeitsmarktmodells. Ihr zufolge gibt es auf dem realen Arbeitsmarkt – anders als die neoklassischen Prämissen behaupten – keine vollständige Konkurrenz, keine Homogenität des Faktors Arbeit, keine vollkommenen Informationen, keine vollständige Mobilitätsfähigkeit von Arbeitskraft und keine vollkommene Flexibilität des Lohns. Daher hätten die Vollbeschäftigungstendenz und das allgemeine Gleichgewicht, die sich aus den realitätsfernen Prämissen ableiten würden, nur modelltheoretisch bzw. als „Referenzsystem“ (Kromphardt 1999, S. 506) Gültigkeit, die Theorie könne keine Aussagen über die Realität machen. Methodologisch lasse sich die neoklassische Vorgehensweise, die von diesen Prämissen ausgehe, als „Immunisierungsstrategie“ (Schmid, A. 1984, S. 152) bezeichnen, weil jede Diskrepanz zwischen Modell und Realität auf die nicht erfüllten Prämissen zurückgeführt werde, so dass das Modell selbst immer richtig sei.
Aus keynesianischer Sicht sind diese neoklassischen realitätsfernen Prämissen darauf zurückzuführen, dass Neoklassiker die Besonderheiten des Arbeitsmarkts ignorieren. Seine wesentlichste Besonderheit liege im Charakter der Ware Arbeitskraft, dass sie untrennbar mit dem Arbeiter verbunden sei. Das bedeute, dass eine Teilung oder Lagerung der Arbeitskraft unmöglich sei, und dass das Angebot der Arbeitskraft – noch wichtiger – das einzige Existenzmittel ihres Anbieters sei. So verfüge der Arbeitskraftanbieter nicht über die freiwillige

---

[45]) Vgl. Rothschild (1975), Priewe (1978), Schmid, A. (1984), Hickel (1996a), Sesselmeier/Blauermel (1997) und Kromphardt (1992, 1998 und 1999) usw.

Wahlmöglichkeit (Substitution) zwischen Arbeit und Freizeit, d.h. nicht über die Möglichkeit, über das Ausmaß des Arbeitsangebots in Abhängigkeit vom Lohnsatz zu entscheiden, so dass das Arbeitsangebot eine vollkommen unelastische (senkrechte) Funktion des Lohnsatzes sei.

Keynesianer behaupten, dies gelte auch für die Arbeitsnachfrage. Ein Unternehmer frage auch bei sinkendem Reallohn nicht sofort mehr Arbeit nach, weil die Substitution von (relativ verteuertem) Kapital durch (relativ verbilligte) Arbeit kurzfristig sehr begrenzt sei. Stattdessen frage er nur dann mehr Arbeit nach, wenn er die zusätzlich erzeugten Produkte mit Gewinn verkaufen könne (Ableitung der Arbeitsnachfrage aus Gütermärkten). Somit sei die Arbeitsnachfrage abhängig nicht vom Lohnsatz, sondern von der Absatzerwartung auf dem Gütermarkt, so dass auch sie eine unelastische (senkrechte) Funktion des Lohnsatzes sei.[46] Deshalb komme sowohl beim Arbeitsangebot als auch bei der Arbeitsnachfrage dem Lohn – anders als die neoklassische Vorstellung – keine allgemeine Indikations- und Lenkungsfunktion zu, sondern er sei nur eine untergeordnete Determinante.[47]

Weitere Besonderheiten des Arbeitsmarkts liegen darin, so die Keynesianer, dass die Arbeitskräfte keine homogene, sondern eine äußerst heterogene Ware sind, dass die Mobilität von Arbeitskräften örtlich und qualifikatorisch (zumindest kurzfristig) sehr begrenzt ist im Gegensatz zu normalen Waren, und dass Arbeiter, die gezwungen sind, Arbeit aufzunehmen, weder die Zeit noch das Geld aufbringen können, sich ausreichende Informationen über alternative Arbeitsmöglichkeiten zu verschaffen. Daher könne von vollständiger Substituierbarkeit und Mobilität des Faktors Arbeit und vollkommener Informationen (Transparenz) über den Arbeitsmarkt von der Sache her kaum die Rede sein. Darüber hinaus bestehe am Arbeitsmarkt die strukturelle Machtasymmetrie im individuellen Verhältnis von Nachfrager und Anbieter von Arbeitskräften, woraus keineswegs eine vollständige Konkurrenz auf dem Arbeitsmarkt zustande komme.

Letzten Endes verweisen diese Besonderheiten des Arbeitsmarktes auf das Nichtzustandekommen der neoklassischen Prämissen und damit auch darauf, dass das sog. Gesetz des Marktes, nach welchem durch eine schnelle Verände-

---

[46]) Allerdings sinkt die Arbeitsnachfrage bei zu hohem Lohnsatz, weil damit größere Teile der Produktion unrentabel werden. Insofern ist auch der Lohnsatz für die Arbeitsnachfrage von Bedeutung, aber er fällt weniger ins Gewicht als die Absatzerwartung. Dies kann auch für das Arbeitsangebot gelten. Wenn der Lohnsatz für den Lebensunterhalt hoch genug ist, kann der Arbeiter bei steigendem Lohnsatz für Freizeit sein Arbeitsangebot reduzieren. Aber auch dies ist für das gesamte Arbeitsangebot von marginaler Bedeutung. (vgl. Kromphardt 1992, S. 223).

[47]) Kromphardt (1999, S. 503ff.) stellt durch die empirische Untersuchung des langfristigen (1973~97) westdeutschen Arbeitsmarkts die These auf, dass „die Beschäftigungssituation das Reallohnniveau bestimmt und nicht das Reallohnniveau die Beschäftigung".

rung des Preises (Lohns) und eine Anpassung der Nachfrage und des Angebots der Waren (Arbeitskräfte) daran ein allgemeines Gleichgewicht (Vollbeschäftigung) erreicht werde, auf dem Arbeitsmarkt versagt. Hingegen gibt es im keynesianischen Standardmodell keine Vollbeschäftigung und keinen Gleichgewichtslohn. Denn die Arbeitsnachfrage und das Arbeitsangebot sind, wie oben gesehen, alle unabhängig vom Reallohn, so dass sich die Nachfrage- und die Angebotskurve, die jeweils senkrecht sind, nicht schneiden. In diesem Modell ist eine Vollbeschäftigung nur möglich, wenn die Unternehmer eine genügend hohe Nachfrage erwarten. Sind diese Erwartungen zu niedrig, besteht eine Lücke zwischen Arbeitsnachfrage und -angebot, d.h. Arbeitslosigkeit. Auf der anderen Seite wird der Lohn nicht durch das Zusammenwirken der Arbeitsnachfrage und des -angebots, sondern durch kollektive Tarifverträge zwischen Arbeitgeber(verbänden) und Gewerkschaften[48] bestimmt. Dieses Verhältnis lässt sich durch die Lohnsetzungskurve darstellen, die angibt, welchen Reallohn die Arbeitnehmer bei alternativen Beschäftigungsniveaus durchsetzen wollen. Dabei hat diese Kurve einen ansteigenden Verlauf, weil sich bei besserer Beschäftigungssituation ihre Verhandlungsposition deutlich verbessert. So lässt sich das keynesianische Standardmodell des Arbeitsmarktes wie die Abbildung 2.2 darstellen.

2.2.2.2. Arten von Arbeitslosigkeit und politische Interventionen

Aus der Tatsache, dass Arbeitslosigkeit im keynesianischen Standardmodell nicht durch den Marktmechanismus beseitigt wird, leitet sich die Notwendigkeit der politischen Intervention ab. D.h. es muss zur Erhöhung der Arbeitsnachfrage die Nachfrage auf dem Gütermarkt erhöht werden, und dafür bedarf es der politischen Intervention durch eine antizyklische Geld- und Fiskalpolitik, die auf den Gütermarkt Einfluss nimmt. Dies ist die wohl bekannte politische Schlussfolgerung des Keynesianismus zur Bewältigung von Arbeitslosigkeit.
Damit begründet sich aber noch keine Arbeitsmarktpolitik, weil diese politischen Bereiche nicht zur Arbeitsmarktpolitik, sondern zur Beschäftigungspolitik zählen (vgl. 2.1.1). Zur theoretischen Fundierung einer Arbeitsmarktpolitik bedarf es einer weiteren Analyse von Arbeitslosigkeit, die über das keynesianische Standardmodell hinausgeht. Dabei bietet m.E. Kromphardts (1998, S. 44ff.)

[48]) Auch Gewerkschaften, die von Neoklassikern als ein Hindernis für das normale Funktionieren des Arbeitsmarkts angesehen werden, sind eine natürliche Folge der Besonderheiten des Arbeitsmarkts. Die Ungleichheit der Machtverhältnisse auf dem Arbeitsmarkt zuungunsten der Arbeitnehmer veranlasst sie, sich durch gewerkschaftliche Organisation einen gewissen Selbstschutz zu schaffen (vgl. Rothschild 1975, S. 19).

Zweiteilung von Arbeitslosigkeit in „strukturbedingte“[49] und „niveaubedingte“ Arbeitslosigkeit einen Schlüssel dazu an.

Abbildung 2.2: Keynesianischer Arbeitsmarkt

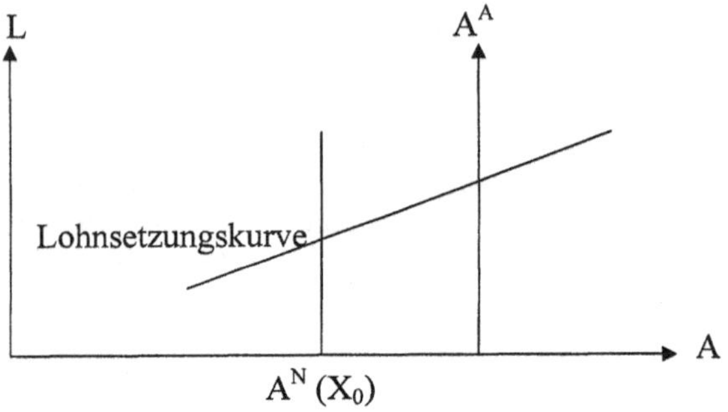

Quelle: Kromphardt (1998, S. 76)
L, A: Reallohn, Arbeitsmenge
A^N, A^A: Arbeitsnachfrage, -Angebot
A^N (X_0): Arbeitsnachfrage bei einer gegebenen Güternachfrage

In die erste Gruppe gehören nach ihm alle Arten von Arbeitslosigkeit, die mit der Struktur von Angebot oder Nachfrage nach Arbeit zusammenhängen oder durch sie erklärt werden. Bei diesen Erklärungen werden Arbeitskräfte und Arbeitsplätze nicht als Gesamtheit betrachtet, sondern in ihrer unterschiedlichen Ausprägung nach Qualifikation und anderen Kriterien. Mithin setzt strukturbedingte Arbeitslosigkeit voraus, dass Arbeitskräfte und Arbeitsplätze nicht homogen, sondern heterogen sind. Unter dem Begriff der strukturbedingten Arbeitslosigkeit werden die saisonale, die friktionelle und die strukturelle Arbeitslosigkeit zusammengefasst:

Die saisonale Arbeitslosigkeit ergibt sich bei Personen, die zeitweise in Branchen tätig sind, deren Aktivität von der Jahreszeit abhängt, weil ihre Produktion sehr stark von Natureinflüssen bestimmt wird (Landwirtschaft, Baugewerbe usw.) oder weil sie als Dienstleistungen einer saisonalen Nachfrageballung gegenüberstehen (Tourismus).

Die friktionelle Arbeitslosigkeit ergibt sich aus den in modernen Industriegesellschaften sehr häufigen Arbeitsplatzwechseln, sofern die Beendigung der einen

[49]) Es bedarf einer Aufmerksamkeit darauf, dass sich dieser Begriff vom üblich verwendeten Begriff der „strukturellen Arbeitslosigkeit“ unterscheidet. Nach Kromphardt ist der letztere eine Komponente des ersteren. Vgl. dazu unten.

Arbeit und der Beginn der neuen Tätigkeit nicht unmittelbar aufeinander folgen. Insofern kann sie zwar als eine Arbeitslosigkeit, die während des Suchprozesses entsteht, interpretiert werden, aber diese unterscheidet sich von der Such-Arbeitslosigkeit im suchtheoretischen Sinne. In der Suchtheorie, die zum neoklassischen Lager gehört, wird die gesamte Arbeitslosigkeit als freiwillige Such-Arbeitslosigkeit bezeichnet, weil jeder Arbeitssuchende schließlich irgendeine Arbeit annehmen könne, dies aber aufgrund eigener Entscheidung nicht tue. In Wirklichkeit liegen aber umfangreiche unfreiwillige Arbeitslose vor, die definitorisch „bereit sind, zum herrschenden Reallohn auf einem Arbeitsplatz zu arbeiten, der ihrem Qualifikationsniveau entspricht" (Kromphardt 1998, S. 48). So handelt es sich bei der friktionellen Arbeitslosigkeit um diese unfreiwillige Arbeitslosigkeit.

Die strukturelle Arbeitslosigkeit (Mismatch-Arbeitslosigkeit) stellt die dritte Form der strukturbedingten Arbeitslosigkeit dar. Zwar gibt es wegen der Unbestimmtheit des Wortes „Struktur" verschiedene Definitionen der strukturellen Arbeitslosigkeit, aber sie liegt im generell verwendeten Sinne – auch bei Kromphardt – vor, wenn Angebot und Nachfrage auf dem Arbeitsmarkt nicht zusammenpassen, weil beide Aggregate bezüglich Qualifikation, Alter, Geschlecht, Region etc. unterschiedlich zusammengesetzt (= strukturiert) sind. Konstituierend für die strukturelle Arbeitslosigkeit ist somit die Existenz von sektoralen und/oder regionalen Teilmärkten, auf denen das Angebot und die Nachfrage auseinanderklaffen (vgl. Zerche/Schönig/Klingenberger 2000, S. 120). In einer wachsenden Wirtschaft wird die Struktur der Arbeitsnachfrage wegen der Strukturwandel in der Güternachfrage und des technischen Fortschritt ständig verschoben, was dann zu struktureller Arbeitslosigkeit führt, wenn sich die Angebotsstruktur der Arbeit wegen der Segmentierung des Arbeitsmarkts (Teilarbeitsmärkte) an die Nachfrageverschiebung nur unvollkommen und mit zeitlicher Verzögerung anpasst. Dabei betrifft diese strukturelle Arbeitslosigkeit vor allem Problemgruppen wie Frauen, Jugendliche und Ältere, die bei der Anpassung benachteiligt sind.

Entgegen dieser strukturbedingten Arbeitslosigkeit stellt die niveaubedingte Arbeitslosigkeit allein auf das Gesamtvolumen (-niveau) von Angebot und Nachfrage nach Arbeit ab, die ihrerseits von gesamtwirtschaftlichen Größen beeinflusst werden. So liegt niveaubedingte Arbeitslosigkeit dann vor, wenn die Nachfrage nach Arbeitsplätzen das Angebot übersteigt. Sie kann nach dem Charakteristikum des Nachfragemangels auf den Gütermärkten wiederum in zwei geteilt werden: Zum einen liegt konjunkturelle Arbeitslosigkeit dann vor, wenn der Nachfragemangel in einem konjunkturellen Rückgang der einzelnen Komponenten der gesamtwirtschaftlichen Nachfrage, also des Bruttoinlandsproduktes, gründet und damit vorübergehend ist. Zum anderen entsteht wachstumsdefizitäre Arbeitslosigkeit, wenn die Gesamtnachfrage auf dem Gütermarkt durch längerfristige Nachfragedefizite gekennzeichnet ist, deren Ursachen z.B. in ei-

nem anhaltenden Anstieg der Sparquote oder einer bei abnehmender Produktinnovation zunehmenden Marktsättigung liegen können. Auf jeden Fall beziehen sich die Hauptgegensätze der makroökonomischen Diskussionen zwischen der neoklassischen und der keynesianischen Theorie – wie oben gesehen – genau auf diese niveaubedingte Arbeitslosigkeit (vgl. Gabler Wirtschaftlexikon 1997).
Aus dieser Unterscheidung zwischen struktur- und niveaubedingter Arbeitslosigkeit folgt bei Kromphardt (1992, 1994, 1999) eine Trennung zwischen den politischen Ansätzen zur Bekämpfung der Arbeitslosigkeit, und zwar Arbeitsmarktpolitik und Beschäftigungspolitik. Dabei ist Arbeitsmarktpolitik als Politik zur Verminderung strukturbedingter Arbeitslosigkeit, und Beschäftigungspolitik als diejenige zur Verminderung niveaubedingter Arbeitslosigkeit definiert.
So ist Arbeitsmarktpolitik zur Lösung der Nichtübereinstimmung zwischen der Nachfrage- und der Angebotsstruktur auf dem Arbeitsmarkt, die sich nur durch die Niveausteuerung der Arbeitsnachfrage und des -angebots nicht lösen lässt, mit den ursachenadäquaten Instrumenten allein und direkt auf den Arbeitsmarkt gerichtet. Beispielsweise kann die Subventionierung des Winterbaus (das Wintergeld) der saisonalen Arbeitslosigkeit, und die Arbeitslosenunterstützung und die Arbeitsvermittlung der friktionellen Arbeitslosigkeit begegnen. Zur Bekämpfung der strukturellen Arbeitslosigkeit gibt es umfangreiche Instrumente, z.B. Aus- und Weiterbildungsmaßnahmen, Förderung der regionalen Mobilität, verschiedene auf Problemgruppen gerichtete Maßnahmen usw. Auf der anderen Seite lassen sich arbeitsmarktpolitische Instrumente auch in Maßnahmen zur Verringerung des Arbeitsangebots (z.B. Frühverrentung), zur Verringerung des Mismatch zwischen Arbeitsangebot und -nachfrage (z.B. Bildungsmaßnahmen, Beratung und Vermittlung) sowie zur Erhöhung der Arbeitsnachfrage (z.B. ABM) aufteilen, je nachdem auf welche Seite des Arbeitsmarkts sie sich richten.
Im Vergleich dazu versucht Beschäftigungspolitik, wie erwähnt, durch die Erhöhung der Arbeitsnachfrage durch keynesianische Wirtschaftspolitik, die am Güter- oder Geldmarkt ansetzt, die niveaubedingte Arbeitslosigkeit zu vermindern, die sich allein durch die Strukturverbesserung der Arbeitsnachfrage und des -angebots nicht reduzieren lässt.[50]
Trotz der konzeptionellen Abgrenzung zwischen den beiden Politikformen sind beide in der Praxis „untrennbare Zwillinge“ (Schmid 1994, S. 22), weil sich

[50]) Aufgrund dieser Trennung zwischen Arbeitsmarkt- und Beschäftigungspolitik erklärt Kromphardt auch die Zuordnung der Lohnpolitik wie folgt: „Das Nominallohnniveau bildet sich zwar auf dem Arbeitsmarkt, aber es beeinflusst die Lage der Angebots- bzw. Nachfragekurve nach Arbeit nicht und zählt daher nicht zur Arbeitsmarktpolitik. Dies gilt noch mehr für das Reallohnniveau, das in der beschäftigungspolitischen Diskussion die entscheidende Rolle spielt; denn es bildet sich nicht allein auf dem Arbeitsmarkt, da die Güterpreise auf dem Gütermarkt bestimmt werden. Maßnahmen zur Beeinflussung der Lohnstruktur rechnen dagegen zur Arbeitsmarktpolitik, da sie die Struktur von Arbeitsangebot und -nachfrage beeinflussen“ (Kromphardt 1994, S. 4).

Strukturverbesserung und Niveauerhöhung der Arbeitsnachfrage und des -angebots gegenseitig voraussetzen. Deshalb verdeutlicht auch Kromphardt zwar die Notwendigkeit einer engen Zusammenarbeit der beiden Politiken, aber bei ihm wird Beschäftigungspolitik als „Oberbegriff" (Kromphardt 1994, S. 4) positioniert, weil sie gegenüber Arbeitsmarktpolitik umfangreicher Maßnahmen umfasst und stärkeren Einfluss auf den Beschäftigungsgrad nehmen kann.[51] Darüber hinaus kritisiert er, dass der Verschlechterung der Beschäftigungssituation seit Beginn der 80er Jahre in Deutschland vor allem mit arbeitsmarktpolitischen Maßnahmen begegnet wird und die übrigen beschäftigungspolitischen Maßnahmen eine untergeordnete Rolle spielen (vgl. Kromphardt 1992, S. 221), obwohl der Umfang der strukturbedingten Arbeitslosigkeit nicht so bedeutend ist (vgl. Kromphardt 1999, S. 500ff.).[52] So plädiert er schließlich für eine umfassendere Beschäftigungspolitik als bisher, die natürlich durch struktur-, regional- und arbeitsmarktpolitische Maßnahmen ergänzt werden muss.[53]

2.2.3. Zur Effektivität aktiver Arbeitsmarktpolitik

Von den beiden theoretischen Ansätzen wird der neoklassische Ansatz – abgesehen von der theoretischen Kritik daran – nicht von der Entwicklung der Realität gestützt. Die Tatsache, dass verschiedene Maßnahmen aktiver Arbeitsmarktpolitik bereits seit Jahrzehnten in allen Industrieländern eingeführt worden sind, zeigt deutlich, dass der Arbeitsmarkt erst durch politische Interventionen überhaupt funktionsfähig gemacht wird.[54] Ferner wird auch ihre zentrale These, dass

---

[51]) In ähnlichem Zusammenhang definiert Schmidt (1995, S. 61f.) Arbeitsmarktpolitik im üblichen Sinn als „Arbeitsmarktpolitik im engeren Sinn" und Beschäftigungspolitik als „Arbeitsmarktpolitik im weiteren Sinn".

[52]) Im Gegensatz dazu behaupten Neoklassiker, „dass der überwiegende Teil der Arbeitslosigkeit als quasi-gleichgewichtige oder strukturelle Arbeitslosigkeit interpretiert werden muss. Konjunkturelle Arbeitslosigkeit, die auf einer mangelnden Güternachfrage beruht, spielt demgegenüber nur eine untergeordnete Rolle" (Berthold/Fehn 1997, S. 412). Aber die empirische Beurteilung der beiden widersprechenden Behauptungen geht über den Bereich vorliegender Arbeit hinaus.

[53]) Zur Erhöhung des Beschäftigungsgrades ist bei ihm auch die Arbeitszeitverkürzung notwendig, was sich aus der Gleichung für sein Wachstum ableitet: $w_b = w_x - w_p - w_z$ (w: Wachstumsrate, b: Beschäftigungsgrad, x: Bruttoinlandsprodukt, p: Arbeitsproduktivität, z: Arbeitszeit) (vgl. Hickel 1996a, S. 41ff.; Kromphardt 1998, S. 200f.). Aber die Arbeitszeitverkürzung gehört nicht zum Bereich einer öffentlichen Arbeitsmarktpolitik, sondern zu demjenigen der tarifparteilichen Vereinbarung.

[54]) Kritiker der aktiven Arbeitsmarktpolitik führen als ein Gegenbeispiel oft die USA an, in denen die Beschäftigungssituationen in den 90er Jahren trotz des weitaus geringeren Einsatzes der Instrumente der aktiven Arbeitsmarktpolitik im Vergleich zu den kontinentaleuropäischen Ländern einen deutlich günstigeren Verlauf aufweisen (vgl. Berthold/Fehn 1997, S. 412). Aber abgesehen von dort in erheblichem Umfang vorliegenden „*working poor*" erwies

die Lohnsenkung zur Erhöhung der Beschäftigung bzw. zur Reduzierung der Arbeitslosigkeit führt, in der Realität nicht nachgewiesen. Beispielsweise sanken die Nominallöhne je Stunde in den USA in den 30er Jahren (Weltwirtschaftskrise) um mehr als ein Drittel, aber die Arbeitslosigkeit stieg gewaltig an.[55] Auch in Deutschland führte die Lohnzurückhaltung in den 80er und 90er Jahren nicht zur günstigen Beschäftigungsentwicklung (vgl. Kromphardt 1999, S. 503ff.).
Aber es ist m.E. einseitig, zu beurteilen, dass Neoklassiker – wie üblicherweise gesprochen – gründlich die Möglichkeiten aktiver Arbeitsmarktpolitik verneinen. Wie oben erwähnt, stimmen auch sie zu, dass aktive Arbeitsmarktpolitik im Prinzip zur Reduzierung von Arbeitslosigkeit beitragen kann, soweit sie zur Verbesserung der Funktionsbedingungen (Prämissen) des neoklassischen Modells beiträgt. Zu solchen Instrumenten gehören vor allem die angebotsorientierten Instrumente wie Arbeitsvermittlung und Qualifizierungsmaßnahmen, die durch die Verbesserung der Angebotsbedingungen von Arbeitskräften zur Erhöhung des Arbeitsangebots und dann – entlang den neoklassischen Kanälen – zum Sinken der Löhne und zur Zunahme der Beschäftigung führen. Dagegen konzentriert sich die Kritik der Neoklassiker an aktiver Arbeitsmarktpolitik auf die nachfrageorientierten Instrumente wie Lohnkostenzuschuss und vor allem ABM.[56] Auf jeden Fall ist hier darauf hinzuweisen, dass der politische Schwerpunkt der Neoklassiker zur Bekämpfung von Arbeitslosigkeit zwar in der beschäftigungsorientierten Lohnpolitik (kurz: Lohnsenkung) liegt, aber dass ihre Haltung zu angebotsorientierten Instrumenten aktiver Arbeitsmarktpolitik – auch wenn nicht aktiv befürwortend – zumindest nicht gänzlich antagonistisch ist.
Was den Keynesianismus angeht, waren seine nachfrageorientierte Wirtschafts- und Beschäftigungspolitik von den 30er Jahren zumindest bis zu den 60er Jahren relativ erfolgreich. Aber es ist auch eine Tatsache, dass sie seit den 70er Jahren die Verstetigung des hohen Wirtschaftswachstums und vor allem die Bekämpfung der kräftigen Inflation (Stagflation) verfehlten. Dies hängt mit der Krise des Fordismus eng zusammen: Die keynesianische Wirtschafts- und Beschäftigungspolitik hatte durch die Erhöhung der gesamtwirtschaftlichen Nachfrage wesentlich das fordistische Massenproduktion-Massenkonsum-System gestützt. Aber mit der Krise des Fordismus seit Mitte der 70er Jahre brach dieses System zusammen, und damit war auch der Keynesianismus nicht mehr funktionsfähig. Insbesondere wird bei der wachsenden Internationalisierung der Pro-

---

es sich durch die Erhöhung der Arbeitslosenquote in den letzten Jahren, dass die günstigen Beschäftigungssituationen in den 90er Jahren nicht mit der aktiven Arbeitsmarktpolitik, sondern vielmehr mit dem langfristigen konjunkturellen Aufschwung zu tun hatten.

55) Vgl. Stiglitz (1999): Toward a General Theory of Wage and Price Rigidities and Economic Fluctuations, in: The American Economic Review, Vol. 89, No. 2, S. 75; zitiert nach Kromphardt (1999, S. 507).

56) Vgl. 2.2.1.2. und zur ausführlichen Kontroverse um ABM 5.3.1.4.

duktion und in der Globalisierung der Spielraum der nationalstaatlichen Interventionspolitik weiter eingeschränkt.[57] So führte dieser Misserfolg des Keynesianismus dazu, dass die neoklassische Angebotspolitik seit den 80er Jahren an Kraft gewann.

Trotzdem beeinträchtigt dieser Misserfolg nicht selbst die Richtigkeit dessen, was der Keynesianismus aus der unleugbaren Besonderheiten und Unvollkommenheiten des Arbeitsmarkts die Notwendigkeit der politischen Interventionen im Arbeitsmarkt, also der (aktiven) Arbeitsmarktpolitik ableitet. Insbesondere ist Kromphardts Unterscheidung zwischen strukturbedingter und niveaubedingter Arbeitslosigkeit und somit zwischen Arbeitsmarktpolitik und Beschäftigungspolitik so zu bewerten, dass sie für die Politikberatung den Vorteil hat, aus unterschiedlichen Ursachen der Arbeitslosigkeit auch unterschiedliche Instrumente zu ihrer Bekämpfung abzuleiten (vgl. Zerche/Schönig/Klingenberger 2000, S. 121). Darüber hinaus dient sie auch dazu, die Position der Arbeitsmarktpolitik, die sich von derjenigen der Beschäftigungspolitik unterscheidet, theoretisch zu begründen, auch wenn sie einigermaßen schematisch ist und in den arbeitsmarktpolitischen Diskussionen nicht immer geteilt wird.[58]

Aber die Notwendigkeit an sich garantiert die Effektivität des Einsatzes arbeitsmarktpolitischer Instrumente nicht. Denn der Einsatz eines Instruments aktiver Arbeitsmarktpolitik bringt nicht nur die angestrebten Effekte, sondern oft auch unerwartete negative Effekte mit sich. Beispielsweise kann die Qualifizierung der Arbeitssuchenden ihre Anpassung an die qualifikatorischen und beruflichen Anforderungen der offenen Stelle erleichtern. Aber die Teilnahme daran könnte gleichzeitig sog. „Locking-in"-Effekte hervorbringen, weil die individuelle Suchintensität der Teilnehmer aufgrund der geringeren dafür vorhandenen Zeit während der Maßnahme im Vergleich zu Nichtteilnehmern sinkt. Ferner könnte die Teilnahme an einer Maßnahme (vor allem Lohnkostensubventionen und ABM) mit einer „Stigmatisierung" der Arbeitslosen verbunden sein, d.h. sie wird von den Arbeitgebern als Signal gewertet, dass es sich bei den Teilnehmern um Personen aus besonderen Problemgruppen des Arbeitsmarkts handelt, was auf ihre Wiedereingliederung in den regulären Arbeitsmarkt einen negativen Einfluss nimmt (vgl. Calmfors 1995, S. 14ff.; Hagen/Steiner 2000, S. 36ff.).

Neben diesen immanenten negativen Effekten der Instrumente gibt es auch auf gesamtwirtschaftlicher Ebene verschiedene Nebeneffekte, die die Effekte des Einsatzes vermindern, mit denen sich der Nettobeschäftigungseffekt der aktiven Arbeitsmarktpolitik im Vergleich zu ihrem Bruttobeschäftigungseffekt verrin-

---

[57]) Vgl. zum Fordismus, zu seiner Krise und zur Globalisierung 3.1.1.

[58]) Befürworter aktiver Arbeitsmarktpolitik stimmen zwar darin überein, dass sie aus den Besonderheiten des Arbeitsmarkts die Notwendigkeit von (aktiver) Arbeitsmarktpolitik ableiten, aber manche von ihnen stellen schlicht ein bestimmtes Instrument einer bestimmten Besonderheit des Arbeitsmarkts gegenüber. Vgl. z.B. Schmid (1975, S. 8ff.) und Walwei (1996, S. 350f.).

gert. Erstens entstehen Mitnahmeeffekte, wenn sich die Ergebnisse eines Arbeitsmarktprogramms in keiner Weise von den Ergebnissen unterscheiden, die sich auch in Abwesenheit des Programms ergeben hätten (z.B. auf Arbeitnehmerseite Teilnahme an einer Weiterbildungsmaßnahme ohne Förderung oder auf Arbeitgeberseite Einstellung ohne Lohnkostenzuschüsse). Zweitens treten Substitutionseffekte auf, wenn die Förderung einer Zielgruppe zu Lasten einer anderen Personengruppe erfolgt und sich die Gesamtbeschäftigung dadurch nicht ändert (z.B. Austausch von nicht subventionierten Beschäftigten durch subventionierte Beschäftigte). Drittens spricht man von Verdrängungseffekten dann, wenn Maßnahmen aktiver Arbeitsmarktpolitik zu einer Reduktion der regulären bzw. nicht geförderten Beschäftigung in anderen Unternehmen führt (z.B. Verdrängung von nicht geförderten Unternehmen des ersten Arbeitsmarkts durch ein gefördertes Unternehmen des zweiten Arbeitsmarkts) (vgl. Rabe/Emmerich 1996, S. 250ff.; Kröger/Suntum 1999, S. 21ff.).

Nach vielen Wirkungsanalysen[59] sind diese negativen Effekte oft sehr groß, und einige davon zeigen sogar negative Nettoeffekte. Diese negativen Ergebnisse der Wirkungsanalysen werden seitens der Kritiker der aktiven Arbeitsmarktpolitik häufig als der Grund der Forderung danach benutzt, dass aktive Arbeitsmarktpo-

---

[59]) Die Wirkungsanalyse (bezeichnet auch als Wirkungsforschung, Evaluation(sstudie)) aktiver Arbeitsmarktpolitik, die auf die Identifizierung kausaler Effekte arbeitsmarktpolitischer Eingriffe abzielt, teilt sich in mikro- und makroökonomische Studien. Die mikroökonomische Studie schätzt die Wirkungen der Teilnahme an einer arbeitsmarktpolitischen Maßnahme auf ein Individuum ab, wobei das Ergebnis bei Teilnahme mit dem Ergebnis bei Nichtteilnahme verglichen und der Unterschied der Ergebnisse als kausaler Effekt der Maßnahme aufgefasst wird. Dagegen untersucht die makroökonomische Studie den Einfluss aktiver Arbeitsmarktpolitik auf makroökonomische Größen wie Arbeitslosigkeit und Beschäftigung. Dabei kann die Mikrostudie dazu beitragen, Mitnahmeeffekte zu identifizieren, dagegen versucht die Makrostudie, zusätzlich Substitutions- sowie Verdrängungseffekte zu messen (vgl. Rabe 2000a, S. 3ff.).

Aber es gibt bei der Wirkungsanalyse erhebliche methodische Schwierigkeiten. Z.B. kann bei der Mikrostudie zwar festgestellt werden, dass erfolgreiche Teilnehmer an einer Maßnahme anschließend in ein adäquates Beschäftigungsverhältnis gelangt sind und wie lange sie darin verbleiben, aber nicht, ob dieser Erfolg (oder ein Misserfolg) ursächlich allein auf die Maßnahme zurückzuführen ist. Außerdem ist fraglich, was gewesen wäre, wenn die Teilnehmer nicht teilgenommen hätten. Bei Makrostudien ist es z.B. schwierig, den Einfluss aktiver Arbeitsmarktpolitik unter der Vielzahl von Determinanten makroökonomischer Aggregatgrößen zu identifizieren. So sind die Ergebnisse vieler Wirkungsanalysen je nach sowohl den unterschiedlichen ökonometrischen Modellen bzw. ausgewählten Einflussfaktoren als auch den Wirtschaftslagen während der Untersuchungsperiode sehr häufig ambivalent, so dass der empirische Forschungsstand oft als „Pattsituation" (Schmid u.a.1999, S. 549) beschrieben werden kann. Darüber hinaus lassen sich aus Wirkungsanalysen auch keine eindeutigen Handlungsempfehlungen zum genauen Design einzelner Maßnahmen ableiten, weil sie zwar untersuchen, welche Maßnahmen für welchen Personenkreis einen (positiven) Effekt haben, aber nicht, warum diese wirken (vgl. Hagen/Steiner 2000, S. 80f.). Letzten Endes sind Wirkungsanalysen zwar nicht unbedeutend, aber ihre Aussagekraft ist sehr begrenzt.

litik zurückgehalten oder gar auf sie verzichtet werden muss. Darüber hinaus wirft die geringe Effektivität von Maßnahmen im Zusammenhang mit den Kosten der Maßnahmen auch das Problem der Effizienz[60] auf.

Aber diese negativen Effekte vernichten die Notwendigkeit des Einsatzes arbeitsmarktpolitischer Instrumente an sich nicht. Noch wichtiger ist, dass „aktive Arbeitsmarktpolitik unter bestimmten Bedingungen durchaus effektiv ist. (...). Es gibt (...) keine starren Grenzen der Effektivität, da die Ziele vielfältig sind und den Rahmenbedingungen entsprechend angepasst werden können. Mit geschickter Variation des Instrumentenportfolios und flexibler Implementation (...) kann der Spielraum für eine Verbesserung der Effektivität und damit auch der Effizienz erheblich erweitert werden" (Schmid 2000, S. 43f.).

Diese Sicht vertreten die Anhänger des institutionalistischen bzw. politikwissenschaftlichen Ansatzes zum Arbeitsmarkt bzw. zur Arbeitsmarktpolitik, welcher bei der Analyse von Arbeitsmarktgeschehen die Bedeutung von Arbeitsmarktinstitutionen und -organisationen (Rechte, Interessenverbände, Arbeitsbeziehungen und gesellschaftliche Werte und Gewohnheiten usw.) betont.[61] In der Perspektive dieses Ansatzes muss eine erfolgreiche Wirtschafts- und Arbeitsmarktpolitik „sowohl ökonomisch richtig als auch institutionell machbar" (Scharpf 1983b, S. 215) sein. Was ökonomisch falsch ist, nach Scharpf, kann nicht durch institutionelle Realisierbarkeit richtig werden. Aber auch ökonomisch gut begründete Empfehlungen würden praktisch folgenlos bleiben, wenn sie institutionell entweder überhaupt nicht umgesetzt oder von den Adressaten nicht akzeptiert werden könnten. So sei die neoklassische angebotsorientierte Politik vor allem aus ökonomischen Gründen, die keynsianische nachfragorientierte Politik aber überwiegend aus institutionellen Gründen gescheitert (vgl. ebd. S. 216).[62]

---

[60]) Auch zur Abschätzung der Effizienz von arbeitsmarktpolitischen Maßnahmen werden verschiedene Methoden wie Kosten-Nutzen-Analyse bzw. Kosten-Wirksamkeits-Methode verwendet, aber auch ihre Aussagekraft ist begrenzt. Denn es ist zum einen wegen der Vielfalt der Zielsetzungen von Maßnahmen schwierig, den Nutzen einer Maßnahme zu identifizieren, und der Nutzen ist zum anderen methodisch nicht eindeutig messbar (vgl. Mertens/Reyher/Kühl 1981, S. 215f.). So müssen sich „Analysen zur Effizienz der Arbeitsmarktpolitik (...) mit einem pragmatischen und ungenauen Effizienzbegriff begnügen (...): Eine Arbeitsmarktpolitik ist als effizient zu bezeichnen, wenn sie ihre Ziele im Vergleich zu anderen Instrumenten mit möglichst geringem Aufwand erreicht und möglichst wenig Nebenziele verletzt" (Schmid 1982a, S. 6).

[61]) Vgl. zu institutionalistischen Arbeitsmarkttheorien Scharpf (1983a, 1983b), Schmid (1983, 1987c, 1995), Schmidt (1987), Buttler (1987), Sesselmeier (1994) usw.

[62]) Diese Bewertung scheint formell eine gleichwertige Kritik an den beiden Politikbereichen zu sein, aber die Haltung des institutionalistischen Ansatzes zu den beiden ist inhaltlich entgegengesetzt: Da der Arbeitsmarkt als „ein organisiertes und organisierbares Sozialsystem" (Schmid 1987b) aus seiner Sicht – ebenso wie im Keynsianismus – verschiedene vom Güter- und Geldmarkt unterschiedene Besonderheiten hat, ist die neoklassische Arbeitsmarkttheorie, die diese Besonderheiten vernachlässigt, vom Grund her „falsch". Dagegen ist die keynsianische Politik ein von institutionalistischer Sicht zu ergänzender Gegenstand: „Meine

Deshalb ist für die erfolgreiche Bekämpfung der Arbeitslosigkeit aus institutionalistischer Sicht die Verbesserung der institutionellen Rahmenbedingungen von zentraler Bedeutung, in denen verschiedene Interessen der Akteure (Organisationen) und damit auch verschiedene Bereiche der Wirtschaftspolitik (Fiskal-, Geld- und Lohnpolitik) koordiniert werden. Diese Grundsicht gelte auch für aktive Arbeitsmarktpolitik. So müssten die Institutionen um den Arbeitsmarkt wie gesetzliche Regelungen, Arbeitsverwaltung, Machtstruktur der Betroffenen (Betriebe, Gewerkschaften, Arbeitslose) und auch Arbeitskultur fein ausgestaltet werden, und dadurch könnte die Effektivität aktiver Arbeitsmarktpolitik erhöht werden.
Auch in der vorliegenden Arbeit (Kap. 4 und 5) wird beim Vergleich der aktiven Arbeitsmarktpolitik in Deutschland und Südkorea aufgrund dieser Sicht den jeweiligen institutionellen Bedingungen besondere Aufmerksamkeit geschenkt.

These wird sein, dass auch die Arbeitsmarktpolitik Wesentliches zu einer nachfragewirksamen Kooperation dezentraler Entscheidungsträger beitragen kann, und dass eine ´entschlossene´ keynessche Nachfragesteuerung zunehmend der Unterstützung durch Arbeitsmarktpolitik bedarf, um wirksam zu sein“ (Schmid 1987c, S. 135).

3. Die Arbeitsmarktslage in Deutschland und Südkorea

In diesem Kapitel wird die Arbeitsmarktslage in Deutschland und Südkorea untersucht, die die sozioökonomische Rahmenbedingung der Arbeitsmarktpolitik darstellt. Diese Untersuchung ist deshalb notwendig, weil die Rahmenbedingungen auf die Notwendigkeit und die Wirkungen der aktiven Arbeitsmarktpolitik mittelbar und unmittelbar Einfluss nehmen.
Dabei geht es nicht nur um die quantitativen Größen auf dem Arbeitsmarkt wie z.B. die Beschäftigung und die Arbeitslosigkeit, sondern auch um die qualitativen Charakteristika des Arbeitsmarkts, die von den allgemeinen Strategien der Kapitalakkumulation bestimmt werden. Denn die Situationen auf dem Arbeitsmarkt werden zwar kurzfristig vom Konjunkturzyklus oder von der Struktur der Arbeitsnachfrage und des -angebots bestimmt, aber im Grunde von der Akkumulationsweise des Kapitals beeinflusst, die die Produktionsweise, die Arbeitsbeziehungen, die Position in der Weltwirtschaft usw. bestimmen. Deshalb wird in diesem Kapitel zunächst die Akkumulationsweise der beiden Länder untersucht, und dann werden ihre jeweiligen Beschäftigungs- und Arbeitslosigkeitssituationen als Kerngrößen auf dem Arbeitsmarkt untersucht.

3.1. Kapitalakkumulation und Arbeitsmarkt

3.1.1. Deutschland

3.1.1.1. Wirtschaftswunder und „Modell Deutschland"

Die erstaunliche wirtschaftliche Entwicklung in den 50er und 60er Jahren in Deutschland, das nach dem zweiten Weltkrieg von der sog. „Stunde Null" ausging, wurde als „Wirtschaftswunder" bezeichnet, und dadurch entstand das „Modell Deutschland" bzw. der „rheinische Kapitalismus". Diese Begriffe beinhalten „– in Abgrenzung zur Wirtschaftsordnung angelsächsischer oder asiatischer Ausformung – ein System korporatistischer, auf Konsens zielender Strukturen, die sich innerhalb eines demokratischen und die freie Marktordnung schützenden Rechtsstaates konstituieren und darauf gerichtet sind, breite Bevölkerungsschichten über einen ausgebauten Sozialstaat an der gesamtwirtschaftlichen Wertschöpfung teilhaben zu lassen" (Castellucci 2001, S. 20).
Etwas schematisch gesehen gründete dieses Modell ökonomisch auf der fordistischen Produktionsweise und gesellschaftlich und politisch auf dem damit kom-

patiblen Sozialstaat. Somit lässt sich das Modell Deutschland als die deutsche Form des Fordismus bezeichnen.

Der Fordismus bezeichnet trotz nationaler Unterschiede die kapitalistische Formation der entwickelten Länder, die sich in den 30er bis 50er Jahren im Gefolge der Weltwirtschaftskrise und des zweiten Weltkriegs herausgebildet und in den 60er Jahren die „goldene Zeit des Kapitalismus" erreicht hat (vgl. Hirsch 1985, 1986, 1996; Hoffmann 1996). Er basiert vor allem auf einer Strategie intensiver Kapitalakkumulation, die sich wesentlich auf die tayloristische Reorganisation der Arbeitsprozesse stützt. Der Taylorismus wird als eine entscheidende Intensivierung der Ausbeutung der Arbeitskräfte durch die Einführung effizienter betrieblicher Kontroll- und Überwachungstechniken gekennzeichnet, und ermöglichte dadurch eine enorme Steigerung der Arbeitsproduktivität und die Massenproduktion billiger Konsumgüter. Als Voraussetzung der Realisierung dieser Massenkonsumgüter erfolgten beträchtliche Lohnsteigerungen, so dass das Massenproduktion-Massenkonsum-System entstand, das zum kontinuierlichen Wachstum und damit zur Vollbeschäftigung führte.

Diese fordistische Akkumulationsweise hätte aber ohne die damit im Einklang stehenden gesellschaftlichen und politischen Rahmenbedingungen nicht erfolgreich sein können. Da in der fordistischen Produktionsweise die Verkettung der Betriebe bzw. Produktionsbereiche verstärkt ist, ist die Gewährleistung der Kontinuität der Produktion (und des Konsums) eine entscheidende Voraussetzung der erfolgreichen Umsetzung dieser Produktionsweise. Daher werden „gesellschaftliche Kooperation und soziale Stabilität ... Produktivitätsfaktoren" (Hoffmann 1996, S. 470), um die Kontinuität der Produktion zu gewährleisten. Als Voraussetzung der gesellschaftlichen Kooperation wurden verschiedene zentralisierte Interessenverbände wie Unternehmerverbände und Industriegewerkschaften usw. gebildet, und der Klassenkonflikt zwischen ihnen löste sich in „institutionalisierter Weise" (Ebenda, S. 471). Auch der Staat hat durch verschiedene Steuerungsinstrumente – vor allem Geld- und Fiskalpolitik – die Intervention in den gesamtwirtschaftlichen Prozess ausgebaut („keynesianischer" Staat). Darüber hinaus führte er das soziale Sicherungssystem gegen soziale Risiken – etwa bei Krankheit, Arbeitslosigkeit und Alter – ein, was nicht nur Arbeitskräfte physisch erhält, sondern auch ein wichtiges Mittel zur Stabilisierung des Massenkonsums darstellt (Wohlfahrts- bzw. Sozialstaat). Die „sozialpartnerschaftliche" und „korporative" (Hirsch 1996, S. 78) Kooperation zwischen Gewerkschaften, Unternehmerverbänden und Staat wurde zu einer wichtigen Grundlage für die Steuerung des Wirtschaftsablaufs (Korporatismus).[63]

---

[63]) Dies bedeutet aber keineswegs, dass die Durchsetzung der fordistischen Akkumulationsweise diese Form der industriellen Beziehungen bzw. des Sozialstaats automatisch nach sich gezogen hätte. Vielmehr mussten sie „in harten ökonomischen, sozialen und politischen Kämpfen" (Hirsch 1996, S. 79) durchgesetzt werden.

Unter diesen wirtschaftlichen und gesellschaftlichen Bedingungen funktionierte die fordistische Akkumulationsweise in dem Sinne ziemlich effizient, dass sie damit Widerstände der Arbeiterklasse effektiv kontrollieren konnte. Zugleich war sie aber eine extrem teure Akkumulationsweise, weil die Kontrolle durch hohe Löhne und ein sozialstaatliches Sicherungssystem aufwendig ist. Dabei ist nicht zu übersehen, dass die Kosten für das Regime nicht nur durch die hohe Arbeitsproduktivität von innen, sondern auch durch eine Wertumverteilung zu Gunsten der kapitalistischen Zentren im Weltmarkt, die durch neue Formen der internationalen Produktion, des Handels, der Rohstoff- und Arbeitskräfteausbeutung usw. erfolgte, gedeckt werden konnten (vgl. Heide 1997b, S. 12). Dabei spielte das internationale Regulationssystem, das am Ende des zweiten Weltkrieges mit den Abkommen von Bretton Woods geschaffen wurden, also der Internationale Währungsfonds (IWF) und die Weltbank als internationales Finanzsystem und das General Agreement on Tarifs and Trade (GATT) eine entscheidende Rolle (vgl. Hirsch 1986, S. 46; Hirsch 1996, S. 80ff.).
Diese allgemeinen Strukturmerkmale des „globalen“ Fordismus erscheinen aber auf einzelstaatlicher Ebene unterschiedlich entsprechend den jeweiligen gesellschaftlichen Kräfteverhältnissen. In diesem Sinne hat sich Deutschland im Vergleich nicht nur von den USA, in denen die sozialstaatliche Entwicklung relativ weniger ausgeprägt war, sondern auch von anderen westeuropäischen Ländern besonders abgehoben.
Auf Grund der neuen Einrichtung der inneren Akkumulationsbedingungen (Währungsreform, staatliche Förderung der Kapitalbildung Anfang der 50er Jahre, historisch geerbtes hohes Qualifikationsniveau der Arbeitskräfte usw.) und der Unterstützung von außen (Marshallplan usw.) konnte Deutschland in den 50er und 60er Jahren ein besonders hohes Wirtschaftswachstum aufweisen[64] und damit eine beispiellose Vollbeschäftigung erreichen.[65] Außenwirtschaftlich gab es in den 60er Jahren aufgrund des hohen technischen Standards der deutschen Industrieprodukte einen Exportboom, so dass Deutschland nach den USA zur zweitgrößten Handelsnation der Welt aufstieg und zugleich einen sehr hohen Handelsüberschuss erzielte. Dadurch konnte Deutschland auch im Weltmarkt eine herrschende Position einnehmen.
Auf der Ebene der industriellen Beziehungen haben innerbetriebliche Mitbestimmungen, die Flächentarifverträge zwischen den zentralisierten Industriegewerkschaften und den Unternehmerverbänden und die produktivitätsorientierte Lohnpolitik der Gewerkschaften usw. zu einer ökonomischen und sozialen Stabilität beigetragen, die für das Funktionieren der fordistischen Produktionsweise

---

[64]) Von 1950 bis 1973 hat sich das BIP mit der durchschnittlichen Wachstumsrate von 5,9% absolut nahezu vervierfacht, und diese Wachstumsrate war deutlich höher als die der anderen westeuropäischen Länder (vgl. North 2000, S. 437). Vgl. dazu auch Weimer (1998).

[65]) Die Arbeitslosenquote war Ende des zweiten Weltkrieges auf 10% gestiegen, begann aber in den 50er Jahren rasch zu sinken, so dass sie in den 60er Jahren meistens unter 1% blieb.

notwendig ist. Auf der politischen Ebene beschleunigte sich der Ausbau des sozialstaatlichen Sicherungssystems seit Mitte der 50er Jahre: Die Übernahme und Verbesserung des Gesetzes über Arbeitsvermittlung und Arbeitslosenversicherung (AVAVG) (1957), die Rentenreform (1957), das Vermögensbildungsgesetz (1961) und das AFG (1969) usw. sind entsprechende Beispiele.[66] Darüber hinaus lässt sich die korporative Kooperation zwischen Staat, Arbeitgebern und Gewerkschaften auch in Form der „Konzertierten Aktion“ (1967-1977) erkennen, die die erste Bündnispolitik für die Überwindung der Krise Mitte der 60er Jahre darstellte (vgl. Schroeder/Esser 1999).[67] Alle diese Rahmenbedingungen funktionierten als Voraussetzungen des so erfolgreichen „Modells Deutschland“.

3.1.1.2. Krise des Fordismus, Postfordismus und Globalisierung

Dieses erfolgreiche „Modell Deutschland“ ist aber seit Mitte der 70er Jahre in eine langfristige Krise geraten, so dass die durchschnittliche Wachstumsrate des BIP von den 70er bis zu den 80er Jahren auf 2.2% und in den 90er Jahren auf 1.4% sank. Zwar kann der doppelte Ölschock in den 70er Jahren und die Lasten der Wiedervereinigung usw. als die scheinbaren Ursachen der Krise ausgewiesen werden, aber die wesentliche Ursache liegt in der Krise des Fordismus an sich, die allerdings nicht nur auf Deutschland begrenzt ist, sondern sich auch weltweit verbreitete.

Im Kern wurde die Krise des Fordismus durch einen strukturellen Rückgang der Kapitalrentabilität verursacht. Dafür war es zunächst grundlegend, dass die in den tayloristischen Arbeitsprozessen liegenden Produktivitätsreserven allmählich ausgeschöpft waren (vgl. Hirsch 1985, S. 169; Hoffmann 1997b, S. 220f.; Yoon/Lee 1998, S. 119f.). Die fortschreitende Arbeitsintensivierung, Dequalifizierung, Monotonie und Entfremdung usw., die von der tayloristischen Arbeitsorganisation verursacht wurden, riefen in Form von Absentismus, Schlamperei, Sabotage und Streik umfangreiche Widerstände der Arbeitnehmer hervor, und sie wurden nun zur Grenze der weiteren Produktivitätssteigerung, die die Basis der fordistischen Massenproduktion war. Auf der Konsumseite wurden die Käuferwünsche der Konsumenten wegen des während der langfristigen Entwicklung des Fordismus schnell gesteigerten Lebensstandards sehr diversifiziert. Demzufolge veränderten sich die Märkte zu „Käufermärkten“, die nicht mehr allein mit

---

66) Vgl. zu den deutschen Sozialgesetzgebungen Lampert (1998).

67) “German corporatism, however, is different from the central corporatist concertation of the Austrian, Swedish or Dutch variety. German industrial relations are rather an example of horizontal or 'covert' co-ordination. To exaggerate only slightly, one might label the German industrial relations system not as 'corporatism without labour', but rather as 'corporatism without the state'” (Manow/Seils 2000, S. 140).

uniformen Massengütern beliefert werden können. Diese Grenzen des Massenkonsums haben wiederum die Grenzen der Massenproduktion nach sich gezogen, und schließlich kam das fordistische Massenproduktion-Massenkonsum-System zu Ende.

Mit der Krise des Produktions- und Konsummodells ist auch der gesellschaftliche und politische Überbau an seine Grenzen gestoßen. D.h. der expandierende Finanzbedarf für die soziale Sicherung, die bisher als Voraussetzung der stabilen Produktion und des Massenkonsums funktioniert hatte, erzeugte bei zurückgehendem Wirtschaftswachstum einen stetig wachsenden Druck auf die Kapitalrentabilität. Demnach wurde die soziale Sicherung von neoliberalen Regierungen, die seit Anfang der 80er Jahre in den wichtigen Industrieländern auf der Bühne erschienen, allmählich abgebaut (Abbau des Sozialstaates). Angesichts des Rückgangs der Kapitalrentabilität wurde auch seitens des Kapitals der Spielraum für Zugeständnisse an die Arbeitnehmer eingeschränkt, so dass Widerstände der Arbeitnehmer wuchsen. So wurde der Korporatismus, der eine wichtige gesellschaftliche Stütze des Fordismus dargestellt hatte, nach und nach geschwächt.

Diese Krise ging mit dem Zusammenbruch des internationalen Regulationssystems in den 70er Jahren einher. Auf der einen Seite brach das Bretton-Woods-Währungssystem aus Anlass der Unterbrechung der Goldkonvertibilität des US Dollar Anfang der 70er Jahre zusammen. Auf der anderen Seite stieß der Werttransfer aus der Peripherie des Weltmarktes durch die Dekolonialisierung, den sog. Rohstoffnationalismus (zweimalige Ölkrisen in den 70er Jahren) usw. auf Schwierigkeiten. So wurde das internationale Regulationssystem, das den Fordismus in den kapitalistischen Zentren unterstützte, zunehmend destabilisiert.

Zur Lösung dieser Krise hat das Kapital verschiedene „postfordistische" Strategien[68] versucht, die vor allem durch die Einführung neuer Produktionstechnologien, eine grundlegende Veränderung der Formen von Betriebs- und Arbeitsorganisation und die damit verbundene Flexibilisierung der Beschäftigung und der Arbeitsverhältnisse gekennzeichnet sind (vgl. Hirsch 1985, S. 174f.; Hirsch 1996, S. 88f.; Hoffmann 1996, S. 508f.; Friedrich/Wiedemeyer 1998, S. 113f.; Yoon/Lee 1998, S. 123f.). Die „mikroelektronische Revolution" auf Basis der neu entwickelten Informations- und Kommunikationstechnologien ermöglichte das Produktionssystem der „flexiblen Spezialisierung", das den diversifizierten Konsumwünschen entspricht. Unter diesem flexiblen Produktionssystem werden zunächst die Arbeitsprozesse individualisiert und flexibilisiert. Dementsprechend wurde eine neue Arbeitsorganisation eingeführt, die als *„lean producti-*

---

68) Zwar nennt man die Gesamtheit der Strategien zur Lösung der Krise des Fordismus üblicherweise „Postfordismus", er stellt aber kein System dar, das als Gesellschaftsformation dem Fordismus ebenbürtig ist. Deshalb ist er nur „post". Vgl. zu den Varianten des Postfordismus Yoon/Lee (1998).

on" in dem Sinne bezeichnet werden kann, dass alle Produktionsressourcen (vor allem Arbeitskräfte) weniger als bisher eingesetzt werden.[69] Lean production führt durch die Gruppenarbeit, „Total-Quality-Management" (TQM), „just-in-time" (JIT)-Logistik usw. zur Erhöhung der Autonomie der Arbeit und zur Dezentralisierung der Produktion und überwindet dadurch einige Nachteile der tayloristischen Massenarbeit wie Monotonie und Entfremdung. Aber sie bringt gleichzeitig eine enorme Rationalisierung und Flexibilisierung der Produktion und damit der Beschäftigung und der Arbeitsverhältnisse mit sich. So entsteht Massenarbeitslosigkeit, und die Arbeitsverhältnisse werden individualisiert, was die Macht der Gewerkschaften schwächt.[70] Allerdings erlischt damit die tayloristische Massenarbeit nicht, sondern erlangt eine neue Dimension („Taylorismus auf höherer Stufe"; Hirsch 1985, S. 175): Auf der einen Seite bilden sich die hochqualifizierten und relativ autonomen „Stammbelegschaften" in den Kernbereichen der Produktion heraus. Auf der anderen Seite entsteht in den peripheren Bereichen (in ausgelagerten Produktionseinheiten, Zulieferbetrieben usw.) ein „neuer Typ des Massenarbeiters", der gerade nicht räumlich konzentriert, vereinheitlicht und unter homogenen Arbeitsbedingungen existiert, sondern hochgradig individualisiert, flexibilisiert und parzelliert ist (vgl. Hirsch 1985, S. 176). Diese neuen Massenarbeiter bilden die „Randbelegschaften", und bei ihnen weiten sich die sog. „atypischen Beschäftigungsformen"[71] wie befristete Arbeit, Teilzeit- und Leiharbeit usw. aus.

Diese postfordistische Umwälzung war auch mit der oben erwähnten Veränderung des Weltwährungssystems verbunden. Am bemerkenswertesten ist, dass das Geld- bzw. Finanzkapital mit dem Zusammenbruch des Bretton-Woods-Systems zu Anfang der 70er Jahre, der daraus resultierten Flexibilisierung der Wechselkurse, der Entwicklung von Offshore-Bankzentren usw. begann, sich zu verselbstständigen (vgl. Hoffmann 1997a, S. 84). D.h. das Geldkapital wurde von der Produktion und dem Welthandel abgekoppelt, so dass die Geldmärkte an sich zum Objekt der Geldanlage (Spekulation) wurden. Demnach hat das „*hot*

[69]) Da diese Produktionsmethode bei Toyota entwickelt worden ist, wird sie auch „Toyotismus" genannt.

[70]) „Diese technologische Offensive dient nicht nur der umfassenden Rationalisierung des kapitalistischen Produktions- und Zirkulationsprozesses, sondern beinhaltet – nicht zuletzt durch eine massive Freisetzung von Arbeitskräften – vor allem auch einen Angriff auf die institutionalisierten gesellschaftlichen Kräfteverhältnisse der fordistischen Regulation" (Hirsch 1996, S. 89).

[71]) Während die „Normalarbeitsverhältnisse" durch Dauerhaftigkeit, Kontinuität und Vollzeitigkeit gekennzeichnet sind, werden unter „atypischen Arbeits- bzw. Beschäftigungsverhältnissen" alle diejenigen verstanden, die nicht den Merkmalen der Normalarbeitsverhältnisse entsprechen. Deshalb sind die Merkmale der Sammelkategorie „atypische Beschäftigung" lediglich formal und negativ abgegrenzt. Zu ihren Formen gehören Teilzeitarbeit, geringfügige Beschäftigung, befristete Beschäftigung, Leiharbeit, Scheinselbstständigkeit und Heimarbeit (vgl. Keller 1997b).

money" (Spekulationskapital) den größten Teil des internationalen Kapitalflusses gebildet, so dass der gegenwärtige Kapitalismus nun als „*Casino Capitalism*" (Strange 1986) etikettiert wurde. Neben dieser Internationalisierung des Geldkapitals wurde auch die Internationalisierung der Produktion und Zirkulation beschleunigt.

Diese kapitalistische Internationalisierung gewann aus Anlass des drastischen Umbruchs der Weltordnung Anfang der 90er Jahre – Zusammenbruch der Sowjetunion und des osteuropäischen sozialistischen Blocks und die Wiedervereinigung Deutschlands – einen neuen historischen Charakter, so dass das Zeitalter der sog. „Globalisierung" begann. Mit dem Ende der Systemkonkurrenz und des Kalten Krieges ist „der Kapitalismus (...) weltweit beherrschend und universell geworden" (Hirsch 1998, S. 18),[72] was die internationale Bewegung des Kapitals verstärkte.

Zwar lässt sich die Globalisierung in vieler Sicht definieren, sie bedeutet aber im ökonomischen Sinne die radikale Liberalisierung des Waren-, Dienstleistungs- und vor allem Kapitalverkehrs, die Entwicklung der Internationalisierung der Produktion und die darauf basierende Stärkung der internationalen Verflechtungen und des Wettbewerbs. So nahmen der Welthandel und die ausländischen Direktinvestitionen mit der Globalisierung drastisch zu.[73] Am charakteristischsten ist jedoch, dass sich die oben erwähnten verselbstständigten Finanzmärkte im Vergleich mit anderen Bereichen viel rascher ausweiteten. Da sich die internationalen Spekulationskapitale für kurzfristige Kapitalrendite interessieren, verursachen ihre schnellen Bewegungen durch die raschen Schwankungen der Zinssätze und Wechselkurse enorme Instabilität sowohl bei den Finanzmärkten wie Aktien- und Devisenmärkten als auch bei der ganzen Weltwirtschaft.[74]

Auf der anderen Seite verändert sich mit dem Zuwachs der Finanzmärkte auch die Unternehmenskultur, weil sich immer mehr Unternehmen notwendiges Kapital durch die Börse beschaffen müssen (vgl. Hoffmann 1997a, S. 84f.; Friedrich/Wiedemeyer 1998, S. 151). Demnach orientieren sich Unternehmen an den kurzfristigen Interessen und Kalkülen der Aktionäre („*shareholder-value-capitalism*"). In dieser Situation werden Arbeitnehmer im Grunde nur für einen Kostenfaktor gehalten, der den Gewinn der Unternehmen verringert, weshalb sie zu einem Gegenstand werden, den es soweit wie möglich zu reduzieren gilt.

---

[72]) Zwar bleibt China – neben kleinen Ländern wie Nordkorea und Kuba – immer noch ein sozialistischer Staat, aber man kann sagen, dass auch China völlig in den Weltkapitalismus integriert ist, wie der Eintritt in die *World Trade Organization* (WTO) von 2001 belegt.

[73]) Zu beachten ist, dass sich dieser Prozess wesentlich auf die „Triade" der kapitalistischen Zentren, nämlich die USA, EU und Japan/Südostasien konzentriert.

[74]) Die Wirtschaftskrisen in den Entwicklungsländern seit den 90er Jahren (Mexiko (94/95), Ostasien (97), Russland (98), Brasilien (99), Türkei (00) und Argentinien (01/02)) sind die Paradebeispiele.

Bei der Internationalisierung der Produktion spielen Transnationale Konzerne (TNKs) als die „treibenden Kräfte" (Altvater/Mahnkopf 1996, S. 246) eine entscheidende Rolle. Diese weltweit operierenden großen Unternehmen („*global players*") können nunmehr mit Hilfe der modernen Informations- und Kommunikationstechniken eine Strategie der grenzüberschreitenden „externen Flexibilisierung" ihrer Produktion auf einer neuen Stufe umsetzen (vgl. Hirsch 1996, S. 90; Hoffmann 1997a, S. 86; Hoffman 1997b, S. 221; Friedrich/Wiedemeyer 1998, S. 150f.; Matthäi 1999). Sie können durch die Strategien des „*global sourcing*" bzw. „*worldwide sourcing*" Vorprodukte und unternehmensbezogene Dienstleistungen international nach jeweiligen Kostenvorteilen einkaufen. Oder sie können flexibel und schnell Teile ihrer Unternehmungen an jene Orte der Welt verlagern, die sich von den Lohnkosten, den Arbeitsqualifikationen, der staatlichen Gesetzgebung oder den Marktverhältnissen her am günstigsten erweisen, und durch die „*intra-firm*" Vernetzungen die Vorteile der jeweiligen Produktionsstandorte ausnutzen. Demzufolge wird auf der nationalen Ebene der funktionale und produktive Zusammenhang zwischen den weltmarktorientierten großen Unternehmen und den kleinen und mittleren Unternehmen, die für den Binnenmarkt und z.T. als Zulieferer für diese großen Unternehmen tätig sind, gelockert bzw. bedroht.

Diese Globalisierungsprozesse setzen für die freie Bewegung der Waren und Kapitale die Liberalisierung der jeweiligen Märkte voraus und erzwingen dafür institutionelle und rechtliche Deregulierungen (vgl. Altvater/Mahnkopf 1996). Die Entstehung und langfristige Machtergreifung der neoliberalen und neokonservativen Regierungen in den kapitalistischen Zentren seit den 80er Jahren entsprechen gerade dieser Forderung, und unter diesen Regierungen wurde die Deregulierungspolitik systematisch und umfangreich angetrieben.[75] So wurde die Autonomie der einzelnen Nationalstaaten bei der Wirtschaftspolitik gegenüber den Marktkräften geschwächt. Aber die Deregulierungen beschränkten sich nicht auf die Wirtschaftspolitik, sondern weiteten sich auch auf die Arbeitspolitik und Sozialpolitik aus, weil der Schutz für Arbeitnehmer und die sozialen Sicherungen nur sog. Kostenfaktoren darstellen, die den Gewinn des Kapitals reduzieren. Daher erfolgten verschiedene Deregulierungsmaßnahmen zur Flexibilisierung des Arbeitsmarktes bzw. der Arbeitsverhältnisse und der Abbau des Sozialstaats, womit auch die dem Sozialstaat zugrunde liegenden Klassenkompromisse zerstört wurden. Insofern ist „die aktuelle Globalisierung (...) im Kern ein Projekt des kapitalistischen Klassenkampfs" (Hirsch 1998, S. 24).

[75]) Trotzdem verschwinden nicht alle staatlichen Regulationen. „Im Grunde handelt es sich bei der kapitalistischen Globalisierungsoffensive um eine Strategie, die nicht so sehr auf die Auflösung einzelstaatlicher Regulation überhaupt, sondern auf eine Zerschlagung der keynesianisch-staatsreformistischen Regulations*weise* des Fordismus abzielte" (Hirsch 1996, S. 90).

Freilich ist die bisher dargelegte Globalisierung als „die entscheidende Strategie des Kapitals zur Lösung der Fordismus-Krise“ (Hirsch 1998, S. 22) nicht nur ein Merkmal des gegenwärtigen deutschen Kapitalismus, sondern weltweit zu beobachten. Zwar könnte der Globalisierungsgrad des deutschen Kapitalismus niedriger sein als der des angelsächsischen, doch ist es nicht zu leugnen, dass auch Deutschland als eines von den kapitalistischen Zentren bei den Globalisierungsprozessen eine Führungsrolle spielt und insofern die Globalisierung die grundlegende Tendenz der derzeitigen Kapitalakkumulation Deutschlands darstellt.[76]

3.1.1.3. Krise am Arbeitsmarkt

Zwar gibt es zahlreiche Einflussfaktoren auf den deutschen Arbeitsmarkt, aber seine gegenwärtige Krise, die durch die Massenarbeitslosigkeit und die Zunahme der atypischen Arbeitsverhältnisse repräsentiert wird, wird wesentlich gerade von der Krise des Fordismus und der Globalisierung bestimmt. Es ist keineswegs zufällig, dass seit Mitte der 70er Jahre (gleichzeitig mit dem Beginn der Krise des Fordismus) die Arbeitslosigkeit anhaltend zunahm. Die Einflüsse der postfordistischen Arbeitsprozesse und der Globalisierung auf den Arbeitsmarkt, die schon oben gelegentlich erwähnt wurden, lassen sich folgendermaßen zusammenfassen:
Zunächst verursachen neue Informations- und Kommunikationstechniken, die das Produktionssystem der flexiblen Spezialisierung ermöglichten, und neue Arbeitsorganisationen (*lean production*) eine enorme Rationalisierung und Flexibilisierung der Produktion, was zur massiven Freisetzung[77] von Arbeitskräften und zu den verschiedenen atypischen Beschäftigungsformen führt. In diesem Verlauf differenzieren sich die Arbeitskräfte in Stamm- und Randbelegschaften,

---

[76]) Beispielsweise ist der Entwicklungsgrad des Aktienmarktes, der als ein wichtiger Indikator für die Globalisierung gelten kann, niedriger als derjenige der USA und Englands: Die Proportion der Gesamtsumme der Aktienpreise zum BIP betrug 1999 in Deutschland nur 68%, während sie in den USA und in England jeweils 182% (1998) und 198% betrug. Die Tatsache, dass sie von 22,8% in 1991 und 23,9% in 1995 auf 68% in 1999 stieg, zeigt aber, dass sich auch der Aktienmarkt Deutschlands seit Mitte der 90er Jahre schnell entwickelt hat (vgl. Cho 2001, S. 32).

[77]) Dem Freisetzungseffekt des technischen Fortschritts steht allerdings sein Kompensationseffekt gegenüber, so dass sein gesamter Beschäftigungseffekt oft sehr schwierig zu beurteilen ist. Das ist darauf zurückzuführen, dass der Einfluss des technischen Fortschritts auf die Beschäftigung schwer von anderen Einflussfaktoren zu isolieren ist.

und vor allem bei den letzten weiten sich die atypischen Beschäftigungsformen aus.[78]

Die Einflüsse der Globalisierung sind vielfältig. Die Zunahme des Freihandels auf dem Weltmarkt bringt eine Verschärfung des Wettbewerbs hervor, die in erster Linie zum Sinken der Preise führt. Das ist sicherlich gut für die Konsumenten, bringt aber den Produzenten, also den ArbeitnehmerInnen ein negatives Ergebnis. Denn die Preissenkung kann letzten Endes nicht anders erreicht werden als durch eine Reduzierung der Arbeitskosten, also durch Freisetzung von Arbeitskraft, durch Entlassung von Beschäftigten (vgl. Mahnkopf/Altvater 2001, S. 137f.). Dies gilt vor allem für ArbeiterInnen, die in arbeitsintensiven Bereichen arbeiten und standardisierte Tätigkeiten (darunter zunehmend auch Dienstleistungen) ausführen, weil diese Arbeiten auf gleich hoher Produktivität, aber zu niedrigeren Preisen auch anderswo gemacht werden können (vgl. Welzmüller 1997, S. 27).

Die Internationalisierung der Produktion wirkt auf zweierlei Art auf den Arbeitsmarkt ein: Zum einen reduzieren die Verlagerungen des Produktionsortes (Direktinvestitionen ins Ausland) direkt die Arbeitskräfte im Inland, was allerdings von den Direktinvestitionen des Auslands ins Inland teilweise ausgeglichen wird.[79] Zum anderen beeinflussen die Verlagerungen bzw. das „global sourcing“ durch die Lockerung der nationalen produktiven Zusammenhänge zwischen TNKs und kleinen/mittleren Unternehmen indirekt den Arbeitsmarkt. D.h. die kleinen/mittleren Unternehmen, die bisher zu den TNKs in Zulieferbeziehungen gestanden haben, verlieren ihre Abnehmer und sind damit gezwungen, Arbeitsplätze abzubauen.

Die Verselbstständigung des Finanzkapitals, die als das wichtigste Merkmal der Globalisierung gilt, bedeutet, dass das wachsende Finanzkapital nicht in die Produktion von Gütern und Dienstleistungen investiert wird (Entkopplung von Finanz- und Sachkapital) und damit nicht zur Vermehrung der gesamtwirtschaftlichen Nachfrage beiträgt. Sie führt deshalb nicht zur Zunahme der Produktion und damit der Arbeitskräfte (vgl. Hickel 1996b, S. 709). Da die weltweite Vagabundierung des verselbstständigten spekulativen Finanzkapitals auf der Suche nach lukrativen Anlagen darüber hinaus eine enorme Instabilität und Unvorhersehbarkeit der Wirtschaft mit sich bringt, müssen Unternehmen als Vorsorge für

---

[78]) Auch der Zuwachs des Dienstleistungssektors und die Zunahme der Frauenerwerbsbeteiligung sind wichtige Faktoren der Ausweitung der atypischen Beschäftigungsformen (vgl. Hoffmann/Walwei 1998, S. 419f.).

[79]) Der Anteil der Beschäftigten bei Auslandsgesellschaften deutscher Unternehmen im verarbeitenden Gewerbe lag 1994 bei 29% der Gesamtbeschäftigung in Westdeutschland (insgesamt 15%), während der bei ausländischen Firmen in Deutschland nur 18% (insgesamt 10%) betrug. Auch die Geschwindigkeit der Zunahme war bei der Ersterer (1980 → 1994 = im verarbeitenden Gewerbe 18% → 29%; insgesamt 11% → 15%) schneller als bei der Letzterer (17% → 18%; 10% → 10%) (vgl. Jungnickel 1996, S. 311).

Notfälle die Zahl der Arbeitskräfte auf einem Minimum halten. Unter diesen Umständen reagieren Unternehmen bei einer vorläufigen Zunahme der Nachfrage mit der Einstellung atypischer Beschäftigter, die leicht entlassen werden können. Ferner wirkt auch die *„shareholder-value“*-Orientierung der Unternehmen negativ auf den Arbeitsmarkt ein: Für die Aktionäre sind kurzfristige monetäre Ertragsaussichten entscheidend, deswegen haben sie mehr Interesse an den kurzfristigen Gewinnen der Unternehmen, die die Aktienpreise unmittelbar beeinflussen, als an langfristigen positiven Aussichten. Demnach richten auch Unternehmen ihr Interesse auf eine Maximierung kurzfristiger Gewinne und müssen dafür die Arbeitskosten reduzieren, die am leichtesten gekürzt werden können.
Letzten Endes lassen sich die Folgen der postfordistischen Strategien und der Globalisierung zur Lösung der Krise der fordistischen Kapitalakkumulation als Zunahme der Arbeitslosigkeit auf der quantitativen Seite und als Flexibilisierung auf der qualitativen Seite, d.h. als Ausweitung der atypischen Arbeitsverhältnisse, zusammenfassen. So ist die Arbeitslosenquote Deutschlands von ca. 1% Anfang der 70er Jahre auf über 10% Ende der 90er Jahre gestiegen (vgl. 3.3.1.). Auch die Ausweitung der atypischen Arbeitsverhältnisse lässt sich schon dadurch feststellen, dass z.B. der Anteil der Teilzeiterwerbstätigen an den gesamten Erwerbstätigen Westdeutschlands zwischen 1985 und 2000 von 12,4% auf 21,0% zunahm (vgl. Klammer/Tillmann 2001, S. 50).
Zum Schluss ist zu beachten, dass diese Arbeitsmarktskrise – wie erwähnt – von der Deregulierungspolitik der neoliberalen Regierung unterstützt worden ist. Seit der Kohl-Regierung (CDU/CSU/FDP) erfolgte die Deregulierung des Arbeitsmarktes stets in einzelnen Schritten. Dafür wurden zahlreiche gesetzgeberische Maßnahmen im Bereich des Arbeitsrechts ergriffen, wobei sie zum einen auf die Kürzung der Schutzrechte „normaler“ Arbeitsverhältnisse (z.B. Lockerung des Kündigungsschutzes), zum anderen auf eine Erweiterung der Zulassung bestimmter „atypischer“ Arbeitsverhältnisse (z.B. Flexibilisierung der Arbeitszeit, Verlängerung der Befristungs- und Überlassungshöchstdauer) abzielten.[80] Zu Beginn der Schröder-Regierung (SPD/Grüne) wurden einige Arbeitsrechte zurückgebracht, die zuvor gekürzt wurden, aber von einer wesentlichen Kursänderung kann keine Rede sein.

[80]) Vgl. zu den ausführlichen Gesetzgebungen Keller/Seifert (1997, S. 524; 2002, S. 92) und Hoffmann/Walwei (1998, S. 422).

3.1.2. Südkorea

3.1.2.1. „Modell Korea“

Bekanntermaßen war die wirtschaftliche Entwicklung Südkoreas seit den 60er Jahren weltweit beispiellos schnell, so dass sie – im Vergleich zum „rheinischen Wunder“ Deutschlands – als „das Wunder am Han-gang[81]“ betitelt wurde bzw. Südkorea als einer der „asiatischen Tiger“ bezeichnet wurde. Demzufolge wurden verschiedene theoretische Versuche gemacht, die Triebkraft dieser Entwicklung zu erklären, und auch der Ansatz des sog. „konfuzianischen Kapitalismus“ bzw. der „asiatischen Werte“ ist einer dieser Versuche. Aber „all previous attempts at answering this question by searching for explanations in a presumed Asian mentality or Confucian culture are, in my opinion, totally unsatisfactory“ (Heide 2000, S. 1).[82] Vielmehr lässt sich das Modell Südkorea bzw. die südkoreanische Akkumulationsweise vor der Krise Ende der 90er Jahre als „ein von dem Staat-Chaebol[83]-Komplex geleitetes Planungssystem“ verstehen.[84]
In Südkorea herrschten auch in den ersten eineinhalb Jahrzehnten nach der Befreiung von japanischer Herrschaft noch vorkapitalistische Verhältnisse. Die tatsächliche kapitalistische Entwicklung in Südkorea, in der sich die spezifische südkoreanische Akkumulationsweise herausbildete, begann erst mit dem Militärputsch Park Chung-Hees 1961.
Das zentrale Element dieser Akkumulationsweise ist ein „starker Staat“ im Sinne einer relativen Autonomie gegenüber den gesellschaftlichen Kräften (Heide 1993, S. 273).[85] In Südkorea hat nicht der Markt, sondern dieser starke Staat die effiziente Allokation der Ressourcen und die erfolgreiche Integration in den Weltmarkt geleitet. Das Funktionieren dieses starken Staates fing mit der Ent-

---

[81]) Der Fluss, der Seoul durchfließt.

[82]) Zur Kritik an diesen Ansätzen vgl. auch Koo (1998). Zwar war dieser Ansatz seit Max Webers Studie vom Anfang des zwanzigsten Jahrhunderts bis zur jüngsten Krise eine wichtige Achse der westlichen Diskussionen über den asiatischen Kapitalismus, aber die Diskussionen darüber sind in Südkorea schwer zu beobachten.

[83]) Der „Chaebol“ ist das südkoreanische Wort für ein großes Konglomerat, das mehrere Dutzend (sogar bis hin zu siebzig) Tochterfirmen in verschiedenen Bereichen hat („Geschäft im Stil von Oktopodenfüßen“). Da diese Art der Unternehmen in Südkorea eigentümlich ist, wird das Wort als ein Eigenname verwendet.

[84]) Dies ist die Kernthese von Heide (1993, 1997a, 1998a, 1998b, 1999 und 2000) zur südkoreanischen Akkumulationsweise, und unten werden die Charakteristika vornehmlich in Anlehnung an Heide kurz zusammengefasst.

[85]) Dass sich dieser starke Staat herausbilden konnte, lag nicht nur an der Machtergreifung durch das Militär, sondern auch an dem Interesse, dass die US-Regierung an der Stabilisierung eines antisowjetischen Bollwerks in Südkorea hatte.

wicklungsplanung an,[86] wobei das vorherige korrupte „Bürokratie-Kapital“, das sich nachher zu Chaebol entwickelte, zu einem strategischen Partner des Staates gemacht wurde. So entstand der Staat-Chaebol-Komplex, und die Ressourcenallokation konzentrierte sich im Grunde genommen auf einige strategische Sektoren, die gerade die Chaebol übernahmen.
Die Entwicklungsplanung, die das Zentrum des Staat-Chaebol-Komplexes war, setzte sich in Form von sieben Fünfjahresplänen von 1962 bis 1996 fort.[87] Im Zuge dessen wurden zum einen einige Schlüsselindustrien mit öffentlichem Charakter verstaatlicht und vor allem das Banken- bzw. Kreditsystem von der Regierung kontrolliert. Zum anderen konzentrierten sich ein umfangreicher Protektionismus und politische Förderungsmaßnahmen in allen Phasen auf die strategischen Industrien, die sich für die Maximierung der Produktivität eigneten. In dieser Weise gelang ein systematisches Upgrading der Wirtschaftsstruktur (Basisinfrastruktur → Leichtindustrie → Schwerindustrie → Hightech).
Außenwirtschaftlich wurde in der Anfangsphase eine importsubstituierende Strategie angestrebt, aber diese wurde bald durch eine exportorientierte Strategie ersetzt, weil fast alle Ausrüstungsgüter und notwendige Rohstoffe nicht vorhanden waren. Durch eine aktive Exportförderung konnte sich die Wirtschaft Südkoreas erfolgreich in den Weltmarkt integrieren, und nur dadurch war es möglich, in das vertikale internationale Arbeitsteilungssystem integriert zu werden, auf dessen Gipfel sich die USA und Japan befanden.[88] In diesem Sinne war der erfolgreiche Integrationsprozess Südkoreas in den Weltmarkt auch ein zunehmender Abhängigkeitsprozess vom Weltmarkt.
Um diesen Entwicklungsprozess effizienter zu machen, mobilisierte die Regierung durch die Destruktion des landwirtschaftlichen Sektors massiv Arbeitskräfte und erhöhte durch die systematische Erweiterung des Bildungssystems deren Qualifikationen. Viel wichtiger ist aber, dass die Regierung gründlich eine Niedriglohnpolitik durchgesetzt und dafür extrem unterdrückende Arbeitsbeziehungen geschaffen hat. Die Gewerkschaften wurden von der Regierung kontrolliert,[89] und sporadische Widerstände der ArbeiterInnen wurden erbarmungslos

---

86) Ein Grund dafür, dass die militärische Regierung die Entwicklungsplanung angetrieben hat, lag auch in der Absicht, die Illegitimität der militärischen Machtergreifung auszugleichen.

87) Vgl. zur Übersicht der Fünfjahrespläne 1962 ~ 1996 Heide (1997a, S. 11).

88) Südkorea hat in der Phase der Leichtindustrie und der Schwerindustrie jeweils dafür notwendige schwerindustrielle Vorprodukte und Kerntechnologien aus den USA und Japan importiert. Zum Versuch, die ostasiatische Entwicklung durch das Wildgänsemodell zu erklären, an dessen Spitze Japan steht, vgl. Hwang (1998; 2003).

89) *The Federation of Korean Trade Unions* (FKTU), die der einzige nationale Dachverband gewesen war, bis ein weiterer unabhängiger Dachverband (*The Korea Confederation of Trade Unions* (KCTU)) 1995 gegründet worden ist, wurde 1961 unter der Führung der Militärregierung gegründet.

unterdrückt. So ist das Modell Südkorea „auf Blut und Schweiß“ (Heide 1993, S. 277) gegründet.
Diese Akkumulationsweise Südkoreas, die von einigen Theoretikern (z.B. Kang 1995) prononciert als „Hyundäismus“[90] bezeichnet wurde, unterscheidet sich auf jeden Fall in dem Sinne deutlich vom Fordismus in den entwickelten Ländern, dass sich die beiden in Bezug auf das Produktions- und Sozialsystem in einem unterschiedlichen Entwicklungsstand und in Bezug auf die Wertumverteilung auf dem Weltmarkt an unterschiedlicher Stelle befinden.

3.1.2.2. Krise des Modells

Zwar hat diese Akkumulationsweise grundsätzlich bis Mitte der 90er Jahre funktioniert, aber Symptome der Krise ließen sich schon seit den 80er Jahren erkennen. Die Krise wurde vor allem durch die Entwicklung der immanenten Widersprüche des Modells verursacht. Der wirtschaftliche Erfolg seit den 60er Jahren brachte die übermäßige Konzentration der wirtschaftlichen Macht auf die Chaebol mit sich.[91] So wollten sich die Chaebol „allein wegen ihrer Größe von der Regierung nicht mehr so gern Vorschriften machen lassen“ (Kamppeter 2000, S. 23). Darüber hinaus forderten die Chaebol die Regierung zur Überlassung der politischen Instrumente (vor allem den Besitz der Finanzinstitutionen[92] und die Liberalisierung der Verschuldung im Ausland) auf, was zur wichtigen Ursache der Überinvestition und der Anhäufung der Auslandsverschuldung Mitte der 90er Jahre wurde. Nun konnten auch die unproduktiven Investitionen nicht aktiv geregelt werden. „The state looked increasingly unable or unwilling to tame the power of the chaebol” (You 1995, S. 145).
Der Widerspruch entwickelte sich auch durch die Verstärkung der Widerstände der ArbeiterInnen. Obwohl es während des Ausbaus der Schwerindustrie eine Knappheit auf dem Arbeitsmarkt für qualifizierte männliche Arbeiter gegeben hatte, wurden die Löhne und die Arbeitsbedingungen niedergehalten. Die Unzufriedenheit damit äußerte sich in dem spontanen großen Arbeitskampf vom 1987. Danach erhöhten sich die Löhne stark, da die Chaebol fortan „tactics to ′buying′

---

[90]) Die *Hyundai* Auto AG ist der repräsentative Autohersteller in Südkorea.
[91]) Der Anteil der Produkte der größten dreißig Chaebol am BIP erhöhte sich insbesondere Anfang der 90er Jahre stark (1985: 12,2%, 1990: 12,6%, 1995: 15,0%). Aber er sank im Jahr 2000 wegen der sog. Reform der Chaebol, die als Reaktion auf die Krise von 1998 initiiert wurde, auf 12,9%.
[92]) Die Chaebol konnten Anfang der 90er Jahre eine Reihe von kleinen Finanzinstitutionen besitzen, die „synthetische Finanzgesellschaft“ genannt wurden. Diese wurden jedoch aufgrund unbesonnener Einführung ausländischen Kapitals zu einer unmittelbaren Ursache der Devisenkrise Ende der 90er Jahre, so dass die meisten nach 1998, in der Regierungszeit von Kim Dae-Jung, zwangsweise geschlossen wurden.

workers′ loyalty through wage consessions“ (Heide 1998, S. 22)[93] einsetzten. Vor diesem Hintergrund wurde seit Anfang der 90er Jahre die neoliberale Flexibilisierung des Arbeitsmarktes einschließlich der betriebsbedingten Massenentlassungen versucht,[94] die sich allerdings erst nach der Devisenkrise von 1997 realisierte (vgl. 3.1.2.4.).
So "the dominance of the state, which was at the heart of the model, was bound to face challenges from both the capitalists and the workers, whose increasing relative strength *vis-à-vis* the state was, ironically, a direct result of the very success of the model in achieving rapid industrialization" (You 1995, S. 145). Der Mythos des "starken Staates" begann, Risse zu bekommen.
Druck auf das System gab es auch von außen. Das internationale Kapital, das seit den 80er Jahren mit der Parole „Globalisierung“ weltweit zur Öffnung der Märkte aufforderte, zwang auch den südkoreanischen Staat, zu liberalisieren und zu deregulieren, d.h. Waren- und Kapitalmärkte international zu öffnen und staatliche Eingriffe nach und nach abzubauen. Dieser Druck hat sich im Zuge der Verhandlungen der Uruguay-Runde in der ersten Hälfte der 90er Jahre und vor allem bei den Verhandlungen für den Eintritt zur OECD im Jahr 1996 noch verstärkt.[95] „The state-Chaebol complex was eventually drawn by this pressure into a virtual whirlpool of self-dissolution“ (Heide 1998, S. 24).
Allerdings verzögerte sich die Anpassung an den Weltmarkt, weil das Vertrauen zum starken Staat noch nicht völlig zusammengebrochen war. Obwohl die Leistungsbilanzdefizite Mitte der 90er Jahre ein bedrohliches Niveau erreicht hatten,[96] blieb der Wechselkurs des südkoreanischen *Won* gegen den US-Dollar aufgewertet, und auch internationales Kapital floss reichlich in Südkorea ein. Mittlerweile wurde aber die Auslandsverschuldung immer größer,[97] und in der ersten Hälfte von 1997 sind fünf Chaebol Bankrott gegangen. Darauf folgten auch eine Schwächung der Finanzinstitutionen und Schwierigkeiten mit der Verschuldung im Ausland. Diese Ereignisse, die im Zuge der ostasiatischen Devisenkrise Mitte 1997 entstanden, führten bei ausländischen Anlegern, Banken

[93]) „The conditions for this were twofold: On the one hand, structural conditions in large enterprises favoured union organization and industrial actions, whilst on the other hand the profit margins which the Chaebol were able to achieve were substantially higher than those of small and medium-sized firms" (Heide 2000, S. 3).
[94]) In einer frühen Morgenstunde im Dezember 1996 brachte die Regierungspartei ohne Anwesenheit der Opposition das novellierte Arbeitsgesetz durch, das Massenentlassungen ermöglichte, zog es aber unter dem Druck eines sofortigen Generalstreiks der KCTU wieder zurück.
[95]) Vgl. zu den ausführlichen Verläufen Kamppeter (2000).
[96]) Die Leistungsbilanz Südkoreas erzielte Ende der 80er Jahre einen enormen Überschuss (1988: 15 Mrd. Dollar), aber schrieb von 1990 bis 1997 bis auf 1993 dauernd rote Zahlen (1996: 23 Mrd. Dollar) (vgl. http://kosis.nso.go.kr).
[97]) Die Netto-Auslandsverschuldung Südkoreas, die 1989 3 Mrd. Dollar betragen hatte, erhöhte sich Ende 1997 auf 54 Mrd. Dollar (vgl. http://kosis.nso.go.kr).

und Ratingagenturen zu einer Neubewertung der Risiken in Südkorea, was schließlich selbst das Vertrauen zum starken Staat beeinträchtigte.[98] Demzufolge floss ausländisches Kapital in der zweiten Hälfte von 1997 so rasch aus, dass auch in Südkorea Ende 1997 eine Devisenkrise ausbrach.

3.1.2.3. Neoliberalistische Umstrukturierung der Akkumulationsweise

Angesichts der Insolvenz der Auslandsverschuldung wollte die Regierung durch einen Rettungskredit des IWF die Krise beheben. Aber die den Kredit begleitenden Reformprogramme des IWF vertraten völlig das Interesse des ausländischen Kapitals. Sie haben, beginnend mit dem Finanzmarkt, der als primär verantwortlich für die Krise erschien, in allen Bereichen eine Liberalisierung und Deregulierung erzwungen.[99] Aus diesem Grund begann man eine allgemeine neoliberalistische Umstrukturierung der Wirtschaft Südkoreas, die schon über zehn Jahre lang nach und nach versucht worden war, weiter anzutreiben. Die Entwicklungsplanung, die das Kernmerkmal der bisherigen Akkumulationsweise war, wurde abgeschafft und kurzfristig durch die IWF-Programme ersetzt, auch der Staat-Chaebol-Komplex funktionierte nicht mehr.[100] „The crisis is the way of implementing a new mode of accumulation" (Heide 1998, S. 5).
Die neoliberalistische Reform begann mit der Liberalisierung des Kapital- bzw. Devisenmarktes vor allem zugunsten des Zuflusses ausländischen Kapitals. Auch ausländischen Anlegern wurde der völlig freie Zugang zum Aktienmarkt und zur M&A der Unternehmen und der Finanzinstitutionen gewährt, und ein vollkommen flexibles Wechselkurssystem wurde eingeführt. Ebenso wurden die Schutz- und Unterstützungsmaßnahmen im Außenhandel abgeschafft. Demzu-

---

[98]) Das Finanzministerium Südkoreas verkündete am 25. August 1997 eine staatliche Garantie für alle Auslandsschulden südkoreanischer Finanzinstitutionen. Anders als zuvor hatte aber „diese Ankündigung (…) eine verheerende Signalwirkung, da sie ausländische Anleger und Banken so verstanden, dass sich koreanische Unternehmen und Banken in großen Schwierigkeiten befänden" (Kamppeter 2000, S. 11).

[99]) Vgl. zu den Inhalten der „*Letters of Intent*", die zwischen dem IWF und der südkoreanischen Regierung vereinbart wurden, Frank (1999) und Song (2001). Vgl. zu den wichtigsten Reformkonzepten und -maßnahmen Mayer (2000). Die Regierung unter Kim Dae-Jung hat diese Programme gehorsam durchgeführt: „Was man mit ziemlicher Sicherheit sagen kann, ist, dass die Regierung Kim Dae-Jungs in keinem wesentlichen Punkt den vom IWF vorgegebenen Pfad der tugendhaften Reformen verlassen hat und auf diesem Pfad mittlerweile in fast allen Bereichen, sicherlich auch zur Zufriedenheit des IWF, gut vorangekommen ist" (Kamppeter 2000, S. 26).

[100]) Kim Dae-Jung hat in seiner Antrittsrede (16.02.98) darauf stark hingedeutet: „Regardless of the size of companies, the ones making profits will be treated as patriots by the new government. We cannot help the others and they will be left to go bankrupt" (Korea Times 17.02.98; zitiert nach Heide (1998b, S. 35)).

folge beträgt der Anteil der Preise der Aktien, die ausländische Aktionäre besitzen, an der Gesamtsumme der Aktienpreise in den letzten Jahren 30% und der an den Aktien der renommierten Unternehmen ca. 50% (Song 2001, S. 10). Auch die meisten großen Banken und viele sekundäre Finanzinstitutionen wurden der Kontrolle des ausländischen Kapitals unterstellt. Im Zuge dessen hat sich die auswärtige Abhängigkeit der südkoreanischen Wirtschaft noch vertieft, so dass das südkoreanische Akkumulationsregime manchmal als „abhängiger Neoliberalismus" (Jang 2001) bezeichnet wird.
Viel problematischer ist aber der hochspekulative Charakter des ausländischen Kapitals. Das Interesse des internationalen Spekulativkapitals, das weltweit massiv umherwandert, liegt in der Realisierung kurzfristiger Gewinne. Diese Kurzfristigkeit des Interesses erhöhte notwendigerweise die Volatilität des schwachen Kapitalmarktes, die zur Unruhe und Unsicherheit der ganzen Wirtschaft führte.[101]
Innere Reformen wurden unter der Parole „Umstrukturierung" umfangreich durchgeführt. Zahlreiche unproduktive Unternehmen (einschließlich Tochterfirmen der Chaebol) und Finanzinstitutionen sind Bankrott gegangen, verschmolzen miteinander oder wurden ins Ausland verkauft. Dies ist der normale Prozess einer kapitalistischen Krise, in der sich „*excess capital*" (die Überkapazität) auflöst und die Akkumulationsbedingungen rationalisiert werden. Die überlebenden Unternehmen wurden zur Erhöhung der Transparenz der Unternehmensprüfung bzw. -verfassung und zur Solidität der Finanzstruktur (Verringerung der Schuldenquote) gezwungen. Bemerkenswert ist dabei, dass durch die Integration bzw. den Verkauf von Tochterfirmen, die Erhöhung der Unabhängigkeit der Tochterfirmen usw. das Chaebol-System deutlich geschwächt wurde. Nicht zu übersehen ist allerdings, dass sich in diesem Umstrukturierungsprozess – wie es in der kapitalistischen Krise generell der Fall ist – die Konzentration des Kapitals beschleunigt und als Folge sich die Position einiger oberster Chaebol bzw. Großunternehmen noch verstärkt hat.
Wird die Reorganisation einiger Regierungseinrichtungen ausgenommen, so liegt der Schwerpunkt der Reform des öffentlichen Sektors in der Privatisierung und dem Auslandsverkauf[102] der staatlichen Unternehmen. Zwar waren die staatlichen Unternehmen bisher eine wichtige materielle Grundlage des „starken Staates", aber es ist auch nicht zu leugnen, dass es bei vielen von ihnen eine ge-

[101]) Die außergewöhnlichen Schwankungen des Aktienpreises, des Wechselkurses und der Wachstumsrate sind Folgen der Volatilität, auch wenn diese nicht die einzige Ursache ist. Diese Volatilität nimmt auch auf den Arbeitsmarkt einen großen Einfluss (s. unten).

[102]) Zwar beharrt die Regierung bei der Privatisierung nicht auf dem Auslandsverkauf, aber in der Tat ist seine Möglichkeit größer als diejenige des Inlandsverkaufs, denn die staatlichen Unternehmen sind meistens riesig groß, so dass es keine potentiellen inländischen Käufer mit Ausnahme einiger weniger Chaebol und eben des ausländischen Kapitals gibt, auch wenn sie geteilt verkauft werden.

wisse Ineffizienz (Anhäufen des Defizits) gab, die den äußerlichen Grund der Privatisierung darstellt. In der Tat wurde die Privatisierung schon seit Ende der 80er Jahre geplant, aber bis zur Krise vom Ende der 90er Jahre nur in kleinem Umfang durchgeführt. Nach der Krise wurde die Privatisierung so stark angetrieben, dass sie für fast alle staatlichen Unternehmen geplant und bei über zehn Unternehmen im Bereich der zentralen Infrastruktur (Stahl, Telekommunikation, Elektrizität usw.) bereits vollendet wurde oder doch im Gange ist.[103] In diese Gruppe fallen auch viele gewinnbringende Unternehmen, so dass festzustellen ist, dass auch die Privatisierung in Südkorea nichts anderes ist als das Anbieten neuer Investitionsmöglichkeiten an das in einer Krise steckende Kapital – genau so wie es in den Industrieländern seit den 80er Jahren der Fall ist.

3.1.2.4. Flexibilisierung auf dem Arbeitsmarkt

Die neoliberalistischen Reformen auf dem Arbeitsmarkt erschienen als eine Flexibilisierung. Diese Flexibilisierung erfolgte auf zwei Ebenen: Flexibilisierung der Beschäftigung und Flexibilisierung der Löhne,[104] wobei der Fokus bei der Beschäftigung liegt.

Die Flexibilisierung der Beschäftigung wurde durch die Legalisierung von Leiharbeit und betriebsbedingten Massenentlassungen durchgeführt, wobei die Novellierung des Arbeitsgesetzes, die vor einem Jahr durch einen Generalstreik verhindert wurde, unter dem Vorwand der Krise sofort durchgesetzt werden konnte. Zwar ist die Flexibilisierung auf dem Arbeitsmarkt eine allgemeine Strategie der neoliberalistischen Akkumulation seit den 80er Jahren, aber sie war insbesondere für das südkoreanische Kapital nach der Krise lebenswichtig. Dabei geht es nicht nur um die Notwendigkeit von Entlassungen während der Krise, sondern auch um die Notwendigkeit alltäglicher Beschäftigungsanpassung aufgrund der erhöhten Volatilität der südkoreanischen Wirtschaft.[105] Hinsichtlich der neoliberalistischen Umstrukturierung legte man den Schwerpunkt auf letzteres, so dass „die Beschäftigungsanpassung seit 1999 im Zuge der aktiven Umorganisierung der Betriebe offensiv erfolgte, während die in 1998 gemäß der

[103]) Vgl. zu dem Verlauf der Privatisierung Südkoreas Hong/Kim (2001). Die Privatisierung ist erst seit dem siebten „*Letter of Intent*" vom 07.1998 in den IWF-Programmen enthalten, und es ist ein offenes Geheimnis, dass es im Zuge dessen einen starken inoffiziellen Druck des IWF und der USA gab. Vgl. auch Kim, Y.J. (2002).

[104]) Infolge der Flexibilisierung der Löhne nahm der Anteil der Betriebe, die das Leistungslohnsystem einführten, von 1,6% im Jahr 1996 auf 27,1% im Jahr 2001 stark zu (Korea Daily Labor News, 06.03.02). Dies soll hier aber nicht näher behandelt werden.

[105]) „In dem Maße, wie die Betriebssituationen nach der IWF-Krise immer unsicherer werden, ist die quantitative Anpassung der Beschäftigung als ein zentrales Anliegen der Betriebe aufgetaucht" (Park 2001, S. 26).

verschlechterten Wirtschaftssituation unumgänglich und defensiv war" (Kim 1999, S. 95). Im Zuge der Umstrukturierung der Finanzinstitutionen und Chaebol und der Privatisierung der staatlichen Unternehmen konzentrierte man sich unter anderem auf die Beschäftigungsanpassung, so dass die „Umstrukturierung" in Südkorea mit der „Beschäftigungsanpassung", d.h. mit Entlassungen identifiziert wurde.

Das Ergebnis der Flexibilisierung auf dem Arbeitsmarkt erschien zunächst als eine beispiellose Zunahme von Arbeitslosigkeit. Die Arbeitslosenquote, die seit Ende der 80er Jahre nur ca. 2% betrug, ist im Jahr 1998, als die Wachstumsrate des BIP -6,7% betrug, auf 6,8% stark gestiegen. Zu bemerken ist jedoch, dass sie auch im Jahr 1999, als das BIP auf 10,9% wuchs, mit 6,3% ebenfalls sehr hoch war – ein deutliches Ergebnis der Flexibilisierung (vgl. 3.3.2).

Ein weiteres wichtiges Ergebnis ist die Verschlechterung der Beschäftigungsstruktur, die sich in der starken Zunahme der atypischen Beschäftigungsverhältnisse zeigt. Der Anteil atypisch Beschäftigter Südkoreas betrug 1995 41,9%, aber 2001 erhöhte er sich auf 55, 7%, also in nur sechs Jahren um 13,8% (vgl. Park 2001; Kim 2001). Obwohl die Massenentlassungen normaler Arbeitnehmer legalisiert wurden, sind den Betrieben verschiedene Einschränkungen für die Entlassung auferlegt worden, und auch der Widerstand der Gewerkschaften gegen diese Entlassungen ist sehr stark. Daher haben die Betriebe immer mehr zur Einstellung atypisch beschäftigter Arbeitnehmer geneigt, die diesen Einschränkungen und Widerständen nicht unterliegen. Allerdings ist zu unterstreichen, dass die erhöhte Volatilität der Wirtschaft nach der Krise einen wesentlichen Grund für die rasche Zunahme atypisch Beschäftigter darstellt.[106]

Diese Flexibilisierung auf dem Arbeitsmarkt brachte eine enorme Verschlechterung der Lage der Arbeitnehmer und bei Angehörigen unterer sozialer Schichten mit sich. Sowohl die Reallöhne als auch die Nominallöhne sanken, die Einkommensverteilung verschlechterte sich und die Zahl der Obdachlosen wuchs stark. Da diese negativen Folgen der Flexibilisierung insbesondere vor dem Hintergrund eines schwachen sozialen Netzes zu scharfen gesellschaftlichen Unruhen führen können, musste die Regierung unweigerlich eine Reihe „sozialdemokratischer" Maßnahmen ergreifen.[107] Zunächst wurden arbeitsmarktpolitische

---

106) Der Flexibilisierungsgrad des Arbeitsmarktes ist zwar schwer zu quantifizieren, aber in den letzten Monaten wurden einige interessante Untersuchungsergebnisse bekannt gegeben: Nach *Forbes Free Labor Indicator*, der aufgrund der Faktoren *government-mandated vocation days, union coverage, long-term unemployment* und *labor law* errechnet wurde, ist der Arbeitsmarkt Südkoreas der dritte *„most flexible labor market"*, der demjenigen der USA und Kanadas nachfolgt (vgl. Forbes, 30.01.2003). Aber Kim (2003) zeigt, dass der Flexibilisierungsgrad des Arbeitsmarktes, der aufgrund der Beschäftigung, Löhne und Arbeitszeit errechnet wurde, in Südkorea größer ist als in den USA.

107) „Kim Dae-Jungs Regierung hat einerseits unter dem Namen der Umstrukturierung die Massenentlassung der Arbeitnehmer durchgesetzt, aber musste auf der anderen Seite ein ele-

Maßnahmen einschließlich des Arbeitslosengeldes erweitert und auch die Unterhaltsbeihilfe für niedrige Einkommensklassen erhöht. Insbesondere wurde die „*Tripartite Kommission*" (Gewerkschaften, Arbeitgeberverbände und Regierung) als ein Instrument zum Klassenkompromiss[108] im Januar 1998 eingeführt, der die essentielle Komponente der Sozialdemokratie ist.

Schließlich soll noch erwähnt werden, dass diese Strategie jedoch fehlschlug, weil sie keine entsprechende materielle Basis,[109] sondern nur den Anschein der Sozialdemokratie hatte. Zwar ist es positiv zu bewerten, dass soziale Sicherungssysteme in bedeutendem Maße eingeführt und ausgebaut wurden, aber die Finanzierung war ungenügend und der Deckungsgrad war sehr niedrig. Auch die *Tripartite Kommission* erreichte nicht das Ziel des Klassenkompromisses durch materielle Zugeständnisse an die Arbeitnehmer, sondern funktionierte grundsätzlich als ein Instrument der Rechtfertigung der Flexibilisierung.[110] Von den Entscheidungen der Arbeitspolitik wurden die Gewerkschaften wesentlich ausgeschlossen, so dass die KCTU im Februar 1999 aus der *Tripartite Kommission* austrat. Die Kämpfe der Gewerkschaften gegen die Flexibilisierung verstärkten sich, wurden aber gewaltig unterdrückt.[111] Der autoritäre Charakter der Arbeitsbeziehungen, der sich seit Ende der 80er Jahre scheinbar verbesserte, existiert nach wie vor.

---

mentares *'social safety net'* für die Arbeitslosen und die Armen errichten, die im Zuge der Umstrukturierung massenhaft aufgetreten sind" (Lee 2001, S. 245).

[108]) "Ziel des Dreierbündnisses war es, eine gerechte Lastenverteilung zwischen allen gesellschaftlichen Gruppen und einen nationalen Konsens bei der Überwindung der Krise zu erreichen" (Frank 1999, S. 190).

[109]) „Social democratic policies have only been possible in highly industrialised countries which, due to their position in the world, have been able to impose a redistribution of globally produced goods in their favor and use this surplus to provide material incentives in order to pacify their working classes (but also other classes and groups) and, consequently, tie them to the system. ... However, there are limitations to social democratic policy in not so wealthy and only recently industrialised societies" (Heide 1998b, S. 32ff.).

[110]) Zwar gab es durch die Kommission in den Arbeitsbeziehungen kleine Fortschritte wie die Legalisierung der KCTU, der Lehrergewerkschaft usw. (vgl. Tergeist 2000), aber Abkommen zugunsten der Arbeitnehmer wurden oft nicht in die Praxis umgesetzt.

[111]) Die Zahl der gefangenen Gewerkschaftsführer und Arbeitnehmer betrug in der fünfjährigen Regierungszeit von Kim Dae-Jung, also von Februar 1998 bis Januar 2003, 892, während sie unter der vorherigen Regierung bei 632 lag (Bekanntgabe der KCTU vom 02.01.2003).

3.2. Beschäftigungsentwicklung

3.2.1. Vorbemerkungen

3.2.1.1. Zu den Begriffen

Bevor mit der Analyse bzw. dem Vergleich der Arbeitsmarktsituationen beider Länder begonnen wird, sollen einschlägige Begriffe geklärt werden. Darunter gibt es natürlich einige, die in beiden Ländern denselben Inhalt haben, aber auch andere, die unterschiedlich definiert werden.

Die grundlegenden Kenngrößen des Arbeitsmarktes sind folgende:

Das Erwerbspersonenpotential (EPP) ist eine Schätzgröße der Arbeitsmarktforschung für das unter bestimmten Annahmen im Inland zur Verfügung stehende Arbeitskräfteangebot. Es setzt sich ex post aus der festgestellten Zahl der im Inland Erwerbstätigen (E), der Zahl der offiziellen Arbeitslosen (AL) und einer geschätzten Zahl der Stillen Reserve (SR) zusammen. Darunter setzen sich die Erwerbstätigen aus den abhängigen Beschäftigten (E^A), den Selbstständigen (E^S) und den mithelfenden Familienangehörigen (E^F) zusammen. Zur Stillen Reserve zählen Personen, die nicht arbeitslos gemeldet sind, aber bei der gegebenen oder bei besserer Arbeitsmarktslage bzw. unter besonderen Arbeitsbedingungen eine Arbeit aufnehmen möchten.[112] Diese Erwerbstätigen und die Arbeitslosen bilden die Erwerbspersonen (EP), die alle Personen zusammenfassen, die eine unmittelbar oder mittelbar auf Erwerb gerichtete Tätigkeit ausüben oder suchen.

Die Zusammenhänge zwischen diesen Größen können mit den folgenden Gleichungen dargestellt werden:

[112]) Umstritten sind der Begriff Stille Reserve und daher ihre Messung. Im engeren Sinn werden Personen, die dem Arbeitsmarkt durch staatliche Maßnahmen (Vollzeit-Weiterbildung, Deutschlehrgänge usw.) entzogen wurden, in diesen Begriff nicht, aber ins Konzept des IAB sehr wohl eingeschlossen. Der Sachverständigenrat zur Begutachtung der gesamtwirtschaftlichen Entwicklung (SVR), der Stille Reserve als „verdeckte Arbeitslosigkeit" fasst, schließt einen weiteren Kreis von Personen ein als im erweiterten IAB-Konzept, indem er auch Teilnehmer an Arbeitsbeschaffungsmaßnahmen für verdeckte Arbeitslose hält. Vgl. hierzu DIW (2000), Thon/Bach (1998).

Ein weiterer Streitpunkt ist die Zurechnung von Stiller Reserve. Mussel/Pätzold (1995, S. 28) halten Stille Reserve für „verdeckte Arbeitslosigkeit", so dass sich die Gesamtzahl der Arbeitslosen wie folgt zusammensetzt: $AL = AL^{reg} + AL^{SR}$. Generell unterscheiden sich aber die beiden Begriffe voneinander.

$EPP = EP + SR$
$EP = E + AL$
$E = E^A + E^S + E^F$

Ferner gibt die Arbeitslosenquote (ALQ) den prozentualen Anteil der Arbeitslosen an den Erwerbspersonen wieder.[113]

$$ALQ = (AL / EP) \times 100 = \{AL / (E + AL)\} \times 100$$

Während einige der obigen Begriffe und ihre Zusammenhänge international einheitlich sind, sind die Definition und die Ermittlungsmethode von Arbeitslosigkeit bzw. Arbeitslosenquote in den einzelnen Ländern sehr unterschiedlich.[114] Daher ist die Bedeutung eines unmittelbaren Vergleichs beschränkt: Die Angaben über Arbeitslose erlauben nur Analysen der Entwicklungstendenzen und können nicht für genaue Vergleiche des Niveaus benutzt werden.
Hier werden zunächst nur die Unterschiede des Begriffs „Arbeitslose" zwischen Deutschland und Südkorea erklärt.[115] Sie werden in Deutschland folgendermaßen definiert: Arbeitslose sind Personen, die ohne Arbeitsverhältnis – abgesehen von einer geringfügigen Beschäftigung –, nicht Schüler, Studenten oder Teilnehmer an beruflichen Bildungsmaßnahmen, nicht Empfänger von Altersrente sind, sich als Arbeitssuchende beim Arbeitsamt gemeldet haben, eine versicherungspflichtige und wöchentliche Beschäftigung von mindestens 15 Stunden (bis 1997: 18 Stunden) suchen, für eine Arbeitsaufnahme sofort zur Verfügung stehen, nicht arbeitsunfähig erkrankt sind und das 65. Lebensjahr noch nicht vollendet haben (Statistisches Bundesamt 2000, S. 100).
Dagegen wird Arbeitslosigkeit in Südkorea gemäß der Definition der International Labour Organization (ILO)[116] wie folgt definiert: The unemployed com-

---

[113]) Die Arbeitslosenquote wird noch enger auch als die Beziehung der Arbeitslosen lediglich zu den abhängigen Erwerbspersonen (EP^A) definiert, die die Summe der abhängigen Erwerbstätigen und der Arbeitslosen sind: $ALQ^A = (AL / EP^A) \times 100 = \{AL /(E^A + AL)\} \times 100$.
[114]) Vgl. dazu ILO (1996).
[115]) Die Unterschiede anderer Begriffe werden an zutreffenden Orten erklärt.
[116]) „Unemployment is defined as follows in the Resolution concerning statistics of the economically active population, employment, unemployment and underemployment, adopted by the Thirteenth International Conference of Labour Statiscians (Geneva, 1982):
(1) The "unemployed" comprise all persons above a specified age who during the reference period were:
(a) "without work", i.e. were not in paid employment or self-employment;
(b) "currently available for work",i.e. were available for paid employment or self-employment during the reference period; and
(c) "seeking work", i.e. had taken specific steps in a specified reference period to seek paid employment or self-employment. The specific steps may include registration at a public or private employment exchange; application to employers; checking at worksites, farms, factory

prise all persons – the lower age limit of the survey is 15 – who are not working at all, but are available for work and are actively seeking work during the reference week. Those who are not working nor seeking work, but are expected to start a new job within a month right after the reference week, are also considered as the unemployed (KNSO 2001, S. 15).
Ein wichtiger Unterschied, der sich aus den beiden Definitionen ableitet, liegt in der Ermittlungsmethode. In Deutschland werden Arbeitslose durch die Meldung beim Arbeitsamt ermittelt („sich als Arbeitssuchende beim Arbeitsamt gemeldet haben"), so dass offizielle Arbeitslose als sog. „registrierte Arbeitslose" bezeichnet werden. Dagegen werden sie in Südkorea durch einen Mikrozensus ermittelt („the survey").
Ein weiterer, viel wichtigerer Unterschied ist der Umfang von Arbeitslosen. In Deutschland werden auch die Personen, die wöchentlich unter 15 Stunden beschäftigt sind, in den Begriff der Arbeitslosen eingeschlossen, in Südkorea dagegen nur die Personen, die in einer Woche gar nicht gearbeitet haben. D.h. nach der Definition der Erwerbstätigen Südkoreas werden auch die Personen, die „at least one hour or more ... during the reference week" (KNSO 2001, S. 15) arbeiten, in Erwerbstätige eingeschlossen. Diese Schätzmethode stellt ein Extrembeispiel für eine sehr enge Interpretation des Phänomens Arbeitslosigkeit dar, so dass Arbeitslose bzw. die Arbeitslosenquote von Südkorea *ceteris paribus* viel geringer als diejenige von Deutschland statistisch erfasst werden.[117]

3.2.1.2. Zum Zeitraum des Vergleichs

Da das Ziel dieser Arbeit der Vergleich der aktiven Arbeitsmarktpolitik beider Länder ist, müssen die Zeiträume des Vergleichs der beiden Arbeitsmarktentwicklungen die Perioden nach dem Inkrafttreten ihrer gesetzlichen Grundlagen

---

gates, market or other assembly; placing or answering newspaper advertisements; seeking assistance of friends or relatives; looking for land, building, machinery or equipment to establish own enterprise; arranging for financial resources; applying for permits and licences, etc." Aber „National definitions of unemployment may differ from the recommended international standard definiton. The national definitions used vary from one country to another as regards inter alia age limits, reference periods, criteria for seeking work, treatment of persons temporarily laid off and of persons seeking work for the first time" (ILO 2000, S. 429).

[117]) Im Vergleich zur von der OECD standardisierten Arbeitslosenquote ist die Arbeitslosenquote, die nach der südkoreanischen Methode ermittelt wird, niedriger, und diejenige, die von der deutschen Methode ermittelt wird, höher. Z.B. betrug im Jahr 2000 die von der OECD standardisierte Arbeitslosenquote in Südkorea und Deutschland jeweils 4,3% und 8,1%, während die nach den eigenen Methoden ermittelte Arbeitslosenquote jeweils 4,1% und 10,7% betrug (OECD 2001). Vgl. zur Ermittlungsmethode der OECD und zu anderen weiteren Methode Willke (1990, S. 15ff.).

sein. Wie erwähnt, ist das AFG Deutschlands im Jahr 1969 und das BVG Südkoreas 1995 in Kraft getreten. Daher werden die deutschen Arbeitsmarktsituationen seit 1969 und diejenigen von Südkorea seit 1995 verglichen.
Neben den gesetzlichen Grundlagen haben die zwei Zeiträume die Gemeinsamkeit, dass sich in beiden Ländern die hohe Arbeitslosigkeit einige Jahre nach ihrem Inkrafttreten zu entwickeln begann. Obwohl die Ursachen und die Formen der hohen Arbeitslosigkeit unterschiedlich waren, begann die Arbeitslosigkeit, die bis dahin ca. zehn Jahre lang das Niveau der Vollbeschäftigung erreichte, in Deutschland seit 1974 und in Südkorea seit 1998 stark zuzunehmen.

3.2.2. Deutschland[118]

3.2.2.1. Arbeitskräfteangebot

Wie erwähnt, wird das Arbeitskräfteangebot mit dem Erwerbspersonenpotential zum Ausdruck gebracht, auf dessen Höhe vor allem von den demographischen (natürliche Bevölkerungsentwicklung) und verhaltensbedingten (Erwerbsbeteiligung) Komponenten und den Wanderungseffekten eingewirkt wird (vgl. Thon/Bach 1998, S. 15ff.; Bäcker u.a. 2000, S. 260).
Darunter wies zunächst die natürliche Bevölkerungsentwicklung, die als der Saldo aus Geburten und Sterbefällen errechnet wird, seit Mitte der 70er Jahre eine rückläufige Tendenz auf. Aber wegen der hohen Geburtenraten bis zum Anfang der 60er Jahre nahm die demographische Komponente bis zum Anfang der 80er Jahre, als die geburtenstarken Jahrgänge ins erwerbsfähige Alter kamen, auf das Erwerbspersonenpotential einen positiven Einfluss. Danach kehrte sich diese Entwicklung bald um, so dass sie seitdem auf das Erwerbspersonenpotential negativ einwirkte.

---

118) Im Folgenden werden die Arbeitsmarktstatistiken von Deutschland seit 1969 in zwei Perioden geteilt, und zwar 1969~1990 und 1991~2000, was auf zwei Gründe zurückzuführen ist. Erstens, wegen der deutschen Vereinigung von 1991 besteht keine Kontinuität zwischen den Statistiken des vorherigen Westdeutschland und des späteren gesamten Deutschland. Zweitens, die Volkswirtschaftlichen Gesamtrechnungen für Deutschland wurden zum 28. April 1999 auf das Europäische System Volkswirtschaftlicher Gesamtrechnungen (ESVG) 1995 umgestellt (Vgl. zu den Auswirkungen der Revision der Erwerbstätigenzahlen in der Volkswirtschaftlichen Gesamtrechnung auf die Arbeitsmarktbilanz Autorengemeinschaft (2001, S. 15ff.)). Aber die Rückrechnung nach dem neuen System wurde bisher nur bis zum Jahre 1991 vorgenommen, und die revidierten Erwerbstätigenzahlen ab 1991 sind August 2000 durch das Statistische Bundesamt vorgelegt worden (vgl. SVR 2001, S. 319). Daher gibt es derzeit keine einheitlichen Statistiken für die Arbeitsmarktbilanzen bis auf die registrierten Arbeitslosen.

Dagegen übte die verhaltensbedingte Komponente ständig einen positiven Einfluss aus, was vornehmlich auf die Zunahme der Erwerbsbeteiligung der Frauen zurückzuführen ist. Während die Erwerbsbeteiligung der Männer seit den 70er Jahren und vor allem in den 90er Jahren dauernd zurückging, erhöhte sich aber diejenige der Frauen sogar in dem Maße, dass sie den Rückgang derjenigen der Männer mehr als kompensierte.
Auch der Wanderungssaldo, der sich aus Zuwanderung aus den anderen EU-Staaten, Asylanten und Aussiedlern zusammensetzt, stieg seit den 70er Jahren ständig. Darunter ist der Anteil der Aussiedler viel größer als andere Komponenten, und die Zahl stieg insbesondere Anfang der 90er Jahre mit dem Zusammenbruch der sozialistischen Staaten Osteuropas sprunghaft an.
Das Erwerbspersonenpotential als Saldo dieser Komponenten[119] nahm seit 1969 anhaltend zu, und zwar um 5,3 Mio. von 1969 bis 1990 und um 1,5 Mio. von 1991 bis 2001 (vgl. Abbildung 3.1).

Abbildung 3.1: Entwicklung der Zahl des Erwerbspersonenpotentials in Deutschland (1000)

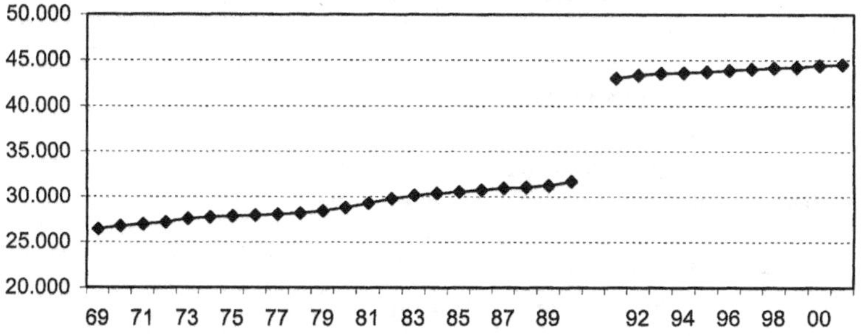

Quelle: Statistisches Bundesamt: Statistisches Jahrbuch (vers. Jg.); Autorengemeinschaft (2002)

3.2.2.2. Arbeitskräftenachfrage

Die Arbeitskräftenachfrage wird vor allen Dingen vom Wirtschaftswachstum (Zuwachs des realen BIP) beeinflusst, weil in einer Aufschwungsphase für eine höhere Produktion mehr Arbeitskräfte nötig sind, und umgekehrt. Deshalb ist

119) Vgl. zu den Beiträgen dieser Komponenten zur Entwicklung des Erwerbspersonenpotentials Thon/Bach (1998) und Autorengemeinschaft (2002).

das Wirtschaftswachstum ein wichtiger Bestimmungsfaktor der Arbeitskräftenachfrage. Aber es ist nicht der einzige Faktor.

Für die Arbeitskräftenachfrage spielt auch die Arbeitsproduktivität (reales BIP je Erwerbstätigenstunde) eine entscheidende Rolle, weil sie bestimmt, mit welchem Arbeitskräfteeinsatz ein bestimmtes Produkt hergestellt werden kann (Bäcker u.a. 2000, S. 262).

Die Veränderung der Arbeitskräftenachfrage aufgrund dieser zwei Bestimmungsfaktoren beeinflusst die Entwicklung der Erwerbstätigen, d.h. der Beschäftigung. Aber es ist hier wieder festzustellen, dass die Arbeitskräftenachfrage nicht direkt die Nachfrage nach Erwerbstätigen, sondern das Arbeitsvolumen bedeutet, welches das Produkt der Erwerbstätigenzahl und der Arbeitszeit ist. Daher kann die Veränderung der Arbeitszeit auf die Arbeitskräftenachfrage keinen Einfluss nehmen, wenn sie durch die Veränderung der Erwerbstätigen ausgeglichen wird.[120] Mit anderen Worten wirkt die Veränderung der Arbeitszeit bei gegebenem Arbeitsvolumen direkt auf diejenige der Erwerbstätigen ein.

Diese drei Komponenten, also das Wirtschaftswachstum, die Arbeitsproduktivität und die Arbeitszeit stellen die Bestimmungsfaktoren der Beschäftigung dar, und zwischen ihnen bestehen folgende Zusammenhänge (vgl. Hickel 1996a, S. 41f.):

$P = Y/V$ P : Arbeitsproduktivität
Y: BIP
V: Arbeitsvolumen

in Wachstumsraten (näherungsweise): $w_P = w_Y - w_V$

Und

$V = B \times Z$ B: Beschäftigte
Z: Arbeitszeit je Beschäftigtem

in Wachstumsraten (näherungsweise): $w_V = w_B + w_Z$

Von beiden Formeln leitet sich folgender Zusammenhang zwischen den Bestimmungsfaktoren der Beschäftigung ab:

$$w_B = w_Y - w_P - w_Z$$

Dieser Zusammenhang besagt, dass auf die Beschäftigungsentwicklung das Wirtschaftswachstum positiv, die Arbeitsproduktivität und die Arbeitszeit (verkürzung) negativ (positiv) einwirken.[121] Deswegen nimmt die Beschäftigung erst

---

[120]) Auf Arbeitszeitverkürzungen wird normalerweise mit organisatorischen und produktivitätssteigernden Maßnahmen reagiert. Damit nimmt die Arbeitszeit in der Tat einen Einfluss auf die Arbeitskräftenachfrage.

[121]) Diese Faktoren sind nicht voneinander unabhängig, sondern haben bestimmte Wechselwirkungen. Vgl. dazu Hickel (1996a, S. 42).

zu, wenn das Wirtschaftswachstum über der Differenz zwischen dem Produktivitätsanstieg und der Arbeitszeitverkürzung liegt.
Im Übrigen leitet sich aus diesem Zusammenhang der Begriff Beschäftigungsschwelle ab. Unter dem Begriff wird jene Rate des Wirtschaftswachstums verstanden, ab der mit einem gesamtwirtschaftlichen Zuwachs der Beschäftigung zu rechnen ist (vgl. Hickel 1996a, S. 45). Also wird die Beschäftigungsschwelle wie folgt formuliert:

$$w_B = 0; w_Y = w_P + w_Z$$

Nun lässt sich die Beschäftigungsentwicklung mit diesen Komponenten und ihren Zusammenhängen erklären. Nach der Tabelle 3.1, die die Entwicklung der Erwerbstätigen und ihrer Bestimmungsfaktoren zeigt, ist zunächst festzustellen, dass die Beschäftigungsentwicklung dem Konjunkturzyklus entsprach. Allerdings ist die Entsprechung zum einen wegen der verzögerten Reaktionsgeschwindigkeit der Beschäftigung (vor allem) im Aufschwung nicht genau (Heise 1996, S. 24).[122] Zum anderen ist es aber auch auf die Entwicklung anderer Faktoren zurückzuführen. Insbesondere spielte der Arbeitsproduktivitätsanstieg eine große Rolle. Die Arbeitsproduktivität stieg seit 1969 nur mit einer Ausnahme (1982) jedes Jahr gegenüber dem Vorjahr (vgl. Tabelle 3.1), und auch ihre Steigerungsgeschwindigkeit war viel rascher als diejenige des BIP (vgl. Abbildung 3.2, 3.3). Demzufolge veränderte sich die Erwerbstätigenzahl während des Untersuchungszeitraums nicht viel (1969 = 100, 1990 = 109; 1991 = 100, 2001 = 101), obwohl das absolute BIP erheblich angewachsen ist (1969 = 100, 1990 = 172; 1991 = 100, 2001 = 115). Der Arbeitsproduktivitätsanstieg führte sogar dazu, dass die Erwerbstätigenzahl manchmal auch beim Anstieg des BIP sank.
Im Vergleich dazu verkürzte sich die Arbeitszeit je Erwerbstätigem abgesehen von wenigen Jahren stets beträchtlich (vgl. Tabelle 3.1), was eine positive Wirkung auf die Erwerbstätigenzahl mit sich brachte. Doch die Wirkung auf den teilweisen Ausgleich für den arbeitsparenden Effekt der Steigerung der Arbeitsproduktivität war begrenzt, so dass sie nicht zur erheblichen Vermehrung der Beschäftigung führen konnte.
Die Entwicklung dieser Bestimmungsfaktoren hatte zur Folge, dass sich die Beschäftigung Deutschlands, betrachtet nach Jahrzehnten, in den 70er Jahren nicht viel veränderte und in den 80er Jahren leicht vermehrte (vgl. Abbildung 3.2), aber dass sie in den 90er Jahren nach relativ langfristigem Rückgang erst in den letzten Jahren in den Anfangszustand zurückversetzt wurde (vgl. Abbildung 3.3).

---

[122]) „Hier zeigt sich, dass Unternehmen zunächst die »Tragfähigkeit« einer wirtschaftlichen Erholung testen, bevor deutlichere Beschäftigungseffekte zum Tragen kommen."

Tabelle 3.1: Entwicklung der Wachstumsraten der Erwerbstätigen und ihrer Bestimmungsfaktoren in Deutschland (%)

Jahr [1)]	BIP	Erwerbstätige	Arbeitszeit	Produktivität
1969	7,5	1,6	-1,0	6,9
1970	5,0	1,3	-0,9	4,6
1971	3,1	0,4	-1,2	3,9
1972	4,3	0,4	-1,3	5,2
1973	4,8	1,1	-1,7	5,5
1974	0,2	-1,2	-1,8	3,3
1975	-1,3	-2,7	-1,9	3,4
1976	5,3	-0,5	1,8	4,0
1977	2,8	0,1	-1,8	4,6
1978	3,0	0,8	-0,9	3,1
1979	4,2	1,7	-1,2	3,7
1980	1,0	1,6	-0,9	0,3
1981	0,1	-0,1	-1,0	1,2
1982	-0,9	-1,2	0,3	-0,1
1983	1,8	-1,4	-0,4	3,7
1984	2,8	0,2	-0,4	3,1
1985	2,0	0,7	-1,4	2,7
1986	2,3	1,4	-0,6	1,6
1987	1,5	0,7	-0,7	1,5
1988	3,7	0,8	0,2	2,7
1989	3,6	1,5	-1,2	3,4
1990	5,7	3,0	-2,1	4,9
1992	2,2	-1,5	2,1	1,7
1993	-1,1	-1,4	-1,4	1,7
1994	2,3	-0,2	-0,1	2,6
1995	1,7	0,2	-1,3	2,8
1996	0,8	-0,3	-1,1	2,1
1997	1,4	-0,2	-0,4	2,0
1998	2,0	1,1	-0,4	1,4
1999	1,8	1,2	-0,7	1,0
2000	3,0	1,6	-1,0	2,3
2001	0,6	0,2	-1,0	1,4

Quelle: Statistisches Bundesamt: Statistisches Jahrbuch (vers. Jg.); Autorengemeinschaft (2002)

1) Die Angaben für 1991 lassen sich wegen der Diskontinuität der Statistiken nicht errechnen.

Betrachtet man ferner den langfristigen Veränderungstrend der Arbeitsproduktivität und der Arbeitszeit, so zeigt sich, dass sich die Zuwachsraten der Arbeitsproduktivität und die Rückgangsraten der Arbeitszeit verlangsamten (vgl. Tabelle 3.1).[123] Da die Summe der beiden Raten die Beschäftigungsschwelle darstellt,

123) Die jährlichen durchschnittlichen Zuwachsraten der Arbeitsproduktivität und die Rückgangsraten der Arbeitszeit der 70er (1970-1980), 80er (1981-1990) und 90er (1992-2000) Jahre betrugen jeweils 3,8; 2,5; 1,9 und -1,1; -0,7; -0,5.

lässt sich feststellen, dass die Beschäftigungsschwelle seit den 70er Jahren immer niedriger geworden ist. Dies deutet darauf hin, dass das Wirtschaftswachstum allmählich beschäftigungsintensiver geworden ist (vgl. Heise 1996, S. 31ff.).[124]

Abbildung 3.2: Entwicklung der Zahl der Erwerbstätigen und ihrer Bestimmungsfaktoren in Deutschland (1969 = 100)

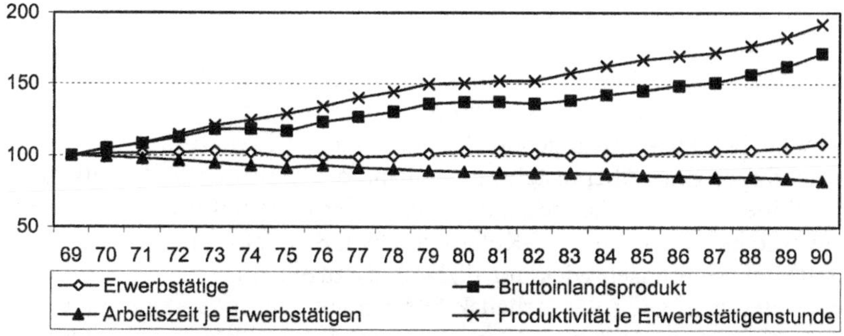

Quelle: Statistisches Bundesamt: Statistisches Jahrbuch (vers. Jg.); Autorengemeinschaft (2002)

Abbildung 3.3: Entwicklung der Zahl der Erwerbstätigen und ihrer Bestimmungsfaktoren in Deutschland (1991 = 100)

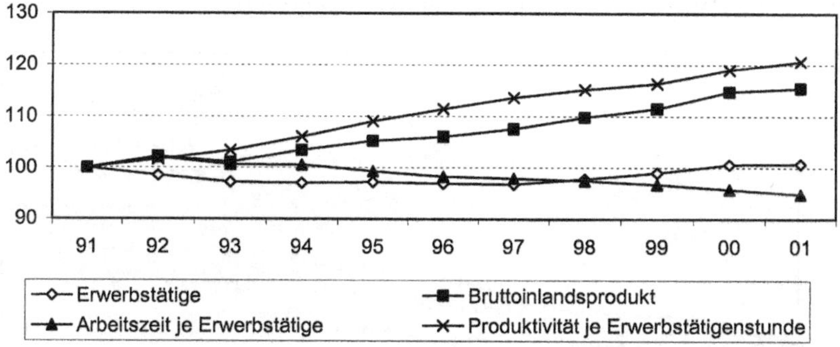

Quelle: Statistisches Bundesamt: Statistisches Jahrbuch (vers. Jg.); Autorengemeinschaft (2002)

124) Dass sich die Beschäftigung in den 90er Jahren trotz der niedrigeren Beschäftigungsschwelle nicht vermehrte, ist auf den deutlich niedrigeren Zuwachs des BIP zurückzuführen. Seine jährlichen durchschnittlichen Zuwachsraten betrugen in den 70er, 80er und 90er Jahren jeweils 2,9; 2,2; 1,4.

Dieser Rückgang der Beschäftigungsschwelle erklärt sich u.a. aus dem Strukturwandel zu Dienstleistungsbereichen und -berufen sowie zu entsprechenden Tätigkeiten auch im produzierenden Gewerbe, deren Arbeitsproduktivität niedriger als die des produzierenden Gewerbes ist (vgl. Engelen-Kefer u.a. 1995, S. 112).

3.2.2.3. Arbeitsmarktbilanz

Aus der Gegenüberstellung der obigen beiden Größen ergibt sich die Arbeitsmarktbilanz. D.h. in der Arbeitsmarktbilanz wird das errechnete Erwerbspersonenpotential (Arbeitskräfteangebot) der tatsächlichen Erwerbstätigkeit (Arbeitskräftenachfrage) gegenübergestellt, um anhand der registrierten Arbeitslosigkeit und der Stillen Reserve das gesamte Ausmaß der quantitativen Unterbeschäftigung zu erkennen (vgl. Engelen-Kefer u.a. 1995, S. 112). Daher ist das Gesamtbild der Beschäftigungsentwicklung dadurch darzustellen.
Wie oben gesehen, stieg das Arbeitskräfteangebot seit 1969 ständig an, veränderte sich dagegen die Arbeitskräftenachfrage (Erwerbstätige) trotz der konjunkturellen Schwankung nicht viel. Die Folge ist, dass die Unterbeschäftigung (registrierte Arbeitslosigkeit und stille Reserve) anhaltend anwuchs. Abbildung 3.4 und 3.5 zeigen die Arbeitsmarktbilanz und die Entwicklung der registrierten Arbeitslosen und der Stillen Reserve in Deutschland.

Abbildung 3.4: Arbeitsmarktbilanz in Deutschland (1000)

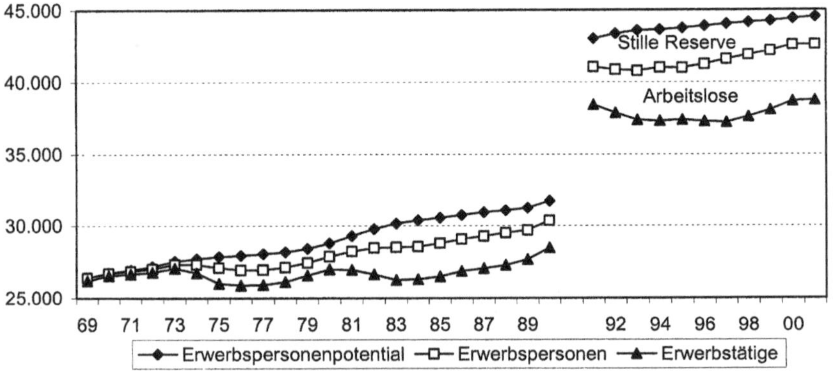

Quelle: Statistisches Bundesamt: Statistisches Jahrbuch (vers. Jg.); Autorengemeinschaft (2002)

Abbildung 3.5: Entwicklung der Zahl der Arbeitslosen und der Stillen Reserve in Deutschland (1000)

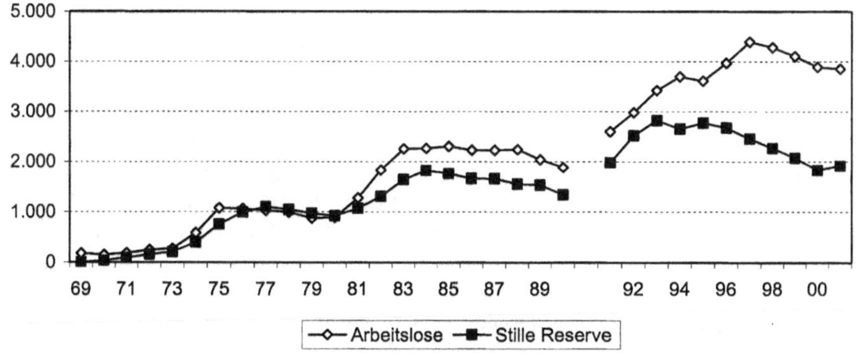

Quelle: Statistisches Bundesamt: Statistisches Jahrbuch (vers. Jg.); Autorengemeinschaft (2002)

Die Abbildung 3.5 zeigt zunächst, dass die Arbeitslosenzahl mit wenigen Ausnahmen stufenweise zunahm. So stieg sie in den Rezessionsphasen der 70er und 80er Jahre stark an, sank aber in den anschließenden Aufschwungsphasen nicht auf das Vorrezessionsniveau, sondern blieb auf dem angestiegenen Niveau. Allerdings zeigte sich der Trend in den 90er Jahren (nach der Vereinigung) leicht anders. In der ersten Hälfte der 90er Jahre nahm sie trotz des konjunkturellen Aufschwungs drastisch zu, aber in der zweiten Hälfte ziemlich ab. Auf die Entwicklung der Arbeitslosigkeit wird später (3.3.) ausführlicher eingegangen werden.

Beachtenswert ist nächstens, dass auch die Stille Reserve mit einem ähnlichen Trend wie die Arbeitslosen zunahm. In der zweiten Hälfte der 90er Jahre sank sie allerdings stark, so dass sie im Jahr 2001 bis zum Niveau des Jahres 1991 wiederhergestellt wurde. Diese Stille Reserve ist zum einen als „Schwamm" zu verstehen, der zwar bei Bedarf den Arbeitsmarkt entlastet, ihn aber nicht zwangsläufig im Konjunkturaufschwung durch einen Abbau der »stillen Reserve« wieder belastet (vgl. Heise 1996, S. 8). Trotzdem muss sie zum anderen bei der Beschäftigungs- bzw. Arbeitsmarktpolitik maßgeblich berücksichtigt werden, weil sie bei besserer Arbeitsmarktlage bzw. unter besonderen Arbeitsbedingungen (z.B. Teilzeitarbeit) wieder Arbeit aufnehmen wollen. Da zusätzliche Arbeitsplätze deswegen nicht nur aus registrierten Arbeitslosen, sondern auch aus Stiller Reserve besetzt werden, hilft ein besseres Verständnis der Stillen Reserve, arbeitsmarktpolitische Fehlschlüsse zu vermeiden (Engelen-Kefer u.a. 1995, S. 176).

3.2.3. Südkorea

3.2.3.1. Arbeitskräfteangebot

In Südkorea wird das Erwerbspersonenpotential anders als in Deutschland einfach bestimmt als die gesamte Bevölkerung über 15 Jahre, von der allerdings Soldaten, Gefängnisinsassen und Ausländer abgezogen werden (vgl. KNSO 2001, S. 14). Nach diesem Kriterium nahm das Arbeitskräfteangebot in Südkorea seit 1995 stark zu, und zwar während nur sechs Jahren um 2,9 Mio. (vgl. Abbildung 3.6).

Abbildung 3.6: Entwicklung der Zahl des Erwerbspersonenpotentials in Südkorea (1000)

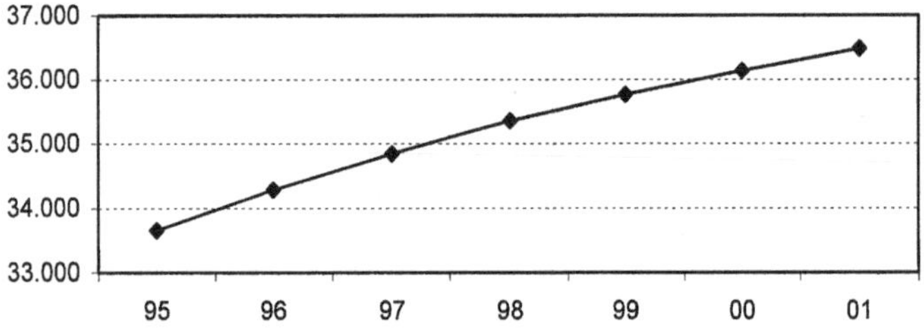

Quelle: KNSO (2002).

3.2.3.2. Arbeitskräftenachfrage

Die Arbeitskräftenachfrage in Südkorea kann auf dieselbe Weise analysiert werden, die bei der Analyse derjenigen in Deutschland benutzt wurde. Allerdings ist es bei Südkorea nicht leicht, einen langfristigen Entwicklungstrend herauszufinden, weil der Untersuchungszeitraum zu kurz ist. Trotzdem ist es der Abbildung 3.7 zufolge zunächst auffällig, dass die Beschäftigung (Erwerbstätige) auch in Südkorea vom BIP entscheidend beeinflusst wurde, mit der einen Ausnahme, dass sich die Zuwachsrate der Beschäftigung im Jahr 2000 trotz des Rückgangs der Wachstumsrate des BIP etwas erhöhte. Aufgrund dessen, dass das BIP in der Krise von 1998 um 6,7% sank, nahm die Beschäftigung um 6,0% ab. Obwohl sie nach der Krise wegen der starken Wiederbelebung der Konjunktur etwas

wiederhergestellt wurde, erreichte sie erst im Jahr 2001 das Niveau des Zeitraums vor der Krise (vgl. Abbildung 3.8).
Dass sich die Wiederherstellung der Beschäftigung verzögert hat, ist auf die Verlängerung der Arbeitszeit von 1999 und die Steigerung der Arbeitsproduktivität zurückzuführen. Zwar befand sich die Arbeitszeit während dieses Zeitraums in einer Rückgangstendenz, aber die absolute Arbeitszeit veränderte sich wegen der starken Steigerung in 1999 nicht viel (vgl. Abbildung 3.8). Auch die Arbeitsproduktivität behielt außer 1998 ihren Steigerungstrend um 5% bei (vgl. Abbildung 3.7).

Abbildung 3.7: Entwicklung der Wachstumsraten der Erwerbstätigen und ihrer Bestimmungsfaktoren in Südkorea (%)

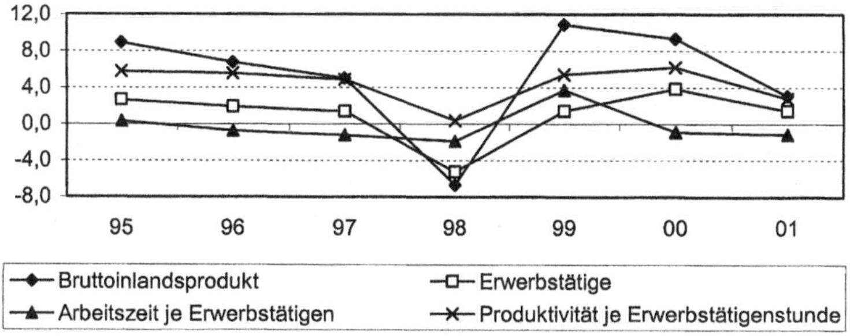

Quelle: KNSO (2002).

Abbildung 3.8: Entwicklung der Zahl der Erwerbstätigen und ihrer Bestimmungsfaktoren in Südkorea (1995 = 100)

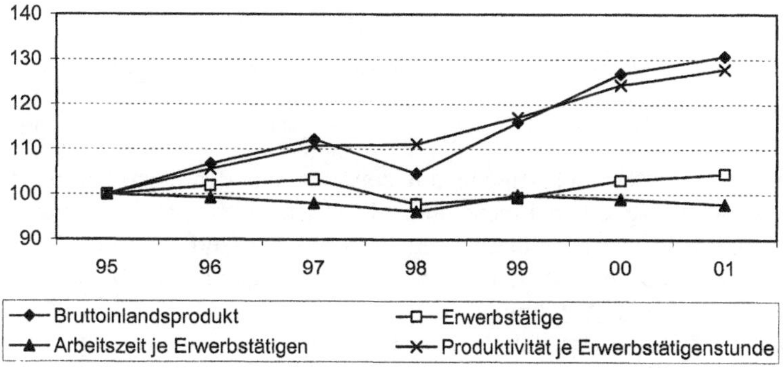

Quelle: KNSO (2002).

Aufgrund dieser Entwicklung der Arbeitszeit und der Arbeitsproduktivität erhöhte sich die Beschäftigungsschwelle, die bis zur Krise 1997 allmählich gesunken war, nach der Krise wieder stark. Die Tatsache besagt, dass für die Vermehrung der Beschäftigung ein höheres Wachstum des BIP erforderlich ist als vor der Krise.

3.2.3.3. Arbeitsmarktbilanz

Während das Arbeitskräfteangebot seit 1995 dauernd zunahm, ist die Beschäftigung nach der drastischen Abnahme in 1998 erst 2001 auf dem vorherigen Niveau wiederhergestellt. Daraus lässt sich folgern, dass die Unterbeschäftigung Südkoreas seit 1998 erheblich zunahm und dass sie erst seit 2000 leicht sank (vgl. Abbildung 3.9).

Abbildung 3.9: Arbeitsmarktbilanz in Südkorea (1000)

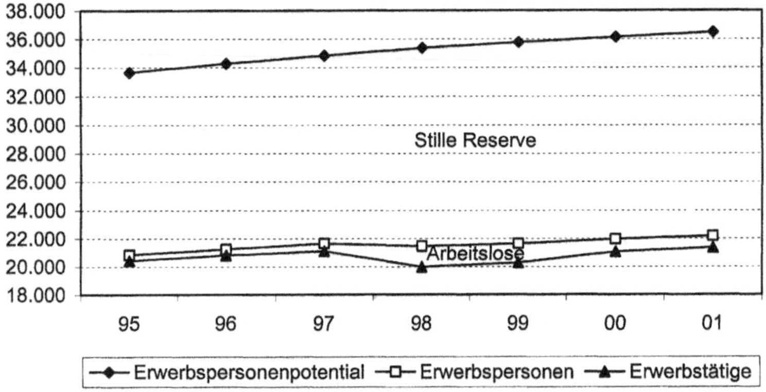

Quelle: KNSO (2002)

Die Zunahme der Unterbeschäftigung trat zunächst mit der beispiellosen Zunahme der Arbeitslosigkeit in Erscheinung. Die Arbeitslosenzahl, die vor der Krise nur ca. 0,5 Mio. betragen hatte, stieg 1998 plötzlich auf 1,5 Mio. Obwohl sie danach schnell sank, hat sie sich immer noch im Vergleich zum Vorkrisenniveau fast verdoppelt (vgl. Abbildung 3.10).
Auf der anderen Seite schlägt sich die Zunahme der Unterbeschäftigung auch in der Zunahme der Stillen Reserve nieder. Die Stille Reserve Südkoreas ist deut-

lich höher als diejenige Deutschlands,[125] aber sie hat sich aus Anlass der Krise nochmals kräftig vermehrt (vgl. Abbildung 3.10). Diese Tatsache deutet an, dass zwar das Sinken der Arbeitslosenzahl seit 1999 auf die Zunahme der Beschäftigung zurückzuführen war, aber ein Teil der Arbeitslosen zog sich als „*discouraged workers*" vom Arbeitsmarkt zurück und häufte sich in der Stillen Reserve auf.[126]

Abbildung 3.10: Entwicklung der Zahl der Arbeitslosen und der Stillen Reserve in Südkorea (1000)

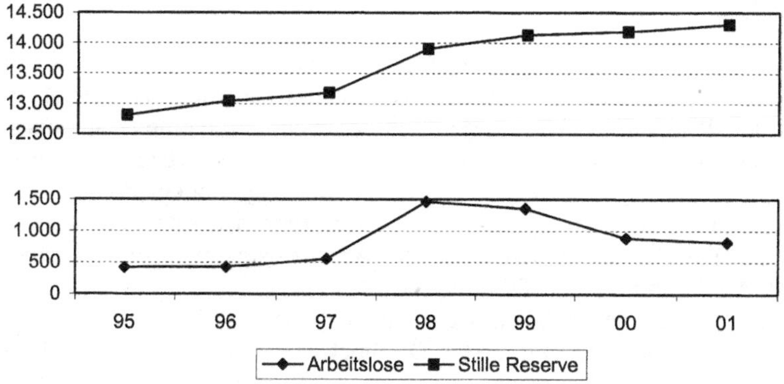

Quelle: KNSO (2002)

125) Dies zeigt sich im Unterschied der Erwerbsquote beider Länder. Während die Erwerbsquote Südkoreas 2000 nur 60,7% betrug, betrug diejenige von Deutschland 72,1%.

126) „Aus der Existenz der Stillen Reserve ergibt sich, dass ein Anstieg der Erwerbstätigenzahlen in aller Regel nicht im selben Ausmaß mit einem Rückgang der registrierten Arbeitslosenzahlen verbunden ist" (Bäcker u.a. 2000, S. 323).

3.3. Entwicklung und Struktur der Arbeitslosigkeit

3.3.1. Deutschland

3.3.1.1. Entwicklung der Arbeitslosigkeit

(1) Bestand

Die Entwicklung der Arbeitslosigkeit in Deutschland seit Mitte der 70er Jahre kann, wie oben kurz erwähnt, dadurch gekennzeichnet werden, dass die Zunahme der Arbeitslosigkeit in den Rezessionsphasen nicht durch eine entsprechende Reduzierung der Arbeitslosenzahlen in den anschließenden Aufschwungsphasen kompensiert wurde. Demzufolge erhöhte sich die sog. Sockelarbeitslosigkeit von Konjunkturzyklus zu Konjunkturzyklus. Aufgrund des Anstiegs dieser Sockelarbeitslosigkeit ist die Entwicklung der Arbeitslosigkeit in drei Phasen zu teilen (vgl. Abbildung 3.5 und Tabelle 3.2).
Der kräftige Anstieg der Arbeitslosigkeit in der ersten Phase von 1974[127] bis 1980 wurde vor allem von dem ersten Ölschock verursacht. Die Arbeitslosenzahl stieg 1974 und 1975 steil an, so dass sie 1975 zum ersten Mal nach den 50er Jahren eine Million überschritt. Infolge dessen hat sich die Arbeitslosenquote, die 1973 nur 1,2% betrug, in 1975 mit 4,7% beinahe vervierfacht. Danach sank sie 1978 auf unter eine Million, aber von einer richtigen Abnahme der Arbeitslosigkeit kann keine Rede sein (vgl. Abbildung. 3.5). In dieser Phase etablierte sich eine Sockelarbeitslosigkeit von rund einer Million.
Die zweite Phase von 1981 bis 1990 begann mit der Rezession zu Anfang der 80er Jahre, die von dem zweiten Ölschock von 1979 verursacht wurde. Die Arbeitslosigkeit stieg seit 1981 wieder stark an, und die Arbeitslosenzahl überschritt nach nur 3 Jahren (1983) zwei Millionen. Während dieser Phase erreichte die Arbeitslosenquote 1985 mit 9,3% ihren Höhepunkt, und die Arbeitslosenzahl blieb seit 1983 (mit Ausnahme von 1990) trotz ihrer leichten Abnahme[128] über zwei Millionen.

---

127) Zwar ist der Untersuchungszeitraum von Deutschland seit 1969 in dieser Arbeit generell berücksichtigt, aber der kurze Zeitraum von 1969 bis 1973 gehört zu der an die 60er Jahre angeschlossenen Vollbeschäftigungsphase, so dass er hier aus der Teilung der Phasen ausgeschlossen wird.

128) Zerche/Schönig/Klingenberger (2000, S. 105f.) teilen den Zeitraum 1985 ~ 1989 aufgrund dieser Abnahme in eine eigenständige Phase ein. Aber diese Abnahme ist nicht so deutlich und weit unzureichend, um das Niveau von vor dem sprunghaften Anstieg seit 1981 wieder-

Tabelle 3.2: Arbeitslosigkeit: Bestand und Bewegung in Deutschland

Jahr	Bestand[1]	Arbeitslosenquote[2]	Zugang[3]	Abgang[3]	Betroffenheit[4]	Dauer
	1000	%	1000	1000	%	Woche
1969	179	0,9	1.369	-	5,4	8,6
1970	149	0,7	1.296	-	5,7	6,4
1971	185	0,8	1.563	-	8,4	5,6
1972	246	1,1	1.662	-	8,3	6,9
1973	273	1,2	1.877	-	8,4	7,4
1974	582	2,6	2.795	-	15,9	8,5
1975	1.074	4,7	3.450	-	20,2	12,1
1976	1.060	4,6	3.256	-	15,0	15,9
1977	1.030	4,5	3.315	-	15,3	15,3
1978	993	4,3	3.081	-	13,8	16,2
1979	876	3,8	2.844	-	11,4	17,4
1980	889	3,8	3.084	2.833	12,8	15,5
1981	1.272	5,5	3.531	2.945	18,0	16,2
1982	1.833	7,5	3.707	3.187	20,0	20,3
1983	2.258	9,1	3.704	3.579	18,9	25,9
1984	2.266	9,1	3.673	3.697	16,5	28,6
1985	2.304	9,3	3.750	3.728	14,7	28,9
1986	2.228	9,0	3.637	3.766	15,3	30,5
1987	2.229	8,9	3.726	3.636	15,4	29,7
1988	2.242	8,7	3.668	3.786	15,1	30,0
1989	2.038	7,9	3.806	3.945	13,0	31,5
1990	1.883	7,2	3.703	3.971	13,6	27,5
1991	2.602	7,3	5.103	4.760	13,4	28,3
1992	2.978	8,5	5.535	5.178	15,0	29,5
1993	3.419	9,8	6.046	5.484	18,4	27,6
1994	3.698	10,6	6.076	6.205	19,2	28,7
1995	3.612	10,4	6.525	6.294	19,2	28,1
1996	3.965	11,5	7.142	6.785	20,6	29,0
1997	4.385	12,7	7.269	6.895	19,7	33,5
1998	4.279	12,3	7.270	7.594	17,7	36,2
1999	4.099	11,7	7.218	7.368	18,3	33,3
2000	3.889	10,7	6.935	7.192	15,0	37,1
2001	3.852	10,3	7.035	6.857	14,8	36,2

Quelle: BA (vers. Jg.): Arbeitsstatistik - Jahreszahlen; IAB (vers. Jg.): Zahlen-Fibel
1) Jahresdurchschnitte.
2) bezogen auf abhängige zivile Erwerbspersonen (Die Arbeitslosenquote auf der Basis aller zivilen Erwerbspersonen wird seit 1980 berechnet).
3) Jahressumme.
4) Betroffenheit = Zugänge in Arbeitslosigkeit (Fälle) / abhängige Erwerbspersonen.

Die dritte Phase seit 1991 begann mit der Sondersituation der deutschen Vereinigung. Zwar nahm die Arbeitslosigkeit in Westdeutschland im kurzfristigen

zuherstellen. Daher ist es m.E. zutreffender, auch die Arbeitslosigkeit in der zweiten Hälfte der 80er Jahre als eine Sockelarbeitslosigkeit von rund zwei Millionen zu betrachten.

„Vereinigungsboom“ ein bisschen ab, aber wegen der Entstehung der Massenarbeitslosigkeit in Ostdeutschland nahm sie bundesweit wieder kräftig zu. Insbesondere verstärkte die Rezession von 1993 diesen Trend, und auch im nachfolgenden Aufschwung von 1994 stieg die Arbeitslosigkeit weiter. So überschritt die Arbeitslosenzahl 1997 letztlich vier Millionen, und auch die Arbeitslosenquote erreichte den bisherigen Höhepunkt mit 12,7%. Danach drehte sich der Trend ebenso wie in den vorherigen Phasen um, aber die Arbeitslosenzahl bleibt bis jetzt in einem Bereich um vier Millionen.

(2) Bewegung

Die Etablierung dieser Sockelarbeitslosigkeit bzw. die Verfestigung der Arbeitslosigkeit zeigt aber nur eine Seite der Entwicklung der Arbeitslosigkeit, und zwar den Bestand an Arbeitslosen. Um ihr Gesamtbild zu verstehen, müssen auch die Bewegungen der Arbeitslosigkeit betrachtet werden, weil sich hinter dem durchschnittlichen Bestand an Arbeitslosen eine Dynamik von etwa doppelt so vielen Zu- und Abgängen verbirgt (vgl. Tabelle 3.2). Während der Arbeitslosenbestand z.B. in den 90er Jahren zwischen 2,6 Mio. (1991) und 4,4 Mio. (1997) lag, betrugen die Zu- und Abgänge an Arbeitslosen jeweils zwischen 5,1 Mio. (1991) und 7,3 Mio. (1998) und zwischen 4,8 (1991) Mio. und 7,6 Mio. (1998). So schwankte die Betroffenheit von Arbeitslosigkeit, die an der Zahl der Zugänge in Arbeitslosigkeit in Prozent der abhängigen Erwerbspersonen gemessen wird, in den 90er Jahren zwischen 13,4% (1991) und 20,6% (1996). Es zeigt eine hohe Dynamik des deutschen Arbeitsmarkts, dass in jedem Jahr knapp ein Fünftel der Erwerbstätigen in die Arbeitslosigkeit gelangt und fast ebenso viele sie verlassen.
Diese hohe Dynamik impliziert, dass die Dauer der Arbeitslosigkeit bei einem Großteil der Arbeitslosen relativ kurz ist. Nach einer Studie des IAB betrug die durchschnittliche Verweildauer von rund der Hälfte der Neuzugänge in die Arbeitslosigkeit von 1996 nur 7,5 Wochen, also weniger als zwei Monate, und 90% von ihnen sind innerhalb von 34,1 Wochen wieder in den Arbeitsmarkt integriert. Nur 10% wirkten sich aufgrund ihrer langen Verweildauer (durchschnittlich 144,5 Wochen) besonders stark auf die Bestandeszahlen aus (vgl. Karr 1999, S. 4f.).
Trotzdem ist es nicht zu übersehen, dass im Zuge eines Anstiegs der Arbeitslosenquote auch die durchschnittliche Verweildauer der Arbeitslosigkeit ansteigt (vgl. Tabelle 3.2). In dem Maß, wie sich die Arbeitslosenquote im Laufe der Entwicklungsphasen stetig erhöhte, verlängerte sich auch die Dauer, und zwar von 5 ~ 16 Wochen in den 70er Jahren über 16 ~ 31 Wochen in den 80er Jahren zu 27 ~ 37 Wochen in den 90er Jahren. Diese Verlängerung der Dauer der Arbeitslosigkeit deutet auf die Anhäufung von Langzeitarbeitslosen hin, die eine hohe Sockelarbeitslosigkeit gestalten.

3.3.1.2. Struktur der Arbeitslosigkeit

Bei der Bekämpfung der Massenarbeitslosigkeit könnte das Erkennen der Struktur der Arbeitslosigkeit wichtiger sein als das ihrer quantitativen Entwicklungen, weil erst dadurch die Zielscheiben der konkreten politischen Implementation festgestellt werden können.[129]
Die Strukturanalyse der Arbeitslosigkeit soll davon ausgehen, die Personengruppen der Arbeitslosen nach Merkmalen zu unterscheiden. Dabei werden üblicherweise Geschlecht (Frauen), Alter (Jugendliche, Ältere) und Qualifikation (ohne Ausbildung) usw.[130] zu den typischen Strukturmerkmalen der Arbeitslosigkeit gezählt, weil sie besondere Risiken ausdrücken, arbeitslos zu werden (Zugangsrisiko), lange in der Arbeitslosigkeit zu verbleiben (Verbleibsrisiko) oder wiederholt arbeitslos zu werden (Wiederholungsrisiko).

(1) Frauen

Zunächst war der Frauenanteil am Arbeitslosenbestand mit wenigen Ausnahmen am Ende der 70er und Anfang der 90er Jahren geringer als der Männeranteil (vgl. Tabelle 3.3). Diese Tatsache besagt allerdings keineswegs, dass Arbeitslosigkeit bei Frauen nicht schärfer ist als bei Männern. Dass der Frauenanteil geringer ist, ist zuerst nur die natürliche Folge davon, dass der Anteil der Frauen an den Erwerbstätigen geringer ist als der Männeranteil. Der Frauenanteil an den Erwerbstätigen beträgt z.B. in den 90er Jahren nur 42-43% (vgl. BA 2000, S. 390), hingegen der an den Arbeitslosen 47-53%. Daraus ist es erkennbar, dass Frauen bei der Arbeitslosigkeit überrepräsentiert waren. Auch die Tendenz, dass Frauen häufiger bei fehlenden Leistungsansprüchen in die Stille Reserve überwechseln (Kress/Brinkmann/Wiedemann 1995, S. 745), trägt zur Senkung des Frauenanteils an Arbeitslosen bei.
Was die Risiken der Arbeitslosigkeit angeht, haben Frauen seit Anfang der 90er Jahre im Vergleich zu Männern ein geringeres Zugangsrisiko, aber ihr Verbleibsrisiko war seit den 70er Jahren immer höher. Es war nämlich die Betroffenheit der Frauen, die das Zugangsrisiko zeigt, bis Anfang der 90er Jahre mit wenigen Ausnahmen höher als die der Männer, aber der Trend kehrte sich danach um. Dagegen war die Dauer der Arbeitslosigkeit bei Frauen immer län-

---

[129]) „Grundlage für die Konzeption von Maßnahmen der Wiedereingliederung von Arbeitlosen sind deren persönliche Merkmale und insbesondere die Frage, ob sie zu einer der Problemgruppen des Arbeitsmarkts zu zählen sind“ (Zerche/Schönig/Klingenberger 2000, S. 111).
[130]) Außerdem sind auch Ausländer und regionale Ungleichheit wichtige Merkmale, aber sie werden hier von der Untersuchung ausgenommen, weil sie m.E. bei dem internationalen Vergleich nicht so wichtig sind.

ger als bei Männern, und in den letzten Jahren wird die Distanz immer größer (vgl. Tabelle 3.3).
Als Folge[131] war die Arbeitslosenquote der Frauen seit den 70er Jahren immer höher als diejenige der Männer, was klar zeigt, dass die Arbeitslosigkeit der Frauen schärfer war (vgl. Tabelle 3.3). Auffällig ist dabei, dass sich die beiden Quoten im Verlauf der 90er Jahre annäherten. Dies wird vor allem mit der zunehmenden Tertialisierung der Wirtschaftsstruktur begründet, die mit einem verstärkten Abbau industrieller Arbeitsplätze korrespondiert. Unterstellt man, dass tendenziell Männer häufiger im verarbeitenden Gewerbe tätig sind, Frauen hingegen in den personenbezogenen Dienstleistungsbranchen, dann spiegelt die Annäherung beider Arbeitslosenquoten wider, dass die Männer zurzeit besonders stark vom Strukturwandel betroffen sind (vgl. Zerche/Schönig/Klingenberger 2000, S. 107).[132]

Tabelle 3.3: Arbeitslosigkeit nach Geschlecht in Deutschland

Jahr	Anteil der Frauen	Arbeitslosenquote		Betroffenheit		Dauer	
		Männer	Frauen	Männer	Frauen	Männer	Frauen
	%	%	%	%	%	Woche	Woche
1970	37,6	0,7	0,8	5,4	6,7	6,8	6,2
1975	42,1	4,3	5,4	20,1	20,3	11,1	13,8
1980	52,0	3,0	5,2	12,2	14,3	12,9	18,8
1985	44,1	8,6	10,4	14,6	15,1	26,5	32,7
1990	48,6	6,3	8,4	12,8	14,4	25,5	30,2
1991	50,8	6,4	8,5	13,1	14,0	25,5	31,5
1992	52,6	7,1	10,2	14,3	15,7	25,8	33,8
1993	50,5	8,6	11,3	19,0	17,8	23,5	32,9
1994	49,6	9,5	12,0	19,8	18,7	25,0	33,5
1995	48,8	9,6	11,4	19,6	18,8	25,5	31,5
1996	46,7	11,0	12,1	21,2	19,7	26,9	31,9
1997	46,6	12,2	13,3	21,2	17,9	30,0	38,6
1998	46,9	11,9	12,8	19,1	16,1	32,4	41,3
1999	47,3	11,3	12,2	19,6	16,8	30,0	37,8
2000	47,2	10,5	10,9	17,1	14,5	31,9	39,2
2001	46,4	10,4	10,9	16,4	13,1	32,9	40,5

Quelle: BA (vers. Jg.): Arbeitsstatistik - Jahreszahlen; IAB (vers. Jg.): Zahlen-Fibel

[131]) Arbeitslosenquote = Betroffenheit x Dauer (Wochen) / 52.
[132]) Dies ist auch ein Indiz gegen die populäre, aber nicht zutreffende These, das Problem der Arbeitslosigkeit sei auf die gestiegene Erwerbsneigung der Frauen zurückzuführen (vgl. Hagen/Steiner 2000, S. 91f.).

(2) Jugendliche

Im Hinblick auf die Arbeitslosigkeit nach Alter werden zwei Gruppen beachtet: Jugendliche und Ältere. Bei den Jugendlichen[133] geht es um das Zugangsrisiko, das durch zwei Risikozonen gekennzeichnet ist: Den Übergang vom allgemeinen schulischen Ausbildungssystem in eine Berufsausbildung oder direkt in ein Arbeitsverhältnis (Schwelle 1) und den Übergang nach Abschluss der Berufsausbildung oder auch Hochschulausbildung in ein Arbeitsverhältnis (Schwelle 2). Diese zwei Schwellen entstehen aus dem deutschen „dualen System" der Berufsbildung und stellen eine besondere Barriere beim Eintritt ins Berufsleben dar. Demzufolge ist das Zugangsrisiko der Jugendlichen höher als das anderer Altersgruppen. Hingegen ist ihre Verbleibsdauer kürzer im Vergleich zu anderen Gruppen, also ist ihr Verbleibsrisiko niedriger. (vgl. Willke 1990, S. 44f.; Bäcker u.a. 2000, S. 333)
Als Folge ist die Arbeitslosenquote der Jugendlichen zwischen 20 und 25 Jahren durchschnittlich höher als diejenige der 30- und 40Jährigen, auch wenn sie niedriger ist als diejenige der Älteren (vgl. Tabelle 3.4).

Tabelle 3.4: Arbeitslosenquoten nach Altersgruppen in Deutschland (%)

Alter	1984	1988	1992	1993	1994	1995	1996	1997	1998	1999	2000	2001
15-19	9,6	6,9	5,8	7,4	8,1	9,2	10,3	11,8	10,9	10,2	10,0	10,0
20-24	12,2	8,8	6,3	10,4	10,8	10,9	12,7	14,2	12,9	12,1	11,5	12,1
25-29	11,9	9,9	6,4	9,9	9,5	9,2	10,1	11,0	9,8	9,7	9,1	10,0
30-34	10,0	9,7	6,6	10,3	9,8	9,5	10,1	11,1	9,8	9,6	9,0	9,6
35-39	8,6	8,3	6,2	9,9	9,7	9,5	10,3	11,7	10,6	10,4	9,7	10,2
40-44	6,7	7,2	5,6	9,4	9,5	9,5	10,3	11,9	10,8	10,8	10,1	10,6
45-49	6,6	6,9	5,7	9,6	10,0	10,1	10,8	12,6	11,7	11,9	11,2	11,6
50-54	7,7	8,4	6,8	11,5	11,7	11,7	12,4	14,6	14,0	14,3	13,6	13,8
55-59	12,9	15,2	14,2	18,2	20,3	21,6	23,8	25,8	25,7	25,6	22,9	20,8
60-64	12,7	14,0	15,7	17,4	18,6	18,2	18,2	18,8	20,8	21,5	20,2	18,5
Insgesamt	9,6	9,0	7,0	10,8	11,0	11,1	12,2	13,6	12,7	12,6	11,7	11,9

Quelle: BA (vers. Jg.): Strukturanalyse; IAB (vers. Jg.): Zahlen-Fibel
Anmerkungen: 1) ermittelt ab 1984.
2) Berechnet aus Arbeitslosen zum 30.9. und sozialversicherungspflichtig Beschäftigten zum 30.6. Daher sind Abweichungen zur Quote der abhängigen zivilen Erwerbspersonen möglich.
3) bis 1992 Westdeutschland, ab 1993 Deutschland.

133) Eine allgemein geltende Definition von Jugendlichen gibt es nicht. Je nach Wissenschaftler wird sie unterschiedlich verwendet, also etwa als Altersgruppe der unter 20-Jährigen, unter 25-Jährigen oder sogar unter 30-Jährigen.

(3) Ältere

Die Älteren[134] sind im Gegensatz zu den Jugendlichen mit einem geringen Zugangsrisiko und einem hohen Verbleibsrisiko gekennzeichnet. Die Gründe für das geringe Zugangsrisiko finden sich u.a. in den gesetzlichen und tarifvertraglichen Kündigungsschutzbestimmungen, im informellen Senioritätsschutz sowie in der Möglichkeit, aus einer Beschäftigung heraus in die Erwerbsunfähigkeit oder einen vorgezogenen Altersrentenbezug zu wechseln (vgl. Bäcker u.a. 2000, S. 334).
Im Vergleich dazu ist das Verbleibsrisiko der Älteren besonders hoch, was vor allem auf das altersselektive Einstellungsverhalten der Betriebe zurückzuführen ist, das auf ihrer Rechnung der Rentabilität bei der Neueinstellung beruht. D.h. die Älteren sind für die Betriebe nicht so rentabel, weil zum einen ihre Qualifikationen in der Regel alt sind und zum anderen die Nutzungsdauer der sog. Humankapitalinvestitionen auf wenige Jahre beschränkt ist. Außer diesen objektiven Kriterien lassen auch die subjektiven Faktoren wie Lern- und Anpassungsunfähigkeiten und Stigmatisierung durch lange Arbeitslosigkeit die Betriebe zögern, Ältere neu einzustellen. Wenn sich andere negative Merkmale wie gesundheitliche Beeinträchtigungen und keine abgeschlossene Berufsausbildung addieren, wird die Einstellungsbarriere, also das Verbleibsrisiko, noch höher. Wegen dieses hohen Verbleibsrisikos der Älteren kommt bei der Langzeitarbeitslosigkeit dem Alter die größte Bedeutung zu (s. unten).
Das Verbleibsrisiko der Älteren ist hoch genug, um nach dem Ausgleich für das Zugangsrisiko übrig zu bleiben, so dass die Arbeitslosenquote der Älteren höher ist als die anderer Altersgruppen (vgl. Tabelle 3.4). Im Verlauf der Zeit wird diese Tendenz immer stärker, so dass Alter immer mehr zu einem wichtigen Grund für Arbeitslosigkeit wird.

(4) Geringqualifizierte

In Bezug auf die Arbeitslosigkeit nach Qualifikationen ist zunächst augenfällig, dass die Arbeitslosenquote von Arbeitskräften ohne Berufsausbildung außerordentlich hoch ist. Während die Arbeitslosenquoten von allen anderen qualifikationsspezifischen Gruppen unter der durchschnittlichen Arbeitslosenquote lagen, betrug diejenige der Gruppe ohne Ausbildung fast das Doppelte oder noch mehr als die durchschnittliche Quote und stieg in den 90er Jahren noch höher (vgl. Abbildung 3.11). Dies lässt sich damit erklären, dass der technologische Strukturwandel immer zu Lasten dieser Gruppe geht. D.h. im Zuge der beschleunig-

[134]) Auch die Älteren werden gesetzlich oder statistisch nicht klar definiert, doch werden meist Personen über 50 Jahre als Ältere gezählt.

ten Spezialisierung und Technisierung der Arbeitswelt gibt es für diese Gruppe immer weniger Chancen auf einen Arbeitsplatz (vgl. Willke 1990, S. 42).

Abbildung 3.11: Arbeitslosenquote nach Qualifikationen in Deutschland (%)

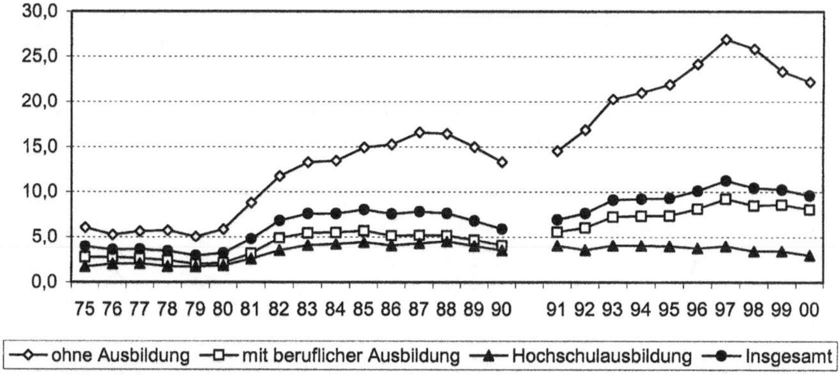

Quelle: IAB (2002): Zahlen-Fibel

Anmerkung: 1) mit beruflicher Ausbildung: betriebliche Ausbildung, Berufsfachschule und Fachschul-, Meister- und Technikerausbildung.

2) Hochschulausbildung: Fachhochschule und Universität.

(5) Langzeitarbeitslose

Diesen Strukturmerkmalen der Arbeitslosigkeit ist eine besondere Beachtung zu schenken, weil die Personengruppen mit diesen Merkmalen in großer Gefahr sind, über den „Strukturierungsprozess“ (Zerche/Schönig/Klingenberger 2000, S. 110) bzw. den „Selektions- oder Diskriminierungsmechanismus“ (Heise 1995, S. 767) sich zu Langzeitarbeitslosen zu entwickeln. Ausgangspunkt dieses Strukturierungsprozesses ist, dass in konjunktureller Rezession ein erhöhter Zugang in die Arbeitslosigkeit festzustellen ist, von dem zunächst Arbeitnehmer mit typischen Merkmalen wie z.B. hohem Alter, gesundheitlicher Einschränkung und geringem Qualifikationsniveau betroffen sind. In dieser Phase findet eine „negative Selektion“ (Diskriminierung) statt. Steigt später im Aufschwung das Beschäftigungsniveau wieder an, so beginnt eine zweite Phase der Selektion, also eine „positive Selektion“. Dann suchen Arbeitgeber zunächst nach den „Rosinen“ unter den Bewerbern, daher stehen die Problemgruppen des Arbeitsmarkts wieder hinten an. Durch diesen zweifachen Strukturierungsprozess erfolgt eine Verfestigung der Arbeitslosigkeit, also häufen sich Langzeitarbeitslose an. In diesem Prozess wird das Risiko der Langzeitarbeitslosigkeit bei jenen Personen noch erhöht, die mehrere dieser Merkmale zusammen haben.

In der Tat nahm die Langzeitarbeitslosigkeit seit den 70er Jahren entsprechend der Steigerung der Arbeitslosenquote ständig zu, so dass der Anteil der Langzeitarbeitslosen an den gesamten Arbeitslosen in den letzten Jahren ein Drittel überschritt (vgl. Abbildung 3.12).[135] Daher kann man von der „Koexistenz von hoher Fluktuation und Verfestigungstendenzen"[136] bzw. einer „zunehmenden Polarisierung" (Heise 1995, S. 765) sprechen, wenn die oben erwähnte hohe Dynamik des deutschen Arbeitsmarkts berücksichtigt wird (vgl. 3.3.1.1.).

Abbildung 3.12: Anteil der Langzeitarbeitslosen an den gesamten Arbeitslosen in Deutschland (%)

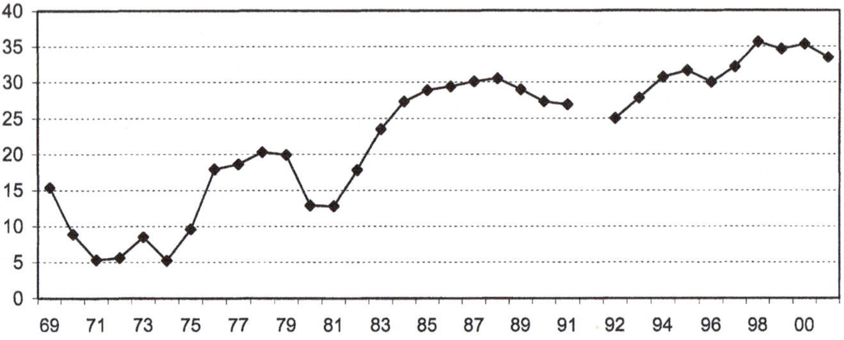

Quelle: IAB (2002): Zahlen-Fibel; BA (2002): Arbeitsmarkt

Angesichts der Realität, in der der Langzeitarbeitslosigkeit eine immer größere Bedeutung zukommt, ist es für geeignete Gegenmaßnahmen notwendig, die Struktur der Langzeitarbeitslosigkeit zu analysieren. Die Tabelle 3.5 zeigt an, wie viel Prozent der Arbeitslosen mit den jeweiligen Merkmalen 2001 über 1 Jahr arbeitslos waren. So betrug z.B. der Anteil der Arbeitslosen, die „55 und älter" waren, an den gesamten Arbeitslosen 7,5%, aber 56,1% von ihnen waren Langzeitarbeitslose. Nach dieser Tabelle ist es festzustellen, dass die Arbeitslosen mit Merkmalen deutlich häufiger langzeitarbeitslos waren als diejenigen ohne Merkmale. Darüber hinaus ist von den drei Merkmalen das Fehlen einer Ausbildung das am wenigsten riskante Merkmal für Langzeitarbeitslosigkeit, und das Alter ist das riskanteste. Je mehr Merkmale zusammenkommen, desto

[135]) Es muss auch berücksichtigt werden, dass der Anteil der Langzeitarbeitslosen durch die Änderung der statistischen Erfassung ab 1985 wesentlich verringert wurde. Vgl. dazu Kress/Brinkmann/Wiedemann (1995, S. 742).

[136]) IAB-Kurzbericht vom 30.1.1990, zitiert nach Heise (1995, S. 765).

größer wird das Risiko für Langzeitarbeitslosigkeit, so dass die Arbeitslosen mit allen drei Merkmalen den höchsten Langzeitarbeitslosenanteil aufwiesen.[137]

Tabelle 3.5: Besondere Personengruppen unter den Arbeitslosen 2001 in Deutschland (%)

Merkmale	Anteil an den gesamten Arbeitslosen	darunter über 1 Jahr arbeitslos
OA + GE + 55 und älter	2,7	64,0
OA + GE	7,4	42,1
OA + 55 und älter	3,3	63,5
GE + 55 und älter	4,4	57,2
OA	23,6	24,4
GE	11,4	37,1
55 und älter	7,5	56,1
ohne diese Merkmale	39,7	24,9
Summe/Insgesamt	100,0	33,5

Quelle: IAB (2002): Zahlen-Fibel
Anmerkung: OA = ohne Ausbildung, GE = mit gesundheitlichen Einschränkungen

3.3.2. Südkorea

3.3.2.1. Entwicklung der Arbeitslosigkeit

Da der Untersuchungszeitraum von Südkorea ziemlich kurz ist, ist es unmöglich, die Entwicklung der Arbeitslosigkeit in einige Phasen zu teilen. Stattdessen ist sie durch die plötzliche Zunahme vom 1998 und die nachfolgende relativ schnelle Abnahme zu kennzeichnen. Dass die Arbeitslosenquote, die seit Ende der 80er Jahre mit ca. 2% auf konstantem Niveau geblieben war, 1998 plötzlich auf 6,8% stieg, ist auf die extreme Krise zurückzuführen, in der die Wachstumsrate des BIP -6,7% betrug. Danach fiel sie durch die Wiederbelebung der Konjunktur 2001 auf 3,7%,[138] so dass sie innerhalb eines kurzen Zeitraums eine große Schwankung aufwies (vgl. Tabelle 3.6).

137) Diese Trends gelten auch für die vorherigen Jahren. Vgl. zu den konkreten Angaben IAB (2002).

138) Dass die Arbeitslosenquote von 1999 trotz der hohen Wachstumsrate (10,9%) mit 6,3% auf einem hohen Niveau blieb, ist vor allem auf die verzögerte Beschäftigungsreaktion zurückzuführen. Tatsächlich sank die Arbeitslosenquote im vierten Viertel auf 4,6%, aber wegen der hohen Arbeitslosenquote des Jahresanfangs (im ersten Viertel 8,4%) war der Jahres-

Parallel zur Zunahme der Arbeitslosenquote nahm auch der Zu- und Abgang an Arbeitslosen und die Betroffenheit seit 1998 stark zu. In dem Sinne kann man sagen, dass auch der südkoreanische Arbeitsmarkt sehr dynamisch ist.[139] Ungewöhnlich ist aber, dass sich trotz der hohen Arbeitslosenquote die Dauer der Arbeitslosigkeit leicht verkürzte gegenüber der Zeit mit niedrigerer Arbeitslosenquote. Diese paradoxe Situation kann dadurch erklärt werden, dass Arbeitslose wegen des fehlenden Sozialsicherungssystems auf eine ihrer Qualifikation entsprechende Stelle nicht lange warten und nicht langfristig arbeitslos bleiben können, sondern sie müssen für ihren Lebensunterhalt selbst sorgen und deshalb sogar eine geringwertige Stelle finden (vgl. Keum 2001, S. 16). Dies deutet darauf hin, dass die Langzeitarbeitslosigkeit Südkoreas viel geringer ist als diejenige Deutschlands (vgl. 3.3.1.2.).

Tabelle 3.6: Arbeitslosigkeit: Bestand und Bewegung in Südkorea

Jahr	Bestand	Arbeitslosenquote	Zugang	Abgang	Betroffenheit	Dauer
	1000	%	1000	1000	%	Monate
1995	420	2,0	1.527	1.647	4,5	3,47
1996	426	2,0	1.649	1.639	4,8	3,29
1997	556	2,6	2.172	2.163	6,2	3,17
1998	1.461	6,8	6.149	5.426	17,4	3,13
1999	1.353	6,3	5.152	5.892	14,4	3,49
2000	889	4,1	3.633	3.910	10,1	3,03
2001	819	3,7	3.468	3.700	9,5	2,95

Quelle: KNSO (2002); Eigene Berechnung

3.3.2.2. Struktur der Arbeitslosigkeit

(1) Frauen

Im Hinblick auf die Arbeitslosigkeit nach Geschlecht waren alle Indikatoren für die Arbeitslosigkeit der Frauen anders als in Deutschland sowohl vor als auch nach der Krise niedriger als diejenigen für die Männer (vgl. Tabelle 3.7). Zunächst betrug der Frauenanteil an den gesamten Arbeitslosen nur ein Drittel, was

durchschnitt hoch. Außerdem trug auch die außerordentliche Stagnation der Bauindustrie, deren Aufsaugungsfähigkeit der Beschäftigung am stärksten ist, zur hohen Arbeitslosenquote bei (vgl. KNSO 2001).

139) Nach Lee (2000a) nahm der Wechsel des Arbeitskraftzustandes zwischen Beschäftigung, Arbeitslosigkeit und Stiller Reserve unabhängig von der Krise kontinuierlich zu.

primär auf den sehr niedrigen Frauenanteil an den Erwerbstätigen (38-39%) zurückzuführen ist. Darüber hinaus waren auch die Betroffenheit und die Dauer der Arbeitslosigkeit niedriger und kürzer als diejenigen der Männer, denn es waren das Zugangs- und Verbleibsrisiko der Frauen geringer. Als Folge war die Arbeitslosenquote der Frauen immer niedriger als die der Männer.
Charakteristisch ist dabei, dass die Dauer der Arbeitslosigkeit der Frauen in Südkorea immer kürzer als die der Männer war, während sie in Deutschland immer länger war. Dies ist darauf zurückzuführen, dass die arbeitslosen Frauen Südkoreas stark dazu neigen, lieber in die Stille Reserve überzuwechseln als aktiv eine neue Stelle zu suchen. Denn es fehlt in Südkorea am sozialen System, das die Beteiligung der Frauen am Arbeitsmarkt aktiv unterstützt, und die Trennung der geschlechtlichen Rolle ist sehr deutlich (vgl. Chang 2001, S. 20). Dagegen haben die Männer keine Freiheit, früh in die Stille Reserve überzuwechseln, weil sie die Hauptverantwortung für den Unterhalt der Familie übernehmen. Diese Neigungen sind auch dadurch zu bestätigen, dass die Erwerbsquote der Frauen im Jahr 1998, in dem die Arbeitslosigkeit stark zunahm, gegenüber dem Vorjahr viel deutlicher sank als diejenige der Männer.[140]

Tabelle 3.7: Arbeitslosigkeit nach Geschlecht in Südkorea (%)

Jahr	Anteil der Frauen	Arbeitslosenquote		Betroffenheit		Dauer	
		Männer	Frauen	Männer	Frauen	Männer	Frauen
	%	%	%	%	%	Monate	Monate
1995	33,3	2,2	1,7	5,8	3,4	3,6	3,1
1996	31,7	2,3	1,6	6,2	3,5	3,5	2,9
1997	36,7	2,8	2,3	7,4	5,2	3,5	2,7
1998	32,7	7,6	5,6	21,9	13,2	3,3	2,7
1999	32,7	7,1	5,1	17,9	11,1	3,8	2,9
2000	33,0	4,6	3,3	12,5	7,7	3,3	2,5
2001	33,5	4,2	3,0	11,8	7,4	3,2	2,5

Quelle: KNSO (2002); Eigene Berechnung

(2) Jugendliche

Die hohe Arbeitslosenquote der Jugendlichen (15-29) war auch in Korea keine Ausnahme (vgl. Tabelle 3.8). Zwar war sie auch vor der Krise viel höher als diejenigen der anderen Altersgruppen gewesen, aber sie stieg nach der Krise sogar auf über 10%. Obwohl sie in den letzten Jahren sinkt, ist sie immer noch zweimal so hoch wie die gesamte Arbeitslosenquote. Darüber hinaus beträgt der An-

[140]) Die Erwerbsquote der Frauen fiel von 49,5% in 1997 auf 47,0% in 1998 um 2,5%, dagegen fiel diejenige der Männer von 75,6% auf 75,2% nur um 0,4%.

teil der Jugendlichen an den gesamten Arbeitslosen auch jüngst ca. 40%, so dass die Arbeitslosigkeit der Jugendlichen am ernstesten ist.
Zwar ist es üblich, dass die Übergangsperiode von Jugendlichen von der schulischen Bildung ins Berufsleben sehr lang ist, aber die von Südkorea ist länger als der Durchschnitt der OECD Staaten (vgl. Lee 2001a, S. 6f.). Es ist neben dem obligatorischen Wehrdienst auch darauf zurückzuführen, dass zwar die Zahl der StudentInnen seit Mitte 80er Jahre und vor allem seit 1995 stark zunahm,[141] aber die Zunahme sich auf die kultur- und geisteswissenschaftlichen Fächer konzentrierte. Demzufolge entstand das Missmatch auf dem Arbeitsmarkt der Jugendlichen, dass das Angebot der Hochschulabsolventen im natur- und ingenieurwissenschaftlichen Fach für die High-Technologisierung der Industriestruktur unzureichend war, während viele Hochschulabsolventen in den kultur- und geisteswissenschaftlichen Fächern keine Stelle finden konnten (vgl. Lee 2001a, S. 5f.).
Aber es ist vor allem auf die Nachfrageseite der Arbeitskräfte zurückzuführen, dass sich die Arbeitslosigkeit der Jugendlichen nach der Krise noch erhöhte. Zwar nahm die neue Einstellung der Unternehmen wegen der Rezession deutlich ab, aber es ist noch wichtiger, dass sich das Einstellungsverhalten der Unternehmen nach der Krise hin zur Bevorzugung von Arbeitnehmern mit beruflichen Karrieren verlagerte als zu den neuen (Hoch)Schulabsolventen. (vgl. Lee 2002, S. 2f.).[142]

Tabelle 3.8: Arbeitslosenquote nach Altersgruppen in Südkorea (%)

Alter	1995	1996	1997	1998	1999	2000	2001
15-19	8,1	7,5	9,9	20,9	19,7	13,6	13,3
20-24	5,9	5,9	7,2	14,8	12,8	9,3	8,9
25-29	3,0	3,4	4,1	9,3	8,5	5,7	5,9
30-34	1,4	1,6	2,0	5,9	5,7	3,8	3,2
35-39	1,3	1,2	1,7	5,6	4,9	3,1	2,9
40-44	1,1	1,1	1,7	5,6	5,3	3,2	3,0
45-49	1,1	1,0	1,2	5,5	5,0	3,4	2,6
50-54	0,9	1,0	1,3	5,7	5,2	2,8	2,9
55-59	1,0	0,7	1,1	4,6	5,1	3,0	2,4
60-65	0,7	0,5	1,0	3,2	3,8	2,1	1,9
insgesamt	2,0	2,0	2,6	6,8	6,3	4,1	3,7

Quelle: KNSO (2002); Eigene Berechnung

[141]) Die Eintrittsrate der OberschülerInnen in die Universität hat sich von 36,4% (1985) und 51,4% (1995) auf 70,5% (2001) erhöht (vgl. Lee 2001a, S. 5).
[142]) Der Anteil der neu eingestellten Arbeitnehmer mit beruflicher Karriere, der 1996 nur 35% betrug, hat sich 2000 auf 74% erhöht.

(3) Ältere

Im Fall der Älteren (50-64) war die Arbeitslosenquote am niedrigsten von allen Altersgruppen (vgl. Tabelle 3.8). Dies ist der deutlichste Unterschied zu Deutschland, in dem die Arbeitslosenquote der Älteren am höchsten ist. Der Unterschied stammt daher, dass die älteren Arbeitslosen Südkoreas anders als in Deutschland nicht lange arbeitslos bleiben, sondern dass sie die Neigung haben, leicht in die Rente (Stille Reserve) zu gehen (vgl. Keum 2000, S. 18). Diese Neigung ist eher auf den verbreiteten Familismus, dass Kinder ihre alten Eltern ernähern sollen, als auf das gut eingerichtete Rentensystem zurückzuführen. Da darüber hinaus der Anteil der Arbeitslosengeldempfänger an den älteren Arbeitslosen sehr gering war (13% im Jahr 2000), wechselten sie häufig zwischen der Arbeitslosigkeit und der Stille Reserve (vgl. Chang 2000, S. 18; S. 27).

(4) Geringqualifizierte

Nach Qualifikationen (schulische Bildung)[143] ist es zunächst auffällig, dass die Arbeitslosenquote der Arbeitskräfte mit Mittelschulabschluss und geringeren Abschlüssen unabhängig von der Krise am niedrigsten war, was einen völligen Gegensatz zum Fall Deutschlands bildet. Je höher darüber hinaus vor der Krise der Bildungsgrad war, desto höher war die Arbeitslosenquote (vgl. Tabelle 3.9). Diese Tatsache ist dadurch zu erklären, dass die Arbeitnehmer mit niedriger Schulbildung unter dem mangelnden sozialen Sicherungssystem auch keine Freiheit haben, arbeitslos zu werden, weil meistens im Mannesalter über ein geringes Vermögen verfügen, sich daher nicht auf ihre Familie verlassen können und auch eine geringfügige Stelle finden müssen.[144] Dagegen war die Arbeitslosenquote der Hochschulabsolventen deshalb relativ höher, weil ihr Anteil an den Jugendlichen viel höher als an den höheren Altersgruppen ist und die Familien mit Studierenden normalerweise ein hohes Einkommen bzw. Vermögen haben, was für sie bei der Suche einer geeigneten Stelle die Inkaufnahme der Arbeitslosigkeit ermöglicht (vgl. Keum 2001, S. 19).
Aber nach der Krise kehrte sich dieser Trend teilweise um, d.h. es erniedrigte sich die Arbeitslosenquote der Hochschulabsolventen gegenüber derjenigen der Oberschuleabsolventen. „Empirical analysis shows that the struktural adjustment after the financial crisis was associated with downward mobility of workers as lower-educated workers were forced to leave their jobs in favor of higer-educated workers. Another explanation of this phenomenon is that the shrinkage

[143]) In Südkorea wird keine Arbeitslosenquote nach Ausbildung, sondern nur die nach schulischer Bildung ermittelt.
[144]) Dies hängt mit dem hohen Anteil der atypischen Arbeitsverhältnisse zusammen, die nach der Krise auf über 50% anstiegen.

of manufacturing and construction industries, where a large number of workers with 'high school' educational attainment were hired, may patially cause the rapid increase in unemployment rates of workers with 'high school'" (Yoo u.a. 2001, S. 270f.).

Tabelle 3.9: Qualifikationsspezifische Arbeitslosenquote in Südkorea (%)

	1995	1996	1997	1998	1999	2000	2001
Mittelschule u. darunter	1,1	1,1	1,5	5,8	5,2	3,3	2,8
Oberschule	2,5	2,5	3,3	8,2	7,6	4,7	4,3
Fachhochschule u. Universität	2,7	2,6	3,0	5,7	5,3	3,9	3,8
Insgesamt	2,0	2,0	2,6	6,8	6,3	4,1	3,7

Quelle: KNSO (2002); Eigene Berechnung

(5) Langzeitarbeitslose

Schließlich ist die Langzeitarbeitslosigkeit Südkoreas nicht nur im Vergleich zu Deutschland, sondern auch international sehr niedrig (vgl. Shin 1999). Der Anteil der Langzeitarbeitslosen über sechs Monate[145] an den gesamten Arbeitslosen betrug während des Untersuchungszeitraums nur 14~18%,[146] obwohl sich die Zahl der Langzeitarbeitslosen nach der Krise mit der Zunahme der gesamten Arbeitslosen verdreifachte (vgl. Tabelle 3.10). „This is probably explained by the absence, until recently, of social welfare system" (Yoo, u.a. 2001, S. 272). Das heißt, es müssen eine Vielzahl der Arbeitslosen wegen der Schwierigkeiten bei dem Unterhalt auch eine geringwertige Stelle finden (vgl. Keum 2001, S. 16).[147]

Im Hinblick auf die Struktur der Langzeitarbeitslosigkeit nach Geschlecht war der Anteil der Männer überwältigend größer als derjenige der Frauen, und nach schulischer Bildung betrug der Anteil der Oberschulabsolventen ca. die Hälfte. Nach Altersgruppen betrug der Anteil der 20-Jährigen vor der Krise fast die

145) In Südkorea beträgt der Anteil der Langzeitarbeitslosen über ein Jahr an den gesamten Arbeitslosen nur 2~4%, es werden die Arbeitslosen über sechs Monate üblicherweise für Langzeitarbeitslose gehalten.

146) Dass der Anteil der Langzeitarbeitslosen 1998 besonders niedrig war, ist darauf zurückzuführen, dass die Arbeitslosen damals stark zunahmen.

147) Aber der Anteil der Langzeitarbeitslosen wird unterschätzt, betrachtet man, dass es sehr viele sog. Wiederholungsarbeitslosen gibt, weil zum einen die Beschäftigungsperiode bei den geringwertigen Stellen kurz ist, zum anderen der Wechsel zwischen der Arbeitslosigkeit und der Stillen Reserve sehr häufig ist (vgl. Lee 2000a). Wenn diese Wiederholungsarbeitslosen betrachtet werden, war die Zahl der „Nichterwerbstätige" über sechs Monate (124,7 Tsd.) im Juni 2000 größer als die Zahl der offiziellen Langzeitarbeitslosen über sechs Monate (101,5 Tsd.) (vgl. Kang, S.H. 2000).

Hälfte, aber sank danach wegen der Zunahme der Arbeitslosigkeit in den anderen Altersgruppen allmählich. Auch in den letzten Jahren ist er ein bisschen größer als der Anteil der 30-Jährigen und 40-Jährigen, aber die Differenz ist nicht so groß.

Tabelle 3.10: Langzeitarbeitslosigkeit in Südkorea

	1995	1996	1997	1998	1999	2000	2001
Zahl der Langzeitarbeitslosen[1] (1000)	74	68	88	214	252	127	106
Anteil an den Arbeitslosen (%)	17,7	16,0	15,8	14,7	18,7	14,3	13,0
Anteil nach Merkmalen (%)							
Männer	71,8	77,2	74,4	77,0	77,1	78,8	79,2
Frauen	28,2	22,8	25,7	23,0	23,0	21,2	20,8
Mittelschule u. darunter	19,0	13,3	15,4	22,5	23,6	21,2	19,2
Oberschule	45,6	49,2	52,1	48,4	50,8	47,5	45,1
Fachhochschule u. Universität	35,5	37,6	32,4	29,2	25,6	31,3	35,7
15-19	6,2	4,8	5,2	2,8	2,9	2,3	2,8
20-29	50,8	50,9	48,1	37,1	28,7	29,6	31,4
30-39	20,6	19,1	20,6	25,6	26,6	25,1	23,2
40-49	13,1	14,9	15,4	19,4	23,7	27,7	27,5
50-59	8,0	8,7	8,3	12,5	15,1	12,4	11,7
60-	1,3	1,6	2,4	2,6	3,0	2,9	3,5
dar. über 6 Monate arbeitslos (%)							
Männer	19,1	18,1	18,6	16,8	21,3	16,8	15,4
Frauen	14,9	11,5	11,0	10,3	13,1	9,2	8,1
Mittelschule u. darunter	16,4	10,9	11,4	11,7	16,1	11,6	10,4
Oberschule	15,0	14,5	14,9	13,5	18,0	13,3	11,5
Fachhochschule u. Universität	24,2	23,1	21,9	21,9	23,8	19,5	18,3
15-19	12,7	10,3	10,9	6,9	8,4	4,8	5,4
20-29	17,5	15,5	15,6	15,1	16,0	12,0	10,9
30-39	18,1	15,3	15,8	15,3	20,5	15,6	13,8
40-49	19,9	19,9	18,5	14,7	21,7	18,8	17,3
50-59	21,7	21,8	18,4	16,6	23,4	16,7	14,3
60-	12,6	15,3	13,9	11,6	15,4	12,5	14,3

Quelle: KNSO (2002); Eigene Berechnung
1) Arbeitslose über sechs Monate.

Die Risiken, langzeitarbeitslos zu werden, – d.h. der Anteil der Langzeitarbeitslosen an den gesamten Arbeitslosen nach Merkmalen – erschienen anders als die Anteile an den Langzeitarbeitslosen. Nach Geschlecht war das Risiko der Männer eben so wie der Anteil höher als bei den Frauen. Je höher aber der Bildungsgrad war, desto höher war das Risiko. Schließlich war das Risiko der Älteren höher als das der Jüngeren, aber dasjenige der 60-Jährigen war etwas kleiner als dasjenige der vorherigen Altersgruppen. Zusammenfassend hatten die Männer mit Hochschulabschluss im Alter 40~59 in Südkorea das größte Risiko für die Langzeitarbeitslosigkeit.

4. Vergleich des allgemeinen Systems der Arbeitsmarktpolitik

Ab diesem Abschnitt soll die aktive Arbeitsmarktpolitik beider Länder verglichen werden. Der Vergleich wird in zweierlei Hinsicht angestellt: im Hinblick auf das allgemeine System der Arbeitsmarktpolitik und im Hinblick auf die einzelnen Instrumente der aktiven Arbeitsmarktpolitik. Die Notwendigkeit für diese Unterscheidung liegt darin begründet, dass zwar einzelne Instrumente unmittelbare Effekte auf den Arbeitsmarkt mit sich bringen, dass aber auch das allgemeine System der Arbeitsmarktpolitik – indirekt – großen Einfluss ausüben kann, weil es die Funktionsbedingungen der einzelnen Instrumente regelt. Hier soll daher zunächst das allgemeine System behandelt werden; die einzelnen Instrumente werden im nächsten Kapitel diskutiert.

Unter dem Begriff „allgemeines System" der Arbeitsmarktpolitik werden – wie gesagt – die Elemente verstanden, die die Funktionsbedingungen der einzelnen Instrumente regeln. Als wesentliche Elemente lassen sich dabei anführen: das Grundkonzept, der Träger und das Finanzierungssystem der Arbeitsmarktpolitik. Diese drei Elemente entsprechen jeweils der Philosophie, dem Subjekt und den Mitteln der Arbeitsmarktpolitik.

Das arbeitsmarktpolitische Konzept bzw. die „Philosophie" der Arbeitsmarktpolitik bestimmt die allgemeine Richtung der Arbeitsmarktpolitik, nach der Institutionen bzw. konkrete Instrumente geregelt werden. Insofern ist es das zentrale Element der Arbeitsmarktpolitik. Das Element Träger bezieht sich darauf, wer die Arbeitsmarktpolitik durchführt. Da sich die sich in der Durchführung widerspiegelnden Interessen nach den Subjekten unterscheiden, können unterschiedliche Träger auf die Ergebnisse unterschiedliche Einflüsse nehmen. Schließlich bestimmt das Finanzierungssystem den materiellen Spielraum der Arbeitsmarktpolitik, und spielt so durch die Art und Weise der Anschaffung und Vergabe der Mittel bei der Durchführung eine entscheidende Rolle.

Dieses allgemeine System der Arbeitsmarktpolitik hängt notwendigerweise sowohl mit der Arbeitsmarktlage als auch mit den gesellschaftlichen und geschichtlichen Rahmenbedingungen eng zusammen, die im vorherigen Kapitel erwähnt wurden. So erzeugten beispielsweise in Deutschland der auf dem Fordismus basierte Korporatismus und die lange Tradition der kommunalen und sozialen Selbstverwaltung die drittelparitätische Selbstverwaltung der BA, während in Südkorea der sog. „starke Staat" zur staatlichen Arbeitsverwaltung führte. Deshalb gibt es zwischen den beiden Ländern sowohl Gemeinsamkeiten als auch Unterschiede. Ihre jeweiligen Vor- und Nachteile und Diskussionen über die Reform der jeweiligen Situation unterscheiden sich ebenfalls. Daher soll hier das Ziel des Vergleichs darin liegen, durch eine Analyse der deutschen Situation und der deutschen Diskussionen mögliche Implikationen für Südkorea aufzuzeigen.

4.1. Arbeitsmarktpolitisches Konzept

4.1.1. Deutschland

4.1.1.1. AFG und aktive Arbeitsmarktpolitik

Der Anfang der deutschen Arbeitsmarktpolitik geht auf das Gesetz über Arbeitsvermittlung und Arbeitslosenversicherung (AVAVG) von 1927 zurück, das als kompensatorisch und passiv gekennzeichnet wird. Das AVAVG wurde durch das AFG von 1969 abgelöst, das eine qualitativ völlig neue Phase der Arbeitsmarktpolitik eingeleitet hat. Das Grundkonzept des AFG wird im Gegensatz zu dem des AVAVG als präventiv und aktiv gekennzeichnet. Um es genau zu verstehen, ist es aber zunächst nötig, die Rahmenbedingungen der Gesetzgebung des AFG zu untersuchen.

Bei der Entstehung des AFG spielte vor allem die Arbeitsmarktsituation in der ersten Hälfte der 60er Jahre eine entscheidende Rolle. Damals wurde als Folge des sog. Wirtschaftswunders seit den 50er Jahren eine Vollbeschäftigung mit einer Arbeitslosenquote von ca. 1% erreicht. Daher war das damalige Problem auf dem Arbeitsmarkt nicht die Arbeitslosigkeit, sondern umgekehrt die Knappheit an Arbeitskräften, wie sich in der Tatsache zeigte, dass die Zahl der offenen Stellen etwa drei- bis viermal größer war als die der Arbeitslosen. Diese Lücke zwischen Arbeitskräftenachfrage und -angebot konnte durch die Zunahme der Erwerbsbeteiligung von Frauen und den verstärkten Import ausländischer Arbeitskräfte einigermaßen geschlossen werden, aber das Problem beschränkte sich nicht nur auf diesen Punkt (vgl. Seifert 1984, S. 8ff.).

Im Zuge der Wirtschaftsentwicklung erfolgte ein sektoraler und technischer Strukturwandel, der neue Qualifikationen von Arbeitnehmern erforderte. Aber es mangelte an hochqualifizierten Arbeitskräften, die sich dem Strukturwandel anpassen konnten, und Frauen und ausländische Arbeitskräfte waren in den meisten Fällen beruflich wenig qualifiziert. Unter diesen Umständen bestand bei den einzelbetrieblichen Anstrengungen überlassenen Lösungsversuchen die Gefahr, dass die Ausbildung auf betriebs- oder arbeitsplatzspezifische Erfordernisse beschränkt bliebe und somit kurzfristige Mobilität mit langfristiger Immobilität erkauft würde. Darüber hinaus konnten die Kosten für die Um- und Weiterqualifizierung für Arbeitnehmer von vielen, meist kleineren und mittleren Betrieben nicht allein finanziert werden. In diesem Kontext wurde eine gründlich reformierte Arbeitsmarktpolitik erforderlich, die im überbetrieblichen und gesamtwirtschaftlichen Rahmen funktionierte (vgl. Kühl 1982, S. 252).

Eine weitere Rahmenbedingung des AFG war das 1967 verabschiedete Gesetz zur Förderung der Stabilität und des Wachstums der Wirtschaft (StWG). Nach dem bis zu diesem Zeitpunkt herrschenden ordnungspolitischen Credo war staatlicher Politik die Aufgabe zugewiesen, nur die Ordnungsformen der Wirtschaft, nicht aber die Beeinflussung des Wirtschaftsprozesses selbst zu gestalten. Aber das StWG verpflichtete nach dem keynesianischen Globalsteuerungskonzept[148] den Staat, nicht nur auf die qualitativen Formen Einfluss zu nehmen, sondern unaufhörlich unmittelbar in den quantitativen Ablauf einzugreifen. D.h. wirtschafts- und finanzpolitische Maßnahmen sollten nun nach §1 StWG so beschaffen sein, dass sie „im Rahmen der marktwirtschaftlichen Ordnung gleichzeitig zur Stabilität des Preisniveaus, zu einem hohen Beschäftigungsstand und außenwirtschaftlichem Gleichgewicht bei stetigem und angemessenem Wirtschaftswachstum beitragen". Damit war erstens staatliche Politik zu beschäftigungspolitischem Handeln verpflichtet, und der Weg war frei, die zur Realisierung beschäftigungspolitischer Ziele notwendigen instrumentellen Ergänzungen durch eine Reform des arbeitsmarktpolitischen Gestaltungsfeldes zu schaffen (vgl. Seifert 1984, S. 18ff.).
Vor diesem Hintergrund wurde das AFG verabschiedet und stand insofern mit dem StWG in einem engen, aber komplementären Verhältnis. Während es als Aufgabe der am StWG orientierten Beschäftigungs-, Konjunktur- und Finanzpolitik angesehen wurde, ein hohes Beschäftigungsniveau zu sichern (vgl. Lampert 1989, S. 175),[149] zielte das AFG auf einen Ausgleich am Arbeitsmarkt ab (vgl. Bach 1994, S. 133), wie sich beim ersten seiner besonderen Zielen deutlich zeigt: § 2 [Ziele des AFG im besonderen] Die Maßnahmen nach diesem Gesetz haben insbesondere dazu beizutragen, dass

1. weder Arbeitslosigkeit und unterwertige Beschäftigung noch ein Mangel an Arbeitskräften eintreten oder fortdauern.

So hat das AFG in beschäftigungspolitischer Hinsicht eine flankierende Rolle zum StWG bzw. die „Feinsteuerung des Arbeitsmarktes" (Schubert 1999, S. 76) übernommen.
Zu bemerken ist dabei, dass sich die damalige Situation auf dem Arbeitsmarkt in der Zielsetzung des AFG deutlich widerspiegelte. Abgesehen von der Förderung

---

148) Um es genauer zu sagen, „die Versöhnung des Freiburger Imperativs mit der keynesianischen Botschaft" (Karl Schillers Formulierung. Zitiert nach Lampert (1989, S. 174)).

149) Obwohl auch ein hoher Beschäftigungsstand als ein allgemeines Ziel des AFG vorgeschrieben wurde (§ 1 [Ziel des AFG im allgemeinen] Die Maßnahmen nach diesem Gesetz sind im Rahmen der Sozial- und Wirtschaftspolitik der Bundesregierung darauf auszurichten, dass ein hoher Beschäftigungsstand erzielt und aufrechterhalten, die Beschäftigungsstruktur ständig verbessert und damit das Wachstum der Wirtschaft gefördert wird), hat das AFG keine Instrumente, das Beschäftigungsniveau zu beeinflussen. Diesbezüglich wurde auch kritisiert, dass die Zielsetzung zu allgemein und unscharf formuliert sei und weder Eckwerte quantifiziert noch zeitliche Horizonte vorgesehen seien usw. Vgl. dazu BA (1974).

bestimmter Zielgruppen (Behinderte (§ 2 (4)), Frauen (§ 2 (5)) und Ältere (§ 2 (6)) waren die Ziele die Lösung der Engpässe auf dem Arbeitsmarkt, die in einem Mangel an (Fach)Arbeitskräften bzw. der qualifikatorischen Inkongruenz nach dem wirtschaftlichen Strukturwandel zum Ausdruck kamen. So lauteten die Ziele: Die Maßnahmen haben ... dazu beizutragen, dass

2. die berufliche Beweglichkeit der Erwerbstätigen gesichert und verbessert wird,
3. nachteilige Folgen, die sich für die Erwerbstätigen aus der technischen Entwicklung oder aus wirtschaftlichen Strukturwandlungen ergeben können, vermieden, ausgeglichen oder beseitigt werden,
4. die Struktur der Beschäftigung nach Gebieten und Wirtschaftszweigen verbessert wird.

Diese Ziele können aber nicht nur durch Berufsberatung oder Arbeitsvermittlung, sondern erst durch berufliche Bildung (Aus- und Fortbildung und Umschulung) erreicht werden. Daher wurde der Förderung der beruflichen Bildung im AFG ein zentraler Stellenwert zuerkannt.[150] Zwar waren die berufliche Fortbildung und Umschulung schon im AVAVG enthalten, aber sie waren dort nur „Kann-Leistungen". Im AFG hatte die berufliche Bildung (mit der Vermittlung) hingegen nicht nur eine ausdrückliche Priorität,[151] sondern es wurde auch ein Rechtsanspruch auf die individuelle Förderung der Berufsbildung eingeräumt. Darüber hinaus hat die Einführung des Unterhaltsgeldes das Recht auf Berufsbildung zu einem nicht nur formalen, sondern nutzbaren Recht gemacht (vgl. Lampert 1989, S. 176).

Betrachtet man aber die Rolle der beruflichen Bildung im Hinblick auf die Arbeitslosigkeit, kann sie dadurch die Entstehung der Arbeitslosigkeit verhüten, dass sie einem Arbeitnehmer eine Aufrechterhaltung des Arbeitsplatzes (Fortbildung) oder einen reibungslosen Übergang zu einem anderen Arbeitsplatz (Umschulung) ermöglicht. Im AFG waren neben der beruflichen Bildung auch andere auf die Vermeidung oder Beseitigung von Arbeitslosigkeit abzielende Instrumente enthalten, und zwar Kurzarbeitergeld, Förderung der ganzjährigen Beschäftigung in der Bauwirtschaft und ABM[152] usw. Diese vorbeugenden Instrumente genießen insofern einen expliziten Vorrang vor den kompensatori-

---

150) Wegen dieser Wichtigkeit der beruflichen Bildung wurden zusätzliche Gesetze (Berufsbildungsgesetz (1969) und Ausbildungsförderungsgesetz (1971)) verabschiedet, die mit dem AFG in einem engen Zusammenhang stehen.

151) § 5 [Priorität der Vermittlung und Bildungsförderung] Die Vermittlung in berufliche Ausbildungsstellen oder Arbeit sowie die Maßnahmen zur Förderung der beruflichen Bildung gehen den Leistungen nach dem Dritten und Vierten Abschnitt vor.

152) Auch die ABM waren im AVAVG enthalten, aber sie haben im AFG dadurch stärkeres Gewicht als im AVAVG, dass die Bewilligungsvoraussetzungen weniger restriktiv gefasst worden sind und sich auch der Kreis der Teilnehmer von Leistungsempfängern zu allen Arbeitslosen ausgeweitet hat (vgl. Lampert 1989, S. 176; Franke 1990, S. 299).

schen Leistungen (Arbeitslosengeld und -hilfe, Konkursausfallgeld), als dass die ersteren in der Reihenfolge der Instrumente und Leistungen vor den letzteren stehen.
Genau hierin lag der essentielle Charakter des Wandels der deutschen Arbeitsmarktpolitik vom AVAVG zum AFG. Dem damaligen Arbeitsminister Katzer zufolge wurde die Arbeitsmarktpolitik „von der bloßen Absicherung bei Arbeitslosigkeit hin zu rechtzeitig vorbeugenden Maßnahmen gegen Schwierigkeiten am Arbeitsmarkt, von mechanischen Ausgleichs- und Vermittlungsbemühungen am Arbeitsmarkt hin zu einer vorausschauenden Politik der richtigen Berufs- und Arbeitsplatzwahl“[153] innoviert. Anders formuliert: Mit dem AFG hat sich die deutsche Arbeitsmarktpolitik von der kompensatorischen und passiven Arbeitsmarktpolitik mit Versicherungsgedanken zur präventiven und aktiven Arbeitsmarktpolitik mit „Prophylaxegedanken“ (Seifert 1984, S. 25) entwickelt.

4.1.1.2. „Das langsame Sterben eines guten Gesetzes“[154]

Zu beachten ist hierbei, dass dieses Grundkonzept einer aktiven Arbeitsmarktpolitik ein antizyklisches Verhalten erfordert, um seinen aktiven und vorbeugenden Charakter zu realisieren. So müssen in Zeiten eines wirtschaftlichen Abschwungs und einer hohen Arbeitslosigkeit die Ausgaben für die aktiven Instrumente ausgeweitet werden. Jedoch folgte die Entwicklung der Arbeitsmarktpolitik seit Inkrafttreten des AFG tatsächlich einem ausgesprochen prozyklischen Muster, was sich bei der Entwicklung der Ausgaben der Arbeitsmarktpolitik bis zum SGB III von 1998, das das AFG ablöst, feststellen lässt.
Die Gesamtausgaben der BA haben seit der infolge der ersten Ölpreiskrise ausgelösten Konjunktur- und Beschäftigungskrise 1974/75 kräftig zugenommen (vgl. Abbildung 4.1). Aber die Entwicklung verlief phasenweise prozyklisch: Zwischen 1975 und 1977 sanken die Ausgaben, obwohl die Arbeitslosenquote konstant blieb, und zwischen 1982 und 1985 entwickelten sich die Ausgaben sogar gegenläufig zur Arbeitslosigkeit.

---

153) Schriftliche Erklärung des Bundesarbeitsministers Katzer in der 234. Sitzung des Deutschen Bundestags am 13. Mai 1969. Zitiert nach Kühl (1982, S. 259).
154) Adamy (1994, S. 33).

Abbildung 4.1: Entwicklung der Arbeitslosenquote Deutschlands und der Ausgaben der BA

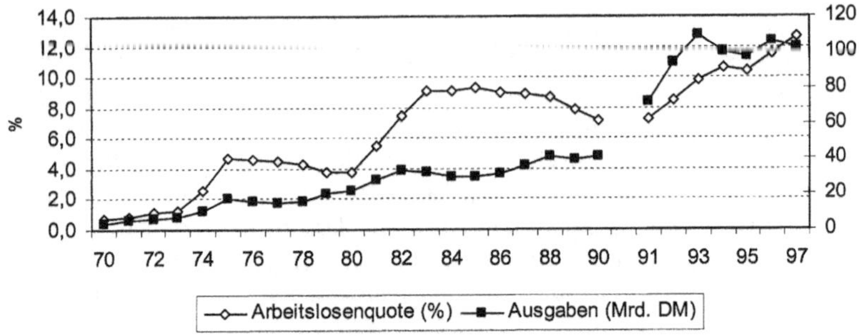

Quelle: BA: Arbeitsstatistik – Jahreszahlen (vers. Jg.).

Abbildung 4.2: Ausgabenstruktur der BA (%)

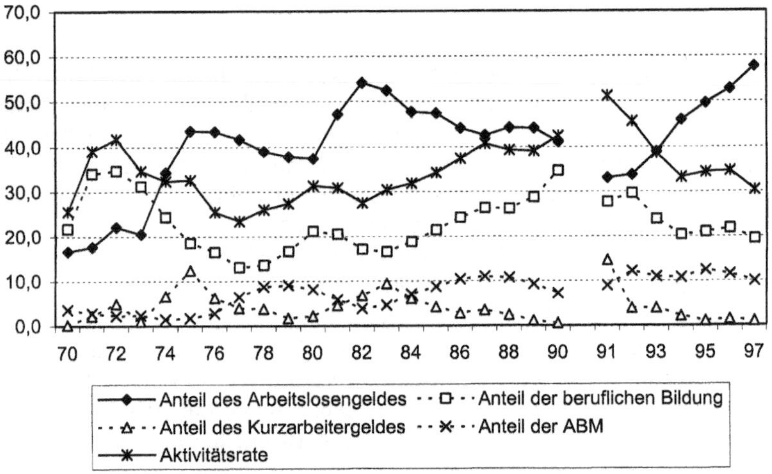

Quelle: Keller/Seifert (1995, S. 14); BA: Arbeitsstatistik – Jahreszahlen (vers. Jg.).

Anmerkung: 1) berufliche Bildung: Berufliche Ausbildung, Fortbildung, Umschulung, institutionelle Förderung der beruflichen Bildung, Leistung zur Rehabilitation, Förderung der Berufsausbildung benachteiligter Auszubildender und Eingliederung der Aus- und Übersiedler.

2) ABM: Maßnahmen zur Arbeitsbeschaffung, Förderung der Arbeitsaufnahme und sonstige Maßnahmen im Rahmen der Arbeitsmarktpolitik.

3) Aktivitätsrate: Anteil der Ausgaben für aktive Leistungen an den Gesamtausgaben.

Dieser prozyklische Kurs hat besonders die Kerninstrumente aktiver Arbeitsmarktpolitik betroffen (vgl. Abbildung 4.2): Z.B. wurden die Ausgaben für die berufliche Bildung zwischen 1975 und 1977 um gut 40% und die für das Kurzarbeitergeld zwischen 1983 und 1986 sogar um ca. 70% gekürzt, obwohl sich die Arbeitslosenquoten in den beiden Perioden nicht verändert haben. Noch schlimmer ist, dass sich auch zwischen 1979 und 1982, als sich die Arbeitslosenquote verdoppelt hat, die Ausgaben für die ABM um 30% reduziert haben. Auch in den 90er Jahren haben sich die Ausgaben für die berufliche Bildung und das Kurzarbeitergeld trotz der steigenden Arbeitslosenquote anhaltend reduziert, nachdem die Ausgaben gerade nach der Wiedervereinigung stark zugenommen hatten (vgl. Kap. 5).
Folglich betrug die durchschnittliche Aktivitätsrate, die den Anteil der Ausgaben für aktive Leistungen an den Gesamtausgaben angibt, nur noch gut ein Drittel der Gesamtausgaben. Damit war sie niedriger als der Anteil des Arbeitslosengeldes an den Ausgaben[155] und unterlag darüber hinaus starken Schwankungen.
Die Bedeutung dieses prozyklischen Musters der arbeitsmarktpolitischen Ausgaben und der niedrigen Aktivitätsrate ist nicht zu unterschätzen: Es handelt sich um „die Schwerpunktverlagerungen der Arbeitsmarktpolitik von der aktiven zur passiven Arbeitsmarktpolitik" (Keller/Seifert 1995, S. 13) bzw. um „eine Abkehr von den bei der Verabschiedung des AFG in seine beiden ersten Paragraphen aufgenommenen Zielsetzungen" (Karasch 1994, S. 133). So zeigt das Ergebnis der knapp 30jährigen Entwicklung der Arbeitsmarktpolitik deutlich, dass das vorbeugende Grundkonzept des AFG zwar trotz aller Änderungen des AFG überlebte, aber dass das Gewicht der tatsächlichen Durchführung eher auf die Reaktion auf die bereits aufgetretene Arbeitslosigkeit gelegt worden ist.
Der zentrale Grund dafür lag zunächst in den finanziellen Engpässen infolge der steigenden Arbeitslosigkeit. Die Finanzlage der BA, die auch beim Inkrafttreten des AFG schon ein Defizit verzeichnet hatte, hat sich mit der anhaltend hohen Arbeitslosigkeit seit Mitte der 70er Jahre außer in einigen wenigen Jahren trotz der Erhöhung des Beitragssatzes immer weiter verschlechtert, und nach der Wiedervereinigung hat das Defizit drastisch zugenommen.[156] Unter diesen Umständen mag es konsequent sein, dass „die geringen Mittel auf die weniger teuren und organisatorisch leichter durchzuführenden Pflichtleistungen („Muss"-Leistungen) der Arbeitslosenversicherung konzentriert werden und gleichzeitig

---

155) Nur zwei kurze Perioden am Anfang der 70er und 90er Jahre stellten die Ausnahme dar: In der ersten Periode war die Arbeitslosigkeit so niedrig, dass auch die Ausgaben für das Arbeitslosengeld sehr niedrig waren. In der zweiten Periode waren hingegen die Ausgaben für die aktive Arbeitsmarktpolitik außergewöhnlich hoch, um den Arbeitsmarktsituationen in den neuen Bundesländern gerecht zu werden.

156) Der Beitragssatz hat sich zwischen 1970 und 1997 von 1,3% auf 6,5% erhöht, obwohl er währenddessen einige Mal geschwankt hat (vgl. 4.2).

bei den disponiblen Leistungen („Kann"-Leistungen) der aktiven Arbeitsmarktpolitik gespart werden" (Wilk 1995, S. 448).[157]
Aber das noch grundlegendere Problem bestand im politischen Willen.[158] Nach § 187 des AFG gewährt der Bund der BA Darlehen oder Zuschüsse, falls der Bedarf der BA aus den Einnahmen und der Rücklage oder auch durch Darlehen nicht gedeckt werden kann. Vor der Wiedervereinigung gab es mehr Jahre ohne die Liquiditätshilfen des Bundes (Darlehen/Zuschüsse) – auch in den Jahren mit einem Defizit der BA – als Jahre mit den Liquiditätshilfen. Zwar haben die Liquiditätshilfen des Bundes nach der Wiedervereinigung zugenommen, sie umfassten jedoch viel weniger als die Mehreinnahmen durch die Beitragssatzerhöhung.[159] Im Großen und Ganzen haben die Liquiditätshilfen des Bundes bei der Finanzierung der Arbeitsmarktpolitik nur eine geringe kompensatorische Rolle gespielt. Dieser „Rückzug der Bundesregierung aus der finanziellen Verantwortung für die BA bedeutet gleichzeitig (...) den Rückzug aus der aktiven Arbeitsmarkt- und Beschäftigungspolitik und den Weg der BA zurück zu einer Stempelstelle für Menschen ohne Job" (Karasch 1994, S. 138).[160]
Dieser schwache politische Wille ist auch bei den häufigen gesetzlichen Änderungen ablesbar. Das AFG wurde von 1969 bis zum Arbeitsförderungsreformgesetz (AFRG) 1997 in elf Novellen und in 106 Gesetzen geändert, aber die Änderungen richteten sich trotz einiger Verbesserungen des Instrumentariums grundlegend auf Leistungskürzungen bei den zentralen Instrumenten aktiver Arbeitsmarktpolitik, u.a. durch Verschärfungen der sog. Zumutbarkeitsvoraussetzungen, aber auch durch die Kürzung der Höhe und Bezugsdauer der gesetzlich garantierten Unterstützungsleistungen (vgl. Franke 1990, S. 300; Keller/Seifert 1995, S. 19).[161]

---

157) Dieses Problem resultiert auch aus dem Mangel des Finanzierungssystems, dass das Arbeitslosengeld und die Ausgaben für die aktive Arbeitsmarktpolitik aus dem gemeinsamen Haushalt der BA finanziert werden. Vgl. dazu 4.3.1.

158) „Der politische Wille zur wirksamen Bekämpfung der Massenarbeitslosigkeit (ist) die entscheidende Determinante aktiver Arbeitsmarktpolitik" (Keller/Seifert 1995, S. 34).

159) Z.B. erreichte der Haushalt der BA 1991 die bisherige Rekordhöhe von 71 Mrd. DM mit einer Unterdeckung von schon fast 22,8 Mrd. DM, die allerdings durch eine Beitragssatzerhöhung um 2,5 Prozentpunkte auf 6,8% ab 1.4.1991 um 18,2 Mrd. DM aufgefangen wurde. Der Bundeszuschuss wurde auf lediglich 2,3 Mrd. DM festgesetzt, damit blieb der Bund selbst unter der sog. Anschubfinanzierung für die frühere DDR von 3 Mrd. DM im Jahre 1990 zurück (vgl. Karasch 1994, S. 136).

160) Im Hinblick auf den schwachen politischen Wille ist noch grundlegend die Tatsache zu nennen, dass die Arbeitsmarktpolitik historisch eine Nachrangigkeit gegenüber der Bekämpfung der Inflation genoss, die durch die Unabhängigkeit der Bundesbank institutionalisiert worden ist (vgl. Schmid 2002, S. 98).

161) Vgl. zur ausführlichen Rechtsentwicklung Franke (1990), Karasch (1994), Jagoda (1994), Adamy (1994), Engelen-Kefer u.a. (1995) und Heinelt/Weck (1998).

Beispielsweise hatte das Haushaltsstrukturgesetz von 1976 einzig und allein das Ziel der Beseitigung des zwischenzeitlich eingetretenen Haushaltsdefizits der BA. Dafür wurde der Beitragssatz von 2% auf 3% erhöht, das Unterhaltsgeld bei beruflicher Weiterbildung wurde von 90% des letzten Arbeitsentgelts auf 80% gesenkt usw. Mit dem Arbeitsförderungskonsolidierungsgesetz (AFKG) von 1982 wurde noch einmal die Konsolidierung der Finanzen der BA verfolgt, bemerkenswert ist dabei jedoch, dass sich die Maßnahmen und Leistungen auf Arbeitslose und von Arbeitslosigkeit unmittelbar bedrohte Arbeitnehmer konzentrierten. Damit ist der vorrausschauende und vorbeugende Charakter des AFG deutlich zurückgetreten. Ein weiterer Einschnitt im Bereich der Förderung der beruflichen Bildung und der ABM erfolgte mit dem 9. AFG-Änderungsgesetz von 1988: Der Rechtsanspruch auf Kostenerstattung bei Teilnahme an beruflichen Bildungsmaßnahmen wurde in eine Ermessensleistung der Arbeitsverwaltung umgestaltet, und der Förderungssatz bei ABM wurde von 80% auf 75%, in Problemarbeitsamtsbezirken von 100% auf 90% gesenkt. Die 10. AFG-Novelle von 1993 und die 11. AFG-Novelle von 1994, die weitere Kürzungen der Leistungen und Verschärfung ihrer Voraussetzungen vorgeschrieben haben, gelten jeweils als „die schwärzeste in der Geschichte des AFG" bzw. als eine Änderung, die „dem AFG den Todesstoss versetzt" hat (Karasch 1994, S. 137 und 138).
Schließlich geriet die deutsche Arbeitsmarktpolitik aufgrund eines finanziellen Engpasses, dessen Ursache in der anhaltenden Massenarbeitslosigkeit lag, mehr und mehr in den „Sog der Finanzpolitik" (Adamy 1994, S. 33), mit der Folge eines allmählichen Zurücktretens der aktiven Arbeitsmarktpolitik, auf die das AFG ursprünglich abgezielt hatte.

4.1.1.3. SGB III und aktivierende Arbeitsmarktpolitik

In diesem Zusammenhang gab es Mitte der 90er Jahre umfangreiche Diskussionen um eine grundlegende Reform des AFG.[162] Als Folge wurde 1997 das AFRG verabschiedet, das am 1.1.1998 als SGB III in Kraft trat.[163] Damit wurde das AFG, das knapp dreißig Jahre lang wirksam war, abgelöst.

[162]) Die wichtigsten Reformentwürfe, die im Zuge dessen vorgelegt worden sind, waren das „Memorandum für ein neues Arbeitsförderungsgesetz" des gewerkschaftsnahen „Arbeitskreises AFG-Reform" (1994), das „Arbeits- und Strukturförderungsgesetz" (ASFG) der SPD-Fraktion (1995) und das AFRG der Fraktion CDU/CSU und FDP (1996). Vgl. zum Stand der damaligen Diskussionen Kress (1996).

[163]) Während das AFG im Parlament einstimmig verabschiedet worden ist, ist das AFRG mit der sog. Kanzlermehrheit verabschiedet worden, so dass es sich nach dem Regierungswechsel von 1998 wiederum mehrmals ändert.

Die wichtigste Neuerung des SGB III zeigt sich zunächst in seiner Zielsetzung. Während das oberste Ziel des AFG die Erreichung eines hohen Beschäftigungsstandes war – auch wenn keine dazu geeigneten Instrumente vorlagen (vgl. 4.1.1.1.) – , liegen die „Aufgaben“[164] des SGB III vor allem in der Förderung des Ausgleichs am Arbeitsmarkt.[165] Nach dieser Veränderung der Zielsetzung hat die Vermittlung einen Vorrang sowohl vor den Lohnersatzleistungen als auch vor den sonstigen Maßnahmen der aktiven Arbeitsmarktpolitik.[166] Dadurch zeigt sich darüber hinaus deutlich die Absicht des Gesetzgebers, „die Arbeitslosen anstatt der Arbeitslosigkeit“ bekämpfen zu wollen (vgl. Karasch 2000, S. 134).

Auch wenn man diese Veränderung auf der einen Seite vor dem Hintergrund der Situation der Massenarbeitslosigkeit für eine realistische Zielsetzung halten kann, so bedeutet sie auf der anderen Seite „die Rücknahme staatlicher Verantwortung für Vollbeschäftigung“ (Dingeldey/Gottschall 2001, S. 36).[167] Stattdessen betont das SGB III eine besondere Verantwortung von Arbeitgebern und Arbeitnehmern (§ 1 (2) und § 2). Während sich dies jedoch bei den Arbeitgebern auf einen Appell zur verantwortungsvollen Entscheidung erstreckt, äußert sich der Appell an die Eigenverantwortung der Arbeitnehmer in einer verschärften Regelung der Zumutbarkeit[168] von Arbeit weitaus konkreter. Bei der Zumutbarkeit geht es wesentlich um den Anspruch auf Arbeitslosengeld (und -hilfe), und

---

[164]) „Der differenzierte Zielkatalog des AFG wurde mit der ausdrücklichen Begründung nicht wieder aufgegriffen, dass er nicht erfüllbare Erwartungen und Forderungen an die Arbeitsförderung auslöse“ (Bäcker u.a. 2000, S. 358f.).

[165]) § 1 [Aufgaben der Arbeitsförderung] (1) Durch die Leistungen der Arbeitsförderung soll vor allem der Ausgleich am Arbeitsmarkt unterstützt werden, indem Ausbildung- und Arbeitssuchende über Lage und Entwicklung des Arbeitsmarktes und der Berufe beraten, offene Stellen zügig besetzt, die Möglichkeiten von benachteiligten Ausbildung- und Arbeitsuchenden für eine Erwerbstätigkeit verbessert und dadurch Zeiten der Arbeitslosigkeit sowie des Bezugs von Arbeitslosengeld, Teilarbeitslosengeld und Arbeitslosenhilfe vermieden oder verkürzt werden sollen.

Allerdings wurde dieser Artikel mit dem Job-AQTIV-Gesetz (2002) wieder durch den Artikel [Ziele der Arbeitsförderung] abgelöst (s. unten).

[166]) § 4 [Vorrang der Vermittlung] liegt vor § 5 [Vorrang der aktiven Arbeitsförderung].

[167]) „Der AFRG-Entwurf ist in seiner eigentlichen Zielorientierung ein kontraproduktives Kürzungsgesetz ohne arbeitsmarktpolitisches Reformkonzept; gemessen an der Zielsetzung des geltenden AFG stellt er einen Rückschritt dar“ (Stellungnahme des Bundesrates, 1996, zitiert nach Schubert 1999, S. 75f.).

[168]) § 2 (3) Die Arbeitnehmer haben zur Vermeidung von Arbeitslosigkeit

1. jede zumutbare Möglichkeit bei der Suche und Aufnahme einer Beschäftigung zu nutzen,
2. ein Beschäftigungsverhältnis, dessen Fortsetzung ihnen zumutbar ist, nicht zu beenden, bevor sie eine neue Beschäftigung haben und
3. jede zumutbare Beschäftigung anzunehmen.

Vgl. zu den konkreten zumutbaren Beschäftigungen § 121 SGB III.

sie beinhaltet eine Reihe von möglichen Sanktionen durch Sperrzeit und Anspruchsverlust (§ 144 SGB III). Insofern bedeutet diese Verstärkung der Zumutbarkeit eine Betonung der Pflichten und des Zwangs bei der Arbeitsförderung (vgl. Rabe/Schmid 2000, S. 307).

Da dieser Zwang notwendigerweise zu „irgendeiner Beschäftigung, die aber so schnell wie möglich" (Sell 1998, S. 539) bzw. zu „Arbeitsplätzen um jeden Preis" (Huffschmid 2002) führt, wird der temporäre Qualifikationsschutz der Arbeitnehmer unausweichlich geschwächt. Damit verringert sich die Möglichkeit, eine der eigenen Qualifikation entsprechende und daher langfristig stabile Beschäftigung zu finden. In diesem Sinne weicht die Arbeitsförderung mit Zwang wesentlich vom „präventiven" Charakter der aktiven Arbeitsmarktpolitik ab (vgl. Rabe 2001, S. 324).

Das Grundkonzept des SGB III, das durch die Betonung der Eigenverantwortung der Arbeitnehmer „Förderung und Zwang"[169] (Zerche/Schönig/Klingenberger 2000, S. 136) kombiniert, ist vielmehr durch eine „aktivierende Arbeitsmarktpolitik" gekennzeichnet. Der Begriff der Eigenverantwortung bzw. Aktivierung tauchte ursprünglich Anfang der 90er Jahre im Zuge der Reform des sozialen Sicherungssystems in Westeuropa auf (vgl. Lødemel/Dahl 2000, S. 197f.).[170] Die Grundidee war, Sozial- und Arbeitsmarktpolitik vor dem Hintergrund zu verbinden, dass die wohlfahrtsstaatlichen Ausgaben durch die ständig steigende Arbeitslosigkeit nicht länger akzeptabel schienen. Daraus wurde die Strategie der sog. „*workfare*" [171] verfolgt, die nur in Abhängigkeit von Erwerbsteilhabe oder nachgewiesener Bereitschaft dazu Sozialleistungen gewährt (vgl. Dingeldey/Gottschall 2001, S. 33; Zilian 2000, S. 567). In diesem Zusammenhang entwickelte sich eine aktivierende Arbeitsmarktpolitik, die insofern auch als eine Integration von passiven Lohnersatzleistungen und aktiven Arbeitsförderungen interpretiert werden kann, wobei beide durch Beratung und Vermittlung verknüpft sind (vgl. Schulz-Böing 1999, S. 364f.; Walwei 2002, S. 11).

Das zentrale Ziel aktivierender Arbeitsmarktpolitik ist die Erhaltung und Erhöhung der individuellen Beschäftigungsfähigkeit („*employability*") (vgl. Fels u.a. 2001, S. 4; Koch u.a. 2002, S. 33). In einer immer weiter flexibilisierten Ar-

---

169) In vielen Fällen wird dies oft auch als „Fördern und Fordern" formuliert. Vgl. dazu Sell (1998, S. 546f.) und Trube (2002)

170) Die Politikempfehlungen der OECD an die Mitgliederländer (1992), die Sitzung der europäischen Sozialminister für die Vorbereitung auf das UNO-Gipfeltreffen in Kopenhagen (1995), die Luxemburger Beschäftigungsgipfel der Europäischen Union (1997), das Beschäftigungskapitel des Amsterdamer Vertrages (1998), EU-Gipfel in Köln (1999) und EU-Gipfel in Lissabon (2000) waren wichtige Impulse für diese Ausweitung (vgl. Schulze-Böing 1999 und Huffschmid 2002).

171) Vgl. zu den verschiedenen Definitionen und Entwicklungen von „*workfare*" Lødemel/Dahl (2001).

beitswelt, in der die Möglichkeit des Berufswechsels bzw. -verlustes immer größer wird, sind die Berufschancen zunehmend von der beruflichen Gestaltungsfähigkeit des Einzelnen abhängig.[172] Daher richtet sich die arbeitsmarktpolitische Intervention auf die Erhöhung der individuellen Beschäftigungsfähigkeit vor allem durch „lebenslanges Lernen". Da insbesondere Arbeitslose bzw. benachteiligte Personen dabei Nachteile haben, beziehen sich Aktivierungsprogramme meist auf diese Gruppen – allerdings mit Betonung der Eigenverantwortung (vgl. Schmid 2002, S. 100).

Zusammengefasst konzentriert sich das Interesse einer aktivierenden Arbeitsmarktpolitik vor dem Hintergrund der hohen Arbeitslosigkeit nicht mehr auf die Vorbeugung von Arbeitslosigkeit, sondern auf die Eingliederung von Arbeitslosen, wobei deren Eigenverantwortung und damit verknüpfte Sanktionen betont werden. In diesem Kontext wird auch die Wichtigkeit der Arbeitsvermittlung hervorgehoben. Bezüglich der Flexibilisierung auf dem Arbeitsmarkt zielt eine aktivierende Arbeitsmarktpolitik auch auf die Erhöhung der individuellen Beschäftigungsfähigkeit ab, die ebenfalls auf dem Grundsatz der Eigenverantwortung basiert.

Dieser Kurs einer aktivierenden Arbeitsmarktpolitik änderte sich auch nach dem Regierungswechsel von 1998 nicht, obwohl die neuen Regierungsparteien (SPD und Bündnis 90/Die Grünen), die gegen die Verabschiedung des AFRG (SGB III) gewesen waren, in ihrer Koalitionsvereinbarung eine Überarbeitung der arbeitsmarktpolitischen Instrumente des SGB III ankündigten. Zwar führte das sog. „Job-AQTIV-Gesetz" (**A**ktivieren, **Q**ualifizieren, **T**rainieren, **I**nvestieren, **V**ermitteln; das 4. Änderungsgesetz - SGB III; ab 2002), das für die Quintessenz der Arbeitsmarktpolitik der ersten Periode der Schröder-Regierung gehalten werden kann, wieder Ziele des AFG wie einen hohen Beschäftigungsstand und die Verbesserung der Beschäftigungsstruktur ein (§ 1 (1) SGB III) und konkretisierte die Verantwortung von Arbeitgebern einigermaßen (§ 2 (2), (3) SGB III).[173] Aber damit erlangte gerade die aktivierende Arbeitsmarktpolitik – wie auch schon der Titel zeigt – einen verstärkten Antrieb.[174]

---

172) In diesem Kontext wurde neuerdings der „Arbeitskraftunternehmer", dessen Kennzeichen eine erweiterte Selbstkontrolle der Arbeitenden, der Zwang zur verstärkten Ökonomisierung der eigenen Arbeitsfähigkeiten und -leistungen sowie eine Verbetrieblichung der alltäglichen Lebensführung sind, heutzutage ein Schlagwort (vgl. Sell 1998, S. 547).

173) Vgl. zu den Einzelheiten des Job-AQTIV-Gesetzes Körner (2002) und Trube (2002, S. 21f.).

174) „Mit der Einführung des Job-AQTIV-Gesetzes hat das Thema 'Aktivierung' auch Eingang in die deutsche Arbeitsmarktpolitik gefunden" (Walwei 2002, S. 11). Auch nach dem Job-AQTIV-Gesetz setzt sich mit dem sog. „Hartz-Konzept" und der sog. „Agenda 2010" eine umfangreiche Reform der Arbeitsmarktpolitik und Sozialpolitik in diese Richtung fort, worauf allerdings hier nicht näher eingegangen wird. Vgl. zum Hartz-Konzept Hartz-Kommission (2002) und zur „Agenda 2010" Schröder (2003).

4.1.2. Südkorea

4.1.2.1. BVG und Entstehung der Arbeitsmarktpolitik

Trotz der raschen kapitalistischen Entwicklung seit Anfang der 60er Jahre gab es in Südkorea bis Mitte der 90er Jahre abgesehen von der Ausbildungspolitik keine Arbeitsmarktpolitik im eigentlichen Sinne. Obwohl wegen des zweiten Ölschocks Ende der 70er/Anfang der 80er Jahre eine hohe Arbeitslosenquote verzeichnet wurde (1980: 5,2%), verweigerte man dennoch die Einführung der Arbeitslosenversicherung mit dem Vorwand, dies würde die „Belastungen der Unternehmen" vergrößern (vgl. Arbeitsministerium 2001a, S. 16).
Die Einführung des BVG, das die gesetzliche Grundlage der Arbeitsmarktpolitik darstellt, wurde erst Anfang der 90er Jahre richtig diskutiert, was aber nicht aus sozialpolitischen Gründen, sondern auf der Ebene der „aktiven Arbeitskräftepolitik"[175] geschah. Infolge der raschen Entwicklung der Schwer- und Chemieindustrie in den 80er Jahren wurde seit Ende der 80er Jahre Vollbeschäftigung mit einer Arbeitslosenquote von ca. 2% erreicht, zugleich setzte eine Knappheit an qualifizierten Arbeitskräften ein. So entstand die Notwendigkeit, für ein ausreichendes Angebot an qualifizierten Arbeitskräften sorgen zu müssen.
Noch wichtiger ist aber, dass sich die südkoreanische Wirtschaft seit Ende der 80er Jahre in einer Phase der umfangreichen Umstrukturierung der Industrie befand und daher der politische Fokus der Regierung die Unterstützung der Umstrukturierung für eine Verstärkung der internationalen Wettbewerbsfähigkeit war (vgl. KSSI 1994, S. 160ff.; Kim 1995b, S. 245). In dieser Situation, da sich der internationale Wettbewerb mit der Entwicklung der Globalisierung verstärkte, lag die lebenswichtige Aufgabe der südkoreanischen Wirtschaft in der Umstrukturierung von der Schwer- und Chemieindustrie zur sog. Hightech-Industrie. Diesbezüglich lag das arbeitspolitische Interesse in der Beschaffung „multifunktionaler" Arbeitskräfte, die der Hightech-Industrie entsprechen, so dass das Arbeitsministerium 1993 eine „neue Arbeitskräftepolitik"[176] verkündete, deren

[175]) Arbeitsministerium (1995): Vorbereitungssituationen der Beschäftigungsversicherung (*koreanisch*), zitiert nach Kim (1995b, S. 245).

[176]) „Um dem grenzenlosen Wirtschaftskrieg und den schwankenden inneren und äußeren Situationen aktiv gewachsen zu sein, ist es erforderlich, durch die Innovationen in Betrieben und die Umorganisierung der Arbeitsorganisationen die Wettbewerbsfähigkeit des Landes zu erhöhen, und die Versorgung der hoch qualifizierten Arbeitskräfte gehört zur zentralen Strategie dafür. ... Mit den 'neuen Arbeitskräften' sind die mittelrangigen Techniker gemeint, die die Innovationen in Betrieben leiten. Die 'neue Arbeitskräftepolitik' zielt also auf die Kontrolle dieser 'neuen Arbeitskräfte' ab" (Eo 1993, S. 41).

Hauptaufgabe im Ausbau beruflicher Bildung lag. In diesem Kontext wurde die Einführung des BVG vorangetrieben.
Allerdings begleitet die Umstrukturierung der Industrie unumgänglich eine „Anpassung der Beschäftigung“, die zur Unsicherheit der Beschäftigung bzw. zur Arbeitslosigkeit führt. Daher mussten auch Maßnahmen für die Sicherung der Beschäftigung bzw. Arbeitslosengeld eingeleitet werden.[177]
Vor diesem Hintergrund wurde das BVG Ende 1993 verabschiedet und trat am 1.7.1995 in Kraft, und erst dadurch entstand die koreanische Arbeitsmarktpolitik im eigentlichen Sinne. Wie sich aus dem Kontext ihrer Einführung ersehen lässt, wurde sie von Anfang an als eine aktive Arbeitsmarktpolitik charakterisiert. Obwohl es keinen Paragraphen im BVG – anders als im deutschen AFG – gibt, der einen expliziten Vorrang der aktiven Instrumente vorschreibt, zeigen das Ziel des BVG und die Reihenfolge der Instrumente eine Orientierung auf eine aktive Arbeitsmarktpolitik klar auf: § 1 BVG ([Ziel]) lautet, „Dieses Gesetz zielt darauf ab, dadurch zur wirtschaftlichen und gesellschaftlichen Entwicklung beizutragen, durch die Durchführung der Beschäftigungsversicherung Arbeitslosigkeit zu vermeiden, Beschäftigung zu fördern, berufliche Fähigkeiten der Arbeitnehmer zu erhöhen, Berufsberatung und -vermittlung der Regierung zu verstärken und mit dem Arbeitslosengeld das Leben der Arbeitslosen zu sichern und ihre Arbeitssuche zu fördern“. Auch die Gliederung der Instrumente des BVG, die die Reihenfolge Beschäftigungssicherungsmaßnahmen (BSM),[178] berufliche Bildung und Arbeitslosengeld vorsieht, betont den aktiven Charakter der Arbeitsmarktpolitik.
Der Stellenwert des Arbeitslosengeldes im BVG ist dagegen sehr niedrig, weil das Arbeitslosengeld zur Reduzierung der Arbeitsmotivation bzw. zu einem „*moral hazard*“ führen könnte (vgl. Kim 1995b, S. 245). Daher wurde das Arbeitslosengeld „nicht nach dem Grundsatz ′des hohen Beitrags und der hohen Wohlfahrt′, sondern ′des niedrigen Beitrags und der niedrigen Wohlfahrt′“ (Arbeitskreis Arbeitsbeziehungen 1993, S. 16) konzipiert.
Darüber hinaus wird die Auszahlung des Arbeitslosengeldes gesperrt, wenn die Berechtigten ohne berechtigten Grund eine vom Arbeitsamt vermittelte Beschäf-

177) Tatsächlich hat sich die Forderung der Arbeitgeber nach betriebsbedingten Entlassungen seit Ende der 80er Jahre verstärkt (vgl. 3.1.2.2.) und 1991 durch das Urteil des Obersten Gerichtes, das nicht nur bei dem Bankrott und tiefer finanzieller Krise eines Unternehmens, sondern auch bei der Einführung neuer Technologien betriebsbedingte Entlassungen erlaubt, teilweise realisiert. Da Entlassungen aber ohne ein soziales Sicherungssystem auf hartnäckigen Widerstand bei Arbeitnehmern bzw. Gewerkschaften, deren Macht sich seit Ende der 80er Jahre verstärkt hat, stoßen könnten, ist die Einführung der Beschäftigungsversicherung „als eine Gegenleistung für die Freiheit der Entlassungen“ (Kim 1995a, S. 169) auch seitens der Arbeitgeber positiv in Erwägung gezogen worden.

178) Diese beinhalten Berufsberatung, Arbeitsvermittlung, Kurzarbeitergeld, Umschulung, Beschäftigungsförderung von Älteren und Frauen, Förderung der regionalen Beschäftigung usw.

tigung oder eine angewiesene Berufsbildung ablehnen (§ 46 BVG). Diese Bestimmung der Zumutbarkeit weist darauf hin, dass das BVG neben der Betonung der aktiven Arbeitsmarktpolitik von Anfang an die Grundidee der europäischen „*workfare*“ bzw. „Aktivierung“ eingeführt hat.[179]

4.1.2.2. Ausbau der Arbeitsmarktpolitik, aber schwacher Wille zu aktiver Arbeitsmarktpolitik

Obwohl das BVG im Juli 1995 in Kraft trat, waren die arbeitsmarktpolitischen Ausgaben bis 1997, als die Arbeitslosenquote noch sehr niedrig war, gering. Sie nahmen aber seit 1998 (nach der Krise) parallel zur raschen Erhöhung der Arbeitslosenquote stark zu (vgl. Tabelle 4.1). Darüber hinaus verbesserte sich das System an sich, Leistungen für Teilnehmer an aktiven Maßnahmen erhöhten sich und auch neue Instrumente wurden eingeführt. Beispielsweise beschränkte sich die Versicherungspflicht beim Inkrafttreten des BVG auf Arbeitnehmer in den Betrieben mit mehr als 30 (Arbeitslosengeld) bzw. mit mehr als 70 (BSM und berufliche Bildung) Beschäftigten, wurde aber ab Oktober 1998 auf alle Arbeitnehmer ausgeweitet. Angesichts der hohen Arbeitslosigkeit wurde das besondere verlängerte Arbeitslosengeld, das der Arbeitslosenhilfe anderer Länder entspricht, von Juli 1998 bis Dezember 1999 vorübergehend eingeführt (vgl. Arbeitsministerium 2002). Noch wichtiger ist, dass im Mai 1998 die ABM, die nicht auf dem BVG beruhen, als vorläufige Sonderprogramme eingeführt worden sind, wobei die Ausgaben für ABM seit ihrer Einführung der Summe der Ausgaben für alle anderen Instrumente zusammen entsprachen.[180]

---

179) Aber die Sperrung des Arbeitslosengeldes wird nicht statistisch erfasst, was zeigt, dass diese Idee selten in die Praxis umgesetzt wird (Interview mit einem Experten).

180) Zu diesem Ausbau der Arbeitsmarktpolitik trug das sozialpolitische Konzept „produktive Wohlfahrt“, das vor dem Hintergrund einer Zunahme von Arbeitslosigkeit und Armut Anfang 1999 als neue politische Leitlinie der Regierung eingeführt wurde, viel bei. Die „produktive Wohlfahrt“ – trotz ihrer begrifflichen Unklarheit – zielt darauf ab, dass die Regierung Sozialleistungen im Ganzen ausweitet, aber arbeitsfähige Leistungsempfänger zur Beteiligung an irgendeiner Arbeit verpflichtet und Pflichtverletzungen sanktioniert. Insofern übernimmt sie durchaus die Grundidee des amerikanischen „*welfare-to-work*“- bzw. des europäischen „*workfare*“-Konzeptes. Obwohl sie auf der konzeptionellen Ebene kritisiert wurde, hat sie in der Praxis vornehmlich eine Verbesserung des Sozialsicherungssystems und einen Ausbau der Sozialleistungen mit sich gebracht. Hingegen wurden Sanktionen gegen Pflichtverletzungen nur beschränkt angewandt, und zwar bei der Sozialhilfe. Bei dem Arbeitslosengeld wurde das Konzept aber trotz einer Bestimmung der Sperre selten in die Praxis umgesetzt. In diesem Sinne wurde in Südkorea eine „aktivierende“ Arbeitsmarktpolitik nicht richtig durchgeführt. Vgl. Sekretariat des Staatspräsidenten (1999), Cho (2000), Kim, G.W. (2000) und Hwang (2000).

Tabelle 4.1: Arbeitsmarktpolitische Ausgaben und Ausgabenstruktur in Südkorea

Jahr	Arbeitslosenquote	Ausgaben	darunter								Aktivitätsrate
			Arbeitslosengeld[1)]		berufliche Bildung		BSM		ABM[2)]		
			Betrag	Anteil an den Ausgaben	Betrag	Anteil an den Ausgaben	Betrag	Anteil an den Ausgaben	Betrag	Anteil an den Ausgaben	
	%	Mrd.Won[3)]	Mrd.Won	%	Mrd.Won	%	Mrd.Won	%	Mrd.Won	%	%
1995	2,0	3,9	-	-	0,6	15,4	1,7	43,6	-	-	59,0
1996	2,0	36,4	13,9	38,2	9,8	26,9	12,4	34,1	-	-	61,0
1997	2,6	168,9	83,3	49,3	65,3	38,7	19,8	11,7	-	-	50,4
1998	6,8	2.115,9	808,8	38,2	270,4	12,8	110,9	5,2	925,2	43,7	61,7
1999	6,3	3.995,9	946,1	23,7	524,7	13,1	197,5	4,9	2.299,1	57,5	75,6
2000	4,1	2.210,0	479,4	21,7	494,5	22,4	125,7	5,7	1.075,5	48,7	76,7
2001	3,7	2.223,6	876,0	39,4	509,7	22,9	152,8	6,9	674,3	30,3	60,1

Quelle: Arbeitsministerium (2002); Kang, B.G. (2001)
1) Auszahlung seit Juli 1996
2) Durchführung seit Mai 1998
3) 1 Won = 0,0007 Euro (€); 1 € = 1.362 Won (30.06.2003).

Aufgrund dieser enormen Ausgaben für ABM erhöhte sich die Aktivitätsrate, die auch vor der Krise 50% überschritt, seit 1998 weiter. Betrachtet man nur diese Tatsache, kann die südkoreanische Arbeitsmarktpolitik so bewertet werden, dass sie den bei der Gesetzgebung konzipierten aktiven Charakter gut realisiert hat. Zu beachten ist aber, dass die ABM vorübergehende Programme waren und deswegen je nach Arbeitsmarktsituation leicht reduziert bzw. abgeschafft werden können.[181] Betrachtet man daher nur die Instrumente nach dem BVG, lässt sich die Arbeitsmarktpolitik Südkoreas nur schwer als aktive Arbeitsmarktpolitik bezeichnen, denn der Anteil der Ausgaben für die aktiven Instrumente nach dem BVG (berufliche Bildung und BSM) an den Ausgaben für alle seine Instrumente unterschritt seit 1998 anders als zuvor 50%. So kann man sagen, die Entwicklung der Arbeitsmarktpolitik folgte auch in Südkorea mit der Zunahme der Arbeitslosigkeit einem prozyklischen Muster.
Problematisch ist hierbei aber, dass die Haushalte für die aktiven Instrumente auch während des Rücklaufs der Aktivitätsrate bis auf einen Fall (berufliche Bildung, 1999) jedes Jahr einen Überschuss erzielten. Demzufolge vermehrten

---

[181]) Tatsächlich wurden sie mit der Abnahme der Arbeitslosenquote seit 2000 deutlich reduziert, und die von den Ministerien der Regierung durchgeführten Maßnahmen wurden 2003 abgeschafft (vgl. 5.3.2.).

sich die Rücklagen kumulativ, so dass sie von 1998 bis 2001 bei der beruflichen Bildung ein- bis zweimal und bei den BSM dreieinhalb- bis zehnmal so viel wie die Ausgaben umfassten.[182] Das Vorhandensein dieser hohen Rücklagen bei hoher Arbeitslosigkeit deutet aber m.E. nicht auf eine „solide Finanzwirtschaft" (Yoo 2000a, S. 221), sondern auf einen schwachen politischen Willen zur aktiven Arbeitsmarktpolitik hin.[183]

4.1.3. Implikationen für Südkorea

Wie oben dargestellt, war das Grundkonzept des AFG und des BVG gleich, und lag in einer Betonung der aktiven Arbeitsmarktpolitik. Darüber hinaus ähneln sich die Umstände der Gesetze auch darin, dass nach einigen Jahren des Inkrafttretens der Gesetze die Arbeitslosigkeit beider Länder plötzlich anstieg und die arbeitsmarktpolitischen Ausgaben deswegen stark zunahmen. Aber der Schwerpunkt der Arbeitsmarktpolitik verschob sich wegen der hohen Arbeitslosigkeit von einer anfangs konzipierten beruflichen Qualifizierungspolitik zu Gegenmaßnahmen zur bereits entstandenen Arbeitslosigkeit. Daher sank der Stellenwert der aktiven Arbeitsmarktpolitik trotz einer Zunahme der Ausgaben im Vergleich zur passiven Arbeitsmarktpolitik.
Zu beachten ist hierbei, dass sich das Grundkonzept der deutschen Arbeitsmarktpolitik aus Anlass des SGB III zu einer aktivierenden Arbeitsmarktpolitik, die die Eigenverantwortung der Arbeitnehmer betont, entwickelte. Diese beschränkte sich nicht nur auf Deutschland, sondern stellt auch eine neue Strömung in Europa dar. Ist es nun möglich und wünschenswert, dass diese Aktivierungspolitik auf Südkorea angewandt wird? Meine Antwort darauf ist negativ.
Zunächst unterscheiden sich die Arbeitsmarktsituationen beider Länder. In Deutschland ist die Arbeitslosigkeit dreißig Jahre lang anhaltend gestiegen und währenddessen bildete sich eine enorme Sockelarbeitslosigkeit (Langzeitarbeitslosigkeit) heraus. Unter diesen Umständen wurde die öffentliche Arbeitsmarktpolitik angeblich überfordert, so dass sich die Verantwortung des Staates teilweise auf die Betroffenen verschob. In Südkorea jedoch sinkt die Arbeitslosigkeit in letzter Zeit schnell, nachdem sie nach der Krise stark gestiegen war. Darüber hinaus sind die gesellschaftlichen Ausgaben zur Bekämpfung der Arbeitslosigkeit noch gering.[184] Deswegen bleibt in Südkorea ein weiterer Spielraum, die arbeitsmarktpolitischen Interventionen des Staates auszuweiten.

---

182) Auch die Rücklage für das Arbeitslosengeld betrug während dieser Periode eineinhalb- bis fünfmal so viel wie die Ausgaben.

183) Vgl. zu den Finanzierungsfragen 4.3.2.

184) Nach den standardisierten Statistiken der OECD betrug der Anteil der öffentlichen Ausgaben für die arbeitsmarktpolitischen Maßnahmen am BIP Südkoreas 2000 bei einer Arbeitslosenquote von 4,3% nur 0,55%, so dass Südkorea zur Gruppe gehört, in der der Anteil am

Das grundlegendere Problem bezieht sich auf die Wirkungen, die eine aktivierende Arbeitsmarktpolitik mit sich bringen könnte. Zunächst enthält eine aktivierende Arbeitsmarktpolitik „die Tendenz zur Aushöhlung oder Zerstörung sozialer Standards" (Huffschmid 2002, S. 160) bzw. „die Gefahr sozialer Exklusion" (Trube 2002, S. 22). Anders formuliert: Die Eigenverantwortung im SGB III „entpuppt sich bei näherem Hinsehen als eher konventioneller Ansatz des sukzessiven ‚downgrading' der kollektiven Risikoabsicherung" (Sell 1998, S. 545). Aber die soziale Sicherung Südkoreas ist bisher zu niedrig, als dass sie sich im Vergleich zur europäischen „*welfare*" sogar „*no-fare*" (Yoon 1999, S. 55) nennen könnte,[185] und wird erst jüngst Schritt für Schritt ausgeweitet. Unter diesen Umständen könnte die Einführung eines Aktivierungskonzeptes die schwache Grundlage der sozialen Sicherung weiter beeinträchtigen.
Dieses Problem verschärft sich noch hinsichtlich der „atypischen" Beschäftigungsverhältnisse. Der Zwang zur Arbeitsaufnahme könnte dahin wirken, dass vielleicht einzelne Betroffene einen Arbeitsplatz finden, was aber selbst insgesamt keinen zusätzlichen Arbeitsplatz schaffen würde (vgl. Huffschmid 2002, S. 159).[186] Stattdessen führt die Stoßrichtung der Arbeitsmarktpolitik nach dem Motto „irgendeine Beschäftigung, die aber so schnell wie möglich" in vielen Fällen eine Ausweitung der niedrig entlohnten bzw. „atypischen" Beschäftigungsverhältnisse herbei.[187] Der Anteil der „atypischen" Beschäftigten ist jetzt schon derart hoch, dass er über die Hälfte aller Beschäftigten betrifft (vgl. 3.1.2.4.), wobei die Betroffenen von fast allem arbeitsrechtlichen Schutz und fast allen sozialen Versicherungen ausgeschlossen sind. Deswegen könnte eine weitere Ausweitung „atypischer" Beschäftigungsverhältnisse nicht nur zur Verschlechterung der Lebenslage der Betroffenen, sondern auch zu ernsthaften gesellschaftlichen Unruhen führen.
Die Anwendung des Konzeptes Aktivierung auf die südkoreanische Arbeitsmarktpolitik ist m.E. daher nicht zu befürworten. Stattdessen müsste sich die anfangs konzipierte aktive Arbeitsmarktpolitik weiterentwickeln.

---

niedrigsten ist. Dagegen belief er sich in Deutschland bei einer Arbeitslosenquote von 8,1% auf 3,13% (vgl. OECD 2001).

185) Der Anteil der Sozialausgaben am BIP Südkoreas belegte 1998 mit 11,09% unter den 29 OECD Mitgliedsländern den vorletzten Platz. Der Durchschnitt der OECD-Länder betrug 22,00%, und der Anteil Deutschlands belegte mit 29,24% den Platz vier (vgl. OECD 2000).

186) „Wer unterstellt, dass Arbeitslosigkeit mit der Aktivierung von Arbeitslosen bekämpft werden kann, hat die strukturellen Ursachen der Arbeitslosigkeit und damit auch die des Fünf-Millionen-Stellendefizits fachlich aus dem Blick verloren, denn Massenarbeitslosigkeit ist weder durch die Passivität der Arbeitslosen bedingt oder gar entstanden noch ist diese Individualisierung des Problems für ursachenorientierte Lösungen und solidarische Strategien förderlich. Notwendig sind arbeitsplatzschaffende Strategien, …" (Trube 2002, S. 22).

187) „So besteht z.B. der Hauptanteil der neu registrierten Erwerbsarbeit in 630-Mark-Jobs, von denen allein niemand leben kann" (Beier 2001, S. 83).

4.2. Arbeitsmarktpolitischer Träger

4.2.1. Deutschland

4.2.1.1. Selbstverwaltung in der BA

Der Hauptträger der öffentlichen Arbeitsmarktpolitik Deutschlands ist die BA.[188] Sie gliedert sich gemäß § 368 SGB III dreistufig, und zwar in die Hauptstelle, die Landesarbeitsämter und die Arbeitsämter mit ihren Geschäftsstellen: Die Hauptstelle in Nürnberg auf der oberen Verwaltungsebene gewährleistet durch grundsätzliche Richtlinien die erforderliche einheitliche Aufgabenerledigung durch die einzelnen Dienststellen. Die Landesarbeitsämter auf der mittleren Verwaltungsebene (derzeit zehn) koordinieren die fachliche Arbeit der ihnen zugeordneten Arbeitsämter. Die Arbeitsämter (derzeit 181) mit ihren Geschäftsstellen (derzeit rund 660) auf der örtlichen Verwaltungsebene erledigen im Kontakt mit den verschiedenen Kundengruppen die Fachaufgaben. Hinzu kommen noch besondere Dienststellen (derzeit 15) für zentrale und überbezirkliche Aufgaben, die der Hauptstelle unmittelbar nachgeordnet sind.

Diese Gliederung der BA stellt nur eine Seite ihres organisatorischen Aufbaus dar, und zwar ihre Verwaltung. Obwohl sie Trägerin der öffentlichen Arbeitsmarktpolitik ist, ist sie nicht Bestandteil der allgemeinen Staatsverwaltung, sondern eine „rechtsfähige bundesunmittelbare Körperschaft des öffentlichen Rechts mit Selbstverwaltung“ (§ 367 SGB III). Daher stellt die Selbstverwaltung eine weitere Seite des organisatorischen Aufbau der BA dar und „is regarded as the main structural principle by the labour administration“ (Krautkrämer/Blanckenburg 1978, S. 44).

Nach dem Selbstverwaltungsprinzip sind die Selbstverwaltungsorgane, die sich „drittelparitätisch“ aus Vertretern der Arbeitnehmer (Gewerkschaften), der Arbeitgeber (Arbeitgeberverbände) und der öffentlichen Körperschaften (Bund, Länder und Gemeinde) zusammensetzen, auf allen drei Ebenen der BA – Hauptstelle, Landesarbeitsämter und Arbeitsämter – eingerichtet. Die zentralen Organe sind der Verwaltungsrat und der Vorstand bei der Hauptstelle der BA, bei den Landesarbeitsämtern und bei den Arbeitsämtern nehmen die Verwaltungsausschüsse die Aufgaben der Selbstverwaltung wahr.

---

188) Zwar sind die obersten Träger die Gesetzgebungsorgane des Bundes und der Länder sowie die Bundesregierung (v.a. das BMA) und die Landesregierungen (vgl. Lampert 1998, S. 205), aber sie sind in dem Sinne keine unmittelbaren Träger, dass sich ihre Aufgaben auf die Ausgestaltung der Arbeitsmarktverfassung durch Gesetzgebungen bzw. die Rechtsaufsicht über die BA beschränken.

Der Verwaltungsrat, der aus 51 Mitgliedern besteht, bestimmt als Legislativorgan die Grundlinien der Politik der BA im Rahmen ihres gesetzlichen Auftrags und überwacht die Erfüllung der Aufgaben. Er beschließt die Satzung, erlässt Anordnungen und stellt den Haushalt der BA fest. Auch die Entscheidung über die Errichtung, den Sitz, die Bezeichnung, die Bezirksabgrenzung und die Auflösung der Landesarbeitsämter sowie der besonderen Dienststellen ist dem Verwaltungsrat als Aufgabenbereich zugeordnet (§ 376 SGB III; BA 1999, S. 9). Insofern kann er als „die oberste Repräsentanz des die Bundesanstalt tragenden Selbstverwaltungswillens“[189] bezeichnet werden.
Der Vorstand, der aus neun Mitgliedern besteht, führt als Exekutivorgan der BA ihre Geschäfte, soweit es sich nicht um laufende Verwaltungsgeschäfte handelt, die dem Präsidenten der BA obliegen oder übertragen sind, und erlässt Richtlinien für die laufenden Verwaltungsgeschäfte. Seine wesentlichen Aufgabenbereiche sind die Bestimmung der Grundlinien für die verwaltungsmäßige Durchführung der Aufgaben der BA und die Planung und Durchführung allgemeiner Maßnahmen in Verbindung mit den erforderlichen organisatorischen und personellen Entscheidungen. Soweit diese Aufgabe nicht im Rahmen der laufenden Verwaltungsgeschäfte dem Präsidenten zufällt, vertritt er die BA gerichtlich und außergerichtlich. Außerdem stellt er den Haushalt der BA auf, bevor dieser dem Verwaltungsrat zur Feststellung zugeht (§ 377 SGB III; BA 1999, S. 11).
Die Verwaltungsausschüsse der Landesarbeitsämter (höchstens 27 Mitglieder) und Arbeitsämter (höchstens 21 Mitglieder) wirken an der Planung und Festlegung der Maßnahmen einschließlich der administrativen und personellen Voraussetzungen mit, die der Erfüllung der Aufgaben der BA auf dem örtlichen und bezirklichen Arbeitsmarkt dienen. Hierzu gehört die Abstimmung der Dienste und Leistungen der BA auf die örtlichen Verhältnisse, die Belange der Arbeit- und Ratsuchenden sowie auf die Bedürfnisse der Betriebe und Verwaltungen. Die Verwaltungsausschüsse der Landesarbeitsämter sind darüber hinaus auch für die Bezirksabgrenzung der Arbeitsämter zuständig (§ 378 SGB III; BA 1999, S. 11).
Die Beteiligung der Arbeitnehmer und der Arbeitgeber an diesen Selbstverwaltungsorganen ist selbstverständlich, weil die Aufgaben der BA unmittelbar deren vitale Interessen berühren und vor allem weil die BA wesentlich aus ihren Beiträgen finanziert wird.[190] Dieses Prinzip gilt auch für die übrigen Sozialversicherungen; an der Arbeitsverwaltung beteiligen sich eigentümlicherweise auch die öffentlichen Körperschaften. Dies liegt darin begründet, dass deren Beteiligung eine unmittelbare Koordinierung der Maßnahmen der BA mit der Wirtschafts-

[189]) Maunz/Schraft: Die Sozialversicherung und ihre Selbstverwaltung, Kommentar VI, Abschn. II, zitiert nach Pfuhlmann/Spiegel (1987, S. 29).
[190]) „Die Zusammensetzung der Selbstverwaltungsorgane beruhte auf dem Prinzip der Beitragsentrichtung, d.h. jede Gruppe erhielt eine proportionale Anzahl von Mandaten, die sich aus den Beitragsanteilen der jeweils vertretenen Klientel errechnete“ (Wübbels 1984, S. 6).

und Arbeitsmarktpolitik der Regierungen erleichtert. Konkreter lautet die Begründung, dass „die Durchführung der aktiven Arbeitsmarktpolitik den durch das Stabilitätsgesetz an den Gesetzgeber gerichteten wirtschaftspolitischen Auftrag einer Verwirklichung des Vollbeschäftigungsziels tangiert und dieser daher über entsprechende arbeitsmarktpolitische Steuerungspotentiale verfügen muss“ (Stein 1995, S. 192f.).[191] Darüber hinaus ist auch die Defizithaftung des Bundes durch Zuschuss (§ 365 SGB III) ein Grund der Beteiligung der öffentlichen Körperschaften. So hat sich die deutsche Arbeitsverwaltung nicht als biparitätische, sondern als drittelparitätische Selbstverwaltung herausgebildet. Den organisatorischen Aufbau der BA zeigt die Abbildung 4.3.

Abbildung 4.3: Organisation der BA

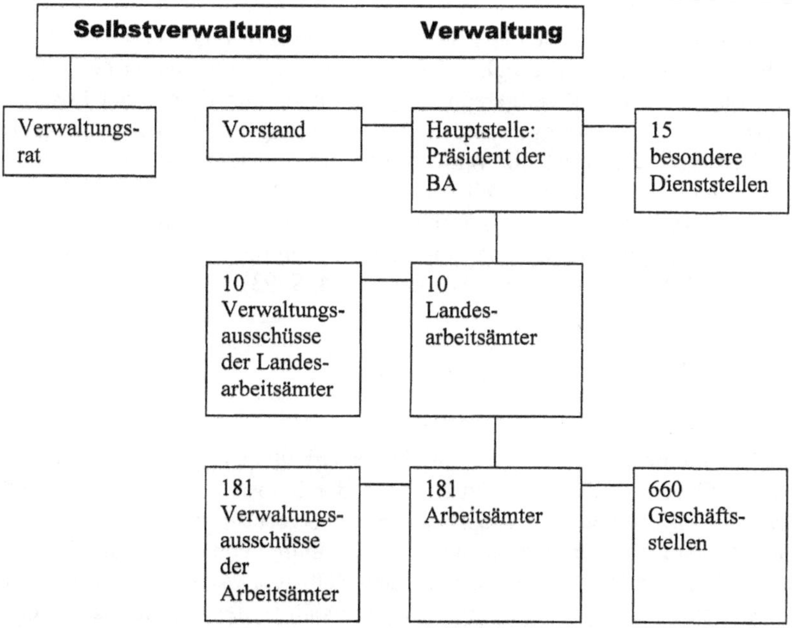

Quelle: BA (1999, S. 11)

Generell bedeutet „Selbstverwaltung (...) demokratische Mitwirkung der Beteiligten an den für sie geschaffenen und von ihnen getragenen Einrichtungen. Sie

191) Diesbezüglich schreibt auch das SGB III vor, dass die Leistungen der Arbeitsförderung so einzusetzen sind, dass sie der beschäftigungspolitischen Zielsetzung der Sozial-, Wirtschafts- und Finanzpolitik der Bundesregierung entsprechen (§ 1).

ist ein Modell eines aus sich selbst heraus funktionierenden Ausgleichs von gruppenspezifischen und allgemeinen Interessen“ (Köhn 1993, S. 85). Im staats- und verwaltungsrechtlichen Sinne bezeichnet sie „die von Selbständigen, d.h. rechtsfähigen Trägern wahrgenommene Verwaltung staatlicher Aufgaben“ (Pfuhlmann/Spiegel 1987, S. 28).
Auf jeden Fall haben die Selbstverwaltungsmitglieder die Möglichkeit, ihre eigenen Interessen unmittelbar zu vertreten und durch Zusammenspiel mit und Kompromisse zwischen den Beteiligten eigenverantwortlich eine optimale Lösung zu finden. Es könnte allerdings in der Praxis die Neigung zum sog. Fraktionszwang geben, doch das Mehrheitsprinzip setzt der Durchsetzung einseitiger Interessen eine wirksame Grenze. Von diesem Gesichtspunkt aus betrachtet, verkörpert Selbstverwaltung die grundlegenden Ideen der Demokratie, d.h. das Prinzip der Selbstbeteiligung und das Mehrheitsprinzip (vgl. Schmidt 1995, S. 205).
Darüber hinaus kann eine Selbstverwaltung bessere Lösungen erzielen als eine staatliche Verwaltung, weil durch die Beteiligung der Betroffenen deren Probleme praxisnah, sach- und zeitgerecht vorgelegt und beim Finden der Lösungen Sachverstand und Erfahrungen der Selbstverwaltungsmitglieder eingebunden werden können.[192] Zwar ist die Wirksamkeit der Selbstverwaltung in der Arbeitsverwaltung wegen der Beteiligung der öffentlichen Körperschaften begrenzt (s. unten), doch zeigen praktische Erfahrungen, dass die Selbstverwaltung „besser zur Lösung von Arbeitsmarktproblemen geeignet (ist) als eine rein staatlich dirigierte Arbeitsverwaltung“ (Wübbels 1984, S. 93).

4.2.1.2. Entwicklung der Selbstverwaltung

Die Geschichte dieser Selbstverwaltung in der Arbeitsmarktpolitik lässt sich bis zum AVAVG von 1927 zurückführen, doch der Selbstverwaltungsgedanke an sich entstand viel früher. Der Ursprung der Selbstverwaltung kann in Deutschland auf die Reform der preußischen Städteordnung von 1808 zurückgeführt werden, aus der die Urform der kommunalen Selbstverwaltung hervorgegangen ist. Dieser Selbstverwaltungsgedanke spiegelte sich in der Errichtung der deutschen Sozialversicherungen unter Bismarck wider und erhielt damit eine neue Qualität in Form der sozialen Selbstverwaltung (vgl. Wübbels 1984, S. 3ff.;

---

[192]) Ein Beispiel: „Bei der Planung von Weiterbildung kommt es erheblich darauf an, die weiteren Perspektiven des Arbeitsmarktes einzuschätzen. Da ist die Mitwirkung der Vertreter von Arbeitgeber- und Arbeitnehmerorganisationen unerlässlich, weil sie eine große Nähe zu den Problemen des Arbeitsmarktes haben. Nur bei realistischer Einschätzung des Arbeitsmarktes und darauf aufbauender Bildungsplanung ist gewährleistet, dass die Teilnehmer später auch in den Arbeitsmarkt integriert werden können“ (Jakob 1998, S. 77).

Stein 1995, S. 188ff.). Im Einklang mit dieser Tradition wurde auch in der Arbeitsverwaltung die Selbstverwaltung festgelegt.
Vor der Verabschiedung des AVAVG war jedoch heftig umstritten, ob sich die öffentlichen Körperschaften an der Selbstverwaltung der damaligen Reichsanstalt für Arbeitsvermittlung und Arbeitslosenversicherung beteiligen sollten (Dreigleisigkeit) oder nicht (Zweigleisigkeit). Ursprünglich wurden die Aufgaben der Arbeitsverwaltung in Deutschland nicht durch den Staat wahrgenommen, vielmehr richteten Gewerkschaften und Arbeitgeberverbände schon in der zweiten Hälfte des 19. Jahrhunderts Unterstützungskassen und Arbeitsnachweise für Erwerbslose ein. Da diese Einrichtungen aber in den sozialen Auseinandersetzungen nicht selten als Instrument zur Bekämpfung der Gegenseite benutzt wurden, haben sich öffentliche und neutrale Arbeitsnachweise gebildet, deren sich vor allem die Gemeinden annahmen. Dabei wurden die Arbeitsämter 1895 durch eine Initiative der Stuttgarter Gewerkschaften (1892) in Frankfurt und Stuttgart gegründet (Frankfurter System), woran sich Arbeitnehmer- und Arbeitgebervertreter erstmalig paritätisch beteiligten. Dies kann als Ausgangspunkt und erstes Modell für die spätere Selbstverwaltung in der Arbeitsverwaltung angesehen werden.
Nach dem ersten Weltkrieg wurde aber die Arbeitsverwaltung trotz der Forderung der Gewerkschaften und Arbeitgeberverbände nach biparitätischer Selbstverwaltung staatlich institutionalisiert, wobei die gemeindlichen Arbeitsnachweise verwaltungsmäßig und personell zur Gemeindeverwaltung gehörten (Arbeitsnachweisgesetz von 1922). Dies ließ sich aufgrund der alleinigen Finanzierung der Arbeitsnachweise und der Erwerbslosenfürsorge aus Steuermitteln rechtfertigen. Ausgelöst durch die Zahlung von Beiträgen durch Arbeitgeber und -nehmer seit 1924 verlangten die Gewerkschaften und die Arbeitgeberverbände erneut, die Arbeitsnachweise vollständig der Kontrolle von biparitätisch besetzten Selbstverwaltungsorganen zu unterwerfen und jeden Einfluss öffentlicher Stellen zu beseitigen. Als Folge dieser Konflikte und Kompromisse zwischen Arbeitgeber und -nehmer und der Regierung wurde die drittelparitätische Selbstverwaltung im AVAVG festgelegt, deren Konstruktion noch heute gültig ist (vgl. BA 1970, S. 6ff.; Wübbels 1984, S. 10ff.).
Der Streit um die Beteiligung der öffentlichen Körperschaften wiederholte sich im Zuge des Neuaufbaus der Selbstverwaltung nach dem zweiten Weltkrieg, nachdem die Selbstverwaltung an sich in der Zeit der nationalsozialistischen Regierung aufgelöst worden war. Vor der Gründung der Bundesanstalt für Arbeitsvermittlung und Arbeitslosenversicherung (BAVAV; 1952) forderten die Gewerkschaften und die Arbeitgeberverbände 1950 durch ein gemeinsames Kommuniqué („Hattenheimer Grundsätze“) nachhaltig die Übertragung der Selbstverwaltung auf ihre Vertreter. Aber auch diese Forderung wurde von der damaligen Regierungskoalition (CDU/CSU und FDP) mit dem Argument abgelehnt, dass die Arbeitsverwaltung zum Teil Aufgaben des Bundes wahrnehmen

solle, und bei einer biparitätischen Selbstverwaltung die Gefahr einer zu starken Politisierung bestehen und – potentiell – die Ausschaltung der Bundesanstalt als effektives Instrument bei ihrer Aufgabenwahrnehmung bedeuten würde. So wurde auch in der BAVAV die drittelparitätische Selbstverwaltung durchgesetzt und der BA überliefert[193] (vgl. Wübbels 1984, S. 27ff.).
Zusammenfassend hat sich die Struktur der Selbstverwaltung in der Arbeitsverwaltung, die 1927 festgelegt worden war, trotz einigen inhaltlichen Veränderungen bis heute grundsätzlich bewahrt. Auffällig ist dabei, dass bei der Entstehung der Arbeitsverwaltung die Initiative der Interessengruppen (Arbeitnehmer und -geber) eine große Rolle spielte.

4.2.1.3. Grenzen der Selbstverwaltung und Dezentralisierung

Trotz des Grundgedankens der Selbstverwaltung wird aber die Autonomie der BA in der Tat durch Interventionen der Regierung begrenzt. Zunächst unterliegt die BA als bundesunmittelbare Körperschaft des öffentlichen Rechts der Rechtsaufsicht des BMA, und der Vorstand der BA erstattet dem BMA jährlich einen Geschäftsbericht, der vom Verwaltungsrat zu genehmigen ist (§ 401 SGB III). Aber diese Art Intervention ist eher formal, zumindest soweit das BMA gegenüber der BA grundsätzlich keine unmittelbare Weisungsbefugnis hat, wie dies bei einer Fachaufsicht der Fall wäre (vgl. Stein 1995, S. 76).
Tatsächliche Interventionen der Regierung erfolgen durch die Genehmigung der Satzung und Anordnungen der BA durch das BMA (§ 375 (2) SGB III) und vor allem des Haushalts der BA durch die Bundesregierung (§ 71a (2) SGB IV)[194]. Dies bedeutet, dass „die Bundesregierung – auch gegen den Willen der Selbstverwaltung – Leistungskürzungen durchführen kann und somit entscheidenden Einfluss auf die arbeitsmarktpolitische Aufgabenerfüllung nimmt“ (Bäcker u.a. 2000, S. 390). In der Tat verstärkte sich der Einfluss der Bundesregierung stetig, seitdem die BA infolge der steigenden Arbeitslosigkeit 1977 Zuschussnehmerin des Bundes wurde (vgl. Wübbels 1984, S. 95), was die Handlungs- und Entscheidungsspielräume der Selbstverwaltung weiter einengte.[195] Ein wichtiges

---

193) Auch vor der Verabschiedung des AFG haben der Verwaltungsrat und der Vorstand an den Bundestag gemeinsam appelliert, die Beteiligung der öffentlichen Körperschaften an den Selbstverwaltungsorganen aus dem Entwurf auszuschließen, aber dieser Appell wurde nicht angenommen (vgl. Rottenecker/Schneider 1996, S. 181).

194) Dieser Artikel war ursprünglich im AFG (§ 216 (2)) enthalten, wurde aber bei seiner Ablösung durch das SGB III ins SGB IV (Sozialgesetzbuch IV: Gemeinsame Vorschriften für die Sozialversicherung) übertragen.

195) Vgl. zur Entwicklung der tatsächlichen Einflussnahme der Bundesregierung insbesondere im haushaltspolitischen Zusammenhang Stein (1995, S. 198ff.).

Beispiel dafür ist, dass sich das BMA mit der zehnten Novelle des AFG (1993) dazu ermächtigte, bei Haushaltsdefiziten nunmehr eigenständig ohne Einverständnis des Verwaltungsrates den Haushalt der BA in Kraft zu setzen (§ 216 (3) AFG; § 71a (4) SGB IV), während das BMA zuvor lediglich die Option hatte, den Gesamthaushalt der BA entweder zu genehmigen oder die Zustimmung zu verweigern. Dadurch wurde die Haushaltsautonomie des Verwaltungsrates entscheidend geschwächt.

Eine noch grundlegendere Einschränkung der Selbstverwaltung liegt darin, dass der BA die Beitragshoheit fehlt. Stattdessen wird die Höhe des Beitragssatzes extern, nämlich gesetzlich fixiert (§ 341 (2) SGB III) und unterliegt damit der Kontrolle durch den Gesetzgeber. Demzufolge kann die BA auf die Einnahmen überhaupt keinen Einfluss nehmen, was bedeutet, dass die Selbstverwaltung in der BA keine materielle Basis besitzt, die ihrer formalen Autonomie entsprechen würde.

Außerdem bestehen große und kleine, unmittelbare und mittelbare Einschränkungen der Selbstverwaltung, die von der Bundesregierung gesetzt werden: So schlägt z.B. die Bundesregierung den Präsidenten und den Vizepräsidenten der BA vor, die nach Anhörung des Verwaltungsrates durch den Bundespräsidenten ernannt werden (§ 394 (2) SGB III). Die Erlassung der Verwaltungsvorschriften über die Anlage der Rücklage bedarf der Zustimmung des BMA sowie des Bundesministeriums der Finanzen (BMF) (§ 366 (2) SGB III). Werden alle diese Einschränkungen der Selbstverwaltung berücksichtigt, lässt sie sich schließlich als eine Selbstverwaltung, in der die Regierung die Oberhand hat, kennzeichnen. Dies verändert sich trotz der Einwände der Gewerkschaften und Arbeitgeberverbände nicht, sondern verstärkt sich vielmehr mit der anhaltenden hohen Arbeitslosigkeit.

Die Selbstverwaltung der BA unterliegt jedoch nicht nur hinsichtlich der Interventionen der Regierung, sondern auch hinsichtlich ihrer organisatorischen Hierarchie Beschränkungen. In einer hierarchisch gegliederten Großorganisation nehmen die Einflussmöglichkeiten in dem Maße ab, wie sich die einzelnen Entscheidungsebenen von der Zentrale entfernen. In diesem Punkt ist auch die BA keine Ausnahme. So wurden bereits Ende der 70er Jahre Tendenzen zur Überzentralisierung, Bürokratisierung, Standardisierung, eindeutigen rechtsförmigen Kontrolle und Vereinheitlichung usw. im Verhältnis zwischen Zentrale der BA und (Landes)Arbeitsämtern angesprochen, wofür das Stichwort „Erlassflut" ein typisches Beispiel darstellt (vgl. Engelen-Kefer 1981, S. 83; Brinkmann 1998, S. 1763). In dieser Situation sind die Landesarbeitsämter und Arbeitsämter in erster Linie „Ausführungsorgane der Hauptstelle", und den Selbstverwaltungsorganen auf regionaler und lokaler Ebene kommt lediglich akklamatorischer Charakter zu (vgl. Rürup 1983, S. 199). Demzufolge sind sich die Handlungsmöglichkeiten der Verwaltungsausschüsse der Landesarbeitsämter und vor allem der Arbeitsämter, deren Kompetenzen für die Aufstellung des Haushalts[196] und die Ernennung des Präsidenten der Landesarbeitsämter und des Direktors der Arbeitsämter[197] sowieso mangelhaft sind, für die Gestaltung der eigenständigen Arbeitsmarktpolitik noch weiter eingeschränkt. Dies führt dazu, dass die Macht der Verwaltungsausschüsse schwächer ist als die des Präsidenten der Landesarbeitsämter und des Direktors der Arbeitsämter, so dass sich die Funktion der Selbstverwaltung in Landesarbeitsämtern und Arbeitsämtern auf die Beratung der laufenden Verwaltung beschränkt (vgl. Krautkrämer/Blanckenburg 1978, S. 46ff.),[198] was von dem Prinzip abweicht, dass die Selbstverwaltungsorgane Führungsfunktionen in der BA ausüben (vgl. BA 1970, S. 6).

Aber regionale bzw. örtliche Arbeitsmarktlagen klaffen sehr stark auseinander, so dass es notwendig ist, die den jeweiligen Situationen entsprechenden arbeitsmarktpolitischen Maßnahmen einzusetzen. Solch ein gezielter Maßnahmeneinsatz setzt unter anderem eine möglichst genaue Kenntnis der örtlichen Arbeitsmarkt- und Wirtschaftssituation, ihrer Stärken und Schwächen voraus. Da die direkt Betroffenen vor Ort, d.h. die Gewerkschaften, die Arbeitgeber und die Kommunalvertreter, davon mehr Kenntnis haben als irgend jemand anderes, ist eine intensive Kooperation zwischen ihnen und die Stärkung ihrer Entscheidungsbefugnisse für die wirksame örtliche Arbeitsmarktpolitik von zentraler Bedeutung.

So erklärt sich, dass die Dezentralisierung der Arbeitsmarktpolitik, d.h. die Aktivierung bzw. Stärkung der Selbstverwaltung auf regionaler bzw. örtlicher Ebene, seit langem eines der zentralen Themen in den Diskussionen über eine Reform der Arbeitsmarktpolitik darstellt. Interessant ist dabei, dass Dezentralisierung in den 90er Jahren trotz Unterschiede im Detail sowohl von den Gewerk-

---

[196]) Die Verwaltungsausschüsse der Landesarbeitsämter und Arbeitsämter können zur Aufstellung des Haushalts der BA dem Vorstand nur Vorschläge machen. Da dies aber wegen des Termins des Haushaltsverfahrens bereits zu Beginn eines Jahres mit der Erörterung und Festlegung ihrer Vorstellungen zum Haushaltsplan des nächsten Jahres gemacht werden muss, ist es sehr schwer, die Beschäftigungsentwicklung für das darauffolgende Jahr vorauszusehen (vgl. Engelen-Kefer 1981, S. 85).

[197]) Die Präsidenten und Vizepräsidenten werden auf Vorschlag der Bundesregierung nach Anhörung des Verwaltungsrats und der beteiligten Landesregierungen durch den Bundespräsidenten ernannt (§ 395 (2) SGB III). Die Direktoren der Arbeitsämter werden auf Vorschlag des Präsidenten der BA nach Anhörung der Verwaltungsausschüsse der Landesarbeitsämter und Arbeitsämter vom Vorstand bestellt (§ 396 (2) SGB III).

[198]) Folgende Aussagen von zwei Direktoren der Arbeitsämter sind sehr aufschlussreich: "The board (Verwaltungsausschuss) cannot intervene, if I do not want it to. If I do not agree with their 'resolutions', I let them know that I decide what goes on 'in my house'". "The board tries to keep a strict eye on us, but if we do not want them to, they cannot look 'behind the scenes'; they cannot judge on the basis of performance." (Krautkrämer/Blanckenburg 1978, S. 46).

schaften[199] und der SPD[200] als auch von der regierenden Koalition (CDU/CSU und FDP)[201] gefordert wurde. Im AFRG (SGB III) wurden dementsprechend auch große Fortschritte in Richtung Dezentralisierung gemacht.

Zunächst wurde der Artikel „ortsnahe Leistungserbringung" neu eingeführt: „Die Leistungen der Arbeitsförderung sollen vorrangig durch die örtlichen Arbeitsämter erbracht werden. Dabei haben die Arbeitsämter die Gegebenheiten des örtlichen und überörtlichen Arbeitsmarktes zu berücksichtigen" (§ 9 (1) SGB III). Insbesondere haben „die Arbeitsämter (...) zur Erfüllung ihrer Aufgaben mit den Beteiligten des örtlichen Arbeitsmarktes, insbesondere den Vertretern der Arbeitgeber und der Arbeitnehmer, den Kammern und berufsständischen Organisationen sowie den Gemeinden, Kreisen und Bezirken zusammenzuarbeiten" (§ 9 (3) SGB III). Diese Vorschrift weist die prinzipielle Richtung der Dezentralisierung auf, ist aber nur allgemein und normativ.

Die „freie Förderung" ist dagegen ein innovativer Ansatz zur Dezentralisierung, der einen tatsächlichen Inhalt hat. Der freien Förderung zufolge können „die Arbeitsämter bis zu zehn Prozent der im Eingliederungstitel enthaltenen Mittel für Ermessensleistungen der aktiven Arbeitsförderung einsetzen, um die Möglichkeiten der gesetzlich geregelten aktiven Arbeitsförderungsleistungen durch freie Leistungen der aktiven Arbeitsförderung zu erweitern" (§ 10 (1) SGB III). Damit wurde es ermöglicht, dass die Arbeitsämter eigenverantwortlich maßgeschneiderte Instrumente schaffen, die für die konkrete örtliche Arbeitsmarktlage geeignet sind, auch wenn „die freien Leistungen den Zielen und Grundsätzen der gesetzlichen Leistungen entsprechen müssen und nicht gesetzliche Leistungen aufstocken dürfen" (a.a.O.). Mit der Einführung der freien Förderung hat sich darüber hinaus die Autonomie der Selbstverwaltung auf der örtlichen Ebene verstärkt, weil nun die Verwaltungsausschüsse der Arbeitsämter zuständig für die Aufteilung der im Eingliederungstitel für Ermessensleistungen der aktiven Arbeitsförderung veranschlagten Mittel sind, einschließlich der freien Förderung (§ 378 (3) SGB III).

Aber eine sinnvolle und effiziente Dezentralisierung hat zur Voraussetzung, „dass Transparenz hergestellt wird, auch um Fehlentwicklungen zu erkennen und Erträge feststellen zu können" (Brinkmann 1999, S. 9). Aus diesem Grund ist jedes Arbeitsamt verpflichtet, über seine Ermessensleistungen der aktiven Arbeitsförderung nach Abschluss eines Haushaltsjahres eine Eingliederungsbilanz zu erstellen, die Angaben über Umfang und Verteilung der Mittel, Durch-

---

199) Vgl. Memorandum für ein neues Arbeitsförderungsgesetz (1994) vom Arbeitskreis AFG-Reform, der aus gewerkschaftsnahen Personengruppen besteht. Vgl. auch Semmler (1994, S. 27f.).

200) Vgl. Entwurf eines ASFG der Fraktion der SPD (Bundestags-Drucksache 13/1440, 18.05.1995).

201) Vgl. Entwurf eines Gesetzes zur Reform der Arbeitsförderung (AFRG) der Fraktionen der CDU/CSU und FDP (Bundestags-Drucksache 13/4941, 18.06.1996).

schnittsausgaben je gefördertem Arbeitnehmer, Beteiligung besonders förderungsbedürftiger Personengruppen, Frauenbeteiligung, Vermittlungsquote, Verbleibsquote usw. enthält (§ 11 SGB III). Diese Eingliederungsbilanz dient der Kontrolle von Fehllenkungen und einseitigen Entscheidungen und dem horizontalen Leistungsvergleich zwischen den Arbeitsämtern, der wiederum zu einem Leistungswettbewerb unter den Arbeitsämtern führt (vgl. Deutscher Bundestag 1996, S. 155).[202]

4.2.2. Südkorea

4.2.2.1. Staatliche Arbeitsverwaltung

Der Träger der Arbeitsmarktpolitik Südkoreas ist der Arbeitsminister (das Arbeitsministerium) (§ 3 BVG). Insofern gehört die Arbeitsverwaltung Südkoreas zu einer typisch staatlichen Arbeitsverwaltung.

Die auf die Arbeitsmarktpolitik bezogenen Organisationen des Arbeitsministeriums gliedern sich zweistufig. An der Spitze steht die Abteilung Beschäftigungspolitik des Arbeitsministeriums, die die allgemeinen Aufgaben der Arbeitsmarktpolitik plant und entscheidet. Auf der lokalen Ebene übernehmen die lokalen Arbeitsämter (derzeit 46 einschließlich sechs regionaler Arbeitsämter)[203] mit ihren Zentren für Beschäftigungsstabilisierung (derzeit 155) die konkrete Durchführung der Aufgaben (vgl. Arbeitsministerium 2001a, S. 65ff.).[204]

Aber das Arbeitsministerium kann nicht allein alle Entscheidungen über die Arbeitsmarktpolitik treffen, über wichtige Aufgaben muss vielmehr vorher vom

---

202) Aber an den Eingliederungsbilanzen wird auch kritisiert, dass sie mit den konkreten gesetzlichen Vorgaben zwangsläufig nur Ergebnisse zum kurzfristigen Eingliederungserfolg enthalten, so dass längerfristige Eingliederungsaspekte, qualitative Veränderungen der beruflichen Situation und weitere Ziele der Arbeitsförderung (berufliche Stabilisierung, Strukturverbesserung am Arbeitsmarkt usw.) ausgeblendet bleiben. Vgl. zu weiteren grundsätzlichen Kritikpunkten Brinkmann (1999, S. 10ff.).

203) Genauer gesagt, ist ein regionales Arbeitsamt die übergeordnete Instanz eines lokalen Arbeitsamtes, aber es besteht kein Unterschied der Aufgaben zwischen ihnen, abgesehen davon, dass beim regionalen Arbeitsamt ein Beschäftigungsversicherungsrichter (s. unten) existiert. Die regionalen Arbeitsämter sind in sechs *Metropolitan Cities* (ähnlich wie die Stadtstaaten Deutschlands) eingerichtet worden.

204) Außerdem gibt es unabhängig von der Beschäftigungsversicherung zwei Arten von Vermittlungsstellen: Die Personalbanken (derzeit sieben), die von dem Arbeitsministerium und den Gebietskörperschaften gemeinsam errichtet worden sind, spielen die Rolle eines allgemeinen lokalen Beschäftigungsinformationszentrums. Die Vermittlungszentren für Tagearbeiter (derzeit 16) vermitteln Tagearbeiter und unterstützen deren Lebenshaltung (vgl. Arbeitsministerium 2001b, S. 243ff.).

Ausschuss für Beschäftigungspolitik beraten werden (§ 6 BVG), insbesondere muss dieser unbedingt über die Veränderung des Beitragssatzes beraten (§ 57 (2) BVG). Der Ausschuss wird beim Arbeitsministerium errichtet und setzt sich aus höchstens 30 Mitgliedern zusammen, und der Vorsitzende des Ausschusses ist der Arbeitsminister. Die Mitglieder sind Vertreter der Arbeitnehmer und -geber (jeweils drei), vom Arbeitsminister berufene Experten in Beschäftigungsproblemen (acht) und Vizeminister der auf die Beschäftigungs- bzw. Arbeitsmarktpolitik bezogenen Ministerien (fünfzehn). Dem Ausschuss sind drei Expertenausschüsse (für Beschäftigungspolitik, für Beschäftigungsversicherung und für Berufsbildung) zugeordnet, deren Mitgliederzahl einschließlich der Vertreter der Arbeitnehmer und -geber (jeweils eine Person), der vom Arbeitsminister berufenen Experten und Beamten höchstens zwanzig beträgt und deren Vorsitzender vom Arbeitsminister berufen wird (§ 6 Grundgesetz für Beschäftigungspolitik (GGB)).[205] Außerdem arbeitet bei den regionalen Arbeitsämtern jeweils ein Beschäftigungsversicherungsrichter, der die Rechtsverletzungen der Versicherten durch die Arbeitsämter prüft (§ 75 (1) BVG). Den organisatorischen Aufbau der südkoreanischen Arbeitsverwaltung zeigt die Abbildung 4.4. Kennzeichnend ist hierbei, dass die Regierung die Arbeitsverwaltung monopolisiert, obwohl die Arbeitsmarktpolitik fast völlig aus Beiträgen der Arbeitnehmer und -geber finanziert wird. Zwar beteiligen sich deren Vertreter am Ausschuss für Beschäftigungspolitik, aber die Zahl der Vertreter ist nicht nur geringer im Vergleich zu den Vertretern der Regierung und den vom Arbeitsminister berufenen Experten, sondern auch die Funktion des Ausschusses an sich ist sehr begrenzt (s. unten).

Die offiziell angegebenen Gründe dafür lauten, dass eine rein staatliche Arbeitsverwaltung bei der Herstellung eines organischen Zusammenhanges zwischen allgemeiner Beschäftigungspolitik und Beschäftigungsversicherung effektiver ist als eine Organisation mit Selbstverwaltung, und dass eine staatliche Arbeitsverwaltung für ein „*soft landing*“ des Beschäftigungssicherungssystems in der Anfangsphase geeignet ist, weil die staatliche Macht bei der Fixierung des neuen Systems von Vorteil ist (vgl. Yoo u.a. 1994, S. 20ff.).

---

205) Auf der regionalen Ebene gibt es regionale Beschäftigungsausschüsse in sieben *Metropolitan Cities* und neun Provinzen (diese ähneln den Bundesländern Deutschlands), deren Vorsitzender der Oberbürgermeister bzw. der Statthalter der Provinz ist und deren Mitgliederzahl höchstens zwanzig beträgt (§ 6 GGB). Die regionalen Beschäftigungsausschüsse hängen daher nicht direkt mit dem Arbeitsministerium und der Beschäftigungsversicherung zusammen.

Abbildung 4.4: Organisation der südkoreanischen Arbeitsverwaltung

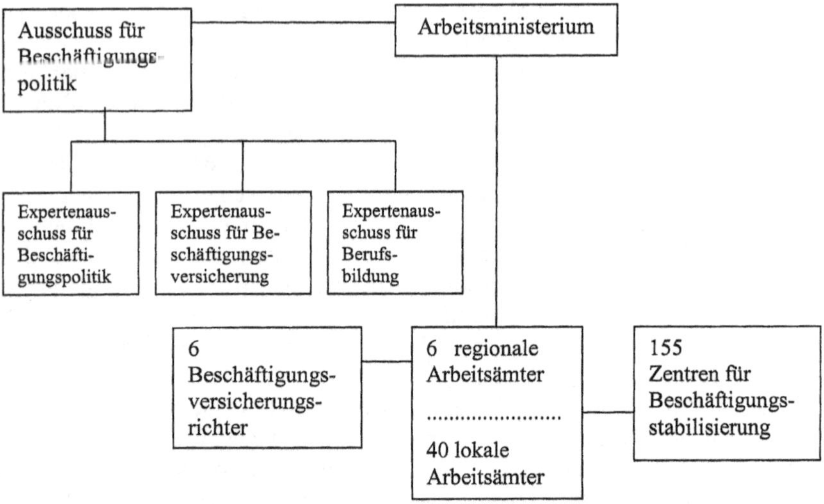

Quelle: Eigene Darstellung

4.2.2.2. Entstehungsprozess und Probleme in der Praxis

Wie oben (4.1.2.1.) erwähnt, ist die südkoreanische Arbeitsmarktpolitik (das BVG) unter der Führung der Regierung entstanden. Also wurde die Notwendigkeit ihrer Einführung von der Regierung festgestellt, und auch der Entwurf des Systems wurde tatsächlich von der Regierung ausgeführt.[206] Darüber hinaus waren die Arbeitgeber bei der Einführung der aufwendigen Beschäftigungsversicherung zurückhaltend, und auch die Arbeitnehmer hatten unter der Vollbeschäftigungssituation kein dringendes Bedürfnis nach einer neuen Arbeitsmarktpolitik. Dementsprechend spiegelte sich das Interesse der Arbeitgeber und -nehmer im BVG nicht besonders wider, was auch für die Trägerschaft gilt.[207]

[206]) Der Entwurf des BVG wurde vom 1992 errichteten Arbeitskreis Beschäftigungsversicherung angefertigt, aber die 26 Mitglieder des Arbeitskreises bestanden aus zwölf Forschern von staatlichen Instituten, zwölf Universitätsprofessoren und zwei Forschern von Unternehmensinstituten. Vertreter der Arbeitnehmer wurden aus dem Arbeitskreis völlig ausgeschlossen (vgl. Arbeitsministerium 1999, S. 299).

[207]) Nachdem die Einführung der Beschäftigungsversicherung Ende der 80er Jahre zuerst vom Arbeitsministerium untersucht wurde, forderte die FKTU, die bis 2000 einziger legaler Dachverband der Gewerkschaften war, mehrmals eine Einführung der Beschäftigungsversicherung

Aber der zentrale Grund dafür, dass die Trägerschaft der Arbeitsmarktpolitik als eine rein staatliche Arbeitsverwaltung festgelegt wurde, findet sich im südkoreanischen Entwicklungsmodell an sich seit den 60er Jahren. Wie im Abschnitt 3.2.1. ausgeführt, wurde die rasche Entwicklung der Wirtschaft und Gesellschaft vom „starken Staat" geführt. Im Zuge dessen wurden „die politischen Entscheidungen von den Politikern und Beamten monopolisiert", und „die Interessengruppen blieben das Objekt der Politik" (Lee, H.C. 1999a, S. 2). Obwohl seit Anfang der 90er Jahre die Macht des Staates relativ geschwächt worden ist, veränderte sich an diesem Sachverhalt nicht viel. In dieser gesellschaftlichen Atmosphäre wurde die Konzeption, dass die staatliche Macht vorteilhaft für die Fixierung des Systems ist, herausgebildet, so dass schließlich eine rein staatliche Arbeitsverwaltung entstand.
Die Tradition der Selbstverwaltung existiert auch in anderen Bereichen der Gesellschaft noch nicht lange, und auch das ist sehr formal. Im extrem zentralistischen Südkorea wurde die kommunale Selbstverwaltung im eigentlichen Sinne erst Mitte der 90er Jahre eingeführt (Kommunalparlament 1991, Kommunalregierung 1995),[208] aber ihre Autonomie ist sehr begrenzt. Auch die Geschichte anderer Sozialversicherungen ist kurz,[209] und ihre Träger sind von der Regierung getrennte öffentliche Körperschaften,[210] doch werden diese nicht von den Beitragszahlern selbst verwaltet, sondern stehen unter Kontrolle der Regierung (d.h. der einschlägigen Ministerien).[211] In dieser Situation gab es keinen Anlass, nur

---

und legte der Regierung und den Parteien die eigene Position dazu dar. Auch die *Korea Employers Federation* (KEF; ähnlich wie die Bundesvereinigung der Deutschen Arbeitgeberverbände (BDA)) legte in der Endphase der Entstehung des BVG ihre eigene Position dar. Aber diese Meinungsvorlagen waren sehr formal und wurden nicht besonders berücksichtigt (vgl. Arbeitsministerium 2001a, S. 317ff.).

[208]) Ursprünglich wurde das Gesetz für die kommunale Selbstverwaltung Südkoreas 1949 verabschiedet, aber es sah keine normale Selbstverwaltung vor, weil Statthalter der Provinz nicht direkt von Bürgern gewählt, sondern vom Staatspräsidenten ernannt werden sollten. Auch nach dem Inkrafttreten ab 1952 wurde die kommunale Selbstverwaltung von der diktatorischen Regierung Lee Seung-Mans weiter verbogen. Schließlich wurde das Gesetz nach dem militärischen Putsch 1961 abgeschafft.

[209]) Die Unfallversicherung, die Krankenversicherung und die Rentenversicherung sind jeweils 1964, 1977 und 1988 eingeführt worden.

[210]) Die Unfallversicherung wurde zuerst vom Arbeitsministerium direkt verwaltet und später bei Einführung der Beschäftigungsversicherung 1995 auf die Anstalt für Wohlfahrt der Arbeitnehmer übertragen.

[211]) Die Präsidenten der Anstalten anderer Sozialversicherungen werden auf Vorschlag der einschlägigen Minister durch den Staatspräsidenten ernannt, die Vorsitzenden der bei den einschlägigen Ministerien errichteten Ausschüsse sind die Vizeminister der einschlägigen Ministerien und auch die Zahl der Vertreter der Interessengruppen in den Ausschüssen ist geringer als die der Regierung und Experten.

bei der Beschäftigungsversicherung das Selbstverwaltungsprinzip einzuführen.[212]

Auffällig ist hierbei, dass dieses Problem nicht wegen eines Konflikts zwischen den Interessengruppen und der Regierung, sondern wegen eines Konflikts innerhalb der Regierung auch bis zur Verabschiedung des Gesetzes (12.1993) nicht gelöst werden konnte, und man erst gerade vor dem Inkrafttreten zu einer Lösung kam (07.1995). So forderte das Ministerium für wirtschaftliche Planung (*Economic Planning Board*: EPB) ein Modell der öffentlichen Körperschaft, das ähnlich wie andere Sozialversicherungen von der Regierung einigermaßen getrennt (semi-autonom) sein sollte, während das Arbeitsministerium eine rein staatliche Verwaltung forderte. Die Begründung des EPB lautete, dass die Arbeitsverwaltung nicht von Beamten, die ihre Positionen häufig wechseln,[213] sondern von einer fachlichen Organisation übernommen werden sollte, weil die Arbeitsmarktpolitik hohe Fachkenntnisse erfordert. Dagegen hat das Arbeitsministerium aus den oben angeführten Gründen eine direkte Verwaltung gewünscht (vgl. Arbeitskreis Beschäftigungsversicherung 1993, S. 336ff.; Yoo u.a. 1994, S. 20ff.). Aber ihre tatsächlichen Absichten lagen in der Inbesitznahme der Kontrollrechte für den enormen Beschäftigungsversicherungsfonds (Interview mit einem Beteiligten am Arbeitskreis Beschäftigungsversicherung). So kann das EPB, das für die Etataufstellung der Regierung zuständig ist, auch auf alle öffentlichen Fonds Einfluss nehmen. Das Arbeitsministerium dagegen kann mit seiner direkten Verwaltung die Kontrolle über den Fonds monopolisieren. Dieses Problem löste man schließlich so, dass das Arbeitsministerium die Beschäftigungsversicherung übernahm und stattdessen die Unfallversicherung, die bisher von ihm direkt verwaltet wurde, auf die Anstalt für Wohlfahrt der Arbeitnehmer übertragen wurde.

Auf jeden Fall liegt es auf der Hand, dass sich die Anliegen der Interessengruppen durch diese staatliche Arbeitsverwaltung in der tatsächlichen Durchführung der Arbeitsmarktpolitik kaum widerspiegeln. Die größte Ursache dafür liegt in der zahlenmäßigen Unterlegenheit der Vertreter der Interessengruppen im Ausschuss für Beschäftigungspolitik. Von den dreißig Mitgliedern des Ausschusses stellen die Vertreter der Arbeitnehmer und -geber nur sechs (d.h. jeweils drei), während die Vertreter der Regierung sechzehn stellen (einschließlich des Arbeitsministers), so dass letztere allein schon die Mehrheit haben. Da außerdem

---

[212]) „Auch die Verwaltungsorganisation der Beschäftigungsversicherung kann sowohl unsere politischen, ökonomischen, gesellschaftlichen und kulturellen Gegebenheiten als auch den Zusammenhang mit anderen ähnlichen Organisationen außer Acht lassen" (Arbeitskreis Beschäftigungsversicherung 1993, S. 335).

[213]) In Südkorea wechseln Beamte, die keine spezielle Qualifikation haben, generell innerhalb eines Ministeriums relativ periodisch ihre Position, um die gesamten Aufgaben des Ministeriums kennen lernen zu können und um Korruptionen, die aus langfristiger Ausübung eines Amtes entstehen könnten, zu vermeiden.

acht Experten vom Arbeitsminister berufen werden, nehmen auch diese normalerweise Stellung für die Regierung (vgl. Eom 1999, S. 197). Innerhalb dieser Entscheidungsstruktur ist die Beteiligung der Interessengruppen lediglich dekorativer Natur.

Darüber hinaus sind die Funktionen des Ausschusses an sich sehr verschwommen formuliert. Laut § 6 (2) GGB und § 57 (2) BVG liegen die Aufgaben des Ausschusses darin,

- einen mittel- und langfristigen Grundplan für die Beschäftigungspolitik,
- „wichtige" Maßnahmen zur Beschäftigungsstabilisierung, beruflichen Bildung und Beschäftigungsversicherung,
- Maßnahmen für Beschäftigung bzw. gegen Arbeitslosigkeit unter Berücksichtigung des Strukturwandels des Arbeitskräfteangebotes bzw. der Industriestruktur und
- die Veränderung des Beitragssatzes

zu beraten und zu beschließen. Doch nur die letzte Aufgabe ist konkret formuliert, so dass die Setzung der Tagesordnungspunkte tatsächlich von der Willkür des Arbeitsministers abhängt.[214]

Ferner ist auch die Leitung der Sitzungen des Ausschusses sehr formal. Die Tagesordnungspunkte werden allenfalls ein paar Tage vor der Sitzung oder improvisiert den Mitgliedern übermittelt, u.U. wird auch die Sitzung an sich ab und zu durch eine „schriftliche Sitzung" ersetzt. Deswegen sind vertiefende Diskussionen in der Sitzung fast unmöglich, so dass an den ursprünglichen Entwürfen der Regierung tatsächlich nicht viel geändert wird. In dieser Situation „haben die Beratungen im Ausschuss nur die Alibifunktion, dass die Arbeitsmarktpolitik demokratisch durchgeführt wird" (Eom 1999, S. 195).

Ein weiteres Problem, das aus der staatlichen Verwaltung entsteht, ist der Mangel an Fachkenntnissen bei den zuständigen Beamten. Zunächst arbeiten qualifizierte Beamte nicht gerne im lokalen Arbeitsamt, wo sie den Bürgern einfache Dienstleistungen anbieten, weil sie eine kontrollierende Position mit größerer Machtausübung bevorzugen. Noch schlimmer ist, dass die Beamten im lokalen Arbeitsamt keine Möglichkeit haben, die erforderlichen Fachkenntnisse zu erwerben, weil sie wegen des häufigen Wechsels ihrer Position (vgl. Fn. 213) normalerweise nicht länger als ein Jahr in ihrem Amt bleiben (vgl. Lee u.a. 1998, S. 13; Yoo 1998, S. 122f.). Dieser Mangel an Fachkenntnissen führt z.B.

---

[214]) Wegen dieser unklaren Formulierung der Aufgaben des Ausschusses wurden paradoxerweise viele „wichtige" Aufgaben der Arbeitsmarktpolitik oft nicht vom Ausschuss behandelt. Vor dem Hintergrund der hohen Arbeitslosigkeit wurde von 1998 bis 2000 auf der Panregierungsebene der Ausschuss für Bekämpfung der Arbeitslosigkeit errichtet, dessen Vorsitzender der Premierminister ist und dessen Mitglieder sich aus acht einschlägigen Ministern zusammensetzen, und fungierte als das höchste Entscheidungsorgan (vgl. Arbeitsministerium 2001b, S. 9ff.).

zu niedrigeren Leistungen in der Arbeitsvermittlung bzw. zu einer für den Anbieter bequemen Durchführung der Arbeitsmarktpolitik.

4.2.3. Implikationen für Korea

Wenn man berücksichtigt, dass die Typen der Trägerschaft der Arbeitsmarktpolitik vom Standpunkt des Entscheidungssubjektes aus international in die drittelparitätische Selbstverwaltung und die staatliche Arbeitsverwaltung geteilt werden, repräsentieren die Beispiele von Deutschland und Südkorea den jeweils entgegengesetzten Typus: Obwohl in Deutschland die (Bundes–)Regierung auch abgesehen von ihrer Beteiligung an den Selbstverwaltungsorganen die Autonomie der BA einigermaßen einschränkt, wird die Substanz der Selbstverwaltung nicht beeinträchtigt. In Südkorea spiegeln sich dagegen die Anliegen der Interessengruppen trotz ihrer Beteiligung am Ausschuss für Beschäftigungspolitik im Wesentlichen nicht wider.

Von den beiden Typen ist der erste Typus auf der normativen Ebene gerecht, soweit die Arbeitsmarktpolitik aus den Beiträgen der Arbeitgeber und -nehmer finanziert wird.[215] Von diesem Gesichtspunkt aus ist es daher ungerecht, dass in Südkorea die Regierung, die nur einen geringen Teil der Verwaltungskosten trägt, die Arbeitsverwaltung monopolisiert, auch wenn ihre Intervention aufgrund der Notwendigkeit der Koordinierung der Arbeitsmarktpolitik mit der allgemeinen Wirtschafts- und Sozialpolitik unentbehrlich ist. Daher sollte die Trägerschaft Südkoreas derart verbessert werden, dass die substantielle Beteiligung der Arbeitnehmer und -geber, also der Beitragszahler, gewährleistet wird.

Dabei kann die deutsche Selbstverwaltung ein Vorbild werden, weil sie international als ein Musterbeispiel der drittelparitätischen Selbstverwaltung bewertet wird (vgl. Kwon 1999, S. 39).[216] Im Lichte des deutschen Beispiels sollten die Umrisse einer einen bahnbrechenden Wandel bedeutenden Umstrukturierung der südkoreanischen Arbeitsverwaltung wie folgt sein:

Zunächst sollte der Träger der Arbeitsmarktpolitik durch eine von der Regierung unabhängige öffentliche Körperschaft mit drittelparitätischer Selbstverwaltung

---

215) Dies gilt nicht für die Länder, in denen die aktive Arbeitsmarktpolitik getrennt von der passiven Arbeitsmarktpolitik aus den Steuermitteln finanziert und daher von der Regierung verwaltet wird (z.B. Schweden).

216) Schon seit langem waren die BA und vor allem ihre Selbstverwaltung im internationalen Raum von besonderem Interesse (vgl. Henkelmann 1972, S. 137f.), und Anfang der 90er Jahre haben sich auch viele im Transformationsprozess befindliche Länder Osteuropas bei der Umstrukturierung ihrer Arbeitsverwaltung stark an das deutsche Beispiel angelehnt (vgl. Köhn 1993, S. 86).

ersetzt werden.[217] Dies würde allerdings von verschiedenen organisatorischen Schwierigkeiten begleitet sein, wäre aber kein entscheidendes Hindernis, wie das Beispiel der Unfallversicherung zeigt, bei der die Verwaltung vom Arbeitsministerium auf eine öffentliche Körperschaft übertragen wurde. Damit die öffentliche Körperschaft eine substantielle Selbstverwaltung übernehmen kann, sollte sich der Ausschuss für die Beschäftigungspolitik drittelparitätisch aus Vertretern der Arbeitnehmer, der Arbeitgeber und der Regierung zusammensetzen, und nicht beim Arbeitsministerium, sondern bei der öffentlichen Körperschaft errichtet werden. Diesbezüglich sollten insbesondere sog. „Experten", deren Zahl (acht) größer ist als die Summe der Vertreter der Arbeitgeber und -nehmer (sechs), aus dem Ausschuss ausgeschlossen werden, weil sie vom Arbeitsminister berufen werden und daher normalerweise Stellung für die Regierung beziehen. Auch der Vorsitz des Ausschusses sollte von den Vertretern der drei Gruppen wechselweise übernommen werden.
Dieses Selbstverwaltungsprinzip sollte auch auf der regionalen und örtlichen Ebene angewandt werden, so dass die regionalen Beschäftigungsausschüsse nicht bei den *Metropolitan Cities* und den Provinzen, sondern bei den regionalen und lokalen Arbeitsämtern einzurichten sind. Diesbezüglich sollten die regionalen Arbeitsämter nicht dieselben Aufgaben wie die lokalen Arbeitsämter wahrnehmen, sondern als substantielle übergeordnete Instanzen der lokalen Arbeitsämter auf der mittleren Ebene ihre fachliche Arbeit koordinieren, was eine Dreistufigkeit des Trägers bedeuten würde. In Anbetracht der Besonderheit des regionalen und örtlichen Arbeitsmarktes sollte insbesondere die Dezentralisierung der Arbeitsmarktpolitik wie auch die freie Förderung nach deutschem Muster aktiv eingeführt werden.
Doch all dies wäre sinnlos, solange nicht auch die gesellschaftlichen und institutionellen Voraussetzungen für die Verwirklichung dieses Konzepts erfüllt sind. In der Tat wurde das deutsche Modell in der Einführungsphase des BVG als ein Modell der südkoreanischen Arbeitsverwaltung in Erwägung gezogen (vgl. Arbeitskreis Beschäftigungsversicherung 1993, S. 331ff.; Yoo u.a. 1994, S. 30ff.), und auch jüngst wurde es von der FKTU vorgeschlagen (vgl. Lee, H.C. 1999b, S. 222). Trotzdem konnte es infolge der oben (4.2.2.2.) angeführten gesellschaftlichen Rahmenbedingungen, d.h. bei Führung durch den Staat in der wirtschaftlichen und gesellschaftlichen Entwicklung („starker Staat") und vor dem Hintergrund der schwach ausgebildeten kommunalen bzw. sozialen Selbstverwaltung usw., nicht verwirklicht werden. Daher geht es hierbei nicht um eine Konzipierung, sondern um die Erfüllung der Voraussetzungen.

---

[217]) „Die Führung der Regierung war in der Einführungsphase einigermaßen unentbehrlich, soll aber nun in Richtung einer Ausweitung der Selbstverwaltung der Beitragszahler verbessert werden, weil das Ausmaß und die Einflussnahme der vier Sozialversicherungen größer geworden sind" (Choi 2001, S. 7).

Wenn man hier auf das deutsche Beispiel zurückblickt (vgl. 4.2.1.2.), war die drittelparitätische Selbstverwaltung möglich, weil es schon lange vorher eine Tradition der kommunalen und sozialen Selbstverwaltung gab, weil die Gewerkschaften und die Arbeitgeberverbände schon vor der Entstehung der öffentlichen Arbeitsverwaltung eigenständig die Arbeitsverwaltung wahrgenommen hatten und weil ihre Initiative bei der Entstehung eine große Rolle spielte. Diese historischen Erfahrungen sind trotz Unterschieden im Detail auch anderen Ländern gemeinsam, in denen die Beteiligung der Interessengruppen (vor allem der Gewerkschaften) an der Arbeitsverwaltung fest institutionalisiert ist.[218] Hierbei werden generell die zentralisierten starken Interessenverbände (vor allem die Gewerkschaften), die stabilen Arbeitsbeziehungen, die das Interesse der Arbeiterklasse vertretende sozialdemokratische Partei, die korporatistische Kultur in der Politik usw. als die gesellschaftlichen Kräfte aufgeführt, die diese historischen Erfahrungen hervorgebracht haben. Die Macht der Gewerkschaften ist dabei am wichtigsten, weil sich der Korporatismus und die sozialdemokratische Partei erst aufgrund dieser entwickeln konnten (vgl. Kwon 1999, S. 50ff.). Dies lässt sich auch in Deutschland beobachten (vgl. 3.1.1.).

Dagegen gibt es in Südkorea keinen der genannten Faktoren: Die übliche Organisationsform der Gewerkschaften ist die Betriebsgewerkschaft, ihre nationalen Dachverbände sind in zwei (FKTU und KCTU) geteilt und der Organisationsgrad beträgt nur ein bisschen mehr als zehn Prozent. Die Arbeitsbeziehungen sind immer noch feindlich und unterdrückend. Die das Interesse der Arbeiterklasse vertretende Partei (*Democratic Labor Party of South Korea*; KDLP) ist erst 2000 unter der Führung der KCTU gegründet worden und hat noch keine Abgeordneten im Parlament. Die 1998 eingeführte „*Tripartite Kommission*" erscheint korporatistisch, erzeugt aber keine bedeutenden Klassenkompromisse (vgl. 3.1.2.4.). Unter diesen Umständen ist es unwahrscheinlich, dass die drittelparitätische Selbstverwaltung in der Arbeitsverwaltung in absehbarer Zeit in Südkorea eingeführt wird.

---

[218]) Hier bedeutet die Beteiligung der Interessengruppen nicht nur die Beteiligung an drittelparitätischen Verwaltungsorganen. Solche Beteiligung erfolgt, falls aktive und passive Arbeitsmarktpolitik integriert verwaltet werden (Deutschland, Österreich usw.), aber die Gewerkschaften verwalten eigenhändig die Arbeitslosenversicherung (Ghent System), falls beide Bereiche der Arbeitsmarktpolitik getrennt verwaltet werden (Schweden, Dänemark usw.) (vgl. Kwon 1999).

4.3. Finanzierung der Arbeitsmarktpolitik

4.3.1. Deutschland

4.3.1.1. Finanzierungssystem der Arbeitsmarktpolitik

Die Leistungen der Arbeitsförderung und die sonstigen Ausgaben der BA werden durch Beiträge der Versicherungspflichtigen, der Arbeitgeber und Dritter (Beitrag zur Arbeitsförderung), Umlagen, Mittel des Bundes und sonstige Einnahmen finanziert (§ 340 SGB III), aber der ganz überwiegende Teil besteht aus lohnbezogenen Beiträgen an die BA.[219] Die Beitragspflicht erstreckt sich auf Arbeitnehmer in einem sozialversicherungspflichtigen Beschäftigungsverhältnis (§§ 24-26 SGB III). Versicherungsfrei sind dagegen z.B. Beamte, geringfügig Beschäftigte, Studenten, Ältere über 65 usw. (§§ 27, 28 SGB III). Beitragsbemessungsgrundlage sind Arbeitsentgelte bis zur (jährlich dynamisierten) Höhe der Beitragsbemessungsgrenze der Rentenversicherung für Arbeiter und Angestellte (ab 2003 in Westdeutschland 5.100 €/Monat, in Ostdeutschland 4.250 €/Monat). Die Beiträge werden nach einem Prozentsatz (Beitragssatz: derzeit 6,5%) von dieser Beitragsbemessungsgrundlage erhoben, wobei Arbeitnehmer und -geber jeweils die Hälfte tragen (§ 341 SGB III).

Zudem gibt es zwei Arbeitgeber-Umlagefinanzierungen: Winterbau-Umlage für das Wintergeld und das Winterausfallgeld beim Baugewerbe (§§ 354-357 SGB III) und eine Umlage für das Insolvenzgeld (früher: Konkursausfallgeld, §§ 358-362 SGB III).

Der Bund trägt die Ausgaben der Arbeitslosenhilfe und der Arbeitnehmerhilfe, einen Teil der Ausgaben der Förderung von Strukturanpassungsmaßnahmen und die Ausgaben für die weiteren Aufgaben, die er der BA durch Gesetz übertragen hat[220] (§ 363 SGB III). Wenn die Einnahmen die Ausgaben übersteigen, hat die BA eine Rücklage zu bilden (§ 366 SGB III). Wenn der Bedarf der BA aber durch Einnahmen und durch Auflösung der Rücklagen nicht gedeckt werden kann, gewährt der Bund der BA ein Darlehen bzw. einen Zuschuss (§§ 364, 365 SGB III).

Auf der Ausgabenseite werden sowohl klassische Versicherungsleistungen wie das Arbeitslosengeld als auch alle im SGB III normierten Leistungsarten aus den Beiträgen gezahlt. So werden die passive und aktive Arbeitsmarktpolitik durch

[219]) Der Anteil des Beitragsaufkommens an den Einnahmen der BA beträgt 2001 93,4%.

[220]) Beispielsweise die Eingliederung der Aussiedler sowie arbeitsmarktpolitische Sonderprogramme (z.B. für Jugendliche und Langzeitarbeitslose).

ein Gesamtbudget finanziert (gemeinsame Finanzierung), wobei andere Einnahmen allerdings nach jeweilig bestimmten Zwecken ausgegeben werden.

Abbildung 4.5: Finanzierungssystem der Arbeitsmarktpolitik in Deutschland

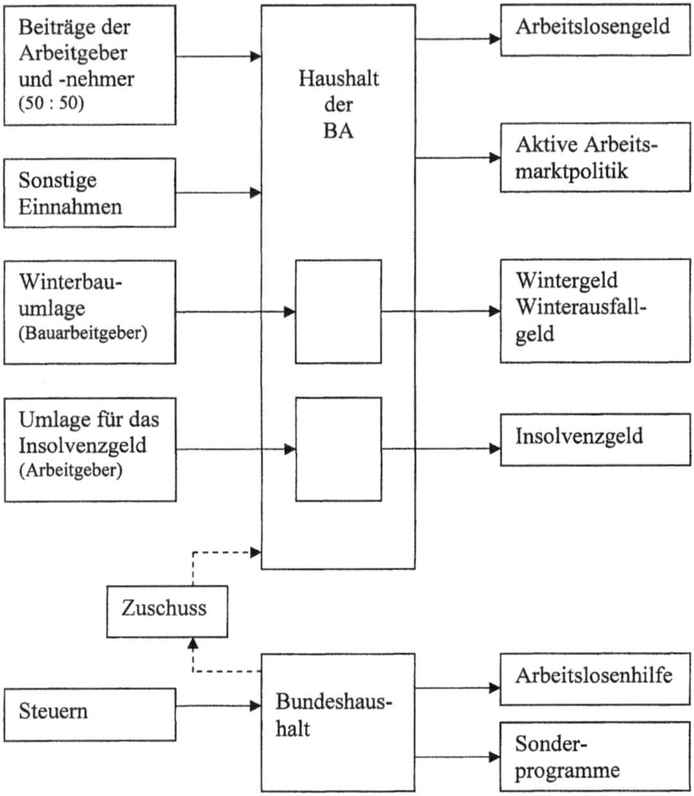

Quelle: Eigene Darstellung

Zusammenfassend lässt sich das Finanzierungssystem der deutschen Arbeitsmarktpolitik trotz der verschiedenen Einnahmen- und Ausgabenarten durch ein System der Beitragsfinanzierung mit Defizitdeckung des Bundes auf der Einnahmeseite und des Gesamtbudgets für die passive und aktive Arbeitsmarktpolitik auf der Ausgabenseite kennzeichnen. Seinen Umriss stellt die Abbildung 4.5 dar.

4.3.1.2. Chronische Defizite und Konstruktionsmängel des Finanzierungssystems

Mit diesem Finanzierungssystem hat aber der Haushalt der BA seit dem Inkrafttreten des AFG abgesehen von wenigen Jahren chronische Defizite verzeichnet, was Leistungskürzungen bzw. eine prozyklische Ausgabenentwicklung bei der aktiven Arbeitsmarktpolitik verursacht hat (vgl. 4.1.1.2). Diese Defizite wurden bisher teilweise von den Zuschüssen des Bundes gedeckt, aber diese waren unzureichend und schwankend. Deswegen hat sich der Beitragssatz mit der Zunahme der Arbeitslosigkeit mittelfristig immer wieder erhöht (vgl. Tabelle 4.2).
Doch das Finanzierungssystem an sich hat noch grundlegendere Konstruktionsmängel, die durch die Defizitdeckung des Bundes bzw. die Erhöhung des Beitragssatzes allein nicht gelöst werden können.[221] Zunächst ist die lohnbezogene Beitragsfinanzierung außerordentlich konjunkturempfindlich, so dass die Einnahmen dann zurückgehen, wenn Arbeitslosigkeit (bzw. Beschäftigung) in der Abschwungsphase zunimmt (bzw. sinkt). Aber hohe Arbeitslosigkeit führt gleichzeitig zum Anstieg der Ausgaben und belastet daher doppelt den Haushalt der BA. Demzufolge wurde ein Defizit des Haushaltes bei hoher Arbeitslosigkeit notwendigerweise etabliert (vgl. Deeke 1994, S. 218ff.).
Im Hinblick auf die Beitragserhöhung ist bemerkenswert, dass sich Sozialversicherungsbeiträge leichter als Steuern erhöhen lassen. Beitragsfinanzierte Systeme machen ihre Leistungen in der Regel von vorausgegangenen Beitragszahlungen abhängig. Dieser enge Bezug zwischen Beiträgen und Leistungen – Äquivalenzprinzip – verleiht den Leistungen einen starken (rechtlichen und politischen) Eigentumsschutz. Wegen der Koppelung von Beiträgen und Leistungen und des Eigentumsschutzes der Leistungen stoßen Sozialversicherungsbeiträge in der Regel auf geringere Abgabenwiderstände als Steuern, so ist die Zahlungsbereitschaft bei Sozialversicherungsbeiträgen größer als bei Steuern (vgl. Reissert 1994a, S. 45). Diese Tatsache bedeutet, je höher die Arbeitslosigkeit steigt, desto mehr erhöht sich der Beitragssatz. Aber die Beitragserhöhung führt zur Erhöhung der Lohnnebenkosten und wirkt daher – cetris paribus – beschäftigungshemmend und rationalisierungsfördernd (vgl. Sell 1995, S. 204).
Darüber hinaus führen lohnbezogene Sozialversicherungsbeiträge zu regressiven Wirkungen auf die Einkommensverteilung. Denn bestehende Einkommensunterschiede verstärken sich dadurch, dass von Arbeitnehmereinkommen oberhalb der Beitragsbemessungsgrenze und von Einkommen aus Unternehmertätigkeit

[221]) Vgl. zu den folgenden Ausführungen über die Probleme des Finanzierungssystems Mertens (1981), Bosch (1986), Bruche/Reissert (1985a, b), Schmid (1986b, 1990b), Schmid/Reissert/Bruche (1987), Mackscheidt (1991), Reissert (1994a), Kühl (1994a, b), Deeke (1994), Jetter (1994), Buttler (1994b), Sell (1995), Keller/Seifert (1995), Keller (1997a) usw.

und Vermögen keine Beiträge erhoben werden (vgl. Reissert 1994a, S. 49; Sell 1995, S. 204).

Tabelle 4.2: Finanzentwicklung der BA

Jahr	Einnahmen	Ausgaben	Überschüsse/ Defizite	Darlehen/ Zuschüsse	Beitragssatz
	Mrd. DM	Mrd. DM	Mrd. DM	Mrd. DM	%
1970	3,6	3,9	-0,3	-	1,3
1971	4,0	4,9	-0,9	-	1,3
1972	5,8	5,8	0,0	-	1,7
1973	7,5	6,8	0,7	-	1,7
1974	8,0	10,4	-2,4	-	1,7
1975	9,2	17,8	-8,6	7,3	2,0
1976	14,1	15,9	-1,9	3,0	3,0
1977	15,4	15,1	0,3	-	3,0
1978	16,3	16,1	0,2	-	3,0
1979	17,5	19,7	-2,2	-	3,0
1980	19,1	21,7	-2,6	1,8	3,0
1981	19,9	28,2	-8,3	8,2	3,5
1982	26,3	33,4	-7,1	7,0	4,0
1983	31,0	32,6	-1,6	1,6	4,6
1984	32,8	29,6	3,2	-	4,6
1985	32,4	29,7	2,3	-	4,4[1)]
1986	31,7	31,9	-0,2	-	4,0
1987	34,6	36,0	-1,4	-	4,3
1988	35,9	40,8	-5,0	1,0	4,3
1989	37,9	39,8	-2,0	1,9	4,3
1990	43,9	41,4	0,0	0,7	4,3
1991	70,2	71,9	-1,7	1,0	4,6[2)]
1992	79,7	93,5	-13,8	8,9	6,3
1993	85,1	109,5	-24,4	24,4	6,5
1994	89,7	99,9	-10,2	10,2	6,5
1995	90,2	97,1	-6,9	6,9	6,5
1996	91,8	105,6	-13,8	13,8	6,5
1997	93,1	102,7	-9,6	9,6	6,5
1998	91,1	98,9	-7,8	7,7	6,5
1999	93,8	101,1	-7,3	7,3	6,5
2000	97,0	98,7	-1,7	1,7	6,5
2001	99,1	102,9	-3,8	3,8	6,5

Quelle: Deeke (1994, S. 219); BA: Arbeitsstatistik – Jahreszahlen (vers. Jg.).
1) ab1.6. auf 4,1 gesenkt.
2) ab1.4. auf 6,8 erhöht.

Ein zentraler Konstruktionsmangel liegt jedoch in der gemeinsamen Finanzierung der passiven und der aktiven Arbeitsmarktpolitik, also in der Tatsache, dass die Kosten für die Lohnersatzleistungen und die aktive Arbeitsförderung aus

einem Gesamtbudget ausgegeben werden (Keller 1997a, S. 370). Da dies zu einem Konkurrenzverhältnis zwischen beiden Leistungsarten führt, müssen bei hoher Arbeitslosigkeit und daraus resultierenden finanziellen Engpässen die Ausgaben für einen der beiden Bereiche reduziert werden.[222] Dabei bleibt aber nichts anderes übrig, als Leistungskürzungen fast ausschließlich auf Maßnahmen der aktiven Arbeitsmarktpolitik zu beschränken, weil diese aufgrund ihres Charakters als „Kann-Leistungen“ am ehesten disponibel sind, während Lohnersatzleistungen von der BA nicht beeinflussbare „Muss-Leistungen“ darstellen. Die Ausgaben für aktive Arbeitsmarktpolitik werden also von Ausgaben für Lohnersatzleistungen verdrängt. Die Folge ist eine prozyklische Ausgabenentwicklung der aktiven Arbeitsmarktpolitik: Wenn die Arbeitslosigkeit ansteigt und damit die Arbeitslosigkeit beseitigende und vorbeugende Maßnahmen vermehrt nötig werden, sinken die Ausgaben für die Maßnahmen, und umgekehrt (vgl. 4.1.1.2.). Diese prozyklische „Stop-and-go-Politik“ widerspricht nicht nur dem Ziel eines gesetzlichen Vorrangs der aktiven Arbeitsförderung, sondern verunsichert auch die arbeitsmarktpolitischen Akteure, zerstört Trägerstrukturen, Verwaltungsroutinen und Kooperationsbeziehungen und mindert damit insgesamt die Effizienz der Arbeitsmarktpolitik (vgl. Reissert 1994a, S. 47).
Ein expansiver Einsatz der aktiven Arbeitsmarktpolitik wird darüber hinaus auch von zwei institutionellen Inkongruenzen in der bestehenden Finanzverfassung behindert, die jedoch in einem Zusammenhang stehen: „Es handelt sich sowohl um eine Inkongruenz zwischen der überwiegenden Beitragsfinanzierung und den über den Kreis der Beitragszahler hinausgehenden externen Effekten aktiver Arbeitsmarktpolitik als auch um die horizontale und vertikale Inkongruenz zwischen Haushalts*be*- und Haushalts*ent*lastung aktiver Arbeitsmarktpolitik“ (Schmid 1990a, S. 247). Zur ersten Facette: Trotz des Äquivalenzprinzips der beitragsfinanzierten Sozialversicherung hat aktive Arbeitsmarktpolitik indirekte externe Effekte, von denen auch Nicht-Beitragszahler profitieren.[223] Insofern stellen Instrumente aktiver Arbeitsmarktpolitik öffentliche Güter dar, deren Kosten aber nicht vom öffentlichen Haushalt finanziert werden. Der noch direktere externe Effekt bezieht sich auf die zweite Facette: Die Nettokosten aktiver

[222]) Dieses Konkurrenzverhältnis könnte einigermaßen gelindert werden, wenn der Bundeszuschuss hinreichend wäre, um den arbeitsmarktpolitischen Bedarf zu decken. Aber in der Tat wurde dieser bisher auf ein Minimum reduziert, was auf das lange fortgesetzte finanzpolitische Prinzip der Bundesregierung zurückzuführen ist, dass „Defizite dort gedeckt werden müssen, wo sie entstehen“ (Deutscher Bundestag (1991): Entwurf eines Gesetzes zur Änderung der Beitragssätze in der gesetzlichen Rentenversicherung und bei der Bundesanstalt für Arbeit, Bundesdrucksache 12/56, S. 8; zitiert nach Reissert (1994a, S. 47)).
[223]) Z.B. kommen die durch ABM geschaffenen Güter und Dienstleistungen in der Regel der Allgemeinheit zugute; berufliche Bildung trägt zur Steigerung der Produktivität bei und unterstützt den wirtschaftlichen Strukturwandel; Arbeitsvermittlung und Berufsberatung stehen ohnehin allen Erwerbspersonen zur Verfügung usw.

beschäftigungsschaffender Maßnahmen liegen im Saldo kaum höher als die passive Finanzierung von Arbeitslosigkeit im Rahmen von Lohnersatzleistungen. Für aktive Maßnahmen werden zwar die Kosten für Unterhaltsgeld und Lehrgangskosten usw. ausgegeben, sie bringen aber zugleich zum einen Ersparnisse an Arbeitslosengeld und -hilfe, Sozialhilfe und Wohngeld (Minderausgaben), die bei Arbeitslosigkeit ausgegeben werden müssten, zum anderen entstehen Mehreinnahmen bei Einkommensteuern, indirekten Steuern und Sozialversicherungsbeiträgen, die aus einer Beschäftigung resultieren. Durch diese Minderausgaben/Mehreinnahmen werden aktive Maßnahmen in einer gesamtfiskalischen Betrachtung in erheblichem Maße „selbstfinanziert" (vgl. Bach/Spitznagel 1992; Kühl 1994b; Spitznagel/Bach 2000).[224] Wichtig ist hierbei aber, dass die BA, die die Kosten der aktiven Maßnahmen vorrangig trägt, vom Nutzen der Maßnahmen durch die Selbstfinanzierung nur zu einem geringeren Teil profitiert,[225] während sich sein größerer Teil auf andere Institutionen (Bund, Länder, Gemeinde und Sozialversicherungsträger) verteilt, die an der Finanzierung der Maßnahmen kaum oder gar nicht beteiligt sind.[226] So entsteht die institutionelle Inkongruenz zwischen Haushaltsbe- (der BA) und Haushaltsentlastung (der anderen Nutznießer) aktiver Maßnahmen. Alles in allem sind „diese positiven externen Effekte der beitragsfinanzierten Arbeitsmarktpolitik (...) schädlich, da sie für die BA den Anreiz zu einer 'aktiveren' Politik mindern. Sie sind auch verteilungspolitisch nachteilig, weil sie eine Entlastung der Steuerzahler durch die Beitragszahler bedeuten" (Reissert 1994a, S. 52).
Zuletzt ist zu erwähnen, dass das Äquivalenzprinzip des Beitragssystems trotz einiger Verletzungen[227] auf der Ausgabenseite zu einer Konzentration der Leistungen auf den Kreis der Beitragszahler führt, was doppelt negative Auswirkungen bedeutet: Zum einen werden für Risikogruppen, die nicht zum Versicher-

---

[224]) Nach Spitznagel/Bach (vgl. 2000, S. 510ff.) betrug die Selbstfinanzierungsquote (Minderausgaben und Mehreinnahmen in % der Maßnahmenkosten) der beruflichen Bildung und der ABM für 1999 jeweils 60% und 89%.

[225]) Im oberen Beispiel beträgt die Selbstfinanzierungsquote für die BA jeweils nur 31% und 30% (ebenda.).

[226]) Konkret gesagt profitiert die BA von den Minderausgaben für Arbeitslosengeld und entsprechenden Beiträgen zur Renten-, Kranken- und Pflegeversicherung für Arbeitslose und von den Mehreinnahmen bei BA-Beitrag von ABM-TeilnehmerInnen (nicht bei beruflicher Bildung entrichtet). Der Bund profitiert von den Minderausgaben für Arbeitslosenhilfe, dazugehörige Sozialversicherungsbeiträge und Wohngeld (zu gleichen Teilen mit den Ländern) und von den Mehreinnahmen bei Einkommenssteuern und indirekten Steuern. Die Länder und Gemeinden sind ebenfalls von mehreren Steuern betroffen, und die Gemeinden profitieren zusätzlich von den Ersparnissen an der Sozialhilfe. Schließlich profitieren die Sozialversicherungen von den größeren Beiträgen als denen von Arbeitslosen (vgl. Spitznagel/Bach 2000, S. 505).

[227]) Der Kreis der Berechtigten der Arbeitsförderung (§§ 12-21 SGB III) ist größer als derjenige der Versicherungspflichtigen (Beitragszahler: §§24-26 SGB III).

tenkreis gehören, die aber Maßnahmen der Arbeitsförderung eigentlich am nötigsten hätten (z.B. Jugendliche, Frauen, Langzeitarbeitslose usw.), Zugangsbarrieren zu (aktiven) arbeitsmarktpolitischen Leistungen errichtet. Zum anderen profitieren Regionen mit relativ niedriger Arbeitslosigkeit überdurchschnittlich von den meisten Leistungen der aktiven Arbeitsmarktpolitik, weil der Anteil der Versicherten mit erworbenen Leistungsansprüchen dort höher ist als im Durchschnitt (vgl. Bruche/Reisssert 1986, S. 289ff.; Reissert 1988, S. 109ff.). So ist die aktive Arbeitsmarktpolitik wegen der Effekte des Äquivalenzprinzips relativ schlecht in der Lage, ihre Leistungen auf Problemgruppen und Problemregionen zu konzentrieren, was mit der durch zahllose Gesetzesänderungen seit Anfang der 80er Jahre vorangetriebenen förderungsrechtlichen Konzentration auf Problemgruppen und Problemregionen kollidiert (vgl. Sell 1995, S. 204).
Resümierend führt das auf dem lohnbezogenen Beitrag und dem Versicherungsprinzip basierende Finanzierungssystem der Arbeitsmarktpolitik bei andauernd hoher Arbeitslosigkeit ein chronisches Defizit im BA-Haushalt herbei, ist verteilungspolitisch nachteilig sowohl auf der Einnahmeseite als auch auf der Ausgabenseite und führt vor allem zur Verdrängung bzw. prozyklischen Ausgabenentwicklung der aktiven Arbeitsmarktpolitik aufgrund des Konkurrenzverhältnisses mit den Lohnersatzleistungen und zum geringem Anreiz zur aktiven Arbeitsmarktpolitik aufgrund der Inkongruenz zwischen Kosten und Nutzen. Mit einem Worte: Das bestehende Finanzierungssystem ist die „Achillesferse“ (Deeke 1994, S. 215) der aktiven Arbeitsmarktpolitik.

4.3.1.3. Reformvorschläge

Der Finanzierungsmodus der Arbeitsmarktpolitik war schon bei der Verabschiedung des AFG (1969) umstritten: Der Streitpunkt war, ob neben den Lohnersatzleistungen bei Arbeitslosigkeit auch die neu geregelten Aufgaben der aktiven Arbeitsmarktpolitik (insbesondere der beruflichen Weiterbildung) allein aus Beiträgen von Versicherten finanziert werden sollten. Deshalb war die Bundesregierung im Gesetzgebungsverfahren beauftragt worden, dem Parlament nach einigen Jahren über die Erfahrungen mit dem Finanzierungsmodus zu berichten und denkbare Alternativmodelle zu prüfen. Aber die Regierung beschloss in ihrem Arbeitsförderungsbericht, das Beitragssystem beizubehalten, was auf einem optimistischen Ausblick auf die weitere Arbeitsmarktentwicklung beruhte (vgl. Bundesregierung 1973). Allerdings begann die Arbeitsmarktsituation schon nach kurzer Zeit, sich im Gegensatz zur Prognose zu verschlechtern, und der Haushalt der BA geriet demzufolge in ein Defizit, aus dem er sich bis zur Mitte

der 80er Jahre kaum noch erholen sollte. Unter diesen Umständen entwickelten sich die Diskussionen um die Reform der Finanzierung besonders lebhaft.[228]
Ein weiterer ausschlaggebender Anstoß für die Finanzierungsdebatte ging von der deutschen Wiedervereinigung aus: Der zentrale Streitpunkt war, aus welchen Mitteln die arbeitsmarktpolitischen Maßnahmen in den neuen Bundesländern finanziert werden sollten, ob aus Steuern oder aus Beiträgen. Trotz der bisher erkannten negativen Wirkungen der Beitragsfinanzierung und der Behauptung, dass Maßnahmen gegen Arbeitslosigkeit, die aus politischen und gesamtgesellschaftlichen Ursachen entsteht, ebenfalls aus politischen und gesamtgesellschaftlichen Mitteln (Steuern) finanziert werden sollten, entschied sich die Bundesregierung 1991 für die Beitragsfinanzierung auch in den neuen Bundesländern. Der Grund dafür war offenbar das 1990 von den Regierungsparteien gegebene Wahlversprechen, dass die deutsche Vereinigung keine Steuererhöhung nach sich ziehen werde (vgl. Reissert 1994a, S. 55). Doch aufgrund des raschen Zusammenbruchs des Arbeitsmarktes in den neuen Bundesländern nahmen die Ausgaben und vor allem das Defizit der BA stark zu. Aus diesem Anlass[229] wurden die Finanzierungsprobleme der Arbeitsmarktpolitik bis Mitte der 90er Jahre noch einmal heftig debattiert.[230] Dieser Debatte lag zwar das wichtige Motiv der Reform der Arbeitsmarktpolitik und der Ablösung des AFG durch das AFRG (SGB III) zugrunde, aber das AFRG stellte sich „der Finanzierungsproblematik in keiner Weise" (Steinke 1996, S. 174).
Während dieses langen Prozesses sind zahlreiche Alternativmodelle bzw. Reformvorschläge eingebracht worden, die sich auf eine Erweitung der Einnahmequelle und/oder auf die Lösung der oben genannten Probleme richteten, die aber wegen der Widerstände der neu oder zusätzlich belasteten Gruppen nicht realisiert werden konnten. Sie lassen sich wesentlich durch die folgenden drei Kategorien klassifizieren:

- Einbeziehung beitragsfreier Gruppen in die Beitragspflicht
- Erhebung zusätzlicher Arbeitgeberumlagen für Teilbereiche der Arbeitsmarktpolitik
- Teilweise Verlagerung der arbeitsmarktpolitischen Ausgabenverantwortung auf den Bundeshaushalt und damit in die Steuerfinanzierung

[228]) Vgl. die Literatur in der Fn. 221).
[229]) Vgl. zu den ausführlichen Anlässen der Finanzierungsdebatte vom Anfang der 90er Jahre Kühl (1994b, S. 6f.).
[230]) Vgl. zum Stand der damaligen Diskussionen Kress (1996).

(1) Ausweitung der Beitragspflicht

Der Kern dieses Vorschlags ist, durch die Einbeziehung beitragsfreier Gruppen in die Beitragspflicht die Solidargemeinschaft der Versicherten auszubauen (vgl. Bosch 1983, S. 462ff.; Bruche/Reissert 1985a, S. 176ff.; Bosch 1986, S. 338ff.; Arbeitskreis AFG-Reform 1994, S. 43f.; Jetter 1994, S. 65). Dafür gibt es drei Vorschläge: die Einbeziehung der geringfügig Verdienenden, die Erhöhung der Beitragsbemessungsgrenze und vor allem die Einführung eines allgemeinen Arbeitsmarktbeitrags für alle Erwerbstätigen einschließlich der Selbstständigen und der Beamten.

Von zentraler Bedeutung ist dabei die Einführung des Arbeitsmarktbeitrags, aber dagegen wird der juristische Einwand erhoben, dass eine Einbeziehung der Selbstständigen und der Beamten in die Beitragsaufbringung gegen das Äquivalenzprinzip verstößt, weil die Beamten kein Arbeitsplatzrisiko und die Selbstständigen ein ganz anders geartetes Berufsrisiko als die Arbeiter und Angestellten haben. Jedoch ist dieser Einwand den Vorschlagenden zufolge aus folgenden Gründen nicht aufrechtzuerhalten:

- Die Berechtigung, Leistungen der BA in Anspruch zu nehmen, ist nicht auf den Kreis der Beitragszahler begrenzt, sondern auch Beamte und Selbstständige können z.B. vor Aufnahme einer Berufstätigkeit die Leistungen der Berufsberatung und der Arbeitsvermittlung in Anspruch nehmen. Also ist das Äquivalenzprinzip nicht mehr gegeben bzw. verletzt.
- Der Status „Selbstständige“ oder „Beamte“ ist nicht statisch: durch freiwillige oder unfreiwillige Mobilität im Laufe ihres Erwerbslebens können Arbeiter und Angestellte Selbstständige und Beamte werden und umgekehrt. Es gibt also keine abgeschotteten Teilarbeitsmärkte für Selbstständige und Beamte mit völlig eigenen Gesetzmäßigkeiten.
- Arbeitsmarktpolitik hat darüber hinaus erhebliche konjunktur- und strukturpolitische Funktionen, von denen auch Beamte und Selbstständige profitieren.

Daher entspreche der Arbeitsmarktbeitrag für alle Erwerbstätigen dem Gebot sozialer Gerechtigkeit, indem er durch die Einbeziehung der Beamten und der Selbstständigen in die Beitragspflicht deren Freifahrt vermeiden könnte.

In diesem Zusammenhang steht auch der Vorschlag des ASFG (1994), der die Einführung eines doppelten Beitragssystem vorsieht: Der Beitragssatz für bisherige Beitragszahler solle von 6,5% auf 3,25% abgesenkt und stattdessen solle ein Arbeitsmarktbeitrag für Beamte, Selbstständige, Abgeordnete und Minister von ebenfalls 3,25% eingeführt werden.[231]

---

[231]) In anderem Zusammenhang mit der oben dargestellten Ausweitung der Beitragspflicht stehend wurde jüngst ein neuer Reformvorschlag auf der Arbeitnehmerseite eingebracht. Er lautet, dass im Hinblick auf die Erhöhung der sog. Beschäftigungsfähigkeit der Beitrag zur

(2) zusätzliche Arbeitgeberumlagen

Dieser Vorschlag beinhaltet, dass für spezielle Aufgaben aktiver Arbeitsmarktpolitik in Anknüpfung an bewährte Ansatzpunkte wie beim Winterbau- oder Konkursausfallgeld weitere zweckgebundene Arbeitgeberumlagen (bzw. Sonderfonds) vorgesehen werden sollten (vgl. Bosch 1983, S. 463; Bruche/Reissert 1985a, S. 180ff.; Bosch 1986, S. 342f.; Schmid/Reissert/Bruche 1987, S. 333; Arbeitskreis AFG-Reform 1994, S. 45.; Jetter 1994, S. 66). Nach dem Vorschlag kann auf eine Finanzierung durch diese Umlagen zurückgegriffen werden, wenn eine gemeinsame Interessenlage oder Verantwortung der Unternehmer bei der Erfüllung bestimmter Aufgaben gegeben ist, gleichzeitig aber die Belastungen bei der Finanzierung so ungleich verteilt sind, dass das einzelne Unternehmen überfordert und die Erfüllung der Aufgabe gefährdet ist.
Die Notwendigkeit einer Umlagenfinanzierung besteht den Vorschlagenden zufolge vor allem beim Kurzarbeitergeld und bei der beruflichen Bildung: Erstens können die Unternehmen bei konjunkturellen Schwankungen über Kurzarbeitergeld ihre Stammbelegschaften ohne Lohnkostenzahlung halten, und das Kurzarbeitergeld wird in der Praxis außerdem in erheblichem Maße zur Deckung anderer Stillstandszeiten, z.B. bei Modellwechsel und bei Großreparaturen eingesetzt. Solche Personalprobleme gehören zu den klassischen Arbeitgeberrisiken und müssen daher durch eine Arbeitgeberumlage finanziert werden. Zweitens sind angesichts der technologischen und arbeitsorganisatorischen Änderungen eine quantitative Ausweitung und eine qualitative Verbesserung der beruflichen Bildung zum Schutz der Arbeitskräfte notwendig. Aber nur ein Teil der Betriebe bildet aus und weiter, während die restlichen Betriebe von den Ausbildungsanstrengungen profitieren werden. Dies führt einerseits zu einem quantitativen Mangel an qualifizierten Aus- und Weiterbildungsplätzen und andererseits zu strukturellen Fehlentwicklungen, da zu viel in nicht zukunftsträchtigen Berufen ausgebildet wird. Daher scheint auf gesamtwirtschaftlicher Ebene die große gesetzliche Lösung einer Berufsbildungsumlage sinnvoll.
Der Vorteil solcher Arbeitgeberumlagen besteht in der größeren Differenzierungsfähigkeit der Beitrags- und Leistungsseite nach dem Ursachenprinzip. Die

---

BA zweigeteilt werden solle (vgl. Rabe/Schmid 1999, S. 29f.; Schmid 2001, S. 101f.). Der erste Beitrag zur „Arbeitslosenversicherung" solle der solidarischen Risikosicherung dienen und würde also, wie bisher, Ansprüche auf Arbeitslosengeld begründen. Der zweite Beitrag zur „Beschäftigungsversicherung" solle der individuellen Pflege der Beschäftigungsfähigkeit dienen, berechtigte also zu Leistungen, welche die Erwerbschancen verbessern. Wichtig sei dabei, dass zur Stärkung der individuellen Anreize zur Erhaltung oder Verbesserung der Beschäftigungsfähigkeit der zweite Beitrag nach dem tatsächlichen Risiko der Arbeitslosigkeit differenziert werden müsse. Aber dieser „diskutable" Vorschlag ist noch nicht konkretisiert und hat – wie die Vorschlagenden selbst einwenden – das Problem, dass er dem Prinzip einer solidarischen Sicherung persönlich nicht beeinflussbarer Risiken widerspräche.

damit verbundene größere Sichtbarkeit von Leistung und Gegenleistung fördert auch die politische Legitimation derartiger Finanzierungssysteme (vgl. Schmid/Reissert/Bruche 1987, S. 333). Gleichzeitig wird aber auch auf die Nebenwirkungen hingewiesen, dass eine verstärkte Finanzierung über Arbeitgeberumlagen längerfristig die Kräfteverhältnisse in der Selbstverwaltung der BA zugunsten der Arbeitgeber verschieben würde und damit – insbesondere bei den Fortbildungs- und Umschulungsmaßnahmen – auch zu weiteren programmatischen Veränderungen führen könnte (z.B. dürften die Unternehmen an der Ausrichtung der Maßnahmen auf Arbeitslose und Unqualifizierte ein geringes, an der traditionellen Aufstiegsfortbildung ein stärkeres Interesse haben) (vgl. Bruche/Reissert 1985a, S. 181f.).[232]

(3) Mischfinanzierung aus Beiträgen und Steuern

Angesichts des Verdrängungseffekts der aktiven Arbeitsmarktpolitik infolge der gemeinsamen Finanzierung von aktiver und passiver Arbeitsmarktpolitik (und damit der prozyklischen Entwicklung der aktiven Arbeitsmarktpolitik) und des Inkongruenzproblems zwischen den Haushaltsbe- und -entlastungen wurden verschiedene Vorschläge zur Ausweitung der Steuerfinanzierung, also zur Aus-

---

232) Daneben gibt es einige Vorschläge zur Reform auf der Arbeitgeberseite, die aber kein besonders starkes Echo gefunden zu haben scheinen. Einer davon sieht vor, dass die gesamte Bruttowertschöpfung als Bemessungsgrundlage der Arbeitgeberbeiträge herangezogen werden sollte (vgl. Bruche/Reissert 1985a, S. 182ff.; Rabe/Schmid 1999, S. 28f.; Schmid 2001, S. 100f.). Seine zentrale Begründung lautet, dass die lohnbezogene Bemessungsgrundlage nicht allokationsneutral sei, sondern eine weitgehende Kostenbelastung des Faktors Arbeit bewirke, während der steigende Kapitaleinsatz nicht belastet werde. Daher werde der Einsatz des Faktors Arbeit durch steigende Lohnnebenkosten verteuert und damit werde die Arbeitslosigkeit erhöht. Um dieses Problem zu vermeiden, sollten nicht nur der Faktor Arbeit, sondern auch der Faktor Kapital zur Finanzierung der Arbeitsmarktpolitik herangezogen werden. Ein weiteres Argument dafür lautet, dass ein Abgabensystem, das nicht nur eine Versicherungsfunktion, sondern auch eine solidarische Funktion habe, grundsätzlich an der Leistungsfähigkeit ansetzen müsse. Hier sei die Wertschöpfung zwar kein optimaler, aber immerhin ein besserer Indikator für die Leistungsfähigkeit eines Unternehmens als die beitragspflichtigen Löhne und Gehälter.
Ein anderer Vorschlag sieht vor, auf der Ebene der Arbeitgeber eine vom Risiko abhängige Prämiengestaltung zur Arbeitslosenversicherung (*experience-rating System*) einzuführen, um individuelles „Moral Hazard" zu vermeiden (Mackscheidt 1991, S. 34). Nach diesem Vorschlag würden die Beiträge der Arbeitgeber ähnlich wie bei der Kfz-Haftpflichtversicherung von ihrem Entlassungsverhalten in der Vergangenheit abhängen, so dass sich die Kooperation zwischen Unternehmen und der Versicherung kostensenkend auswirken würde. Einen Schritt weiter gedacht könnten Arbeitgeberbeiträge zur Arbeitslosenversicherung auch bei Schaffung zusätzlicher Arbeitsplätze reduziert werden (Rabe/Schmid 1999, S. 29; Schmid 2001, S. 101). Eine derartige Reform der Tarifstruktur würde die Beschäftigungsanreize der Unternehmen gegenüber dem Status quo verbessern.

weitung des Bundeshaushalts bei der Finanzierung der Arbeitsmarktpolitik, vorgelegt. Dabei gibt es zahlreiche Varianten:

Das einfachste Modell davon ist, die Zahlungsverpflichtung der BA für das Arbeitslosengeld auf eine bestimmte Leistungsempfängerzahl (beispielsweise bis 300.000 Bezugsberechtigte) zu plafondieren (vgl. Mertens 1981, S. 29; Bosch 1981, S. 679). Darüber hinausgehende Arbeitslosigkeit müsse ähnlich wie die Aufwendungen für die Arbeitslosenhilfe vom Bund finanziert werden, der auch die die Beschäftigungslage bestimmende Wirtschaftspolitik trage. Nur bei einer solchen Plafondierung könnten wichtige Elemente der aktiven Arbeitsmarktpolitik (vor allem in ihren antizyklischen Aufgaben) gerettet werden.

Ein systematischeres Modell, das sog. „Schmid Modell“, sieht einen regelgebundenen Bundeszuschuss zum Haushalt der BA vor (vgl. Schmid 1986a, b; Arbeitskreis AFG-Reform 1994, S. 44; Sell 1995, S. 206f.; Rabe/Schmid 1999, S. 27f.; Schmid 2001, S. 97ff. u.a.). Nach dem Modell leitet sich die Notwendigkeit einer Mischfinanzierung einerseits aus der Tatsache ab, dass Arbeitslosigkeit ein Risiko ist, das nur in sehr begrenztem Maße versicherbar ist, da die extreme Unbestimmtheit sowohl der Schadenshöhe (abhängig von der Dauer des Einkommensausfalls) als auch der Wahrscheinlichkeit des Risikofalls Arbeitslosigkeit potentiellen Versicherern eine vertretbare Kalkulation einer ausreichenden Versicherungsprämie erheblich erschwert. Daneben wird andererseits auf die positiven Auswirkungen der meisten Arbeitsförderungsmaßnahmen hingewiesen, die volkswirtschaftlich weit über den Kreis der Beitragszahler hinausgehen.[233] Aus diesen Gründen sollten auch deren Kosten nicht ausschließlich von der Solidargemeinschaft der Beitragszahler, sondern auch vom breiten Kreis der Steuerzahler mitgetragen werden.

Nach dem originären Modell von Schmid (1986a, b) ist der Bund verpflichtet, für jeden registrierten Arbeitslosen einen Grundbetrag zuzuschießen, der mindestens dem Niveau der Sozialhilfe entsprechen sollte. Aber die Bezuschussungsregel des Bundes wurde danach von anderen Befürwortern und auch vom Vorschlagenden selbst weiterentwickelt: Die zusätzliche Steuerfinanzierung sollte an die voraussichtliche Arbeitslosenzahl (einschließlich der TeilnehmerInnen an Maßnahmen) und die wirtschaftliche Entwicklung (z.B. die Masseneinkommen) in den Bundesländern gebunden werden (vgl. Arbeitskreis AFG-Reform 1994, S. 44; Jetter 1994, S. 66). Oder der Bundeszuschuss wäre an die Höhe der fiskalischen Entlastungseffekte (30 bis 40 Prozent der Aufwendungen) zu binden, die dem Bund durch aktive Arbeitsmarktpolitik zufließen (vgl.

233) Um es diesbezüglich genauer zu sagen, gehören die meisten Arbeitsförderungsmaßnahmen der aktiven Arbeitsmarktpolitik, insbesondere die Sprachkurse für Aussiedler und die Nettotransfers der Arbeitsmarktpolitik von West- nach Ostdeutschland usw. zu den „versicherungsfremden“ Leistungen, die außerhalb der Äquivalenz von Beitrag und Leistung stehen. Nur das Arbeitslosen- und Kurzarbeitergeld werden als die reinen Versicherungsleistungen anerkannt (vgl. Buttler 1994a, S. 35; Sell 1995, S. 207).

Schmid 2001, S. 98). Auf jeden Fall ist dabei wichtig, dass die Regelbindung die Verstetigung der Ausgaben der aktiven Arbeitsmarktpolitik sicherstellen[234] und ihre prozyklische Entwicklung ausschließen würde (vgl. Rabe/Schmid 1999, S. 27).[235]

Mit diesem Modell wird erwartet, dass sich die oben genannten Probleme der Beitragsfinanzierung in erheblichem Maße lösen lassen, es könnte institutionell aber erhebliche negative Auswirkungen auf die Selbstverwaltung der BA haben. Berücksichtigt man, dass die Selbstverwaltung auch bei der gegenwärtigen Defizithaftung des Bundes beträchtlich begrenzt ist (vgl. 4.2.1.3.), wäre die Hoffnung der Befürworter des Modells nicht erfüllbar, dass „eine zusätzliche Steuerfinanzierung und das Haushaltsinkraftsetzungsrecht des BMA (...) die Selbstverwaltung der BA nicht entmachten" dürfen (Arbeitskreis AFG-Reform 1994, S. 44).

Außerdem werden auch einige andere Modelle vorgeschlagen, die zwar vom Steuerfinanzierungsmodell abweichen, aber dieselbe Problematik aufwerfen, also ebenfalls auf die Lösung des Inkongruenzproblems abzielen: Eines davon sieht die Beteiligung der Länder, Kommunen sowie Renten- und Krankenversicherung an der Finanzierung der aktiven Arbeitsmarktpolitik vor, weil auch sie außer dem Bundeshaushalt je nach Maßnahmetyp von aktiver Arbeitsmarktpolitik profitieren (Arbeitskreis AFG-Reform 1994, S. 46f.; Jetter 1994, S. 67). Eine Möglichkeit der Beteiligung wäre ein Fonds, aus dem arbeitsmarkt- und beschäftigungspolitische Programme finanziert werden und in den die öffentlichen Institutionen entsprechend ihrer fiskalischen Entlastung aus den jeweiligen Maßnahmen einzahlen (vgl. Reissert 1994b, S. 310ff.). Ein weiterer Weg der Kostenaufteilung auf die profitierenden Akteure sind Kofinanzierungsmodelle. Hierbei bietet die BA eine Teilfinanzierung bestimmter arbeitsmarktpolitischer Vorhaben an und versucht durch diesen Anreiz, andere Akteure zur Kofinanzierung zu bewegen (vgl. Buttler 1994b, S. 17ff.; Rabe/Schmid 1999, S. 28).[236]

---

234) „Aus institutioneller Perspektive der Arbeitsverwaltung ist eine Verfestigung des Budgets vor allem für die aktive Arbeitsmarktpolitik (...) von entscheidender Bedeutung. Es lässt sich zeigen, dass ein beträchtlicher Teil der Ineffizienzen bei der Arbeitsmarktpolitik auf die fehlende mittel- und langfristige Finanzplanung zurückzuführen ist" (Sell 1994c, S. 299).

235) Simulationsrechnungen zur Umfinanzierung der Arbeitsmarktpolitik durch die verschiedenen Steuerarten finden sich bei Buttler (1994b, S. 23ff.). Nach denen wird unter gesamtwirtschaftlichen Aspekten für eine Umfinanzierung über eine erhöhte Mehrwertsteuer und/oder für eine Anhebung der Mineralölsteuer plädiert, was auch im europäischen Kontext vertretbar wäre.

236) Solche Modelle sind zwischen einigen Unternehmen, Gebietskörperschaften und Parafiski (die BA oder andere Sozialversicherungsträger) seit einigen Jahren schon Realität. Vgl. dazu Blancke (1999).

4.3.2. Südkorea

4.3.2.1. Finanzierungssystem der Arbeitsmarktpolitik

Die Leistungen der Beschäftigungsversicherung werden im Grunde genommen durch Beiträge der Arbeitgeber und -nehmer finanziert (§ 56 (1) BVG). Kennzeichnend ist aber, dass die Haushalte der drei Instrumente (BSM, berufliche Bildung und Arbeitslosengeld) – anders als in Deutschland – voneinander getrennt sind (§ 56 (5) BVG). Dass zunächst das Arbeitslosengeld von den anderen zwei Instrumenten getrennt ist, ist darauf zurückzuführen, dass das Arbeitslosengeld offensichtlich das Charakteristikum einer Versicherung hat, während BSM und berufliche Bildung theoretisch versicherungsfremd sind. Neben diesem theoretischen Hintergrund nahm auch das Beispiel Japans, wo die Haushalte der passiven und der aktiven Arbeitsmarktpolitik voneinander getrennt sind,[237] einen wichtigen Einfluss. Dass aber auch die Haushalte der beiden aktiven Instrumente – anders als in Japan – voneinander getrennt sind, hängt mit dem Berufsbildungssystem Südkoreas zusammen, das schon vor der Einführung der Beschäftigungsversicherung (1995) vorhanden war. In Südkorea wurde öffentliche Ausbildung seit den 70er Jahren aus der Umlage von Arbeitgebern durchgeführt, und diese Umlage wurde bis Ende 1998 für Großunternehmen mit mehr als eintausend Arbeitnehmern fortgesetzt auferlegt.[238] Deswegen bestand bei der Einführung des BVG der Haushalt für berufliche Bildung selbstständig, was zur Trennung von dem Haushalt für BSM führte.
Gemäß dieser Trennung der Haushalte sind auch die Beitragszahler und die Beitragssätze für die jeweiligen Leistungen unterschiedlich: Die Kosten für das Arbeitslosengeld werden durch die lohnbezogenen Beiträge der Arbeitnehmer und -geber finanziert, und der derzeitige Beitragssatz dafür beträgt 0,9% (ab 2003), wobei beide jeweils die Hälfte tragen (§ 56 (2) BVG).[239] Dagegen werden die Kosten für BSM und berufliche Bildung nur durch Beiträge der Arbeitgeber finanziert, die sich ebenfalls auf die Löhne und Gehälter der Arbeitnehmer bezie-

[237]) Die Instrumente der aktiven Arbeitsmarktpolitik in Japan sind in drei Bereiche, d.h. BSM, berufliche Bildung und Beschäftigungswohlfahrtsmaßnahmen, geteilt. Vgl. zum japanischen Beschäftigungsversicherungssystem Pieper (1996) und Yoo/Hong (1999).

[238]) Vgl. zum südkoreanischen Berufsbildungssystem seit den 70er Jahren und zu seiner Änderung 5.1.2.1.

[239]) § 58 [Ausnahme der Entscheidung der Beitragssätze] schreibt vor, dass ein *experience-rating system* (vgl. Fn. 232) beim Arbeitslosengeld ab drei Jahren nach dem Inkrafttreten des BVG eingeführt werden kann, was aber noch nicht geschehen ist. Vgl. zu den Diskussionen darüber Kim (1998), Eo (1999) und Kim/Nam/An (1999).

hen (§ 56 (3) BVG).[240] Insofern werden die Leistungen der BSM und der beruflichen Bildung durch die Arbeitgeberumlagen finanziert. Der Beitragssatz für BSM ist derzeit 0,15% (ab 2003), und die Beitragssätze für berufliche Bildung sind nach der Zahl der Arbeitnehmer der Unternehmen differenziert.[241]
Die Beitragspflicht (Versicherungspflicht) erstreckt sich grundsätzlich auf Arbeitnehmer, die bei Unternehmen mit mehr als einem Arbeitnehmer (ab 1.10.98) beschäftigt sind. Arbeitnehmer, die in bestimmten Gewerben[242] beschäftigt sind, über 65 Jahre alt sind, monatlich unter 80 Stunden (wöchentlich unter 18 Stunden) arbeiten (kurzzeitige Arbeiter) und unter einem Monat befristet beschäftigt sind (Tagearbeiter), sind jedoch versicherungsfrei. Darüber hinaus sind auch solche Arbeitnehmer versicherungsfrei, die durch ein eigenes Sicherungssystem geschützt werden, also Beamte, Lehrer und Professoren an privaten Schulen und Universitäten, Seeleute, Briefträger usw. (§§ 7-9 BVG). Die Berechtigten der Leistungen werden nach dem Äquivalenzprinzip grundsätzlich mit den Versicherungspflichtigen gleichgestellt, aber zu den Leistungen der BSM und der beruflichen Bildung sind auch ehemalige Versicherungspflichtige berechtigt (§§ 15, 21 BVG).
Die Regierung trägt keine Kosten für die Leistungen, sondern „kann" alle oder einen Teil der Verwaltungskosten der Beschäftigungsversicherung tragen (§ 5 BVG). Aber die Regierung und die Gebietskörperschaften finanzieren jeweils die Hälfte der ABM, die unabhängig von der Beschäftigungsversicherung seit dem 1.5.1998 durchgeführt werden. Deren Teilnehmer beschränken sich auf die für das Arbeitslosengeld nicht berechtigten Arbeitslosen.[243] Außerdem finanziert die Regierung arbeitsmarktpolitische Sonderprogramme z.B. für Jugendliche, Frauen usw.
Zusammenfassend ist das Finanzierungssystem der Arbeitsmarktpolitik Südkoreas dadurch gekennzeichnet, dass die Haushalte der passiven und aktiven Arbeitsmarktpolitik voneinander getrennt sind und auch die Finanzierungsmethode je nach Haushalt unterschiedlich ist. Die Abbildung 4.6 illustriert dies.

---

240) Bei allen Beiträgen gibt es keine Beitragsbemessungsgrenze.
241) Für die Unternehmen mit unter 150, über 150 (vorzugsweise unterstützte Unternehmen), 150 bis 1.000 und über 1.000 Arbeitnehmern sind es jeweils 0,1%, 0,3%, 0,5% und 0,7%. Diese Differenzierung der Beitragssätze für die berufliche Bildung stammt daher, dass vor der Einführung des BVG die Umlage für die öffentliche Ausbildung, die den Ausbildung nicht selbst durchführenden Unternehmen auferlegt wird, mit dem differenzierten Prozentsatz nach der Zahl der Arbeitnehmer auferlegt war. Vgl. zu den Einzelheiten 5.1.2.
242) Unternehmen mit weniger als vier Arbeitnehmern in Landwirtschaft, Forstwirtschaft, Fischerei und Jagd, Bauunternehmen mit einem Umsatz von unter 340 Mio. *Won* und Familiendienstleistungen.
243) Vgl. zu den Einzelheiten Arbeitsministerium (2001b, S. 168ff.).

Abbildung 4.6: Finanzierungssystem der Arbeitsmarktpolitik in Südkorea

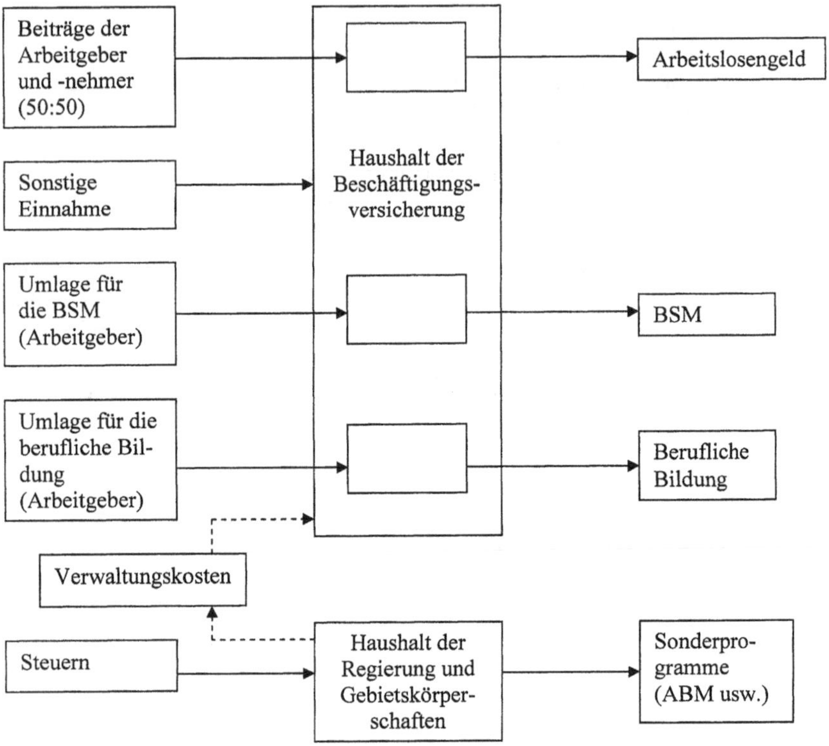

Quelle: Eigene Darstellung

4.3.2.2. Übermäßige Überschüsse und Ungleichmäßigkeiten zwischen den Haushalten

Der größte Charakter der Haushaltslage der Arbeitsmarktpolitik besteht darin, dass die Haushalte der Beschäftigungsversicherung seit dem Inkrafttreten des BVG (1995) abgesehen von zwei Fällen jedes Jahr erhebliche Überschüsse aufgewiesen haben, so dass zur Zeit übermäßige Rücklagen vorhanden sind (vgl. Tabelle 4.3).[244] Interessant ist, dass die Rücklagen anhaltend zunahmen, obwohl die Ausgaben seit 1998 durch die hohe Arbeitslosigkeit stark stiegen, und dass

244) Da ABM nach Bedarf aus den allgemeinen Haushalten der Regierung und der Gebietskörperschaften finanziert werden, gibt es keinen eigenen Haushalt.

sich die Beitragssätze trotz der hohen Rücklagen, die die Ausgaben überschreiten, ab 1999 erhöhten.

Tabelle 4.3: Finanzentwicklung der Beschäftigungsversicherung in Südkorea

Jahr	Haushalte	Einnahmen	Ausgaben	Überschüsse/ Defizite	kumulierte Rücklage	Beitragssätze[2)]
		Mrd. Won	Mrd. Won	Mrd. Won	Mrd. Won	%
1995	BSM	65,5	1,8	63,7	63,7	0,2
	berufliche Bildung	75,0	0,7	74,3	74,3	0,05 - 0,5
	Arbeitslosengeld	198,6	1,5	197,1	197,1	0,6
	insgesamt	339,0	3,9	335,1	335,1	
1996	BSM	160,1	12,5	147,6	211,3	0,2
	berufliche Bildung	182,2	10,0	172,2	246,5	0,05 - 0,5
	Arbeitslosengeld	483,5	14,0	469,5	666,6	0,6
	insgesamt	825,8	36,4	789,4	1.124,5	
1997	BSM	201,2	20,0	181,3	392,6	0,2
	berufliche Bildung	236,3	65,6	170,7	417,2	0,05 - 0,5
	Arbeitslosengeld	598,5	83,4	515,1	1.181,8	0,6
	insgesamt	1.036,1	168,9	867,2	1.991,6	
1998	BSM	272,0	111,0	160,9	553,6	0,2
	berufliche Bildung	290,6	270,8	19,8	437,0	0,05 - 0,5
	Arbeitslosengeld	806,9	808,9	-2,0	1.179,8	0,6
	insgesamt	1.369,5	1.190,7	178,8	2.170,4	
1999	BSM	373,2	202,6	170,6	724,2	0,3
	berufliche Bildung	521,7	531,0	-9,3	427,7	0,1 - 0,7
	Arbeitslosengeld	1.082,2	963,2	119,0	1.298,8	1,0
	insgesamt	1.977,1	1.696,8	280,3	2.450,7	
2000	BSM	448,2	132,1	314,5[1)]	1.038,6	0,3
	berufliche Bildung	537,8	502,6	34,2[1)]	461,9	0,1 - 0,7
	Arbeitslosengeld	1.330,9	499,8	828,2[1)]	2.127,0	1,0
	insgesamt	2.316,9	1.134,5	1176,9[1)]	3.627,6	
2001	BSM	549,3	155,1	394,2	1.432,9	0,3
	berufliche Bildung	646,0	512,1	133,8	595,7	0,1 - 0,7
	Arbeitslosengeld	1.669,6	882,1	787,5	2.914,5	1,0
	insgesamt	2.864,9	1.549,3	1.315,5	4.943,1	

Quelle: KLI: Trend der Beschäftigungsversicherung (vers. Jg.), Arbeitsministerium (2001a).

1) wo die Überschüsse mit dem Unterschied zwischen den Einnahmen und den Ausgaben nicht übereinstimmen, ist dies auf die besondere Deckung des Defizits durch Massenentlassungen bei der Daewoo Motor AG zurückzuführen.

2) ab 2003 0,15% für BSM und 0,9% für Arbeitslosengeld.

Diese hohen Überschüsse und Rücklagen wurden zunächst dadurch verursacht, dass der Kreis der Versicherungspflichtigen (d.h. der Berechtigten) sehr begrenzt ist. Beim Inkrafttreten (1.7.1995) waren nur Arbeitnehmer bei Unternehmen mit mehr als dreißig Beschäftigten für das Arbeitslosengeld, bei Unternehmen mit mehr als siebzig Beschäftigten für die BSM und die berufliche Bildung und bei Bauunternehmen mit einem Umsatz von über vier Mrd. *Won* für alle Leistungsarten versicherungspflichtig. Erst nachdem die Arbeitslosigkeit seit 1998 plötzlich zu steigen begann, hat sich der Kreis der Versicherungspflichtigen allmählich erweitert, und seit 1.10.1998 sind Arbeitnehmer bei allen Unternehmen versicherungspflichtig. Trotzdem gibt es – wie erwähnt – immer noch eine umfangreiche Zahl versicherungsfreier Arbeitnehmer, so dass im Dezember 2000 von den gesamten 13,1 Mio. Beschäftigten nur 8,7 Mio. Arbeitnehmer versicherungspflichtig waren (vgl. Arbeitsministerium 2001a, S. 99).
Noch schlimmer ist, dass von den Versicherungspflichtigen nur 6,7 Mio. Arbeitnehmer (77,6%) tatsächlich versichert waren, was darauf zurückzuführen ist, dass bei den meisten kleinen Unternehmen (insbesondere mit weniger als fünf Beschäftigten) die Beschäftigungsverhältnisse und die Auszahlung der Löhne nicht verbucht werden und deswegen diese Unternehmen nicht kontrolliert werden können, und dass viele Arbeitgeber mit dem Vorwand, dass Tagearbeiter (unter einem Monat) versicherungsfrei sind, auch versicherungspflichtige befristete Beschäftigte (ein bis zwölf Monate) nicht versichern (vgl. Yoo 2000a, S. 223). Diese nicht versicherten Versicherungspflichtigen, versicherungsfreien Tagearbeiter und kurzzeitigen Arbeiter sind von großer Bedeutung für die Haushalte: Wenn diese Gruppe tatsächlich versichert würde, würden sich die Einnahmen zwar vermehren, doch die Ausgaben würden viel mehr als die Einnahmen zunehmen, weil das Risiko, arbeitslos zu werden, in dieser Gruppe viel höher ist als das anderer Gruppen.[245]
Ein weiterer Grund für die hohen Überschüsse liegt in der begrenzten Zahl der Leistungsempfänger und im niedrigen Leistungsniveau. Beispielsweise beträgt der Anteil der Empfänger des Arbeitslosengeldes an den gesamten Arbeitslosen nur 15,9% (zweite Hälfte 2001; davor noch viel niedriger), was darauf zurückzuführen ist, dass neben dem Vorhandensein der umfangreichen Zahl von Nicht-Versicherungspflichtigen freiwillige Arbeitslose, die über 70% der gesamten Arbeitslosen betragen, vom Empfang des Arbeitslosengeldes ausgeschlossen sind und der Anteil der Berechtigten zum Arbeitslosengeld, die unfreiwillig arbeitslos geworden sind und die Anwartschaftszeit von über 180 Tagen erfüllt haben, nur ca. 20% beträgt (vgl. Yoo 2002, S. 129).[246] Darüber hinaus beträgt

[245]) Der Anteil der Arbeitslosen, die früher Tagearbeiter und befristete Beschäftigten waren, an den gesamten Arbeitslosen betrug im Dezember 1999 82,1% (vgl. Yoo 2000a, S. 226).
[246]) Der Anteil der Empfänger von Arbeitslosengeld an den gesamten Arbeitslosen beträgt in den USA 37,3% (2000), England 20% (2000), Kanada 40% (2000), Japan 39% (1997) und Deutschland 43,6% (2000).

das Arbeitslosengeld nach dem Grundsatz „des niedrigen Beitrags und der niedrigen Leistung“ bei der Konzipierung (vgl. 4.1.2.1.) nur 50% des durchschnittlichen Entgelts, und die Höchstdauer des Anspruchs auf Arbeitslosengeld beträgt nur zwölf Monate (bis 1999 sieben Monate), was im internationalen Vergleich sehr niedrig ist (vgl. Yoo/Hong 1999, S. 178ff.).[247] Deswegen wird die südkoreanische Arbeitsmarktpolitik generell derart bewertet, dass ihre Funktion als Sozialnetz für Arbeitslose sehr schwach ist (vgl. zu den anderen Leistungsarten 5.1.2. und 5.2.2.).

Außerdem hat auch die gesetzliche Aufgabe, dass die Ausgaben des betreffenden Jahres überschreitende Rücklagen gebildet werden müssen (vgl. 72 (1) BVG), zu den hohen Rücklagen beigetragen. Da es keine Darlehen bzw. Zuschüsse der Regierung zu den Haushalten der Beschäftigungsversicherung gibt, ist es wichtig, eine angemessene Rücklage sicherzustellen. Aber die Pflicht zu den Rücklagen lässt den Träger übermäßig auf die Rücklage achten (vgl. Yoo/Yoon 2000, S. 68), so dass das Arbeitsministerium am 1.7.1998 aufgrund der gestiegenen Arbeitslosigkeit die Beitragssätze erhöhte (am 1.1.1999 in Kraft getreten), obwohl schon Ende 1997 die enormen Rücklagen, die (resultativ) auch die Ausgaben von 1998 überschritten, vorhanden gewesen waren (vgl. Tabelle 4.3). Wegen dieser erhöhten Beitragssätze haben sich die Rücklagen bei der zurückgehenden Arbeitslosigkeit seit 1999 kumulativ vermehrt.

Bemerkenswert ist hierbei aber, dass die Finanzlage zwischen den Haushalten eine Ungleichmäßigkeit aufweist. Während sich die Rücklagen der BSM und des Arbeitslosengeldes anhaltend vermehrt haben, so dass sie 2001 jeweils ca. neunmal und dreimal so viel wie die Ausgaben betrugen, wies der Haushalt der beruflichen Bildung seit 1998 geringe Überschüsse oder Defizite auf, so dass diese Rücklage auf einem ähnlichen Niveau wie die Ausgaben verharrt. Darüber hinaus wird angenommen, dass unter dem gegenwärtigen Leistungs- und Beitragssystem der Haushalt der beruflichen Bildung mittel- und langfristige Defizite aufweisen und auch die Rücklage demzufolge ab 2007 ins Defizit geraten wird, während die anderen beiden Haushalte anhaltend zunehmen werden (vgl. Kim/Nam/An 1999, S. 84ff.; Lee/Kim 2000a, S. 24; Hur/Kim/Seong 2001, S. 72ff.).

4.3.2.3. Reformvorschläge

Angesichts dieser hohen Überschüsse und Rücklagen und der Ungleichmäßigkeit zwischen den Haushalten wird auf der einen Seite seit ein paar Jahren von

[247]) In Deutschland beträgt das Arbeitslosengeld 67% (erhöhter Leistungssatz) bzw. 60% (allgemeiner Leistungssatz) des pauschalierten Nettoentgelts, und die Höchstdauer des Anspruchs auf Arbeitslosengeld beträgt 32 Monate.

den Arbeitgebern eine Senkung der Beitragssätze gefordert (vgl. FKI 2001, S. 63f.), so dass tatsächlich im Oktober 2002 beschlossen wurde, ab dem 1.1.2003 den Beitragssatz für das Arbeitslosengeld um 0,1 Prozentpunkte (1,0% → 0,9%) und den Satz für die BSM um 0,15 Prozentpunkte (0,3% → 0,15%) zu senken.[248] Aus diesem Anlass wird eine Verbesserung der Art und Weise der Veränderung des Beitragssatzes vorgeschlagen, weil die Veränderung durch die Gesetzgebung zu unflexibel sei und der willkürlichen Entscheidung der Regierung unterworfen sein könnte (vgl. Yoo 2000a, S. 253; KCTU 2002, S. 9). Als Alternative wird eine regelgebundene Beitragsveränderung vorgeschlagen, so dass sich die Beitragssätze gemäß der Arbeitsmarktsituation, vor allem gemäß der Höhe der Rücklagen automatisch verändern sollten.[249]

Zur Lösung der Ungleichmäßigkeit zwischen den Haushalten wurde auf der anderen Seite der Vorschlag eingebracht, dass die Haushalte der BSM und der beruflichen Bildung vereinigt werden sollten (vgl. Yoo 2000a, S. 251f.; Hur/Kim/Seong 2001, S. 174ff.). Da die beiden Beiträge sowieso nur von den Arbeitgebern gezahlt würden, könne die Vereinigung ohne zusätzliche Belastung der Beitragszahler die beiden Leistungen je nach Arbeitsmarktsituation anpassungsfähig durchführen lassen und auch eine Vereinfachung der Eintreibung des Beitrags mit sich bringen. Diesbezüglich schlägt Hur (2000, S. 200ff.) vor, dass von den BSM nur die Eingliederungszuschüsse mit der beruflichen Bildung vereinigt werden sollten. Wenn man aufgrund des Versicherungsprinzips die Instrumente der Beschäftigungsversicherung strikt teile, würden das Arbeitslosengeld und die Unterstützungen der Beschäftigungserhaltung (das Kurzarbeitergeld) von den BSM dem Versicherungsprinzip entsprechen, die Eingliederungszuschüsse und die berufliche Bildung dagegen nicht. Daher sollten die ersteren zwei und die letzteren zwei jeweils vereinigt werden.

---

248) Verblüffend ist, dass dieser Beschluss trotz der starken Einwände der Gewerkschaften nicht über den Beschäftigungsausschuss, der für die Veränderung des Beitragssatzes zuständig ist (vgl. 4.2.2.1.), sondern unter der Führung des *Ministry of Planning and Budget*, das für die Etataufstellung der Regierung zuständig ist, gefasst wurde. Deshalb hat die KCTU am 5.11.2003 den Minister des Verstoßes gegen das BVG angeklagt.

249) Hur/Kim/Seong (2001, S. 145ff.) und Hur (2002, S. 165ff.) stellen als einen Indikator für die optimale Höhe der Rücklage das *Reserve Ratio Multiple* (RRM) vor, das in den USA entwickelt worden ist. Dabei wird das RRM folgendermaßen definiert:

$$\frac{\text{die Rate (kumulierte Rücklage / Gesamtlöhne der Versicherten) des betreffenden Jahres}}{\text{die Rate (Gesamtbetrag der Ausgaben / Gesamtlöhne der Versicherten), die in der Geschichte am höchsten war}}$$

Sie schlagen als die optimale Höhe der Rücklagen die RRM von 1,0 bei den BSM, 1,5 bei der beruflichen Bildung und 2,1 beim Arbeitslosengeld vor.

Ferner wird auch eine Vereinheitlichung der Beitragssätze für die berufliche Bildung vorgeschlagen, die derzeit nach dem Ausmaß des Unternehmens differenziert sind (vgl. Yoo 2000a, S. 252). Nach den bisherigen Erfahrungen würden Leistungen für berufliche Bildung meistens von den Großunternehmen benutzt, die größere Beiträge zahlen. Im Lichte dieser Erfahrungen hätten die Großunternehmen Wille und Fähigkeit, auch ohne das Beschäftigungsversicherungssystem selbst berufliche Bildung durchzuführen. Daher solle die Entscheidung darüber den Unternehmen überlassen werden (vgl. auch Shim 1997, S. 100ff.), und die berufliche Bildung durch die Beschäftigungsversicherung solle mit den Mitteln, die aus dem einheitlichen Beitrag aller Arbeitgeber finanziert würden, auf die benachteiligten Gruppen beschränkt werden.[250]
Während diese Vorschläge grundsätzlich Verbesserungen innerhalb des bestehenden Beitragssystems vorsehen, wird angeregt, dass das Finanzierungssystem an sich umstrukturiert werden sollte. Nach Kim/Nam/An (1999, S. 91ff.) entspricht das Arbeitslosengeld sowohl prinzipiell als auch tatsächlich dem Versicherungsprinzip, weil sich die Leistungsempfänger bisher zwischen den Gruppen und zwischen den Industriezweigen relativ gleichmäßig verteilt haben. Die aktive Arbeitsmarktpolitik (die BSM und die berufliche Bildung) entspreche dagegen wegen ihrer externen Effekte nicht nur nicht dem Versicherungsprinzip, sondern die Leistungsempfänger hätten sich faktisch auf die Großunternehmen und bestimmte Industriezweige konzentriert. Daher sollten die beiden Instrumente der aktiven Arbeitsmarktpolitik nicht durch Beiträge, sondern aus dem allgemeinen Haushalt der Regierung finanziert werden (Steuerfinanzierung).

4.3.3. Implikationen für Südkorea

Nach den bisherigen Untersuchungen unterscheiden sich die Finanzlagen der Arbeitsmarktpolitik in Deutschland und Südkorea deutlich voneinander, und zwar durch die chronischen Defizite in Deutschland und die übermäßigen Überschüsse/Rücklagen in Südkorea. Die Implikationen für Südkorea, die aus dieser Tatsache direkt abgeleitet werden können, sind gering. Wenn man aber eine Ursache des Unterschieds der beiden Ländern in Erwägung zieht, lässt sich feststellen, dass der Unterschied des Kreises der Versicherungspflichtigen und des

[250]) In diesem Fall wird der Beitragssatz irgendwo zwischen dem jetzigen Mindest- und Höchstsatz entschieden werden. Dann werden Widerstände kleiner Unternehmen erwartet, die bisher geringe Beiträge gezahlt, aber gleichzeitig auch die Leistungen wenig genutzt haben. Aus diesem Grund ist Lee/Kim (2000a, S. 28) gegen eine schnelle Einführung des einheitlichen Beitragssatzes, aber für eine langfristige Einführung, nachdem die Rahmenbedingungen zugunsten kleiner Unternehmen verbessert worden sind. Auf der anderen Seite schlägt Hur/Kim/Seong (2001, S. 159ff.) keine Vereinheitlichung, sondern eine Vereinfachung vor, und zwar in Form von zwei Beitragssätzen.

Leistungsniveaus – unter der Voraussetzung der jeweils bestehenden Beitragssätze – zu den unterschiedlichen Situationen führte. Wie erwähnt, gibt es in Südkorea neben versicherungsfreien Arbeitnehmern auch umfangreiche „nicht versicherte Versicherungspflichtige“. Was das Leistungsniveau angeht, beträgt z.B. das Arbeitslosengeld in Südkorea nur 50% des Arbeitsentgelts, während es in Deutschland 67% (erhöhter Leistungssatz) bzw. 60% (allgemeiner Leistungssatz) beträgt. Wie im nächsten Kapitel zu erwähnen ist, beträgt auch das Unterhaltsgeld für die Teilnahme an einer Weiterbildungsmaßnahme jeweils das gleiche Niveau wie dasjenige des Arbeitslosengeldes (vgl. 5.1.). Deshalb sollte der Kreis der „tatsächlich Versicherten“ in Südkorea durch die Kürzung der versicherungsfreien Arbeitnehmer und die tatsächliche Versicherung der Versicherungspflichtigen erweitert und das Leistungsniveau erhöht werden, damit sich die Rolle der Arbeitsmarktpolitik als ein soziales Sicherungssystem verstärken kann. Wichtig ist dabei, dass es in Südkorea genügend Spielraum für die Erhöhung gibt, weil auch während der beispiellos hohen Arbeitslosigkeit in den Jahren 1998/99 – die in dieser Form auf absehbare Zeit sicher eine Ausnahme darstellt – hohe Überschüsse/Rücklagen verzeichnet wurden.
Dennoch reagierte die Regierung Südkoreas auf die hohen Überschüsse/Rücklagen mit der Senkung der Beitragssätze ab 2003. Dies wäre aber eine kurzsichtige Entscheidung, wenn man die deutsche Erfahrung berücksichtigt, dass der Beitragssatz 1985 und 1986 aufgrund der kurzfristigen Überschüsse gesenkt wurde, sich danach aber sofort wieder erhöhte. Da insbesondere durch die Änderung des BVG vom 8.10.2002 auch die Tagearbeiter, die ein höheres Risiko für Arbeitslosigkeit tragen, ab 2004 versicherungspflichtig sein werden, könnten sich die bestehenden Rücklagen schnell reduzieren und eine neue Notwendigkeit, die Beitragssätze zu erhöhen, entstehen.
Die Unterschiede beschränken sich aber nicht nur auf die quantitative Seite, sondern liegen auch im Finanzierungsmodus. Während in Deutschland die passive und aktive Arbeitsmarktpolitik gemeinsam aus den Beiträgen der Arbeitgeber und -nehmer finanziert werden, ist die Finanzierungsquelle in Südkorea so zusammengesetzt: Das Arbeitslosengeld wird aus den Beiträgen der Arbeitgeber und -nehmer, die BSM und die berufliche Bildung werden aus den Umlagen der Arbeitgeber und die ABM werden aus Steuern finanziert. In Südkorea sind die Umlage- und die Steuerfinanzierung, die in Deutschland seit langem gefordert werden, schon eingeführt. Deswegen gibt es keine Möglichkeit, dass im südkoreanischen System ein Konkurrenzverhältnis zwischen der passiven und der aktiven Arbeitsmarktpolitik wie in Deutschland entstehen könnte. D.h. die aktive Arbeitsmarktpolitik (Kann-Leistungen) wird auch bei hoher Arbeitslosigkeit nicht von der passiven Arbeitsmarktpolitik (Muss-Leistung) verdrängt, weil die beiden Haushalte voneinander getrennt sind (vgl. Chung 1995, S. 9). Insofern hat das südkoreanische Finanzierungssystem im Vergleich zum deutschen einen Vorteil bei der aktiven Arbeitsmarktpolitik.

Jedoch weist auch das südkoreanische System im Verlauf der Zeit eigentümliche Probleme auf, und zwar die Ungleichmäßigkeit zwischen den Haushalten der aktiven Arbeitsmarktpolitik. Von daher wird die Vereinigung der Haushalte der BSM und der beruflichen Bildung als eine Lösung vorgeschlagen (s. oben). Dieser Vorschlag ist m.E. vernünftig, weil die Trennung der beiden Haushalte nicht aus funktionellen Gründen, sondern allein aus dem geschichtlichen Grund erfolgte, dass vor der Einführung des BVG und auch danach einige Jahre lang die Umlage für Berufsbildung selbstständig fortbestand (vgl. 4.3.2.1.). Da aber ab 1999 diese Umlage abgeschafft wurde, ist der Grund für die Trennung nicht mehr vorhanden (vgl. 5.1.2.1.). Deshalb sollten nun die beiden Haushalte vereinigt werden, damit die Verwaltungseffizienz erhöht und das Ungleichmäßigkeitsproblem zwischen den Haushalten gelöst werden kann. Diesbezüglich ist zu bemerken, dass auch in Deutschland das Finanzierungsproblem nicht in der gemeinsamen Finanzierung der aktiven Instrumente, sondern in der gemeinsamen Finanzierung der passiven und der aktiven Instrumente liegt.

Im Übrigen wird bei der Überschusssituation in Südkorea übersehen, was sich in den Diskussionen über die Reform des Finanzierungsmodus in Deutschland andeutet. In Deutschland, wo chronische Defizite verzeichnet werden, wird die Ausweitung der Steuerfinanzierung (regelgebundener Bundeszuschuss) als eine wichtige Alternative diskutiert. Wie oben gesehen (vgl. 4.3.1.3.), lautet das Argument des Vorschlags, dass Arbeitslosigkeit im Grunde genommen ein schwer versicherbares soziales Risiko ist, weswegen sich die Regierung, die für die Wirtschaftslage einigermaßen verantwortlich ist, an der Finanzierung der Arbeitsmarktpolitik beteiligen soll. Darüber hinaus ist der Kreis der Berechtigten breiter als derjenige der Beitragszahler und die positiven Auswirkungen der aktiven Arbeitsmarktpolitik gehen volkswirtschaftlich über den Kreis der Beitragszahler hinaus. Noch direkter profitiert die Regierung (auch die Gebietskörperschaften und die anderen Sozialversicherungsträger) von der aktiven Arbeitsmarktpolitik durch die Minderausgaben/Mehreinnahmen (Inkongruenz zwischen den Haushaltsbe- und -entlastungen).

Zwar ist das Inkongruenzproblem in Südkorea geringer als in Deutschland, weil es z.B. keine Arbeitslosenhilfe gibt, wie sie in Deutschland vom Bund getragen wird, womit der Profit der Regierung durch die Minderausgaben geringer ist als in Deutschland. Jedoch gelten die oben genannten Notwendigkeiten der Steuerfinanzierung im Grunde auch für Südkorea. Insofern ist m.E. die Forderung nach Steuerfinanzierung für die BSM und die berufliche Bildung (Kim/Nam/An 1999) im Prinzip gerechter als der Einwand, dass die Steuerfinanzierung wegen anderer dringender staatlicher Aufgaben nicht realisierbar ist (vgl. Yoo 2000b, S. 230). Allerdings hat auch die vollständige Steuerfinanzierung für aktive Arbeitsmarktpolitik eigene Probleme: Da sie den politischen Kalkülen unterworfen sein kann, kann die Stabilität der Mittel beeinträchtigt werden (vgl. Yoo/Seong

2000, S. 155ff.).[251] Deshalb wäre es notwendig, das bestehende System aufrechtzuerhalten, aber unter der Voraussetzung der zukünftigen Erweiterung der aktiven Maßnahmen die Regierung mindestens zur Defizitdeckung zu verpflichten.

[251]) Vgl. zu den finanztheoretischen Unterschieden zwischen beitrags- und steuerfinanzierten Systemen Schmid (1986b, S. 260ff.).

5. Vergleich der Kerninstrumente

In diesem Kapitel geht es um den Vergleich der Instrumente der aktiven Arbeitsmarktpolitik in beiden Ländern. Es gibt zwar sehr viele einzelne Instrumente in beiden Ländern, aber hier beschränken sich die Gegenstände des Vergleichs auf berufliche Weiterbildung, Kurzarbeitergeld und ABM. Denn diese drei Instrumente gehören zunächst in Deutschland aufgrund der hohen Teilnehmerzahlen und der dafür notwendigen finanziellen Aufwendungen zum „Kernbereich der aktiven Arbeitsmarktpolitik“ (Autorengemeinschaft 1994, S. 284).[252]
In Südkorea werden die aktiven Instrumente nach dem BVG in zwei Hauptgruppen, d.h. in berufliche Weiterbildung und BSM eingeteilt. Dabei wird die letztere wiederum in Unterstützung der Beschäftigungserhaltung (Kurzarbeitergeld) und Eingliederungszuschüsse für die einzelnen Problemgruppen eingeteilt, aber das Gewicht der ersteren ist viel größer als das der letzteren. ABM in Südkorea sind kein Instrument nach dem BVG, sondern ein Sonderprogramm der Regierung, aber die Teilnehmerzahl daran ist so groß wie diejenige beim Kurzarbeitergeld. Daher lassen sich diese drei Instrumente auch in Südkorea als Kerninstrumente bezeichnen.
Beim Vergleich werden zunächst die derzeitigen gesetzlichen Regelungen, die die Instrumente institutionell ausgestalten, und ihre Entwicklung seit dem Anfang des deutschen AFG bzw. südkoreanischen BVG untersucht. Und dann wird untersucht, wie sich die tatsächliche Arbeitsförderung durch die Instrumente entwickelte. In diesem Zusammenhang werden auch die wichtigsten Ergebnisse der empirischen Wirkungsforschungen kurz zusammengefasst, weil sie ein Maßstab für die Erfolge der Instrumente sein könnten, auch wenn ihre Aussagekraft aus Datengründen und methodischen Gründen sehr begrenzt ist. Danach werden verschiedene Reformvorschläge zu den Instrumenten untersucht, die sich auf die Lösung der in der wirklichen Entwicklung der Förderung der Instrumente aufgeworfenen Probleme und ihre Verbesserung richten. Schließlich werden nützliche Implikationen für Südkorea, die sich sowohl aus den deutschen Erfahrungen als auch aus den deutschen Reformvorschlägen ableiten, am Ende der Untersuchungen der jeweiligen Instrumente formuliert.

---

[252]) In den letzten Jahren sind Strukturanpassungsmaßnahmen (SAM) zu einem weiteren Kerninstrument geworden, aber sie sind in Südkorea nicht vorhanden. Deshalb werden sie als Gegenstand des Vergleichs ausgeschlossen. Vgl. zu den kurzen Ausführungen darüber 5.3.1.1. (Fn. 326).

5.1. Berufliche Weiterbildung

5.1.1. Deutschland

5.1.1.1. Gesetzliche Regelungen

(1) Ziele und Zielgruppe

Eine Maßnahme zur Förderung der beruflichen Weiterbildung (FbW)[253] soll das Ziel haben, a) berufliche Kenntnisse, Fertigkeiten und Fähigkeiten festzustellen, zu erhalten, zu erweitern, der technischen Entwicklung anzupassen oder einen beruflichen Aufstieg zu ermöglichen, b) einen beruflichen Abschluss zu vermitteln oder c) zu einer anderen beruflichen Tätigkeit zu befähigen (§ 87 SGB III).
Die FbW zielt auf Arbeitslose, von Arbeitslosigkeit bedrohte Arbeitnehmer oder solche Arbeitnehmer, bei denen wegen eines fehlenden Berufsabschlusses die Notwendigkeit der Weiterbildung anerkannt ist, ab (§ 77 (1) SGB III).
Aber Arbeitnehmer dürfen nicht gefördert werden, wenn die Weiterbildung überwiegend im Interesse des Betriebes liegt, dem die Arbeitnehmer angehören, wobei eine Förderung allerdings doch möglich ist, wenn dafür ein besonderes arbeitsmarktpolitisches Interesse besteht (§ 95 (2) SGB III).

(2) Zugangsvoraussetzungen

Für eine vollständige Förderung in Form von Unterhaltsgeld und Übernahme der Weiterbildungskosten einer durch das Arbeitsamt anerkannten FbW-Maßnahme müssen im Wesentlichen folgende Voraussetzungen erfüllt werden:

- Erfüllung einer bestimmten Vorbeschäftigungszeit: Der Arbeitnehmer muss innerhalb der letzten drei Jahre vor Beginn der Teilnahme a) mindestens zwölf Monate in einem Versicherungspflichtverhältnis stehen oder b) die Voraussetzungen für einen Anspruch auf Arbeitslosengeld oder Arbeitslosenhilfe erfüllen und Leistungen beantragen (§§ 77-80 SGB III).

[253]) Generell unterscheidet man bei beruflicher Weiterbildung Fortbildung, die auf die weitere Qualifizierung innerhalb des bisherigen Berufsfeldes abzielt, und Umschulung, die mit einem Wechsel des Berufsfeldes verbunden ist. Deshalb wurde im AFG das Begriffspaar „Fortbildung und Umschulung (FuU)" verwendet. Aber es wurde im SGB III zu einem Gesamtbegriff „berufliche Weiterbildung" zusammengefasst, weil diese Unterscheidung zu Anwendungsschwierigkeiten geführt hat und allein die Notwendigkeit und Eignung einer Maßnahme im Einzelfall für ihre Auswahl entscheidend sein sollen (vgl. Ammermüller 1997, S. 10).

- Beratung und Zustimmung durch das Arbeitsamt: Dabei setzt die Zustimmung voraus, dass der Arbeitnehmer geeignet ist und er im Anschluss an die Maßnahme voraussichtlich innerhalb angemessener Zeit eine dem Maßnahmeziel entsprechende Beschäftigung finden kann (§ 1 (1) A FbW).[254]
- Anerkennung der Maßnahme durch das Arbeitsamt (§§ 86, 87 SGB III).

Daneben gibt es eine Vielzahl von Voraussetzungen für Einzel- bzw. Ausnahmefälle.

(3) Leistungen und Förderungsdauer

Die FbW besteht aus der Gewährung von Unterhaltsgeld (§ 153 SGB III) und der Übernahme von Weiterbildungskosten (§ 81 SGB III). Das Unterhaltsgeld beträgt entsprechend der Höhe des Arbeitslosengeldes 60% (67% bei mindestens einem Kind) des letzten Nettoarbeitsentgelts, und bei Teilnahme an einer Teilzeitmaßnahme wird ein Teilunterhaltsgeld gewährt (§ 154 SGB III). Zu den Weiterbildungskosten zählen Lehrgangskosten und Kosten für die Eignungsfeststellung, Fahrkosten, Kosten für auswärtige Unterbringung und Verpflegung und Kinderbetreuungskosten (§§ 82-85 SGB III).
Neben diesen Leistungen an Arbeitnehmer gibt es auch Leistungen an Arbeitgeber und an Träger der beruflichen Weiterbildung: Für Arbeitnehmer, die bisher keinen beruflichen Abschluss haben und diesen im Rahmen des bestehenden Arbeitsverhältnisses erwerben, und für von Arbeitslosigkeit bedrohte Arbeitnehmer, die im Rahmen ihres (noch) bestehenden Arbeitsverhältnisses präventiv an einer Maßnahme der beruflichen Weiterbildung teilnehmen, zahlt das Arbeitsamt an Arbeitgeber einen Zuschuss zum Arbeitsentgelt bis zur Höhe der durch die Teilnahme an einer Maßnahme der beruflichen Weiterbildung ausgefallenen Arbeitsleistung (§§ 235c, 417 (2) SGB III). Darüber hinaus können Träger[255] von Einrichtungen der beruflichen Aus- oder Weiterbildung für den Aufbau, die Erweiterung und die Ausstattung von Einrichtungen durch Darlehen und Zuschüsse gefördert werden, wenn dies für andere Leistungen der aktiven Arbeitsförderung erforderlich ist (§ 248 SGB III).
Die angemessene Dauer einer Vollzeitmaßnahme, die zu einem Ausbildungsberuf führt, ist um mindestens ein Drittel im Vergleich zur regulären Ausbildungszeit zu verkürzen. Sonst ist die Dauer einer Vollzeitmaßnahme auf ein Jahr beschränkt, aber sie kann unter bestimmten Voraussetzungen bis zu zwei Jahre dauern (§ 92 SGB III).

---

254) Anordnung des Verwaltungsrates der Bundesanstalt für Arbeit über die Förderung der beruflichen Weiterbildung.

255) Zu den Trägern gehören große Weiterbildungseinrichtungen wie etwa das Berufsfortbildungswerk (bfw) des DGB, die Deutsche Angestelltenakademie, die Industrie- und Handelskammern, aber auch zahlreiche kleinere Anbieter.

5.1.1.2. Entwicklung der Regelungen

Da die Förderung der beruflichen Weiterbildung einen Kernbereich vorbeugender und aktiver Arbeitsmarktpolitik darstellt, nimmt sie sowohl im AFG als auch im SGB III einen zentralen Stellenwert ein, und auch die Ausgaben dafür sind daher am höchsten von den aktiven Ausgaben. Aber die bisherige Entwicklung zeigt deutlich, dass sich die Förderrechte und die Leistungen der beruflichen Weiterbildung aufgrund der finanziellen Engpässe allmählich – trotz der kurzzeitigen Lockerung – eingeschränkt und verkürzt haben, wie dies auch bei anderen Instrumenten der Arbeitsmarktpolitik der Fall war (vgl. 4.1.1.2.). So sind die oben erwähnten derzeitigen gesetzlichen Regelungen die Resultate solcher Einschränkungen bzw. Verkürzungen.[256]
Entsprechend der Wichtigkeit der beruflichen Weiterbildung ist 1969 im AFG ein allgemeiner Rechtsanspruch auf die Förderung der FuU verankert worden, womit sie sich von einer Kann-Leistung im AVAVG zu einer Muss-Leistung entwickelt hat. Dieser allgemeine Rechtsanspruch stand allen Erwerbspersonen offen. Zugleich wurde neben der Finanzierung der Teilnahmekosten ein Unterhaltsgeld[257] eingeführt, das den materiellen Lebensunterhalt absichern und einen Anreiz zur Wahrnehmung des Rechtsanspruchs und damit zur Teilnahme an Qualifizierungsmaßnahmen darstellen sollte (vgl. Deeke 1994, S. 114ff.).
Ein erster deutlicher Einschnitt bei der Förderung der FuU erfolgte 1976 durch das Haushaltsstrukturgesetz. Damit wurde zunächst der Zugang auf individuelle Förderung von FuU grundsätzlich auf die Beitragszahler zur Arbeitslosenversicherung beschränkt, so dass die Leistungen nur an Personen gewährt werden, die innerhalb von drei Jahren vor der Maßnahme mindestens zwei Jahre lang beitragspflichtig beschäftigt waren bzw. Arbeitslosengeld oder -hilfe bezogen haben. Außerdem wurde die Unterscheidung von arbeitsmarktpolitisch „notwendigen" und „zweckmäßigen" Maßnahmen eingeführt, wobei als „notwendig" nur noch die Förderung von Personen, die entweder arbeitslos oder von Arbeitslosigkeit bedroht sind, und von Beschäftigten, die keinen beruflichen Abschluss haben, galt. Zugleich wurde das Unterhaltsgeld, das 1974 auf 90% des letzten Nettoarbeitsentgelts angehoben worden war, bei notwendigen auf 80% leicht, aber bei zweckmäßigen Maßnahmen auf 58% deutlich (sogar unter die Höhe des Arbeitslosengeldes von 68%) abgesenkt. Es bedeutet über die Reduzierung des Anreizes der Teilnahme an Maßnahmen hinaus, dass sich die zentrale Zielgruppe der Förderung von FuU auf Arbeitslose u.ä. verengt hat.

---

256) Vgl. zu den folgenden Entwicklungen des Förderrechts Schramm (1989), Weinkopf/Bosch (1992), Sell (1994b), Deeke (1994), Steinke (1998), Herdt (1998) u.a.
257) In den ersten Jahren nach dem Inkrafttreten des AFG betrug das Unterhaltsgeld 81,25% des maßgeblichen Arbeitsentgelts für die ersten sechs Monate und 87,5% für die weitere Dauer der Maßnahme.

Die zweite große Konsolidierungsrunde der Förderung von FuU begann Anfang der 80er Jahre. Mit dem AFKG von 1982 wurde das Unterhaltsgeld bei notwendigen Maßnahmen auf 68% (bzw. 75% für Personen mit mindestens einem Kind) gesenkt und bei zweckmäßigen Maßnahmen nur noch als Darlehen gewährt. Mit dem Haushaltsbegleitgesetz von 1984 erfolgte eine weitere Absenkung des Unterhaltsgeldes bei notwendigen Maßnahmen auf 63% bzw. 70%, und bei zweckmäßigen Maßnahmen entfiel der Rechtsanspruch auf das Unterhaltsgeld-Darlehen, also wurde es nur noch als Kann-Leistung gewährt.
Während der sog. „Qualifizierungsoffensive" zwischen 1985 und 1987 wurden die Förderrechte mit der 7. AFG-Novelle vorübergehend so ausgebaut, dass das Unterhaltsgeld von 63%/70% auf 65%/73% angehoben und bei zweckmäßigen Maßnahmen das Unterhaltsgeld-Darlehen von einer Kann-Leistung wieder in eine Leistung mit Rechtsanspruch umgewandelt wurde.[258] Aber die Einschränkungswelle hat sofort wiederbegonnen[259] und mit der 10. (1993) und 11. (1994) AFG-Novelle, die „zu einem Strukturbruch innerhalb des tradierten Systems aktiver Arbeitsmarktpolitik" (Sell 1994a, S. 554) geführt hat, einen (vorläufigen) Höhepunkt erreicht. Mit der 10. Novelle wurde für alle Teilnehmer eine Beratungspflicht vor Beginn der Maßnahme im AFG normiert, um die arbeitsmarktpolitische Zweckmäßigkeit zu prüfen. Insbesondere in der neuen „Anordnung FuU" wurde eine Zielverengung vorgenommen: Arbeitslosigkeit soll verhütet oder beendet werden, aber nicht mehr eine qualitative und quantitative Unterbeschäftigung; die berufliche Beweglichkeit soll verbessert, aber nicht mehr auch gesichert werden. Aber ein noch grundlegenderer Strukturbruch der FuU-Politik erfolgte mit der 11. Novelle. Zunächst wurde der Rechtsanspruch auf individuelle FuU-Förderung abgeschafft, also wurde sie in eine Ermessensleistung (Kann-Leistung) umgewandelt. Damit wurde die zentralste Säule der FuU-Förderung abgebrochen. Daneben wurde auch die „zweckmäßige" Förderung abgeschafft, so dass die FuU-Maßnahmen seitdem „notwendig" sein mussten. In Rücksicht auf das Grundkonzept der beruflichen Weiterbildung nach dem AFG, dass sie über eine Erhöhung der Qualifikation der Arbeitnehmer den Strukturwandel vorausschauend flankieren und das Wirtschaftswachstum fördern sollte, ist der Wegfall der Zeckmäßigkeitsförderung ein tiefer Einschnitt in der Zielsetzung

[258]) Die Qualifizierungsoffensive wurde eingeleitet, einerseits um Arbeitslosigkeit zu bekämpfen, andererseits um Arbeitnehmer im Hinblick auf künftige technologische Entwicklungen und damit verbundene Änderungen in den Qualifikationsanforderungen weiterzubilden und so einem Fachkräftemangel vorzubeugen. Aber ihre Erfolge erreichten nicht die ursprünglichen Erwartungen, so dass sie nach einer Weile beendet wurde. Vgl. dazu Malcher (1987), Dobischat (1987) und Sauter (1987) u.a.

[259]) Beispielsweise wurde der Rechtsanspruch auf Erstattung der Maßnahmekosten mit der 9. AFG-Novelle (1988) in eine Kann-Leistung umgewandelt.

der beruflichen Weiterbildung.[260] Des Weiteren wurde das Unterhaltsgeld als eigenständige Leistung faktisch abgelöst, weil es auf die Höhe des Arbeitslosengeldes (60% bzw. 67%) abgesenkt wurde. Nur eine kleine Verbesserung erfolgte damit, dass die für eine Förderung vorausgesetzte Vorbeschäftigungszeit von 6 auf 3 Jahre verkürzt wurde.
Bei der Ablösung des AFG durch AFRG (SGB III) (1997/98) gab es zwar einige positive Änderungen: Die Vorbeschäftigungszeit wurde von zwei Jahren innerhalb der letzten drei Jahre auf ein Jahr verkürzt, Förderbedingungen für Berufsrückkehr und ergänzende Förderung wurden verbessert, und Maßnahmen im Ausland, Praktika, Fernunterricht und Selbstlernmaßnahmen wurden im größeren Umfang anerkannt usw. Aber eine entscheidende Verschlechterung wurde dadurch eingeführt, dass der Bezug von Unterhaltsgeld während einer beruflichen Weiterbildungsmaßnahme keine neue Anwartschaft auf Arbeitslosengeld und -hilfe begründet und unter bestimmten Umständen sogar zum Wegfall eines bestehenden Anspruchs führen kann.[261]
Zusammenfassend lässt sich die bisherige Entwicklung des Förderrechts der beruflichen Weiterbildung seit dem AFG wie folgt charakterisieren: Erstens, wie repräsentativ anhand der Abschaffung der zweckmäßigen Förderung erkennbar ist, hat sich die Zielsetzung der beruflichen Weiterbildung von einer vorausschauenden und präventiven Qualifizierung Beschäftigter zu einer reaktiven und kurzfristigen Anpassung Arbeitsloser u.ä. verengt. Zweitens, entsprechend der Zielverengung wurde der Zugang zur Förderung weitgehend auf Beitragszahler beschränkt. Drittens, die Höhe des Unterhaltsgeldes, das den materiellen Anreiz zur Teilnahme an Maßnahmen darstellt, wurde deutlich gekürzt. Selbstverständlich wirkte sich diese schrumpfende Entwicklung des Förderrechts sowohl auf die Teilnahme an Maßnahmen als auch auf ihre Erfolge aus.

5.1.1.3. Entwicklung der Förderung der beruflichen Weiterbildung

Mit dem Anstieg der Arbeitslosigkeit stiegen die Eintritte in Weiterbildungsmaßnahmen im Ganzen (vgl. Abbildung 5.1). Aber ihre Entwicklung zeigt die Auswirkungen der Änderungen des Förderrechts deutlich, obwohl sich auch die Veränderung der Arbeitslosigkeit auf sie auswirkte. So erfolgte der erste Einbruch Mitte der 70er Jahre im Zusammenhang mit dem Haushaltsstrukturgesetz

---

260) Mit der Abschaffung der zweckmäßigen Förderung „wurde der förderrechtliche Kern des AFG beseitigt. Individuelle Arbeitsförderung ist auf den Stand des alten AVAVG zurückgeführt" (Deeke 1994, S. 117).

261) Da dies im Prinzip zur erheblichen Abwehrbereitschaft gegenüber Weiterbildungsmaßnahmen führen würde, wurde ein sog. „Anschlussunterhaltsgeld" für die Dauer von drei Monaten neu eingeführt.

von 1976, und im Zuge der sog. Qualifizierungsoffensive stieg die Zahl der Eintritte bis 1987 kräftig an. Aber infolge der 10. und 11. Novelle des AFG (1993, 1994) ging die Zahl in dramatischem Umfang zurück, so dass sie in ganz Deutschland seitdem sogar nicht einmal das Niveau in Westdeutschland vom Ende der 80er Jahre erreichte. Wenn man berücksichtigt, dass die Arbeitslosigkeit in den 90er Jahren kräftig zunahm, lässt sich feststellen, dass das Gewicht der beruflichen Weiterbildung als Instrument gegen Arbeitslosigkeit allmählich geschwächt wird.
Neben der Zahl der Eintritte führten die Änderungen des Förderrechts auch bezüglich der Teilnahmestruktur wichtige Auswirkungen herbei. Entsprechend der Verengung der Zielgruppe auf Arbeitslose kletterte der Anteil zuvor Arbeitsloser an allen Teilnehmern seit Mitte der 70er Jahre allmählich, so dass er in den 80er Jahren rund zwei Drittel und in den 90er Jahren über 90% erreichte (vgl. Hagen/Steiner 2000, S. 122).

Abbildung 5.1: Eintritte in Weiterbildungsmaßnahmen in Deutschland (1000)

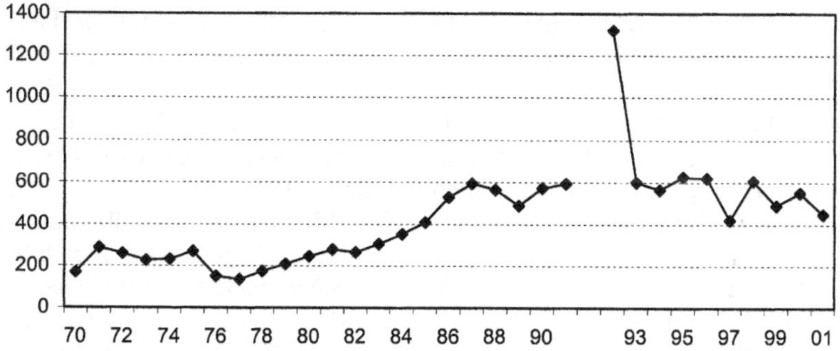

Quelle: BA: Arbeitsstatistik – Jahreszahlen (vers. Jg.)

Diese bevorzugte Förderung der beruflichen Weiterbildung von Arbeitslosen entspricht der Zielgruppenorientierung aktiver Arbeitsmarktpolitik und ist für die einzelnen Arbeitslosen wichtig, um die Zeit in Arbeitslosigkeit produktiv zu nutzen und damit ihre Wiederbeschäftigungschancen verbessern zu können. Insoweit war die Konzentration der Förderung auf Arbeitslose die richtige Reaktion auf den Anstieg der Arbeitslosigkeit. Problematisch war aber, dass zugleich die Förderrechte für Beschäftigte erheblich eingeschränkt wurden, was zur wenig präventiven und vorausschauenden Qualifikation führte und damit indirekt zum Anstieg der Arbeitslosigkeit beitragen könnte (vgl. Deeke 1994, S. 116; Dobischat 1998a, S. 27).

Trotz der Konzentration der Förderung auf Arbeitslose waren abgesehen von Frauen die besonderen Problemgruppen wie Langzeitarbeitslose, Ältere, Ungelernte usw. im Verhältnis zu ihrem Anteil an den Arbeitslosen stark unterrepräsentiert (vgl. Hagen/Steiner 2000, S. 121f.). Dies liegt zum einen an den förderrechtlichen Bedingungen, über die diese Gruppen mehr als andere faktisch ausgegrenzt sind (vgl. Deeke 1994, S. 126). Zum anderen ist es auf die „Ökonomisierung der FuU-Politik" (Sell 1994a, S. 556) bzw. die „Positivauswahl durch die Arbeitsämter" (Hagen/Steiner 2000, S. 121) zurückzuführen: Um den Erfolg bzw. die Qualität der Maßnahmen zu erhöhen, wird bei der Auswahl von Teilnehmern die Anschlussbeschäftigungsmöglichkeit stark berücksichtigt,[262] die den Problemgruppen generell fehlt.

Da gerade diese Gruppen zur Erhaltung einer Beschäftigung bzw. Wiedereingliederung in den Arbeitsmarkt besonders eine Förderung brauchen, führt ihre Ausgrenzung aus der FbW zur Verstärkung der Segmentation des Arbeitsmarkts.[263] Ferner wird ihre aus der Ausgrenzung resultierende Dequalifikation eine wichtige Ursache der Strukturierung der Arbeitslosigkeit bzw. der zunehmenden Sockelarbeitslosigkeit (vgl. Sell 1994a, S. 557).

Außerdem haben die Kürzungen der FbW (insbesondere in den 90er Jahren) auch auf die Träger der beruflichen Weiterbildung negative Auswirkungen herbeigeführt. Mit der Konzentration der FbW auf Arbeitslose wurde die Durchführung von Maßnahmen noch mehr als zuvor von außerbetrieblichen Trägern abhängig, weil Betriebe grundsätzlich weniger an Arbeitslosen interessiert sind als an ihren Beschäftigten. Deshalb erhielten die sog. Auftragsmaßnahmen, die nach der Planung der Arbeitsämter von außerbetrieblichen Trägern übernommen werden, ab Anfang der 80er Jahre ein immer größeres Gewicht, womit eine breite Trägerlandschaft aufgebaut wurde. Aber die Kürzungen der FbW haben zur Schließung der Träger geführt, was neben der Entstehung der Arbeitslosigkeit bei der Weiterbildungsbranche die Infrastruktur beruflicher Weiterbildung zerstört hat (vgl. Deeke 1994, S. 129f.). Darüber hinaus können die Kürzungen zu einer verschärften Konkurrenz unter den Trägern mit negativen Konsequenz für die Qualität führen, weil die Arbeitsämter bei der Vergabe von Weiterbildungs-

---

262) Vgl. den Zustimmungsvoraussetzungen für die Teilnahme 5.1.1.1.

263) Zu bemerken ist hierbei der doppelte Mechanismus der Verstärkung der Segmentation durch die berufliche Weiterbildung. Innerhalb der Arbeitsteilung zwischen der betrieblichen und der öffentlichen beruflichen Weiterbildung konzentrieren sich die Betriebe in erster Linie auf die Weiterqualifizierung ihres qualifizierten Stammpersonals, womit die erste Verstärkung der Segmentation entsteht. Die AFG (SGB III)-geförderte Weiterbildung kann aber dieses Segmentationsmuster nicht auflösen, weil sie sich vorrangig auf die betriebsexternen Qualifikationsstrukturen ausrichtet und damit nur angebotsseitig und beschäftigungsstützend greift. Unter diesen Umständen beschleunigt die Ausgrenzung der Problemgruppen aus der Förderung den Prozess verschärfter Segmentation (vgl. Dobischat 1998a, S. 27; Dobischat 1998b, S. 262f.).

maßnahmen tendenziell Billiganbieter bevorzugen müssen und Qualitätskriterien dabei immer weniger berücksichtigt werden (vgl. Herdt 1998, S. 351).[264]

5.1.1.4. Beschäftigungswirkungen

Unumstritten ist, dass die FbW zumindest temporär – im Sinne einer Vermeidung von Arbeitslosigkeit – den Arbeitsmarkt formal entlasten, weil die Teilnehmer nicht als arbeitslos gezählt werden. Aber der Entlastungseffekt stimmt nicht genau mit der Teilnehmerzahl (Inanspruchnahme) überein, weil an den Maßnahmen sowohl Arbeitslose als auch Beschäftigte und Personen der Stillen Reserve teilnehmen. Daher wird die Arbeitslosenzahl durch die Teilnehmer, die vor Eintritt in die Maßnahmen arbeitslos waren, voll entlastet, und für die restlichen Teilnehmer gilt das Verhältnis Arbeitslose zu Stiller Reserve (Bach 2001, S. 2). Die so berechnete Entlastung der FbW lag in den 90er Jahren bei jährlich 0,7% (1998 ~ 2001) ~ 1,3% (1992) des Arbeitskräfteangebots (rund 300 ~ 600 Tsd.),[265] also reduzierte die FbW die Arbeitslosenquote in den 90er Jahren um 0,7% ~ 1,3% im Vergleich zum Fall, in dem sie nicht durchgeführt worden wäre. Aber der gesamte Beschäftigungseffekt durch die FbW ist größer als der Entlastungseffekt, weil direkt durch die Einstellung von Lehrkräften und anderen Mitarbeitern von Bildungsträgern und indirekt durch Baumaßnahmen und Ausstattung mit Maschinen usw. eine zusätzliche Beschäftigung entsteht, die nicht das eigentliche Ziel der FbW ist (vgl. Blaschke/Plath/Nagel 1992, S. 387; Bäcker u.a. 2000, S. 373).[266]

Während diese positiven temporären Entlastungs- bzw. Beschäftigungseffekte relativ eindeutig sind, sind die Ergebnisse der Wirkungsanalysen der FbW nicht

---

264) Bei der Qualifizierungsoffensive und vor allem in den neuen Bundesländern nach der Wiedervereinigung haben die Träger kräftig zugenommen, aber die Qualität vieler Maßnahmen war umgekehrt weit hinter den Erfordernissen zurückgeblieben. Deshalb hat die BA Anfang der 90er Jahren mit den sog. Qualitätserlassen (1991, 1992) Kriterien für die Prüfung der Maßnahmen und der Träger konkretisiert und verstärkt, um die Qualität und Wirtschaftlichkeit der Maßnahmen zu sichern und zu verbessern. Diese Bemühungen hatten einigermaßen Erfolg, aber nach den dramatischen Verkürzungen der Maßnahmen von 1993 führten „die Qualitätserlasse zu Preisdrückerei auf Kosten der Qualität“ (Viehof 1993, S. 92). Vgl. dazu z.B. Sauter (1988; 1992), Meifrot/Sauter (1991) und Schickler (1993).

265) Eigene Berechnung aus IAB (2002).

266) Aber dieser gesamte Beschäftigungseffekt unterscheidet sich vom „Beschäftigungsäquivalent“ bei den Berechnungen des IAB. Da dabei nur Vollzeitmaßnahmen berücksichtigt werden, entspricht das Beschäftigungsäquivalent der Inanspruchnahme.

so klar und eindeutig (vgl. Fn. 59. in 2.2.3.). Die wichtigen Ergebnisse zahlreicher Wirkungsanalysen lassen sich wie folgt zusammenfassen:[267]
Zunächst zeigen alle Studien für Westdeutschland, dass Teilnehmer an Weiterbildungsmaßnahmen bessere Beschäftigungschancen haben als die Gruppe vergleichbarer Nichtteilnehmer. Aber dieser positive Effekt wird in der kurzen Frist, d.h. in der Regel bis ein Jahr nach Maßnahmenende beobachtet, und nach einem längeren Zeitraum werden in der Mehrzahl der Studien keine Effekte der Teilnahme mehr gefunden. Als besonders wirkungsvoll erwiesen sich Maßnahmen für besondere Zielgruppen unter den Arbeitslosen, für schon längere Zeit Arbeitslose, für Geringqualifizierte, für Ältere und für Frauen. Aber die Erfolgsquote für Arbeitslose ist deutlich schlechter als für Teilnehmer, die vor der Maßnahme schon oder noch beschäftigt waren, was ein Hinweis dafür sein mag, „dieses arbeitsmarktpolitische Instrument so weit als möglich 'greifen' zu lassen, bevor 'das Kind in den Brunnen gefallen ist', also vor akuter Arbeitslosigkeit“ (Schmid 1987a, S. 83). Hinsichtlich der Dauer von Maßnahmen haben Maßnahmen von kurzer Dauer (vor allem unter sechs Monaten) einen positiven Effekt, und lange andauernde Kurse einen negativen Effekt, was auf den „Locking-in-Effekt“ (Einsperreffekt) zurückzuführen ist.
Die in verschiedenen Evaluationsstudien für Ostdeutschland ermittelten Beschäftigungseffekte, insbesondere kurzfristige Effekte, erscheinen sehr heterogen. Langfristig zeigen sich jedoch bei fast allen Studien keine signifikanten Effekte, also konnte die Teilnahme an einer beruflichen Weiterbildung in Ostdeutschland langfristig die Beschäftigungssituation der Teilnehmer nicht verbessern. Aber eine weitere Einigkeit besteht darin, dass die Weiterbildungsmaßnahmen in den ersten Jahren nach der Wiedervereinigung (bis 1992) ineffektiv waren, aber sich die Effektivität ab 1993 tendenziell verbessert hat. Dies könnte zum einen in der Verbesserung der Weiterbildungsinfrastruktur, zum anderen in der beobachtbaren strengeren Zielgruppenorientierung ab 1994 begründet sein. Während Evaluationsstudien über die Wirkungen für unterschiedliche Personengruppen in Ostdeutschland selten vorhanden sind oder zu widersprüchlichen Ergebnissen kommen, wird auch für Ostdeutschland darauf hingewiesen, dass präventive Weiterbildung bzw. Maßnahmen, die frühzeitig in der Arbeitslosigkeit ansetzen, bessere Beschäftigungseffekte liefern als nach fortgeschrittener Arbeitslosigkeit durchgeführte Maßnahmen.

---

[267]) Vgl. zur Zusammenfassung der Evaluationsstudien aus den 80er Jahren Schmid (1987a) und zur umfangreichen Übersicht über die jüngsten Wirkungsanalysen Hagen/Steiner (2000), Rabe (2000a) und Fitzenberger/Speckesser (2000) usw.

5.1.1.5. Reformvorschläge

Aus den oben erwähnten Diagnosen des Zustandes der beruflichen Weiterbildung werden viele Reformvorschläge eingebracht, die meistens ihren Ausbau bzw. den Stopp ihres Abbaus fordern. Die Forderungen werden damit begründet, dass der Abbau der FbW nicht nur vorläufig zur Verringerung der Entlastung des Arbeitsmarktes führt, sondern auch langfristig auf die Vorbeugung der Arbeitslosigkeit, die Förderung des Strukturwandels und daher Potentiale für Wachstum negativ wirkt. Darüber hinaus wird auch eine feinere Ausgestaltung der FbW zur Erhöhung der Effektivität und Effizienz und zur Vermeidung der nachteiligen Auswirkungen auf Problemgruppen gefordert.
In den Vordergrund werden die Wiedereinführung des individuellen Rechtsanspruchs auf eine Weiterbildungsmaßnahme und die Erhöhung des Unterhaltsgeldes gestellt (vgl. Deeke 1994, S. 247; Herdt 1998, S. 353; Schmitthenner/Gerntke 1998, S. 409). Nach dieser Forderung sollte der Rechtsanspruch auch auf (noch) Beschäftigte ausgeweitet werden, weil Evaluationsstudien gezeigt haben, dass die Erfolgsquote für Beschäftigte höher ist als die für Arbeitslose. Damit das Unterhaltsgeld den tatsächlichen Anreiz zur Teilnahme an Weiterbildungsmaßnahmen darstellen könne, solle es höher als das (derzeitige) Niveau des Arbeitslosengeldes sein, weil es mindestens den mit der Teilnahme verbundenen persönlichen Zusatzaufwand[268] tragen müsse. Diesbezüglich sei es auch wichtig, dass die Teilnahme wieder einen neuen Anspruch auf Arbeitslosengeld begründe.
Da die weitgehende Ausgrenzung (noch) Beschäftigter nicht nur auf den haushaltspolitischen Grund, sondern auch auf die Abgrenzung zwischen betrieblicher und öffentlich geförderter beruflicher Weiterbildung zurückzuführen ist, werden mehr Investition der Betriebe in die Qualifikation ihrer Beschäftigten und dabei auch die Verstärkung der Rolle der Tarifparteien gefordert (vgl. Deeke 1994, S. 248ff.; Schmid u.a. 1999, S. 560; Arbeitskreis Arbeitsmarktpolitik 2000, S. 308). Zugleich seien aber auch öffentliche Weiterbildungsmaßnahmen betriebsnäher zu organisieren. Dafür sei z.B. eine unterschiedlich gewichtete Kofinanzierung durch betriebliche Mittel oder Branchenfonds vorzusehen, je nachdem, wie nah oder fern das Qualifizierungsziel von einzelbetrieblichen Verwendungsinteressen sei. Auch branchenbezogene, zwischenbetriebliche Weiterbildungsverbünde könnten institutionell gefördert werden, ebenso Weiterbildungsberatung im Auftrag der Arbeitsämter, die auf diese Weise ihre bisher nur auf Personen bezogene Arbeitsberatung um betriebsbezogene Beratungsangebote in strukturell per-

[268]) Die Teilnahme an Weiterbildungsmaßnahmen kostet nicht nur Zeit und Anstrengungen, sondern gegebenenfalls anteilige Lehrgangskosten.

sonalpolitisch defizitären Bereichen der kleinen und mittleren Betriebe ausbauen könnten.[269]
Aufgrund der Tatsache, dass Beschäftigung letztendlich von der Nachfrage nach Arbeitskräften abhängt, wird auch eine nachfragebezogene Ausgestaltung der Weiterbildungsmaßnahmen gefordert (vgl. Deeke 1994, S. 251; Herdt 1998, S. 353; Koch u.a. 2002, S. 42). Aber die Betriebe seien unter dem kapitalistischen Marktsystem grundsätzlich nicht in der Lage, ihre mittel- und langfristige Nachfrage nach Arbeitskräften gewiss vorauszusehen. Die Ungewissheit über das zukünftig nachgefragte Qualifikationsspektrum könne nur auf Basis regional differenzierter Analysen über wirtschaftsstrukturelle Entwicklungspotentiale einschließlich auch des Bedarfs für den Arbeitskräfteeinsatz in öffentlichen Beschäftigungsbereichen und in kooperativer Abstimmung mit regionaler Strukturpolitik vermindert werden. Deshalb sei es bei der Ausrichtung der Maßnahmen in jedem Fall notwendig, über die Kooperation mit den Betrieben hinaus eine enge Verzahnung mit regionaler Strukturpolitik und anderer Investitions- und Wirtschaftsförderungspolitik anzustreben.
Im Hinblick auf Problemgruppen wird zunächst der Abbau der diskriminierenden Zugangsvoraussetzungen zu Weiterbildungsmaßnahmen gefordert, was mit der Evaluation begründet wird, dass Teilnehmer bessere Beschäftigungschancen haben als Nichtteilnehmer (vgl. Sell 1994a, S. 558; Sperling 1995, S. 244; Koch u.a. 2002, S. 42).[270] Da es allerdings auch eine Tatsache sei, dass Problemgruppen weitere Grenzen bei der Wiedereingliederung in den ersten Arbeitsmark hätten, müssten hier durchdachte Förderketten entwickelt werden. Die schrittweise Re-Integration in den regulären Arbeitsmarkt sei mit der Notwendigkeit verbunden, Arbeit und Lernen zu verknüpfen, Betriebspraktika und Probebeschäftigungen einzubinden, sozialpädagogische Beratung und Betreuung fest zu installieren und gerade die Maßnahmen für Problemgruppen in regionalen Netzwerken mit den beschäftigungspolitisch relevanten Akteuren abzustimmen, um mögliche Anschlussperspektiven zu entwickeln.
Schließlich wird die Verbesserung der Förderung der Weiterbildungsträger gefordert, weil sie die Infrastruktur von beruflicher Weiterbildung darstellen (vgl. Deeke 1994, S. 252ff.; Herdt 1998, S. 352f.; Arbeitskreis Arbeitsmarktpolitik

---

[269]) Im gleichen Zusammenhang wurde die Einführung der Jobrotation, die die befristete Einstellung eines arbeitslosen Stellvertreters für einen zum Zweck der Weiterbildung freigestellten Arbeitnehmer durch einen Lohnkostenzuschuss unterstützt, als ein zentraler Vorschlag diskutiert, und sie wurde ins jüngste Job-AQTIV-Gesetz eingeführt (§§ 229ff. SGB III). Damit können nicht nur mehr Arbeitslose in die betriebsnahe Qualifizierung gesteckt werden, sondern gleichzeitig ein Arbeitsumverteilungseffekt erzielt werden.

[270]) „Entscheidend für den positiven Nutzen von Weiterbildung sind nicht nur die Qualität von Weiterbildungskursen, die unmittelbare Transferierbarkeit und die langfristige Verwertbarkeit von Weiterbildung, sondern überhaupt die Chance, entsprechende Weiterbildungsangebote nutzen zu können" (Becker 1999, S. 215).

2000, S. 308f.). Dafür sei in erster Linie eine plötzliche Veränderung der FbW zu vermeiden, um die Kontinuität und Planungssicherheit für die Träger sicherzustellen. Auf Basis davon solle die Förderung der Träger weniger teilnehmerbezogen (Teilnehmermenge und Teilnahmedauer) sein und stärker auf qualitäts- und erfolgsorientierte Kriterien umgestellt werden. Dafür sollten auch die Qualitätskriterien von der Kostenminimierung und der kurzfristigen Verwertbarkeit auf die mittelfristige und vorausschauende Beschäftigungsmöglichkeit umgestellt werden. Daneben sei es erforderlich, den Trägern einen Anreiz dazu zu geben, neue Konzepte der Weiterbildung zu entwickeln und zu erproben, mit denen eine flexible, die Zeitstrukturen z.B. in Kurzarbeit berücksichtigende oder den besonderen Lernanforderungen einzelner Zielgruppen gemäße Qualifizierung praktikabel werde. Auch die Förderung freier innovativer Träger in neuen Berufsfeldern (z.B. im ökologischen Bereich) trage zur Erweiterung der Weiterbildungsmöglichkeiten bei.

5.1.2. Südkorea

5.1.2.1. Gesetzliche Regelungen

(1) Ziele und Zielgruppen

Das Ziel der beruflichen Weiterbildung durch das BVG liegt darin, den Versicherten die Möglichkeiten anzubieten, die ganze Periode des Berufslebens hindurch ihre beruflichen Fähigkeiten entwickeln und verbessern zu können (§ 21 (1) BVG).
Zu den Zielgruppen der beruflichen Weiterbildung gehören Beschäftigte (Versicherte) und Arbeitslose, die Versicherte waren.[271] Hierbei liegt der wesentliche Unterschied zur beruflichen Weiterbildung von Deutschland darin, dass auch die im Interesse des Betriebes liegende Weiterbildung in Südkorea gefördert wird, während solche Weiterbildung in Deutschland nicht gefördert wird.

(2) Leistungen und ihre Voraussetzungen

Die Leistungen an Arbeitgeber bestehen aus a) den Kosten der Bildungsmaßnahmen (einschließlich der Ausbildungsmaßnahmen), die Arbeitgeber im eigenen Interesse für ihre Arbeitnehmer und neue Eingestellte durchführen (Arbeitgeber-Maßnahmen) – egal ob Eigenmaßnahmen, ob Auftragsmaßnahmen –, b)

---

271) Arbeitslose, die keine Versicherten waren, werden durch den allgemeinen Haushalt der Regierung gefördert.

dem Zuschuss zum Arbeitsentgelt für den Bildungsurlaub und c) dem Darlehen für die Ausstattung von Bildungseinrichtungen (§ 22 BVG; § 27 Anordnung BVG):
Die Gewährung der Kosten der Arbeitgeber-Maßnahmen setzt die Anerkennung der Maßnahmen durch das Arbeitsamt voraus, wobei die Maßnahmen mindestens über 3 Monate dauern müssen und die Kosten nach der Art der Maßnahme differenziert gewährt werden. Für nicht anerkannte Maßnahmen werden geringere Teile der Kosten gewährt (§ 23 (2) BVG; § 28 Förderungsgesetz für berufliche Bildung des Arbeitnehmers (FGbBA)). Auf jeden Fall überschreitet der Gesamtbetrag, der einem Arbeitgeber innerhalb eines Jahres gezahlt wird, nicht 180% (für Großbetriebe 120%) des jährlichen Beitrags des Arbeitgebers (§ 30 Anordnung BVG).
Wenn ein Arbeitgeber seinen Arbeitnehmer, der über ein Jahr beschäftigt ist, für Weiterbildung über 30 Tage beurlaubt und dafür das normale Arbeitsentgelt zahlt (§ 27 Anordnung BVG), zahlt das Arbeitsamt an den Arbeitgeber die Hälfte (für Großbetriebe ein Drittel) des Arbeitsentgelts und einen Teil der Teilnahmekosten (§ 7 Auszahlungsverordnung für berufliche Bildung).
Die Leistungen an Arbeitnehmer bestehen aus den Subventionen für die Teilnahme an einer außerbetrieblichen Weiterbildungsmaßnahme und dem Darlehen der Studiengebühr des Arbeitnehmers (§ 24 (1) BVG): Wenn ein Arbeitnehmer, 1) der gekündigt ist und während der Maßnahme oder innerhalb eines Monats nach der Maßnahme entlassen worden ist, 2) oder der über 50 Jahre alt ist, auf eigene Kosten an einer außerbetrieblichen Weiterbildungsmaßnahme teilnimmt, werden die Teilnahmekosten innerhalb der Grenze von 1 Mio. *Won* nachträglich subventioniert. Aber die Teilnahme an einem informationstechnischen Kurs wird seit 2001 unabhängig von den oberen Voraussetzungen gefördert (§ 30-2 Anordnung BVG). Ein Arbeitnehmer, der an einer (Fach)Hochschule bzw. Universität studiert, kann für die Studiengebühr zu niedrigen Zinsen ein Darlehen aufnehmen (§ 6 Darlehensverordnung für die Studiengebühr des Arbeitnehmers).
Den Arbeitslosen, die vor der Arbeitslosigkeit Versicherte waren, unter 65 Jahre alt sind, aber vom Bezug des Arbeitslosengeldes ausgeschlossen sind, und deren Teilnahme an einer Weiterbildungsmaßnahme durch das Arbeitsamt anerkannt ist, werden die Teilnahmekosten und das Unterhaltsgeld gezahlt. Dabei beträgt das feste Unterhaltsgeld unabhängig vom letzten Arbeitsentgelt nur 30 Tsd. *Won* pro Monat für die Fahrkosten, und nach persönlichen Merkmalen werden weitere Zuschläge zugesetzt (Familienzuschlag 100 Tsd. *Won*, Kinderzuschlag 50 Tsd. *Won* (für Frauen mit Kindern unter 6 Jahren alt), Fähigkeitsentwicklungszuschlag (für über 6 Monate versichert gewesene Arbeitslose) 70 Tsd. *Won* usw.) (§ 24 (2) BVG; § 24 (1) Berufsbildungsverordnung für Arbeitslose).[272]

---

[272]) Während diese Leistungen aus dem Haushalt der beruflichen Bildung finanziert werden, wird das verlängerte Arbeitslosengeld für berufliche Weiterbildung der Arbeitslosen, die zum

Schließlich können Träger von Einrichtungen der beruflichen Aus- und Weiterbildung für den Aufbau und die Ausstattung der Einrichtungen durch Darlehen und Zuschüsse gefördert werden (§ 25 BVG).

(3) Änderung des Berufsbildungssystems

Das BVG wurde bis 2001 siebenmal geändert, aber die Förderrechte der beruflichen Bildung haben sich nicht viel verändert. Eine bedeutsame Veränderung war, dass sich die Rechnungsmethode der Kosten der Arbeitgeber-Maßnahmen von 01.1999 bis 02.2000 von der Anerkennung der tatsächlichen Kosten zur Anerkennung der standardisierten Kosten verändert hat und dadurch eine Senkung der Kostendeckung von ca. 25% erfolgte. Aber seit 03.2000 wurde die Anerkennung der tatsächlichen Kosten wieder teilweise eingeführt.
Noch wichtiger ist, dass sich das Berufsbildungssystem an sich ab 1999 wesentlich verändert hat. Vor der Einführung des BVG wurde die berufliche Bildung durch das Grundgesetz für berufliche Bildung (GGbB) geregelt, das 1976 verabschiedet wurde. Seit Anfang der 70er Jahre wurde in Südkorea die Schwer- und Chemieindustrie aktiv gefördert, und daher hat sich die Notwendigkeit der Ausbildung der dafür nötigen Arbeitnehmer erhöht. Vor diesem Hintergrund hat das GGbB die Betriebe verpflichtet, proportional zur Zahl der Arbeitnehmer auszubilden, und den Betrieben, die die Pflichtausbildung nicht durchführen, die entsprechende Umlage auferlegt, mit der die Regierung die öffentliche Ausbildung durchführt. Seit den 80er Jahren verringerten sich aber die Auszubildenden wegen der Zunahme der StudentInnen, und der Bedarf an Fortbildung der Beschäftigten hat sich gegenüber dem an Ausbildung wegen des Upgrading der Industriestruktur vergrößert. Unter diesen Umständen hatte das Pflichtausbildungssystem nach dem GGbB immer weniger Erfolg, und behinderte vielmehr die autonome berufliche Bildung der Betriebe (vgl. Yoo 1993, S. 41ff.).
Die berufliche Bildung nach dem BVG zielt daher statt auf die Verpflichtung zur Ausbildung auf die Förderung der dem Interesse der Betriebe entsprechenden autonomen beruflichen Bildung ab. Demgemäß veränderte sich die Zielgruppe von den Auszubildenden hin zu allen Arbeitnehmern (einschließlich den Arbeitslosen), und die Hauptzweige verschoben sich von den Industriezweigen hin zu allen Zweigen. Unter Berücksichtigung der Gefahr des plötzlichen Rückgangs der Ausbildung bestand aber das Pflichtausbildungssystem auch nach dem Inkrafttreten des BVG nur für Großbetriebe mit mehr als 1.000 Arbeitnehmern

---

Bezug des Arbeitslosengeldes berechtigt sind und deren Teilnahme an einer Weiterbildungsmaßnahme durch das Arbeitsamt anerkannt werden, aus dem Haushalt des Arbeitslosengeldes gezahlt. Dabei wird es höchstens zwei Jahre lang gezahlt und beträgt 70% des normalen Arbeitslosengeldes, also 35% (50% x 70%) des letzten Arbeitsentgelts (§§ 42, 42-4 BVG; § 52 Anordnung BVG). Trotz dieser Regelung beträgt aber die Empfängerzahl des verlängerten Arbeitslosengeldes von 1998 bis 2001 insgesamt nur 31 (vgl. Yoo 2002, S. 128).

fort. Da das Nebeneinander des doppelten Berufsbildungssystems allerdings auf vielen Seiten Ineffizienzen mit sich gebracht hat, wurde das GGbB Ende 1998 durch das FGbBA abgelöst, das die Einzelheiten der Förderung der beruflichen Bildung nach dem BVG regelt. So wurde das Berufsbildungssystem Südkoreas ab 1999 zur beruflichen Bildung nach dem BVG (und dem FGbBA) vereinheitlicht (vgl. Yoo/Kang/Hong 1997, S. 108ff.; Lee, J.H. 1999, S. 14ff.; Kim/Oh/Ko 1999, S. 5ff.).

5.1.2.2. Entwicklung der Förderung der beruflichen Weiterbildung

Mit der Zunahme der Arbeitslosigkeit seit 1998 und vor allem aus Anlass der Vereinheitlichung des Berufsbildungssystems wurde die Förderung der beruflichen Weiterbildung seit 1999 kräftig ausgeweitet (vgl. Tabelle 5.1).

Tabelle 5.1: Entwicklung der Förderung der beruflichen Weiterbildung in Südkorea

Jahr	1995	1996	1997	1998	1999	2000	2001
Betriebe	380	4.529	8.861	25.922	51.686	86.680	91.385
Teilnehmer an	10.034	106.635	199.880	588.006	1.029.813	1.365.782	1.730.30 8
Arbeitgeber-Maßnahmen	9.888 (98,5)	99.222 (93,0)	184.007 (92,1)	408.603 (69,5)	781.408 (75,9)	1.220.334 (89,4)	1.555.40 2 (89,9)
bezahlter Beurlaubung		3536 (3,3)	5559 (2,8)	3940 (0,7)	8446 (0,8)	7756 (0,6)	8611 (0,5)
Subvention zu Teilnahmekosten		0 (0,0)	0 (0,0)	2 (0,0)	51 (0,0)	252 (0,0)	40045 (2,3)
Darlehen der Studiengebühr		2954 (2,8)	8365 (4,2)	12350 (2,1)	13552 (1,3)	18590 (1,4)	21691 (1,3)
Förderung der Arbeitlosen		923 (0,9)	1949 (1,0)	163111 (27,7)	226356 (22,0)	120296 (8,8)	104559 (6,0)
Ausgaben (Mrd. Won)	1,8	33,5	58,9	257,7	418,2	396,1	379,6

Quelle: Zentrales Beschäftigungsinformationszentrum: Statistisches Jahrbuch für Beschäftigungsversicherung (vers. Jg.)

Anmerkung: Die Zahlen in den Klammern zeigen den Anteil der Teilnehmer an den jeweiligen Maßnahmen an den gesamten Teilnehmern.

Aber diese Förderung hat sich bei der Teilnehmerzahl auf die Förderung der Arbeitgeber-Maßnahmen konzentriert. Nach der Tabelle 5.1 betrug der Anteil der Teilnehmer an den Arbeitgeber-Maßnahmen an den gesamten Teilnehmern an den Bildungsmaßnahmen nach dem BVG außer in den Jahren 1998 und 1999, in denen die Arbeitslosenquote sehr hoch war, ca. 90%. Dabei gibt es einige Merkmale:
Erstens sind fast alle (98%) Arbeitgeber-Maßnahmen (einschließlich des bezahlten Bildungsurlaubs) seit 1999 Fortbildungsmaßnahmen, dagegen werden Ausbildungs- und vor allem Umschulungsmaßnahmen selten durchgeführt. Nachdem sich Betriebe von der Pflicht zur Ausbildung befreit haben, ist Ausbildung kein Interesse der Betriebe mehr (vgl. Kim, J.S. 2002, S. 94).
Zweitens besteht ein großer Unterschied der Teilnahmequote (einschließlich des bezahlten Bildungsurlaubs) zwischen den Großbetrieben und den kleinen und mittleren Betrieben. Die Tabelle 5.2 zeigt, dass je größer die Betriebe sind, desto mehr Betriebe und Arbeitnehmer an den Maßnahmen teilnehmen. Dies ist darauf zurückzuführen, dass sich die kleinen und mittleren Betriebe im Vergleich zu den Großbetrieben bei den finanziellen und persönlichen Spielräumen in zu schlechter Lage befinden, um selbständige berufliche Bildung durchzuführen (vgl. Kang/Kim 1999, S. 4ff.; Lee/Kim 2000b, S. 34).

Tabelle 5.2: Teilnahmequote der Betriebe und der Arbeitnehmer an Weiterbildungsmaßnahmen nach Betriebsgrößen in Südkorea (%)

Arbeitnehmerzahl	Teilnahmequote der Betriebe[1)]		Teilnahmequote der Arbeitnehmer[2)]	
Jahr	1999	2001	1999	2001
unter 5	0,4	1,5	0,3	2,4
5~9	3,1	7,5	0,8	2,6
10~29	10,0	16,7	1,8	3,5
30~49	22,9	30,2	2,8	5,2
50~69	32,7	38,9	3,8	6,7
70~99	40,8	43,7	4,8	7,3
100~149	44,1	48,7	5,8	9,4
150~299	53,0	59,1	9,4	34,4
300~499	69,3	72,1	17,6	25,8
500~999	78,7	74,3	19,7	29,0
über 1.000	90,8	67,2	32,7	80,8
insgesamt	3,9	5,4	10,8	22,0

Quelle: Lee/Kim (2000b, S. 32); Kim, J.S. (2002, S. 97)
1) (Teilgenommene Betriebe/gesamte versicherte Betriebe) x 100
2) (Teilgenommene Arbeitnehmer/gesamte versicherte Arbeitnehmer) x 100

Von der Förderung der Arbeitgeber-Maßnahmen abgesehen bleibt die individuelle Förderung auf einem sehr niedrigen Niveau (vgl. Tabelle 5.1). Die Gründe lauten wie folgt: Bezahlter Bildungsurlaub hängt von der freiwilligen Entscheidung der Arbeitgeber ab, aber der Arbeitgeber will wegen des Verlusts der Arbeitskräfte nicht gern einen Bildungsurlaub erlauben, weil dieser mindestens über 30 Tage dauern muss (vgl. Lee/Kim 2000b, S. 39; Kim, J.S. 2002, S. 100). Subventionen für die Teilnahme der gekündigten Arbeitnehmer an einer außerbetrieblichen Weiterbildungsmaßnahme könnten ein sehr wichtiges Instrument werden, weil dadurch ein ununterbrochener Berufsverlauf möglich wäre. Trotzdem war die Teilnahme extrem gering, weil die Zugangsvoraussetzungen zu streng waren. D.h. es beschränkten sich die Gründe der Kündigung bis 2000 nur auf den Personalabbau, den Bankrott und die Geschäftsaufgabe, und der Arbeitnehmer muss während der Maßnahme oder innerhalb eines Monats nach der Maßnahme entlassen werden. Aber die Teilnahme hat seit 2001 kräftig zugenommen, weil seitdem die Kündigungsgründe aus den Voraussetzungen ausgeschlossen sind und vor allem die Teilnahme an einem informationstechnischen Kurs unabhängig von den Voraussetzungen gefördert wird (vgl. Kim, J.S. 2002, S. 98).

Tabelle 5.3: Teilnehmer an Weiterbildungsmaßnahmen der Arbeitslosen nach verschiedenen Merkmalen in Südkorea (%)

Jahr		1998	1999	2000	2001
Geschlecht	Männer	62,9	51,7	42,6	43,9
	Frauen	37,1	48,3	57,4	56,1
Alter	~30	56,2	60,0	64,1	64,0
	30~39	25,9	24,3	23,1	23,9
	40~49	12,2	10,2	8,4	8,4
	50~	5,6	5,5	4,4	3,7
Qualifikation	unter Grundschule	1,3	0,8	0,7	0,6
	Mittelschule	5,4	3,8	3,2	2,8
	Oberschule	56,5	58,1	57,9	55,6
	Fachhochschule	14,3	15,4	16,9	18,8
	über Universität	22,5	21,9	21,3	22,2
Dauer der Arbeitslosigkeit	~1 Monat	8,5	9,4	11,5	9,8
	1~3 Monate	20,9	16,5	20,5	18,2
	3~6 Monate	23,1	14,7	16,8	15,5
	6~12 Monate	24,2	23,9	18,7	20,3
	12 Monate ~	23,3	35,5	32,5	36,2

Quelle: Kim, J.S. (2002, S. 102f.)

Im Vergleich dazu hat die Förderung der beruflichen Weiterbildung von Arbeitslosen bei der hohen Arbeitslosigkeit, also in den Jahren 1998 und 1999 eine große Bedeutung bekommen. Aber mit der Senkung der Arbeitslosigkeit seit 2000 ging die Teilnahme deutlich zurück (vgl. Tabelle 5.1).
Aber die Teilnahmestruktur der Arbeitslosen nach Merkmalen unterscheidet sich von derjenigen Deutschlands (vgl. Tabelle 5.3). Während in Deutschland die Problemgruppen weniger vertreten waren, waren sie in Südkorea stärker vertreten (vgl. 3.2.2.2.). Während der Anteil der Frauen an den Arbeitslosen leicht höher als 30% war, war der Frauenanteil an den TeilnehmerInnen an Weiterbildungsmaßnahmen viel höher und überstieg jüngst sogar 50%. Auch die Anteile der Jugendlichen und der Langzeitarbeitslosen an den TeilnehmerInnen an Weiterbildungsmaßnahmen waren höher als die an den Arbeitslosen. Nur Ältere (über 50 Jahre alt) und Ungelernte (unter Mittelschule), die besonders eine Förderung brauchen, haben weniger teilgenommen als es ihrem Anteil an den Arbeitslosen entspricht (vgl. Kim, J.S. 2002, S. 102).
Im Übrigen sind Evaluationsstudien über die berufliche Weiterbildung der Arbeitslosen nur wenig vorhanden, weil die Daten für die Schätzung der Beschäftigungswirkungen wegen der kurzen Erfahrungen der Förderung noch mangelhaft sind.[273] Insbesondere gibt es bisher nur eine Studie, die die Methode der „quasi-experimentellen" Evaluation benutzt, die eine spezielle Methode der Wirkungsforschung ist (Lee 2000b). Zwar ist die Aussagekräftigkeit der Studie begrenzt, weil ihr Untersuchungsgegenstand nur die Teilnehmer im Jahr 1998 sind. Jedoch zeigt sie, dass die Teilnehmer an einer Weiterbildungsmaßnahme bessere Beschäftigungschancen haben als die Gruppe vergleichbarer Nichtteilnehmer. Aber die Maßnahmeart nach Berufen hat keine bedeutsame Auswirkung auf die Beschäftigungschancen. Nach Merkmalen der Arbeitslosen haben Jüngere gegenüber Älteren, Männer gegenüber Frauen und Niedrigqualifizierte gegenüber Hochqualifizierten bessere Chancen.[274]

273) Beispielsweise hat die Erhebung der „*Korea Labor Panel Data*", die für die Schätzung der Wirkungen der Arbeitsmarktpolitik von entscheidender Bedeutung ist, erst seit 1998 begonnen.

274) Nach einer Studie, die aufgrund der Beschäftigungsversicherungs-Datenbank die Erfolge der Teilnehmer im Jahr 2000 untersucht, stimmen die Ergebnisse über Jüngere/Ältere und Männer/Frauen mit dieser Studie überein, aber die Beschäftigungsquote der Niedrigqualifizierten war anders als das Ergebnis dieser Studie niedriger als diejenige der Hochqualifizierten (vgl. Jeong/Kim 2001, S. 24f.). Jeong/Kim zeigen daneben, dass die Beschäftigungsquote der Langzeitarbeitslosen anders als ihre hohe Teilnahmequote niedriger ist als diejenige der kurzfristigen Arbeitslosen (S. 30ff.).

5.1.2.3. Reformvorschläge

Im Lichte der bisherigen Erfahrungen werden verschiedene Reformvorschläge zu den einzelnen Leistungen der beruflichen Weiterbildung eingebracht. Im Hinblick auf die Leistungen an Arbeitgeber, vor allem die Förderung der Arbeitgeber-Maßnahmen, die in der gesamten Förderung ein überwältigendes Gewicht haben, wird zunächst eine grundlegende Änderung des Fördersystems vorgeschlagen. Aufgrund der Tatsache, dass sich die Förderung der Arbeitgeber-Maßnahmen überwiegend auf die Fortbildungsmaßnahmen von Großbetrieben konzentriert, behauptet Yoo (2000a, S. 235ff.), dass Großbetriebe auch ohne öffentliche Förderung nach eigenem Bedarf selbstständige berufliche Weiterbildung durchführen wollen und können und daher daraus ausgeschlossen werden sollen. Zugleich sollten die Beitragssätze für die berufliche Bildung, die für Großbetriebe höher sind als für kleine und mittlere Betriebe, gesenkt werden. Stattdessen solle sich die Förderung nach dem BVG auf die Problemgruppen wie Arbeitnehmer in kleinen und mittleren Betrieben, Ältere, Arbeitslose usw. konzentrieren, die dem Risiko des Marktversagens ausgesetzt seien.

Auf der anderen Seite fordern Kang u.a. (2001, S. 81ff.) und Kim (2002, S. 113ff.) die Intensivierung der Förderung von kleinen und mittleren Betrieben, deren Teilnahme an der Förderung sehr gering ist. Dabei solle der Fokus der Förderung in der Verstärkung der Infrastruktur für sie liegen, weil das Fehlen der Einrichtungen bzw. Lehrkräfte der wichtigste Grund für die niedrige Teilnahme sei. Erforderlich seien dafür die Förderung der Bildung von überbetrieblichen Weiterbildungskonsortien bzw. die Benutzung von öffentlichen Bildungseinrichtungen. Ferner sei es auch zu fördern, dass Großbetriebe mit ihren Einrichtungen und ihrem Know-how die berufliche Weiterbildung von kleinen und mittleren Betrieben, vor allem ihrer Zulieferer, unterstützen würden. Falls Weiterbildung unbedingt innerhalb der Betriebe durchgeführt werden müsse, müssten öffentliche Träger in die Betriebe Lehrkräfte abstellen und/oder einen dem Wunsch von kleinen und mittleren Betrieben entsprechenden Kurs entwickeln und anbieten.

Nach Lee (2001b, S. 2ff.) ist es im Zusammenhang mit der jüngsten Situation des südkoreanischen Arbeitsmarktes der größte Schwachpunkt der Förderung nach dem BVG, dass die individuelle Förderung der beruflichen Weiterbildung (einschließlich der Förderung der Arbeitslosen) im Vergleich zu derjenigen der Arbeitgeber-Maßnahmen auf sehr niedrigem Niveau bleibt. D.h. die Gewohnheit der lebenslangen Beschäftigung werde durch die ständige Umstrukturierung des Betriebs und die Flexibilisierung auf dem Arbeitsmarkt nach der Krise vom Ende der 90er Jahre zerstört, und demzufolge erhöhe sich die Bedeutung des externen Arbeitsmarktes. Unter diesen Umständen werde die individuelle Verantwortung für das Berufsleben immer größer, was die Erhöhung der individuellen Be-

schäftigungsfähigkeit und dafür die Verstärkung der individuellen Förderung der beruflichen Weiterbildung notwendig mache.
Um die individuelle Förderung zu intensivieren, solle sich deshalb zunächst der bezahlte Bildungsurlaub von der Leistung an Arbeitgeber in eine direkte Leistung an Arbeitnehmer umwandeln, also solle Arbeitnehmern der Rechtsanspruch auf eine Weiterbildungsmaßnahme erteilt werden. Erst dadurch könnten Arbeitnehmer unabhängig vom speziellen Interesse des Arbeitgebers an einer der eigenen Eignung entsprechenden Maßnahme teilnehmen, und die Teilnahme somit ausgeweitet werden. Dabei sei eine bevorzugte Förderung der Arbeitnehmer aus kleinen und mittleren Betrieben erforderlich, weil ihre Teilnahme trotz des Rechtsanspruchs wegen der schlechten Lage von kleinen und mittleren Betrieben begrenzt sein dürfte (vgl. auch Kim 2002, S. 116f.).
Die Voraussetzungen für die Subventionierung der Teilnahmekosten an gekündigte Arbeitnehmer wurden seit 2001 etwas gelindert, aber die Voraussetzung, dass die Arbeitnehmer während der Maßnahme oder innerhalb eines Monats nach der Maßnahme entlassen werden müssen, ist immer noch sehr streng. Daher fordert Kim (2002, S. 117), die Berechtigung ohne andere Voraussetzungen auf alle unfreiwillig gekündigten Arbeitnehmer auszuweiten. Auch das Darlehen der Studiengebühr solle sich in das Darlehen der Teilnahmekosten umwandeln, so dass sowohl für die Studiengebühr der Hochschulen als auch für die Teilnahmekosten des teueren Kurses ein Darlehen gewährt werden solle (vgl. Lee/Kim 2000b, S. 89).
Da die Teilnahme an einer Maßnahme bei ihnen viel dringender ist als bei anderen Gruppen, wird schließlich die Ausweitung und Verbesserung der Förderung von Arbeitslosen gefordert, obwohl die Arbeitslosigkeit jüngst sinkt (vgl. Kang u.a. 1999, S. 69ff.; Jeong/Im/Hong 1999, S. 115ff.; Jeong u.a. 2000, S. 78ff.; Lee/Kim 2000b, S. 90f.; Kang, S.H. 2001, S. 246ff.). Dafür sollten zunächst die Informationen über die berufliche Weiterbildung durch z.B. die Ausstattung eines nationalen synthetischen Informationsnetzwerks über berufliche Bildung noch mehr bekannt gemacht werden, weil viele Arbeitslose oft mangels der Informationen Teilnahmechancen verpassen oder an einer nicht passenden Maßnahme teilnehmen würden.[275] Daneben solle eine intensive Beratung über die individuelle Eignung und die Nachfrage nach Arbeitskräften usw. zum Zeitpunkt der Maßnahmewahl vorgenommen werden, um ein Ausscheiden während der Maßnahme zu vermeiden und die Beschäftigungschance nach der Maßnahme zu erhöhen. Diese Beratung solle nach der Maßnahme an eine erfolgreiche Arbeitsvermittlung angeknüpft werden. Was die Verbesserung der Maßnahmen angehe, sei es notwendig, dass neue den Merkmalen der Arbeitslosen entspre-

[275]) Nach einer Befragung, ob die jetzige Maßnahme mit dem ursprünglichen Wunsch übereinstimme oder nicht, war die größte Ursache der Nichtübereinstimmung der Mangel an Informationen (52.5%) (Kang u.a. 1999, S. 29).

chende Maßnahmen (Ziel-spezifische Maßnahmen) entwickelt würden, womit die Erfolge der Teilnahme maximiert werden könnten. Um Weiterbildung betriebsnäher zu machen, solle das *customized contract training*, das seit 3.1999 teilweise eingeführt worden sei, ausgeweitet und verbessert werden.[276] Schließlich sollten die Förderungskriterien für Träger von den teilnehmerbezogenen auf erfolgsorientierte Kriterien umgestellt werden, um die Qualität von Maßnahmen und daher die Beschäftigungsmöglichkeit zu erhöhen.

5.1.3. Implikationen für Südkorea

Zwar gibt es Grenzen bei dem Vergleich zwischen den langfristigen deutschen und kurzfristigen südkoreanischen Erfahrungen, aber ein deutlicher Unterschied zeigt sich in erster Linie zwischen den Entwicklungstendenzen der beruflichen Weiterbildung beider Länder: Während in Deutschland die Förderrechte schon seit Mitte der 70er Jahre eine allmählich schrumpfende Tendenz zeigen und auch die Eintritte in Weiterbildungsmaßnahmen mindestens seit den 90er Jahren trotz der zunehmenden Arbeitslosigkeit sinken, wurde die Förderung in Südkorea aus Anlass der plötzlichen Zunahme der Arbeitslosigkeit vom Ende der 90er Jahren kräftig ausgeweitet und wird auch danach trotz der Abnahme der Arbeitslosigkeit weiter ausgeweitet. Hinter diesem Unterschied steht vornehmlich der Unterschied der Haushaltslage, aber auf jeden Fall muss die Ausweitungstendenz in Südkorea fortgesetzt werden.

Auf der institutionellen Seite enthält aber das deutsche Berufsbildungssystem einige nützliche Implikationen für Südkorea. Erstens werden Arbeitnehmer nicht vom SGB III gefördert, wenn die Weiterbildung überwiegend im Interesse des Betriebes liegt, dem die Arbeitnehmer angehören. Also sind die betriebliche und öffentliche berufliche Weiterbildung gegeneinander abgegrenzt, und diese Abgrenzung ist notwendig und sinnvoll, weil die öffentliche berufliche Weiterbildung so ausgerichtet werden muss, dass Qualifizierungen für den Arbeitsmarkt, also über einzelbetriebliche besondere Qualifikationen hinausgehend, entwickelt werden, um den Risiken einzelbetrieblicher Abhängigkeit vorzubeugen (vgl. Deeke 1994, S. 248). Im Vergleich dazu sind die beiden in Südkorea nicht nur innerhalb des Beschäftigungsversicherungssystems integriert, [277] sondern die

---

276) Dieses Programm beinhaltet, dass Unternehmen und Träger einen Vertrag schließen, mit dem Träger nach dem Bedarf an Arbeitskräften des Unternehmens Arbeitslose weiterbilden und Unternehmen vorzugsweise die Arbeitslosen einstellen. Da die Einstellung aber nicht verpflichtend ist und Leistungen an Unternehmen sehr gering sind, hat es zurzeit keine großen Erfolge. Vgl. zu den Einzelheiten Na (2001).

277) Nach Yoo (2000a, S. 237), der die Ausschließung von Großunternehmen aus der Förderung der öffentlichen beruflichen Weiterbildung gefordert hat, war ein solcher Vorschlag schon bei der Konzipierung des BVG eingebracht worden, aber die Regierung hat für die

Förderung der betrieblichen Weiterbildung (Arbeitgeber-Maßnahmen) hat vielmehr ein ganz überwältigendes Gewicht. In diesem Fall wird nicht nur über die Notwendigkeit der Abgrenzung hinweggesehen, sondern das politische Interesse muss sich vielmehr auf die Förderung betriebsspezifischer Interessen konzentrieren, was zur relativen Nachlässigkeit der Problemgruppen auf dem Arbeitsmarkt führt. Deshalb sollte die Förderung der Arbeitgeber-Maßnahmen von Großbetrieben, wie Yoo (2000a) meint, aus der Förderung nach dem BVG ausgeschlossen werden, und die öffentliche Förderung der beruflichen Weiterbildung in eine individuelle Förderung umgewandelt werden. Falls notwendig sind allerdings Kooperationen zwischen Arbeitsämtern und Betrieben durch z.B. eine Kofinanzierung aktiv anzustreben.
Zweitens ist die Höhe des Unterhaltsgeldes, das einen materiellen Anreiz zur Teilnahme an einer Weiterbildungsmaßnahme darstellt, in Südkorea viel niedriger als in Deutschland. Zwar ist das deutsche Unterhaltsgeld bisher allmählich gesunken, entspricht aber auch jetzt der Höhe des Arbeitslosengeldes (67% bzw. 60% des letzten Arbeitsentgelts). Im Vergleich dazu erreicht das südkoreanische Unterhaltsgeld für Arbeitslose nicht einmal das Arbeitslosengeld, das nur 50% des letzten Arbeitsentgelts entspricht.[278] Demzufolge stellt das Unterhaltsgeld nach einer Befragung (Kang u.a. 1999, S. 30) kein Motiv der Teilnahme an einer Weiterbildungsmaßnahme dar. Zwar ist eine nur auf das Unterhaltsgeld zielende Teilnahme problematisch, aber noch problematischer ist, dass das Unterhaltsgeld zur Teilnahme kaum anreizt. Dieses niedrige Unterhaltsgeld hängt mit dem Grundsatz „(des niedrigen Beitrags und) der niedrigen Wohlfahrt" des BVG (vgl. 4.1.2.1.) zusammen, und muss auf jeden Fall für die Ausweitung der Förderung von Arbeitslosen erhöht werden.
Im Hinblick auf die einzelnen Reformvorschläge in den beiden Ländern liegen einige Gemeinsamkeiten vor. Aber den südkoreanischen Diskussionen fehlt ein wichtiger Blickpunkt, und zwar eine Verzahnung der Förderung der beruflichen Weiterbildung mit regionaler Strukturpolitik. Wie in den deutschen Vorschlägen begründet, kann die Ungewissheit über die zukünftig nachgefragten Qualifikationen nur durch eine enge Verzahnung mit regionaler Strukturpolitik und anderer Investitions- und Wirtschaftspolitik vermindert werden. Deshalb ist sie unentbehrlich für das möglichst korrekte Voraussehen der Nachfrage nach Qualifikationen und die darauf basierende vertiefende Beratung, was endlich zur Erhöhung der Effektivität der Förderung führt.
Darüber hinaus ist auch das Programm der Jobrotation, das auch in Deutschland erst jüngst eingeführt worden ist, für Südkorea empfehlenswert. Ursprünglich

---

Beibehaltung der Kontrolle über die enorme Umlage aus Großunternehmen nicht dem Vorschlag zugestimmt.

[278]) In Südkorea beträgt das durchschnittliche Arbeitslosengeld 2001 pro Monat ca. 700 Tsd. *Won* (vgl. Yoo 2002, S. 131), aber das höchste Unterhaltsgeld für Arbeitslose beträgt nur 350 Tsd. *Won*.

wurde das Konzept der Jobrotation seit 1987 in Dänemark entwickelt[279] und beinhaltet im Kern folgendes: Der Staat finanziert die Kosten der Weiterbildung außerhalb des Betriebs, der Betrieb zahlt den Lohn weiter, erhält aber einen Weiterbildungszuschuss in Höhe des maximalen Arbeitslosengeldes. Das zuständige Arbeitsamt bildet Arbeitslose weiter, damit diese in die Lage versetzt werden, die Arbeiten der Weiterzubildenden wahrzunehmen. Während der Stellvertretung erhalten die Arbeitslosen den Status als befristet Beschäftigte und einen (vom Betrieb zu zahlenden) regulären Lohn, der unter bestimmten Bedingungen (z.B. Elemente von Weiterbildung, Versprechen auf Übernahme nach der Maßnahme) vom Staat oder von der Arbeitsverwaltung noch subventioniert werden kann (vgl. Schmid 1999, S. 31). Dadurch kann also die Weiterbildung von sowohl Beschäftigten als auch Arbeitslosen gleichzeitig gefördert werden, und auch ein Arbeitsumverteilungseffekt kann zugleich erzielt werden. Da es aber für die Einführung einige nicht zu übersehende wirtschaftliche, verwaltungsbezogene und geistige Hindernisse gibt (vgl. Kruhøffer 1999, S. 17f.), sollten die Rahmenbedingungen für ihre Einführung in Südkorea in erster Linie sorgfältig untersucht werden.

5.2. Kurzarbeitergeld

5.2.1. Deutschland

5.2.1.1. Gesetzliche Regelungen[280]

(1) Ziele

Die Gewährung von Kurzarbeitergeld ist mit der Erwartung verbunden, dass dadurch den Arbeitnehmern die Arbeitsplätze und dem Betrieb die eingearbeiteten Arbeitnehmer erhalten werden (§ 63 (1) AFG).[281] In Konkretisierung der Geset-

---

[279]) Dort hat die Jobrotation zur Halbierung der Arbeitslosigkeit innerhalb einer Regierungsperiode (von 8,2% im Jahr 1994 auf 4,2% im Oktober 1998) einen entscheidenden Beitrag geleistet und sich in den letzten Jahren in vielen europäischen Ländern verbreitet. Vgl. dazu z.B. Schömann/Mytzek/Gülker (1998), Kruhøffer (1999), Schmid (1999), Schömann (1999).

[280]) Vgl. zu ausführlichen Erklärungen Hammer/Weiland (1997), Nimscholz (1998), Clever (1998) und Ulber/Unterhinninghofen (1998) u.a.

[281]) Im SGB III sind die Ziele von Kurzarbeitergeld im Abschnitt des Kurzarbeitergeldes nicht konkret vorgeschrieben, sondern in den allgemeinen Zielen der Arbeitsförderung (§ 1 (1))

zesziele soll also die Zahlung von Kurzarbeitergeld Arbeitslosigkeit durch Arbeitsplatzerhalt vermeiden. Insofern ist das Kurzarbeitergeld das einzige Instrument im AFG (SGB III), mit dem Entlassungen zumindest vorläufig und auf direktem Wege vermieden werden können (vgl. Deeke 1994, S. 142). Darüber hinaus können die Betriebe dadurch Kosten für ansonsten notwendige Entlassungen und für Wiedereinstellungen bei späteren verbesserten Beschäftigungsbedingungen (Such- und Einarbeitungskosten) sparen.
Im Vergleich zu diesem klassischen konjunkturellen Kurzarbeitergeld liegt das Ziel des strukturellen Kurzarbeitergeldes – als Sonderform des Kurzarbeitergeldes – aber nicht mehr nur darin, Arbeitsplätze zu erhalten, sondern auch darin, die Schaffung und Besetzung neuer Arbeitsplätze zu erleichtern (§ 175 SGB III; s. unten).

(2) Voraussetzungen für Kurzarbeitergeld

Arbeitnehmer haben Anspruch auf Kurzarbeitergeld, wenn

1. ein erheblicher Arbeitsausfall mit Entgeltausfall vorliegt,
2. die betrieblichen Voraussetzungen erfüllt sind,
3. die persönlichen Voraussetzungen erfüllt sind und
4. der Arbeitsausfall dem Arbeitsamt angezeigt worden ist (§ 169 SGB III).[282]

Dabei ist ein Arbeitsausfall erheblich, wenn er auf wirtschaftlichen Gründen (typischerweise ein konjunkturell bedingter Auftrags- oder Nachfragerückgang) oder einem unabwendbaren Ereignis (z.B. ungewöhnliche Witterung) beruht, vorübergehend ist, nicht vermeidbar ist, und wenn im jeweiligen Kalendermonat (Anspruchszeitraum) mindestens ein Drittel der in dem Betrieb beschäftigten Arbeitnehmer von einem Entgeltausfall von jeweils mehr als zehn Prozent ihres monatlichen Bruttoentgelts betroffen ist (§ 170 SGB III).
Die betrieblichen Voraussetzungen sind erfüllt, wenn in dem Betrieb regelmäßig mindestens ein Arbeitnehmer beschäftigt ist (§171 SGB III). Die persönlichen Voraussetzungen sind erfüllt, wenn 1) der Arbeitnehmer nach Beginn des Arbeitsausfalls eine versicherungspflichtige Beschäftigung fortsetzt, aus zwingenden Gründen[283] aufnimmt oder im Anschluss an die Beendigung eines Berufsausbildungsverhältnisses aufnimmt, 2) das Arbeitsverhältnis nicht gekündigt

---

eingeschlossen („das Entstehen von Arbeitslosigkeit zu vermeiden"). Trotzdem ändert sich an den Zielsetzungen der Kurzarbeit nichts.

[282]) Die Voraussetzungen für das strukturelle Kurzarbeitergeld weichen z.T. hiervon ab (s. unten).

[283]) Ein zwingender Grund für die Einstellung eines Arbeitnehmers während der Kurzarbeit liegt z.B. vor, wenn eine Schlüsselposition im Betrieb durch Ausscheiden des bisherigen Arbeitsplatzinhabers frei wird und nicht aus den Reihen der Belegschaft selbst besetzt werden kann (vgl. Hammer/Weiland 1997, S. 2585).

oder durch Aufhebungsvertrag aufgelöst ist und 3) der Arbeitnehmer nicht vom Kurzarbeitergeldbezug ausgeschlossen ist (§172 (1) SGB III).
Auffällig ist bei der Anzeige bei dem Arbeitsamt, dass der Anzeige des Arbeitgebers eine Stellungnahme der Betriebsvertretung (Betriebsrat) beizufügen ist (§ 173 (1) SGB III).

(3) Strukturelles Kurzarbeitergeld (§ 175 SGB III)

Auch in Fällen eines nicht nur vorübergehenden Arbeitsausfalles besteht Anspruch auf Kurzarbeitergeld, wenn 1) Strukturveränderungen[284] für einen Betrieb mit einer Einschränkung und Stilllegung des ganzen Betriebs oder von wesentlichen Betriebsteilen verbunden sind und mit Personalanpassungsmaßnahmen in erheblichem Umfang einhergehen und 2) die von dem Arbeitsausfall betroffenen Arbeitnehmer zur Vermeidung von Entlassungen einer erheblichen Anzahl[285] von Arbeitnehmern des Betriebs in einer betriebsorganisatorisch eigenständigen Einheit (beE)[286] zusammengefasst sind. Aber der Anspruch ist geschlossen, wenn die Arbeitnehmer nur vorübergehend in der beE zusammengefasst werden, um anschließend einen anderen Arbeitsplatz des Betriebs zu besetzen.
Wie erwähnt, soll dieses strukturelle Kurzarbeitergeld dazu beitragen, die Schaffung und Besetzung neuer Arbeitsplätze zu erleichtern. Daneben sollen die Zeiten des Arbeitsausfalls vom Betrieb dazu genutzt werden, die Vermittlungsaussichten der Arbeitnehmer insbesondere durch eine berufliche Qualifizierung, zu der auch eine zeitlich begrenzte Beschäftigung bei einem anderen Arbeitgeber gehören kann, zu verbessern. Hierbei besteht der Anspruch anders als bei konjunkturellem Kurzarbeitergeld auch für Arbeitnehmer, deren Arbeitsverhältnis gekündigt oder durch Aufhebungsvertrag aufgelöst ist.

(4) Leistungsumfang

Die Bezugsfrist für das konjunkturelle Kurzarbeitergeld beträgt längstens 6 Monate, beim strukturellen Kurzarbeitergeld (Kurzarbeitergeld in einer beE) längstens 12 Monate, wobei ein Anspruch auf strukturelles Kurzarbeitergeld über die

---

284) Das Gesetz definiert den Begriff der Strukturveränderung nicht, aber darunter kann man verstehen, dass ein Betrieb auf Dauer produkt- oder produktionsverfahrensbedingte Änderungen vornimmt oder grundlegende Veränderungen der Arbeitsorganisation, der Arbeitsabläufe oder der Technostruktur des Betriebs geplant sind, die nicht den gängigen und kontinuierlichen Anpassungsprozess an den Markt betreffen (vgl. Ulber/Unterhinninghofen 1998, S. 84).
285) In Verbindung mit § 17 (1) des Kündigungsschutzgesetzes muss die Zahl mindestens 20 sein.
286) „Die beE als „Quasi-Betriebsabteilung" dient dem Zweck, Arbeitnehmer, die andernfalls entlassen worden wären, zusammenzufassen" (Hammer 1994, S. 33).

Dauer von 6 Monaten hinaus nur besteht, wenn für die Arbeitnehmer Maßnahmen der beruflichen Qualifizierung oder andere geeignete Maßnahmen zur Eingliederung vorgesehen sind (§ 177 (1) SGB III). Die Bezugsfrist für das Kurzarbeitergeld kann durch Rechtsverordnung des BMA verlängert werden, und zwar bis 12 Monaten, wenn in bestimmten Wirtschaftszweigen oder Bezirken außergewöhnliche Verhältnisse vorliegen, und bis zu 24 Monaten, wenn außergewöhnliche Verhältnisse auf dem gesamten Arbeitsmarkt vorliegen (§ 182 (3) SGB III).

Die Höhe des Kurzarbeitergeldes beträgt für Arbeitnehmer mit einem unterhaltspflichtigen Kind 67%, für die übrigen Arbeitnehmer 60% der Nettoentgeltdifferenz (§ 178 SGB III). Dabei entspricht die Nettoentgeltdifferenz dem Unterschiedsbetrag zwischen dem pauschalierten Nettoentgelt aus dem „Sollentgelt" und dem pauschalierten Nettoentgelt aus dem „Istentgelt": Sollentgelt ist das Bruttoarbeitsentgelt, das der Arbeitnehmer ohne den Arbeitsausfall und vermindert um Entgelt für Mehrarbeit in dem Anspruchszeitraum erzielt hätte, und Istentgelt ist das in dem Anspruchszeitraum tatsächlich erzielte Bruttoarbeitsentgelt des Arbeitnehmers (§ 179 (1) SGB III).

5.2.1.2. Entwicklung der Regelungen

Kurzarbeitergeld ist seit Jahrzehnten eines der arbeitsmarktpolitischen Kerninstrumente, das schon im AVAVG verankert war. Im Unterschied zu den anderen Instrumenten sind aber die gesetzlichen Regelungen zum Kurzarbeitergeld abgesehen von dem 1988 eingeführten strukturellen Kurzarbeitergeld bis zur Ablösung des AFG ins SGB III nicht viel verändert worden. Während sowohl die allgemeinen Voraussetzungen für das traditionelle konjunkturelle Kurzarbeitergeld als auch die betrieblichen und persönlichen Voraussetzungen kaum modifiziert worden sind, gab es bei der Bezugsfrist und der Höhe des Kurzarbeitergeldes einige Veränderungen: Die Regelbezugsfrist betrug von Beginn an 6 Monate. Aber eine Verlängerung der Frist durch die Verordnung des BMA war bis Ende 1974 bis zu 12 Monaten und ist ab 1975 bisher differenziert bis zu 12 bzw. 24 Monaten möglich (s.o.). Die Höhe des Kurzarbeitergeldes ist analog zum Arbeitslosengeld verändert worden, so dass sie am Anfang des AFG 62,5%, ab 1975 68% betrug, ab 1984 für EmpfängerInnen ohne Kinder 63% und ab 1994 für diejenigen mit Kindern 67% und ohne Kinder 60% des in der Ausfallzeit entgegangenen Nettoentgelts.[287] Parallel dazu, dass das Kurzarbeitergeld wie dies seit Mitte der 70er Jahre gesenkt wurde, wurde Kurzarbeit auch dadurch für

[287]) So kommt bei Kurzarbeit-Null, also völligem Arbeitsausfall, die materielle Situation von Kurzarbeitern derjenigen von Arbeitslosen gleich.

die Betriebe zunehmend verteuert, dass ab 1989 der bisherige Zuschuss an den Betrieb zur Kranken- und Pflegeversicherung der KurzarbeiterInnen gestrichen wurde (in den neuen Bundesländern ab 1.7.1992) und ab 1994 auch der Zuschuss zu den Rentenversicherungsbeiträgen entfiel (vgl. Deeke 1994, S. 148f.).[288]
Eine wichtige Veränderung bei Kurzarbeitergeld wurde dadurch hervorgerufen, dass im Rahmen der 8. AFG-Novelle zum 1.1.1988 strukturelles Kurzarbeitergeld eingeführt worden ist, um Massenentlassungen in der westdeutschen Stahl- und Montanindustrie zu vermeiden und einen Beitrag zum sozialverträglichen Personalabbau zu leisten (§ 63 (4) AFG). Im Unterschied zu den Leistungsvoraussetzungen bei konjunkturellem Kurzarbeitergeld wird strukturelles Kurzarbeitergeld auch dann gewährt, wenn der Arbeitsausfall auf einer schwerwiegenden strukturellen Verschlechterung der Lage des Wirtschaftszweiges beruht. Unter diesen Voraussetzungen muss der Arbeitsausfall nicht vorübergehend sein, und es muss auch nicht zu erwarten sein, dass die Arbeitsplätze dauerhaft erhalten werden können.
Innovativ war dabei, dass strukturelle Kurzarbeit für berufliche Qualifizierung genutzt werden soll, während diese Möglichkeit bei konjunktureller Kurzarbeit ausgeschlossen war. Diese modifizierte und mit Qualifizierung verkoppelte strukturelle Kurzarbeit verfolgt vor allem zwei Ziele: Zum einen soll strukturwandel- bzw. systemwandelbedingter Personalabbau zeitlich gestreckt werden (Fallschirmfunktion). Zum anderen soll die Phase des strukturellen Umbruchs für eine möglichst bedarfsgerechte Qualifizierung genutzt werden, um die Kurzarbeiter auf neue Tätigkeiten vorzubereiten (Strukturfunktion). Damit erfolgte ein Funktionswandel des Kurzarbeitergeldes, weil Kurzarbeit nicht mehr nur passiv eine flaue Beschäftigungsphase überbrücken, sondern aktiv den Strukturwandel fördern und beschleunigen soll (vgl. Seifert 1994, S. 100ff.).
Dieses strukturelle Kurzarbeitergeld hat sich aus Anlass der Wiedervereinigung am Anfang der 90er Jahre stark verändert. Gemäß einer Sonderregelung (§ 63 (5) AFG) vom 1.7.1990 wurde strukturelles Kurzarbeitergeld, dessen Geltungsbereich sich bisher in Westdeutschland auf die Stahl- und Montanindustrie beschränkte, in den neuen Bundesländern für alle Wirtschaftszweige geöffnet[289] und auch dann gewährt, wenn der Arbeitsausfall auf betrieblichen Strukturveränderungen oder betriebsorganisatorischen Maßnahmen im Zusammenhang mit der Schaffung der Wirtschafts-, Währungs- und Sozialunion beruhte.[290] Aber

[288]) Vgl. zu den ausführlichen Veränderungen der Regelungen von Kurzarbeitergeld bis zum Ende der 80er Jahre Linke (1993, Anhang 8-11).
[289]) Aus diesem Anlass wurde es auch in den alten Bundesländern grundsätzlich für alle Wirtschaftszweige geöffnet, aber die tatsächlich in Anspruch nehmenden Zweige sind im Vergleich zu den neuen Bundesländern sehr begrenzt. Vgl. dazu Lotzkat/Ochs (1995, S. 469):
[290]) Vgl. zu anderen Voraussetzungserleichterungen und Leistungsverbesserungen Lotzkat/Ochs (1995, S. 464f.).

diese Regelung galt nur bis Ende 1991, und ab 1992 galten auch in den neuen Bundesländern nur noch die gleichen Bedingungen wie in den alten Bundesländern. Ab 5.1994 wurde vom Runderlass der BA der bisher eng gefasste Begriff des Wirtschaftszweiges zugunsten der Praxis flexibilisiert, und noch wichtiger ist, dass berufliche Qualifizierung auch während der konjunkturellen Kurzarbeit geöffnet wurde[291] (vgl. Deeke 1994, S. 143ff.; Lotzkat/Ochs 1995, S. 466ff.). Weitere umfangreiche Veränderungen der Regelungen des Kurzarbeitergeldes erfolgten bei der Ablösung des AFG durch das SGB III. Von besonderer Bedeutung sind die Veränderungen der Messung des Arbeitsausfalls als Voraussetzung der Gewährung des Kurzarbeitergeldes und der daraus resultierenden Bemessung des Kurzarbeitergeldes. Während der Arbeitsausfall bisher an der ausfallenden Arbeitszeit gemessen wurde, wird er nunmehr am Entgeltausfall gemessen (s.o.), was die zunehmende Flexibilisierung der Arbeitszeit widerspiegelt: Früher wurde nur die durch den Tarifvertrag vorgegebene Arbeitzeit durch Kurzarbeitergeld ausgeglichen. Mit dem zunehmenden Abgehen der Tarifvertragsparteien von festen, nicht flexibel gestaltbaren Arbeitszeiten und der Möglichkeit, diese betriebsbezogen der jeweiligen Auftragslage anzupassen, führte aber die Feststellung des Umfangs des Arbeitsausfalls sowohl für den Betrieb als auch für die Arbeitsämter zu einem erheblichen Verwaltungsaufwand (vgl. Nimscholz 1998, S. 11). Gerade deswegen war auch die Ermittlung des in der Ausfallstunde ausgefallenen Arbeitsentgelts schwierig, das die Bemessungsgrundlage des Kurzarbeitergeldes ist. Nun wurde die Bemessung des Kurzarbeitergeldes dadurch erleichtert, dass nicht der Arbeitsausfall, sondern der jeweilige Entgeltausfall unmittelbar festgestellt wird.[292]

---

[291]) Diese Einführung der Qualifizierungsmöglichkeiten auch während konjunktureller Kurzarbeit ist auf eine neue Erkenntnis des Zusammenhangs von konjunktureller Entwicklung und veränderten Qualifikationserfordernissen zurückzuführen. Der Regelung über das konjunkturelle Kurzarbeitergeld, das einen vorübergehenden Arbeitsausfall voraussetzt, lag die Annahme zugrunde, dass Kurzarbeit in Phasen wirtschaftlicher Rezession mit Beginn des konjunkturellen Aufschwungs überflüssig wird. Konjunkturelle Aufschwünge haben jedoch regelmäßig auch veränderte Qualifikationserfordernisse zur Folge, weil in Rezessionsphasen in der Regel Umstrukturierungen des Produktionsprozesses – z.B. durch die Einführung neuer Technologien – erfolgen. Aufgrund dieser Erkenntnis forderten Verbände und Gewerkschaften die Einführung von Qualifizierung bei konjunktureller Kurzarbeit (vgl. Hammer 1994, S. 34).

[292]) „Die Vielzahl der in den Betrieben praktizierten, z.T. flexiblen Arbeitszeitsysteme haben die Erfassung des Arbeitsausfalls einerseits und der Höhe des ausgefallenen Arbeitsentgelts für jede Arbeitsstunde andererseits sehr erschwert. Die jetzige Berechnung des Entgeltausfalls auf der Grundlage des Bruttoentgelts, das der Arbeitnehmer in dem Monat ohne den Arbeitsausfall erzielt hätte, ist leichter zu praktizieren“ (BT-Drucksache 13/4941, S. 183). Dies kann, je nach betrieblicher Arbeitszeitgestaltung, dazu führen, dass die Arbeitszeit um mehr als 10% abgesenkt werden muss (vgl. Ulber/Unterhinninghofen 1998, S. 75).

Eine weitere Veränderung erfolgte bei der Zahlung des konjunkturellen Kurzarbeitergeldes an gekündigte Arbeitnehmer. Bisher konnten auch gekündigte Arbeitnehmer es im Wege des Ermessens erhalten, solange sie noch keine angemessene Arbeit gefunden hatten. Aber diese Möglichkeit fällt mit dem SGB III gänzlich fort (§ 172 (2) SGB III), was damit begründet wird, dass bei Kündigung und dem gleichzustellenden Aufhebungsvertrag die mit dem Kurzarbeitergeld verfolgte arbeitsmarktpolitische Zielsetzung der Erhaltung des Beschäftigungsverhältnisses sich nicht verwirklichen kann.[293]
Schließlich gehört es auch zu einer wesentlichen Veränderung, dass bei der Feststellung einer Strukturkrise nicht mehr auf die Ebene des gesamten Wirtschaftszweiges, dem ein Betrieb angehört, sondern auf die Ebene des von Kurzarbeitergeld betroffenen Betriebs Bezug genommen wird. Darüber hinaus wurde die Höchstbezugsfrist des strukturellen Kurzarbeitergeldes, die bisher von der Rechtsverordnung des BMA verlängert werden konnte, gesetzlich von 6 auf 12 Monate verlängert.

5.2.1.3. Entwicklung der Förderung des Kurzarbeitergeldes

Die Anspruchnahme von Kurzarbeit bzw. Kurzarbeitergeld zeigt von Natur her eindeutiger als andere Instrumente einen engen Zusammenhang mit der konjunkturellen Entwicklung, also ist Kurzarbeit „ein Indikator für den konjunkturellen Niedergang" (Deeke 1994, S. 149). So hat sich die Inanspruchnahme von Kurzarbeit näherungsweise in die Gegenrichtung der Wachstumsrate des BIP entwickelt (vgl. Abbildung 5.2).[294] Auffällig ist dabei, dass die Inanspruchnahme seit Mitte der 90er Jahre trotz des niedrigeren Wachstums des BIP und der durch die Wiedervereinigung vermehrten Betriebe geringer ist als in den 70er und 80er Jahren. Dies dürfte darauf zurückzuführen sein, dass Kurzarbeit für die Betriebe durch die Übertragung der Arbeitnehmerbeiträge zur Kranken-, Pflege- (1989) und Rentenversicherung (1994) auf die Arbeitgeber verteuert und auch für die KurzarbeiterInnen durch die Absenkung des Kurzarbeitergeldes (1994) verschlechtert wurde.
Als ein wichtiges Merkmal in diesem Verlauf lässt sich zunächst nennen, dass der Schwerpunkt der Inanspruchnahme von Kurzarbeit von Beginn an im verarbeitenden Gewerbe lag. Berücksichtigt man nur die 90er Jahre,[295] betrug der An-

---

293) Vgl. BT-Drucksache 13/4941, S. 185. Für das strukturelle Kurzarbeitergeld gilt eine Ausnahme (s.o.).
294) Die ausnahmsweise hohe Inanspruchnahme am Anfang der 90er Jahre ist auf die besondere Situation in den neuen Bundesländern zurückzuführen.
295) Vgl. zu den Untersuchungen der Entwicklung von Kurzarbeit in den 70er Jahren Flechsenhar (1980) und Schmid/Semlinger (1980) und in den 80er Jahren Linke (1993).

teil der Kurzarbeiter im verarbeitenden Gewerbe durchschnittlich ca. 60%, wobei er allerdings in den letzten Jahren dadurch sinkt, dass sich der Anteil der Kurzarbeiter im Baugewerbe und in den übrigen Wirtschaftsgruppen (hauptsächlich Dienstleistungen) relativ erhöht (vgl. Tabelle 5.4). Dies ergibt sich daraus, dass die Betriebe im verarbeitenden Gewerbe mit einem Absatzeinbruch relativ eindeutiger und „glaubhafter“[296] die Produktionsausfälle und damit die Arbeitsausfälle begründen können als diejenigen in anderen Wirtschaftszweigen (vgl. Deeke 1994, S. 146). Hieraus leitet sich ein weiteres Merkmal ab, nämlich dass Männer deutlich mehr betroffen sind als Frauen (vgl. Tabelle 5.4), weil Wirtschaftszweige mit überwiegend männlichen Beschäftigten wie verarbeitendes Gewerbe und Baugewerbe die höchsten Anteile an Kurzarbeit haben.

Abbildung 5.2: Entwicklung der Zahl der Kurzarbeiter in Deutschland

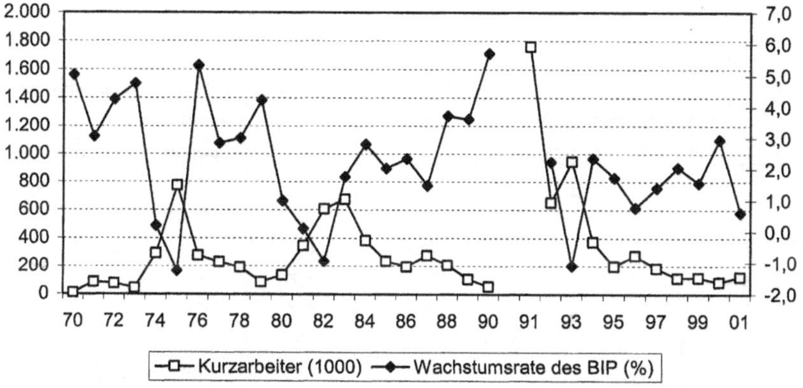

Quelle: BA: Arbeitsstatistik - Jahreszahlen (vers. Jg.); Statisches Bundesamt (2002)

Zu beachten ist daneben auch die Entwicklung der strukturellen Kurzarbeit, die die von der Funktion der traditionellen konjunkturellen Kurzarbeit abweichenden Funktionen haben. Auffällig ist in erster Linie, dass strukturelle Kurzarbeit bis Ende 1991 in den neuen Bundesländern in großem Umfang in Anspruch genommen wurde und fast alle Kurzarbeit bildete (vgl. Tabelle 5.5). Dies wurde wirtschaftlich von den tief greifenden Umstellungsproblemen und gesetzlich von der Sonderregelung (§ 64 (5) AFG) herbeigeführt. Aber mit dem Auslaufen der Sonderregelung reduzierte sie sich ab 1992 drastisch und ging damit auch ihrem Anteil nach noch deutlich zurück. Von diesen Sondersituationen in den neuen Bundesländern am Anfang der 90er Jahre abgesehen spielte sie in der Mitte der

[296]) § 173 SGB III [Anzeige] (1) ... Mit der Anzeige sind das Vorliegen eines erheblichen Arbeitsausfalls und die betrieblichen Voraussetzungen für das Kurzarbeitergeld glaubhaft zu machen.

90er Jahren keine große Rolle. Als Ursache kann vermutet werden, dass darauf sowohl herkömmliche Verfahrensweisen, eine nicht ausreichende Betroffenheit des gesamten Wirtschaftszweiges gemäß Regelung, Schwierigkeiten in der Unterscheidung konjunktureller und struktureller Ursachen als auch die derzeitige Bezugsfrist für konjunkturelles Kurzarbeitergeld[297] Einfluss haben (Völkel 1996, S. 2). Allerdings nimmt der Anteil der strukturellen Kurzarbeit in den letzten Jahren zu, was auf die Lockerung der Voraussetzung für strukturelles Kurzarbeitergeld zurückzuführen ist, dass bei der Feststellung einer Strukturkrise nicht mehr der gesamte Wirtschaftszweig, sondern der einzelne Betrieb berücksichtigt wird.

Tabelle 5.4: Anteil der Kurzarbeiter nach Wirtschaftszweigen und Geschlecht an den gesamten Kurzarbeitern in Deutschland

Jahr	Kurzarbeiter	nach Wirtschaftszweigen[1)]					nach Geschlecht	
		Land-/ Forstwirtschaft/ Fischerei	Wasser/ Energie/ Bergbau	Verarbeitendes Gewerbe	Baugewerbe	übrige Wirtschaftsgruppe	Männer	Frauen
	1.000	%	%	%	%	%	%	%
1991	1.761	13,5	5,3	60,4	5,7	15,0	57,1	42,9
1992	653	6,4	4,0	75,0	6,6	8,0	65,4	34,6
1993	948	1,3	2,7	87,3	4,7	3,9	77,3	22,7
1994	372	1,1	3,0	80,4	9,7	5,9	76,4	23,6
1995	199	1,0	5,5	63,8	22,6	7,0	76,3	23,7
1996	277	0,4	5,8	61,4	25,6	6,9	81,2	18,8
1997	183	0,0	3,3	51,9	29,5	15,3	78,0	22,0
1998	115	0,9	5,2	44,3	33,9	15,7	78,3	21,7
1999	119	0,0	7,6	62,2	17,6	12,6	78,8	21,2
2000	86	0,0	7,0	44,2	31,4	17,4	81,4	18,6
2001	123	0,0	4,9	55,3	23,6	16,3	78,0	22,0

Quelle: BA: Arbeitsstatistik - Jahreszahlen (vers. Jg.)

1) Obwohl sich die Klassifikation der Wirtschaftszweige der BA seit 1998 veränderte, sind sie entsprechend der vorherigen Klassifikation reklassifiziert worden.

297) Die gesetzliche Bezugsfrist für konjunkturelles Kurzarbeitergeld beträgt 6 Monate, aber die Bezugsfristen wurden in der Mitte der 90er Jahre auf 24 (1.9.1993 ~ 30.6.1995), 18 (~ 31.12.1995), 12 (~ 30.4.1996) und 15 (~ 30.06.1997) Monate verlängert, so dass konjunkturelle Kurzarbeit relativ begünstigt wurde.

Tabelle 5.5: Entwicklung der Zahl der Kurzarbeiter nach Anspruchsvoraussetzungen in Deutschland

Jahr	Insgesamt	mit konjunkturellem Kurzarbeitergeld[1)]		mit strukturellem Kurzarbeitergeld[2)]	
	1.000	1.000	%	1.000	%
		Bundesgebiet Ost			
1991	1.616	2	0,1	1.614	99,9
1992	370	115	31,1	255	68,9
1993	181	113	62,1	69	37,9
		Deutschland[3)]			
1994	372	344	92,4	28	7,6
1995	199	169	85,3	29	14,7
1996	277	257	92,7	20	7,3
1997	183	165	90,0	18	10,0
1998	115	100	87,1	15	12,9
1999	119	103	86,9	16	13,1
2000	86	64	74,2	22	25,8
2001	123	98	80,1	24	19,9

Quelle: BA: Arbeitsstatistik - Jahreszahlen (vers. Jg.); Völkel (1996, S. 4)
1) Anspruch gem. § 64 Abs. 1 AFG (bis 1997) und § 170 Abs. 1 SGB III (seit 1998)
2) Anspruch gem. § 64 Abs. 4 AFG (bis 1997) und § 175 SGB III (seit 1998)
3) In den alten Bundesländern wurden Kurzarbeiter (und kurzarbeitende Betriebe) erst seit Mai 1993 nach Anspruchsvoraussetzungen erfasst.

Schließlich erweist sich, dass Qualifizierung während Kurzarbeit, die seit 1994 auch während konjunktureller Kurzarbeit ermöglicht worden ist, nur eine sehr marginale Bedeutung hat. Nach Anfragen bei den Arbeitsämtern[298] betrug der Anteil der Betriebe, die während der Kurzarbeit Qualifizierungsmaßnahmen durchführten, an den gesamten kurzarbeitenden Betrieben und derjenige der Kurzarbeiter in Qualifizierungsmaßnahmen an den gesamten Kurzarbeitern für 1994 ~ 1996 jeweils nur 0,16 ~ 0,22% und 0,26 ~ 0,33% (bei struktureller Kurzarbeit 3,02 ~ 5,50% und 1,22 ~ 2,64%) (Völkel 1997, S. 141). Diese geringe Teilnahme an Qualifizierung während der Kurzarbeit ist im Grunde darauf zurückzuführen, dass Betriebe in Krisensituationen wenige Spielräume haben, weil sie unter einem erheblichen Kostendruck stehen und alle Mittel und Anstrengungen vorrangig auf eine Bewältigung der Umstrukturierungen konzentrieren. Auch für die KurzarbeiterInnen wurden die Konditionen für die Teilnahme an

[298]) In der Kurzarbeitergeld-Statistik der BA sind Kurzarbeiter in Qualifizierungsmaßnahmen nur bis August 1992 erfasst worden, weil „der geringe Anteil die Weiterführung nicht rechtfertigte“ (Völkel 1997, S. 140).

Qualifizierungsmaßnahmen durch die Absenkung des Unterhaltsgeldes auf das Niveau des Kurzarbeitergeldes schlechter (vgl. Lotzkat/Ochs 1995, S. 470).[299]
Im Hinblick auf die arbeitsmarktpolitischen Wirkungen des Kurzarbeitergeldes können zunächst die Entlastungseffekte ausgewiesen werden. Gemäß der Berechnung der BA[300] entlastete Kurzarbeit in den 90er Jahren den Arbeitsmarkt um 927 Tsd. (1991) ~ 33 Tsd. (2000) Personen (vgl. Autorengemeinschaft 2002, S. 34), was der Reduzierung der Arbeitslosenquote von um 2,2% ~ 0,1% entspricht (eigene Berechnung). Dabei weisen auch die Entlastungseffekte genau so wie die Inanspruchnahme einen deutlichen Rückgangstrend auf.
Aber die Arbeitsmarktentlastung sagt noch nichts über die tatsächliche Zielerreichung von Kurzarbeit – den Erhalt des Arbeitsplatzes – aus. Aussagen hierzu lassen sich erst aus der Analyse des Verbleibs nach der Kurzarbeit gewinnen, doch sein statistischer Nachweis ist aufgrund des gängigen Antragsverfahrens für die Inanspruchnahme von Kurzarbeitergeld zurzeit nicht möglich.[301] Daher sind Informationen zum Verbleib von Kurzarbeitergeld-Empfängern nur über Befragungen ehemaliger Betroffener zu gewinnen, aber auch Befragungen dazu sind selten. Vorbehaltlich dieser Grenzen erscheint es so, dass der Verbleib von Kurzarbeitern nach der Beendigung der Kurzarbeit relativ hoch war: Nach einem Arbeitsmarkt-Monitor für die neuen Bundesländer in der Zeit von 11.1990 ~ 11.1994 war bis 11.1993 knapp die Hälfte der Kurzarbeiter nach einem Jahr wieder ohne Kurzarbeit erwerbstätig und es waren 11.1994 rund drei Viertel der Kurzarbeiter. Bezogen auf den Verbleib über einen längeren Zeitraum waren von den Kurzarbeitern vom 3. 1991 nach einem halben Jahr 78% und nach jedem weiteren Jahr dann konstant rd. 62% noch oder wieder erwerbstätig. Bei der Bewertung dieser Ergebnisse sind allerdings weitere Vorbehalte erforderlich, weil es hierfür keinen Maßstab (z.B. vergleichbare Daten in den alten Bundesländern) gibt und der Verbleib grundsätzlich von den außerinstitutionellen Situationen wie der gesamten wirtschaftlichen Situation und der Lage auf den regionalen Arbeitsmärkten, aber auch den personellen Merkmalen der Kurzarbeiter selbst abhängt (vgl. Völkel 1997, S. 141ff.).

---

299) TeilnehmerInnen an Qualifizierungsmaßnahmen während Kurzarbeit erhalten anstelle des Kurzarbeitergeldes Unterhaltsgeld, das bei der Teilnahme an Weiterbildungsmaßnahmen gezahlt wird. Vor 1994 war das Unterhaltsgeld etwas höher als Kurzarbeitergeld (vgl. 5.1.1.2.), wurde aber seit 1994 dem Kurzarbeitergeld und dem Arbeitslosengeld ausgeglichen.

300) Nach der Ermittlungsmethode der BA ergibt sich die Entlastung der Arbeitslosenzahl aus der Annahme, dass sich das (fiktive) Beschäftigungsäquivalent, das durch Multiplikation aus Inanspruchnahme (Personen) und durchschnittlichem Arbeitsausfall ermittelt wird, auf Arbeitslose und Stille Reserve analog zum gesamtwirtschaftlichen Verhältnis verteilt (vgl. Bach 2001, S.1).

301) Vgl. zu den Ausführungen Völkel (1997, S. 143).

5.2.1.4. Reformvorschläge

Da Kurzarbeitergeld schon seit langem von allen davon tangierten Akteuren am Arbeitsmarkt – Arbeitnehmer, Arbeitgeber und das Arbeitsamt – als ein bewährtes Instrument der direkten Beschäftigungsförderung und der präventiven Vermeidung von Arbeitslosigkeit akzeptiert wird,[302] hat es bisher im Unterschied zu anderen Instrumenten in der Reformdebatte keine große Rolle gespielt.[303] Dementsprechend werden dazu nicht viele Reformvorschläge eingebracht: außer der Forderung, dass die materiellen Anreize zur Kurzarbeit dadurch erhöht werden sollten, dass der abgeschaffte Zuschuss zu den Sozialversicherungsbeiträgen wieder für die Betriebe eingeführt und das abgesenkte Kurzarbeitergeld für die KurzarbeiterInnen erhöht wird, ist der Vorschlag zur Verbesserung der Qualifizierung während Kurzarbeit fast der einzige (vgl. Deeke 1994, S. 160f.; Lotzkat/Ochs 1995, S. 470ff.).
Gegenüber ihrer Bedeutung, dass sie eine produktive Nutzung der Zeit des Arbeitsausfalls ermögliche, also einen Strukturwandel der in Krisen stehenden Betriebe flankiere und die Vermittlungsaussichten der Kurzarbeiter verbessere, werde sie in der Praxis nur marginal genutzt. Da ein wesentlicher Grund dafür der Kostendruck der kurzarbeitenden Betriebe sei, sei die Erhöhung der materiellen Anreize nicht nur für die Nutzung der Kurzarbeit an sich, sondern auch für die Aktivierung der Qualifizierung unentbehrlich. Unabhängig davon könnten eine Verbesserung und Intensivierung der Beratung (und Informationen) für die Betriebe hilfreich sein, die sich nicht nur auf die förderrechtlichen Regelungen beziehe, sondern auch die Planung, Organisierung und Durchführung von

[302]) Aus ordnungspolitischer Sicht wird die Notwendigkeit des Kurzarbeitergeldes immer wieder bestritten: Es sei zur Gesundung der Wirtschaft notwendig, wenn nicht lebensfähige Betriebe aus dem Wirtschaftsprozess ausschieden. Aber dieser „natürliche" Ausleseprozess werde durch die Zahlung von Leistungen an die Arbeitnehmer eher verzögert. Aber diese Kritik ist aus arbeitsmarktpolitischer Sicht zurückzuweisen und aus betriebs- und volkswirtschaftlicher Sicht unbegründet: Die Bedeutung des Instruments besteht erstens aus arbeitsmarktpolitischer Sicht im Erhalt der Arbeitsplätze (Vorteil für Arbeitnehmer). Zweitens können Arbeitgeber ihre Stammbelegschaften erhalten, Personalkosten zeitweise senken und Transaktionskosten (Entlassungs-, Neueinstellungs- und Einarbeitungskosten) vermeiden (Vorteil für Arbeitgeber). Schließlich sind aus volkswirtschaftlicher Sicht die Kosten für die Gewährung von Kurzarbeitergeld zumeist niedriger als die der sonst eintretenden Arbeitslosigkeit (Vorteil für das Arbeitsamt). Außerdem hat die Vermeidung von Arbeitslosigkeit durch das Kurzarbeitergeld auch aus persönlicher, gesellschaftlicher und politischer Sicht viele Vorteile (vgl. Völkel 1997, S. 128; Hammer/Weiland 1997, S. 2585f.).

[303]) Darüber hinaus liegen wohl deshalb auch empirische Untersuchungen (einschließlich Wirkungsforschungen) außer für die neuen Bundesländer vom Anfang der 90er Jahren viel weniger als diejenigen zu anderen Instrumenten vor.

Kurzarbeit und Qualifizierung einschließe, weil einer Qualifizierung in Krisenzeiten zu wenig Aufmerksamkeit zuteil werde.
Dabei seien kleine und mittlere Betriebe besonders förderungsbedürftig,[304] weil sie weder über das notwendige Know-How noch über die entsprechende Infrastruktur für Qualifizierungsmaßnehmen verfügen würden. Deshalb sei für sie in Erwägung zu ziehen, überbetriebliche Bildungsträger, die entsprechende Maßnahmen für KurzarbeiterInnen planen und durchführen, besonders zu bezuschussen.
Ein Problem sei hierbei, dass eine auf das Eigeninteresse des Betriebs bezogene Qualifizierung während Kurzarbeit mit der Regelung der FbW in Konflikt geraten könne, dass die überwiegend im Interesse des Betriebs liegende Weiterbildung grundsätzlich nicht förderungsfähig sei (§ 95 (2) SGB III). Um dieses Problem zu vermeiden, sei es erforderlich, dass das Arbeitsamt Qualifizierung während Kurzarbeit aktiv als eine Situation anerkenne, in der ein besonderes arbeitsmarktpolitisches Interesse bestehe, weil dabei trotz der oberen Regelung eine öffentliche Förderung möglich sei.

5.2.2. Südkorea

5.2.2.1. Gesetzliche Regelungen

(1) Ziel

Die Gewährung von Kurzarbeitergeld[305] zielt darauf ab, durch vorläufige Stilllegung, Qualifizierung und Personalumplatzierung usw. Beschäftigungsverhältnisse zu erhalten, falls eine Personalanpassung wegen der Einschränkung der Produktion, der Geschäftsaufgabe oder des Branchenwechsels unvermeidlich ist (§ 16 (1) BVG).
Wie in Deutschland wird auch Qualifizierung während Kurzarbeit gefördert, aber die an externen Arbeitmärkten orientierende Qualifizierung wird nicht gefördert. Deshalb beschränkt sich das Ziel des Kurzarbeitergeldes darauf, Ar-

---

304) Da Kleinbetriebe mit weniger als 20 Beschäftigten von struktureller Kurzarbeit, während der zu einer Qualifizierung besonders aufgefordert wird, ausgeschlossen sind, ist die Möglichkeit zur Qualifizierung während Kurzarbeit ohnehin in kleinen Betrieben geringer als in Großbetrieben.

305) Wenn man den Namen des südkoreanischen Instruments, das dem deutschen „Kurzarbeitergeld" entspricht, wörtlich ins Deutsche übersetzt, heißt es die „Subvention zur Beschäftigungserhaltung". Also bezeichnet der südkoreanische Name das Ziel des Instruments, während der deutsche die Form des Gegenstandes des Instruments bezeichnet. Hier wird aber für die Vereinheitlichung des Wortes das Wort „Kurzarbeitergeld" verwendet.

beitsplätze zu erhalten, während in Deutschland durch strukturelles Kurzarbeitergeld eine Verbesserung der Vermittlungsaussichten der Arbeitnehmer gefördert wird.

(2) Voraussetzungen und Leistungen

Eine Personalanpassung ist unvermeidlich, wenn 1) der Lagerbestand am Ende des Kriteriumsmonats (der dem Kurzarbeitsmonat vorausgehende Monat) um mehr als 50% des durchschnittlichen Lagerbestandes des letzten Jahres zunimmt, 2) sich die Produktion/der Umsatz um mehr als 10% gegenüber dem Vormonat des Kriteriumsmonats, gegenüber der/dem durchschnittlichen Produktion /Umsatz der 3 Monate vor dem Kriteriumsmonat oder gegenüber der/dem monatlichen durchschnittlichen Produktion/Umsatz des letzten Jahres reduziert, 3) sich der Lagerbestand/Umsatz des Kriteriumsmonats und der durchschnittliche Lagerbestand/Umsatz 2 Vierteljahre vor dem Kriteriumsmonat im zunehmenden/reduzierenden Trend befindet, 4) ein Teil des Betriebs geschlossen oder eingeschränkt wird, oder 5) Automatisierungseinrichtungen erstellt werden, die zum Personalabbau führen, oder sich Arbeitsabläufe oder Produktionsmethoden verändern (§ 19-2 Vorschrift BVG). Nach der deutschen Klassifikation lassen sich darunter die Voraussetzungen 1) ~ 3) in diejenigen für konjunkturelle Kurzarbeit und 4) und 5) in diejenigen für strukturelle Kurzarbeit klassifizieren.
Kurzarbeitergeld wird erst gewährt, wenn Arbeitgeber mit oberen allgemeinen Voraussetzungen eine von den folgenden fünf Formen der Kurzarbeit durchführen, nach denen sich die Höhe des Kurzarbeitergeldes unterscheidet (§§ 17, 17-3 Anordnung BVG). Dabei liegt ein entscheidender Unterschied zu Deutschland darin, dass das Kurzarbeitergeld in Südkorea nicht den Arbeitnehmern, sondern dem Arbeitgeber gezahlt wird. Die Bezugsfrist von Kurzarbeitergeld beträgt außer bei Personalumplatzierung höchstens 180 Tage, und kann durch Verordnung des Arbeitsministeriums zusätzlich um bis zu 90 Tage verlängert werden, falls Qualifizierungsmaßnahmen für Arbeitnehmer vorgesehen sind (§ 17-3 Anordnung BVG).

1) Stilllegung:[306]
Wenn die Stilllegungsrate[307] eines Kalendermonats 1/15 überschreitet und das Stilllegungsgeld[308] den Arbeitnehmern gezahlt wird, beträgt die Höhe des Kurz-

---

[306]) Stilllegung bedeutet, dass Arbeit einen ganzen Tag ausfällt.
[307]) Die Stilllegungsrate wird wie folgt definiert:

$$\text{Stilllegungsrate} = \frac{\text{gesamte monatliche Stilllegungstage der Arbeitnehmer}}{\text{gesamte monatlich vorgeschriebene Arbeitstage der Arbeitnehmer}}$$

[308]) Gemäß dem Arbeitnormengesetz muss das Stilllegungsgeld mindestens 70% des durchschnittlichen Arbeitsentgelts betragen.

arbeitergeldes 2/3 („für Großbetriebe“ (unten ausgelassen) 1/2) des Stilllegungsgeldes.
2) Verkürzung der Arbeitszeit:
Wenn die Arbeitszeit der gesamten Arbeitnehmer im Betrieb bzw. in den Betriebsteilen über einen Monat hinaus (Anspruchszeitraum) mehr als 1/10 der regulären Arbeitszeit pro Tag oder um 8 Stunden pro Woche verkürzt wird und die verkürzte Arbeitszeit pro Woche kürzer als die im Arbeitsnormengesetz vorgeschriebene Arbeitszeit (derzeit 44 Stunden) ist, beträgt die Höhe des Kurzarbeitergeldes 1/10 (1/15) des durchschnittlichen Arbeitsentgelts, das vor der Arbeitszeitverkürzung den Arbeitnehmern gezahlt worden ist.
3) Qualifizierung:
Wenn während Kurzarbeit Qualifizierungsmaßnahmen für Arbeitnehmer durchgeführt werden, werden 3/4 (2/3) des Arbeitsentgelts, das während der Qualifizierung den Arbeitnehmern gezahlt worden ist, und ein Teil der Qualifizierungskosten dem Arbeitgeber gezahlt.
4) Beurlaubung:
Wenn ein Arbeitnehmer länger als einen Monat mit Beurlaubungsgeld (unter der Voraussetzung der individuellen Zustimmung) beurlaubt wird, werden 2/3 (1/2) des Beurlaubungsgeldes dem Arbeitgeber gezahlt. Bei unbezahlter Beurlaubung wird für Lohnnebenkosten ein bestimmter Betrag (derzeit 200 Tsd. *Won* pro Monat) gezahlt.
5) Personalumplatzierung:
Wenn bei einem Branchenwechsel mehr als 60% der Arbeitnehmer in ein neues Geschäft umplatziert werden, werden 2/3 (1/2) des Arbeitsentgelts, das nach der Umplatzierung den Arbeitnehmern gezahlt worden ist, dem Arbeitgeber gezahlt. Die Bezugsfrist des Kurzarbeitergeldes beträgt in diesem Fall ein Jahr nach der Vollendung der Umplatzierung.

Daneben sind die persönlichen Voraussetzungen erfüllt, wenn der Arbeitnehmer versicherungspflichtig ist.[309] Der Arbeitgeber muss sich bei der Planung der Kurzarbeit mit der Vertretung der Arbeitnehmer (Gewerkschaft oder Vertreter von mehr als der Hälfte der Arbeitnehmer) beraten (§ 17-2 Anordnung BVG).

(3) Entwicklung der Regelungen

Trotz des kurzen Zeitraums nach dem Inkrafttreten des BVG haben sich die Regelungen zum Kurzarbeitergeld im Vergleich zu anderen Instrumenten sehr häufig verändert.

---

309) Tagearbeiter, die kürzer als einen Monat beschäftigt werden, und gekündigte Arbeitnehmer werden ausgeschlossen.

Anfangs wurde das Kurzarbeitergeld nur bei Stilllegung und Personalumplatzierung und auch bei Stilllegung nur in den designierten Wirtschaftszweigen und Regionen[310] gewährt. Ab 1997 wurde auch die Stilllegung in den nicht designierten Wirtschaftszweigen und Regionen gefördert, aber die Höhe des Kurzarbeitergeldes war niedriger (1/4 (1/5))[311] als bei derjenigen in den designierten Wirtschaftszweigen und Regionen (1/2 (1/3)). Ab 7.1998 wurde die Diskriminierung nach Wirtschaftszweigen und Regionen abgeschafft, und auch die Höhe des Kurzarbeitergeldes (auch bei Personalumplatzierung) erhöhte sich auf 2/3 (1/2).

Aus Anlass der plötzlichen Stagnierung der Konjunktur Ende 1997 wurden ab 1.1998 viele neue Arten der Kurzarbeit eingeführt, und zwar Qualifizierung, Verkürzung der Arbeitszeit, Personalabsendung[312] und Beurlaubung (ab 7.1998). Darunter hat sich die Höhe des Kurzarbeitergeldes bei Qualifizierung ab 7.1999 von 1/2 (1/3) auf 2/3 (1/2) erhöht. Bei Verkürzung der Arbeitszeit wurde der Anspruchszeitraum ab 7.1998 von über drei Monaten auf über einen Monat verkürzt, und die Höhe des Kurzarbeitergeldes erhöhte sich ab 7.1999 von 1/20 (1/30) auf 1/10 (1/20) und ab 1.2001 für Großbetriebe wiederum auf 1/15. Schließlich erhöhte sich der Betrag, der bei unbezahlter Beurlaubung dem Arbeitgeber gezahlt wird, ab 1.1999 monatlich von 140 Tsd. *Won* (110 Tsd. *Won*) auf 150 Tsd. *Won* (120 Tsd. *Won*) und ab 1.2001 für alle Betriebe auf 200 Tsd. *Won*.

Alles in allem wurden die Leistungsbedingungen seit der Einführung auch nach der Wiederbelebung der Konjunktur seit 1999 allmählich verbessert.

5.2.2.2. Entwicklung der Förderung des Kurzarbeitergeldes

Wie andere Instrumente wurde auch das Kurzarbeitergeld bis Ende 1997 selten genutzt. Obwohl Stilllegung und Personalumplatzierung von Anfang an gefördert wurden, wurde die letztere gar nicht genutzt, und auch die Nutzung der ersteren blieb auf einem ignorierbaren Niveau. Aber die Inanspruchnahme des

---

310) Die designierten Wirtschaftszweige sind die Wirtschaftszweige, bei denen ein Branchenwechsel, eine Geschäftseinschränkung oder -aufgabe zur erheblichen Reduzierung der Beschäftigung führt oder führen kann. Die designierten Regionen sind die Regionen, in denen sich die designierten Wirtschaftszweige scharen oder die Beschäftigungschancen erheblich geringer sind als die Zahl der Arbeitssuchenden (§ 18 Anordnung GGB).

311) Zur Basis der Zahlung des Kurzarbeitergeldes bei den jeweiligen Formen von Kurzarbeit s.o.

312) Eine Form von Kurzarbeit, mit der Kurzarbeiter in andere einschlägige Betriebe (kapitalverflochtene Betriebe bzw. Kooperationspartner) abgesendet werden. Aber die Förderung der Personalabsendung ist wegen der zu geringen Inanspruchnahme und des großen Mitnahmeeffekts ab 2001 abgeschafft.

Kurzarbeitergeldes nahm 1998 mit der drastischen Konjunkturflaute kräftig zu und sank dann mit der Wiederbelebung der Konjunktur seit 1999 nach und nach. Dass sie 2001 wieder zunahm, ist auf die Erhöhung des Kurzarbeitergeldes zurückzuführen (vgl. Tabelle 5.6).

Tabelle 5.6: Entwicklung der Zahl der Kurzarbeiter in Südkorea

Jahr[1)]	1998		1999		2000		2001	
	absolut	%	absolut	%	absolut	%	absolut	%
Stilllegung	602.803	92,1	291.086	78,6	130.093	87,8	180.061	69,3
Arbeitszeitverkürzung	3.774	0,6	6.881	1,9	655	0,4	1.262	0,5
Qualifizierung	36.113	5,5	31.832	8,6	9.473	6,4	52.616	20,3
Beurlaubung	10.365	1,6	38.491	10,4	7.210	4,9	24.849	9,6
Absendung	822	0,1	1.490	0,4	184	0,1	25[2)]	0,0
Umplatzierung	493	0,1	644	0,2	627	0,4	830	0,3
insgesamt	654.370	100,0	370.424	100,0	148.242	100,0	259.643	100,0
Wachstunsrate des BIP		-6,7		10,9		9,3		3,1

Quelle: Keum u.a. (2002, S. 40)

1) Bis 1997 wurde die Zahl der Kurzarbeiter nicht erfasst.

2) Trotz der Abschaffung der Förderung von Absendung ab 2001 wurde das Kurzarbeitergeld bei Absendung auch in der ersten Hälfte 2001 fortgesetzt, weil die Bezugsfrist 6 Monate beträgt.

An allen Formen von Kurzarbeit war der Anteil von Stilllegung überwältigend, was darauf zurückzuführen ist, dass die Regelungen zur Stilllegung im Vergleich zu anderen relativ eindeutiger sind und die Planung von Stilllegung einfacher ist (vgl. Kim/Kim/Lee 1999, S. 66). Abgesehen davon wurden andere Forme von Kurzarbeit nur wenig in Anspruch genommen, und davon war die Inanspruchnahme von Arbeitszeitverkürzung, Absendung und Umplatzierung besonders marginal. Ein gemeinsamer Grund dafür liegt im komplizierten Anzeige- und Auszahlungsverfahren (vgl. Kim/Lee/Kim 2001, S. 59).[313]

Nach Wirtschaftszweigen lag der Schwerpunkt der Inanspruchnahme von Kurzarbeit deutlich im verarbeitenden Gewerbe, d.h. sein Anteil betrug an allen Wirtschaftszweigen von 1998 bis zur ersten Hälfte 2001 durchschnittlich über 80% (vgl. Tabelle 5.7). Dies ist darauf zurückzuführen, dass die allgemeinen Voraussetzungen für Kurzarbeit wie in Deutschland im verarbeitenden Gewerbe viel eindeutiger nachgewiesen werden können als in anderen Zweigen. Nach Betriebsgrößen (Zahl der Arbeitnehmer) zeigte sich Kurzarbeit den Formen nach unterschiedlich, aber wurde durchschnittlich von Großbetrieben mit mehr als

313) Vgl. dazu ausführlich den nächsten Abschnitt (5.2.2.3.).

1.000 Arbeitnehmern viel, und von Kleinbetrieben mit weniger als 10 Arbeitnehmern wenig in Anspruch genommen (vgl. Tabelle 5.7). Dass sie von Kleinbetrieben wenig genutzt wird, ist darauf zurückzuführen, dass je kleiner die Betriebe sind, desto niedriger der Anteil der Betriebe im verarbeitenden Gewerbe ist,[314] und Kleinbetriebe keine Zuständigen für Beschäftigungsversicherung haben usw. (vgl. Kim u.a. 1999, S. 92).

Tabelle 5.7: Anteil von Kurzarbeitergeld nach Wirtschaftszweigen und Betriebsgrößen in Südkorea (Summe von 1998 bis erster Hälfte 2001)

Wirtschaftszweige[1)]	Land-/ Forstwirtschaft/ Fischerei	Wasser/ Energie/ Bergbau	Verarbeitendes Gewerbe	Baugewerbe	übrige Wirtschaftsgruppe
	%	%	%	%	%
Stilllegung	0,0	0,3	92,9	2,0	4,9
Arbeitszeitverkürzung	0,0	1,1	85,4	0,5	13,0
Qualifizierung	0,0	0,5	76,5	7,7	15,2
Beurlaubung	0,3	1,3	36,5	27,7	34,2
Absendung	0,0	0,0	76,9	4,7	18,5
Umplatzierung	0,0	0,3	80,7	0,0	19,0
Durchschnitt	0,0	0,4	83,3	5,9	10,4

Zahl der	1~9	10~29	30~99	100~299	300~499	500~999	1.000~
Arbeitnehmer	%	%	%	%	%	%	%
Stilllegung	4,9	9,6	18,2	17,1	7,6	6,1	36,4
Arbeitszeitverkürzung	1,9	7,2	13,0	50,7	10,7	16,6	0,0
Qualifizierung	0,1	1,4	5,7	12,3	15,2	12,2	53,1
Beurlaubung	17,5	22,2	23,6	7,7	3,7	2,0	23,3
Absendung	3,0	10,5	21,0	12,5	14,7	7,1	31,3
Umplatzierung	18,4	21,3	15,3	45,0	0,0	0,0	0,0
Durchschnitt	5,4	9,5	16,4	15,5	8,7	6,9	37,6

Quelle: Kim/Lee/Kim (2001, S. 6ff.); eigene Berechnung
1) Klassifizierung nach dem deutschen Kriterium.

Bezüglich der arbeitsmarktpolitischen Wirkungen des Kurzarbeitergeldes liegt keine Studie über den Entlastungseffekt der Kurzarbeit bzw. den Verbleib nach der Kurzarbeit vor. Stattdessen wurden 1999 und 2001 vom *Korea Labor Institute* Befragungen an die Betriebe mit Kurzarbeit dazu vorgenommen, wie viele

[314]) An den Betrieben mit weniger als 5 Arbeitnehmern ist der Anteil der Betriebe im Gastgewerbe am höchsten.

Arbeitnehmer entlassen worden wären, wenn die Betriebe die Kurzarbeit nicht genutzt hätten (Prozentsatz der mutmaßlichen Entlassenen ≈ Nettobeschäftigungseffekt).[315] Nach den Ergebnissen betrug der Nettobeschäftigungseffekt durch die Kurzarbeit 1999 22,5% und hat sich 2001 mit 29,3% leicht erhöht.[316] Aber dies bedeutet auf der anderen Seite, dass bei der Kurzarbeit Mitnahmeeffekte von mehr als 70% aufgetreten sind: Mehr als 70% der Arbeitnehmer in Kurzarbeit hätten auch ohne das Kurzarbeitergeld ihre Arbeitsplätze erhalten. Schwierig ist aber zu bewerten, ob dieser Effekt groß ist oder nicht, weil nicht nur die auf den subjektiven Antworten basierten Befragungen an sich die Aussagekraft begrenzen, sondern es auch keinen Vergleichsgegenstand gibt. Trotzdem erwies sich, dass die Zufriedenheit der Betriebe mit Kurzarbeit sehr hoch war (81, 3% und 85, 5%), und die Vermeidung von Arbeitslosigkeit durch das Kurzarbeitergeld war trotz des Mitnahmeeffekts aus volkswirtschaftlicher Sicht viel effizienter als das Arbeitslosengeld an diejenigen, die ohne das Kurzarbeitergeld arbeitslos geworden wären (vgl. Kim/Kim/Lee 1999, S. 64f.).

5.2.2.3. Reformvorschläge

Wie erwähnt, wurden die institutionellen Ausgestaltungen mit dem Rückgang der Nutzung von Kurzarbeit seit 1999 einige Male verbessert. Trotzdem gibt es noch Mängel, weil sie noch in den Anfängen stecken. Daher werden verschiedene Reformvorschläge sowohl zu den Anspruchsvoraussetzungen für einzelne Formen von Kurzarbeit als auch zu ihren allgemeinen Ausgestaltungen eingebracht. Im Folgenden werden die Reformvorschläge von Kim u.a. (1999, S. 87ff.) und Kim/Kim/Lee (1999, S. 65ff.) zusammengefasst:

Bei Stilllegung, die am meisten in Anspruch genommen werde, seien die Stilllegungsrate und das Stilllegungsgeld problematisch: Da die zumindest erforderliche Stilllegungsrate 1/15 betrage, werde die kürzere Stilllegung nicht gefördert. Dieses Problem betreffe vor allem Kleinbetriebe, denen die Erhaltung der Arbeitnehmer auch während eines sehr kurzen Zeitraums zur Last falle. Daher solle die Voraussetzung für die Stilllegungsrate abgeschafft werden.[317] Ein weiteres

---

[315]) Vgl. zu den Ergebnissen der 1999er Befragung Kim/Kim/Lee (1999) und Kim, D.H. (2000) und zu denjenigen der 2001er Befragung Kim/Lee/Kim (2001).

[316]) Auffällig ist, dass der Prozentsatz der mutmaßlichen Entlassenen bei den Kleinbetrieben mit weniger als 10 Arbeitnehmern am höchsten mit 32,5% (1999) und 31, 7% (2001) war. Dies kann so interpretiert werden, dass die Kleinbetriebe einen stärkeren Willen zur Erhaltung der Beschäftigungsverhältnisse haben, weil sie trotz der leichteren Entlassungsbedingungen die Kurzarbeit genutzt haben (Hwang 1999, S. 29).

[317]) Der Befragung von 1999 zufolge überschreitet die Meinung, dass die Voraussetzung für die Stilllegungsrate abgeschafft oder abgesenkt werden soll, die Hälfte (56,0%) (Kim u.a.

Problem sei, dass die Höhe des Stilllegungsgeldes im BVG nicht vorgeschrieben ist. Zwar ist im Arbeitsnormengesetz vorgeschrieben, dass sie mindestens 70% des durchschnittlichen Arbeitsentgelts betragen muss, aber das Kurzarbeitergeld wird unabhängig davon um 1/2 (1/3) des tatsächlich gezahlten Stilllegungsgeldes gewährt. Unter diesen Umständen, so Kim, zögerten Betriebe, die vom Stilllegungsgeld von 70% belastet würden, wegen der Sorge um die Verletzung des Arbeitsnormengesetzes mit der Inanspruchnahme von Kurzarbeitergeld. Für solche Betriebe gebe es zwar eine Möglichkeit, durch die Zustimmung des Arbeitsausschusses[318] legal ein niedrigeres Stilllegungsgeld zu zahlen, aber es sei wegen der prozeduralen und zeitlichen Schwierigkeiten in der Tat nicht leicht, die Zustimmung des Arbeitsausschusses zu erhalten. Daher sei es erforderlich, zunächst die Höhe des Stilllegungsgeldes im BVG deutlich vorzuschreiben und dann dem Arbeitsamt die Befugnis zur Zustimmung des niedrigeren Stilllegungsgeldes zu übertragen.
Dass die Verkürzung der Arbeitszeit besonders wenig in Anspruch genommen wurde, sei auf die zu strengen und komplizierten Voraussetzungen zurückzuführen. Nach der Befragung von 1999 gehören dazu die Vorschriften, dass die Arbeitszeit aller Arbeitnehmer im Betrieb bzw. in den Betriebsteilen verkürzt werden und die verkürzte Arbeitszeit kürzer als die im Arbeitsnormengesetz vorgeschriebene Arbeitszeit sein muss. Dass die Vorschrift über die Länge der verkürzten Arbeitszeit in Frage gestellt werde, hänge damit zusammen, dass es bei Kleinbetrieben in vielen Fällen überhaupt keine Bestimmung über die Arbeitszeit gebe und die Arbeitszeit an sich sehr lang sei. Deswegen sei es schwierig, die Arbeitszeit vor der Verkürzung als Basis der Errechnung des Kürzungsprozentsatzes zu bestätigen, und die Arbeitszeit müsse viel länger als die Minimalvoraussetzung (1/10) verkürzt werden, damit die verkürzte Arbeitszeit kürzer als die gesetzliche Arbeitszeit werde. Darüber hinaus gebe es wichtige institutionelle Mängel, so dass die Höhe des Kurzarbeitergeldes bei der Arbeitszeitverkürzung unabhängig von der Länge der verkürzten Arbeitszeit und egal, ob die verkürzte Arbeitszeit ausgeglichen werde oder nicht, gleich sei.
Unter diesen Umständen sei in Bezug auf die Verbesserung der Förderung der Arbeitszeitverkürzung vielmehr die Vereinigung mit der Förderung der Stilllegung erforderlich, weil beide in dem Sinne des Arbeitsausfalls während der bestimmten Zeit charakterlich identisch seien, ausgenommen den Unterschied, ob die Arbeit einen ganzen Tag oder eine bestimmte Zeit innerhalb eines Arbeitstages ausfalle. Also solle Kurzarbeitergeld einfach proportional zur Länge der Arbeitsausfälle und nur im Falle des Ausgleichs dafür gewährt werden.[319] Diese

---

1999, S. 50). Auch eine andere Befragung in Betrieben mit weniger als 30 Arbeitnehmern zeigt das gleiche Ergebnis (56,5%) (Hwang 1999, S. 32).

[318]) Eine selbständige Organisation, die für die Versöhnung und Entscheidung über die Rechts- und Interessenstreite zuständig ist.

[319]) Vgl. zum konkreten Konzept Kim u.a. (1999, S. 94ff.).

Vereinfachung könne zur Erhöhung der Inanspruchnahme von Kurzarbeitergeld beitragen.
Als Probleme der Qualifizierung während der Kurzarbeit werden die folgenden genannt: Da die Qualifizierungskosten unabhängig von der Dauer der Qualifizierung erst nach der Qualifizierung ausgezahlt würden, falle es einem unter Kostendruck stehenden kurzarbeitenden Betrieb schwer, die Qualifizierungskosten vorauszuzahlen. Daneben müssten Kleinbetriebe, die keine eigenen Qualifizierungseinrichtungen hätten, einem außerbetrieblichen Bildungsträger die Qualifizierung auftragen, aber dabei müsse die Mindestzahl der Teilnehmer 20 ~ 30 betragen, weil sich sonst die Einzelkosten (Kosten pro Teilnehmer) erhöhen würden. Deshalb sei die Qualifizierung für wenige KurzarbeiterInnen schwierig. Um diese Probleme zu lösen, sollten Qualifizierungskosten dem Arbeitgeber vor der Qualifizierung oder direkt dem Träger ausgezahlt werden, und für die Aktivierung der Qualifizierung für wenige KurzarbeiterInnen solle die Höhe der Qualifizierungskosten für Kleinbetriebe erhöht werden, und auch die Zusammenarbeit zwischen mehreren Kleinbetrieben für gemeinsame Qualifizierungsmaßnahmen solle bezuschusst werden.
Bei Beurlaubung sei unbezahlte Beurlaubung besonders problematisch. Obwohl sie durch betriebsbedingte Gründe verursacht werde, würden die Betroffenen gar nicht vergütet, was dem Fall von Stilllegung widerspreche. Darüber hinaus würden die Betroffenen auch von der Arbeitsmarktpolitik nicht geschützt, weil das Kurzarbeitergeld nicht ihnen, sondern dem Arbeitgeber ausgezahlt wird. Dies könne zum heftigen Konflikt bei der Zustimmung von den Betroffenen führen. Deshalb sei es notwendig für den Lebensunterhalt der Betroffenen, auch ihnen das Kurzarbeitergeld zu zahlen. Es sei andererseits ist auch zu erwägen, ihnen ein Arbeitslosengeld zu zahlen, weil ihre materielle Situation derjenigen von Arbeitslosen gleichkomme.
Schließlich lägen die Gründe für die geringe Inanspruchnahme von Personalumplatzierungsmaßnahmen zum einen darin, dass ein Branchenwechsel an sich nicht oft erfolge, weil ein in der Krise steckender Betrieb Schwierigkeiten bei der Finanzierung (für neue Maschinen und Einrichtungen usw.) habe. Zum anderen sei die Zahlung des Kurzarbeitergeldes nach der Vollendung der Umplatzierung weniger wirksam als diejenige während der Umplatzierung, weil die Finanzlage des umplatzierenden Betriebs in der Anfangsphase viel schwieriger sei. Deshalb könne es zur Aktivierung von Personalumplatzierung führen, vor oder während der Umplatzierung das Kurzarbeitergeld zu zahlen.
Neben den einzelnen bisher genannten Problemen wird im Allgemeinen auch auf die Notwendigkeit für die Verbesserung der Prozeduren hingewiesen, weil die Unzufriedenheit mit den Prozeduren in den Befragungen 50% überschreitet (vgl. Kim/Lee/Kim 2001, S. 56). Die Unzufriedenheiten entstünden aus den zu vielen und überflüssigen Unterlagen, der langen Zeit von der Anzeige bis zur Zustimmung und der Verwirrung infolge der zu häufigen Veränderungen der

Regelungen usw. Um diese komplizierten Prozeduren zu vereinfachen und die begleitenden Transaktionskosten zu verringern, wird die Errichtung eines elektronischen Netzes durch das Internet gefordert.[320]

5.2.3. Implikationen für Südkorea

Zwar ist die Entwicklungstendenz von Kurzarbeit bzw. Kurzarbeitergeld in Südkorea wegen der kurzen Erfahrungen nicht zu verallgemeinern. Dennoch bestehen viele Gemeinsamkeiten zwischen ihnen in beiden Ländern, z.B. der überwältigende Anteil an konjunktureller Kurzarbeit (Stilllegung in Südkorea) und der Kurzarbeit im verarbeitenden Gewerbe usw.

Im Vergleich mit dem deutschen System liegen aber die Probleme der Kurzarbeit in Südkorea, wie erwähnt, in ihrer Kompliziertheit, die ein Faktor ist, die Inanspruchnahme zu verhindern. Erstens gibt es zu viele Formen von Kurzarbeit, und zwar fünf, während es in Deutschland nur zwei Formen gibt (konjunkturelle und strukturelle Kurzarbeit). Diese verschiedenartigen Formen können zwar für die Widerspiegelung der verschiedenartigen Situationen von Betrieben vorteilhaft sein. Abgesehen davon, dass Personalumplatzierung näherungsweise der deutschen strukturellen Kurzarbeit entspricht, sind aber drei Formen von ihnen, also sowohl Stilllegung und Verkürzung der Arbeitszeit, die oben schon erwähnt worden sind, als auch Beurlaubung im Wesentlichen gleichartig und gehören - im deutschen Sinne - zur konjunkturellen Kurzarbeit.[321] Daraus, dass die Formen trotzdem voneinander getrennt sind, ergibt sich auch die Möglichkeit, dass Arbeitgeber die Verkürzung der Arbeitszeit und Beurlaubung als ein Mittel benutzen, einen Ausgleich der Entgeltsausfälle der KurzarbeiterInnen zu verringern (bei Verkürzung der Arbeitszeit und bezahlter Beurlaubung)[322] oder ganz zu vermeiden (bei unbezahlter Beurlaubung). Darüber hinaus werden Verkürzung der Arbeitszeit und Beurlaubung in der Tat nur wenig in Anspruch genommen. Deshalb müssen die drei Formen von Kurzarbeit in eine „konjunkturelle Kurzarbeit“ vereinigt werden, und auch der Ausgleich der Entgeltsausfälle muss auf Basis der ausfallenden Arbeitszeit nach dem gleichen Kriterium (z.B. 70% des in der Ausfallstunde ausgefallenen Arbeitsentgelts) gewährt werden.

Dabei kann sich aber ein wichtiges Problem einstellen: ein Arbeitgeber, der zum Ausgleich unfähig ist, wird die Arbeitnehmer lieber entlassen als kurzarbeiten lassen wollen. Dieses Problem kann aber durch die Veränderung der Finanzierungsquelle des Ausgleichs gelöst werden. Unter dem derzeitigen System gleicht

---

320) Vgl. zu den ausführlichen Vernetzungsmethoden Kim/Park (2000, S. 68ff.).

321) Da es bei Qualifizierung während Kurzarbeit um die Benutzungsweise der Ausfallstunde geht, ist sie im genauen Sinne keine Form von Kurzarbeit.

322) Die Höhe eines Ausgleichs für die Entgeltsausfälle bei Verkürzung der Arbeitszeit und bezahlter Beurlaubung (auch bei Qualifizierung) ist gesetzlich nicht vorgeschrieben.

ein kurzarbeitender Arbeitgeber einen Teil der Entgeltsausfälle aus und erhält dann vom Arbeitsamt einen Teil des Ausgleichs als Kurzarbeitergeld, was eine weitere prozedurale Kompliziertheit darstellt. Diese zweistufige Zahlung von Kurzarbeitergeld stammt aus der oben genannten Bestimmung des Arbeitsnormengesetzes, die vorschreibt, dass ein Arbeitgeber bei einer betriebsbedingten Stilllegung dem Arbeitnehmer ein Stilllegungsgeld zahlen muss.[323] Das Ziel dieser Bestimmung lag im materiellen Schutz der Arbeitnehmer in Stilllegung, bevor das BVG eingeführt wurde (vgl. Yoo 1993, S. 98ff.). Da aber die Beschäftigungsversicherung nun für diesen Fall eingeführt worden ist, ist es prinzipiell gerecht, dass die Entgeltausfälle infolge Kurzarbeit nicht vom Arbeitgeber, sondern wie in Deutschland direkt vom Haushalt der Beschäftigungsversicherung ausgeglichen werden.[324] In diesem Fall könnte das Risiko vermieden werden, dass der Arbeitgeber wegen der Bürde des Ausgleichs der Entgeltausfälle die Arbeitnehmer entlassen will, und umgekehrt wird die Inanspruchnahme von Kurzarbeit aktiviert werden, weil das Kurzarbeitergeld vom Haushalt der Beschäftigungsversicherung gewährleistet wird.

Eine weitere Implikation für Südkorea, die sich aus dem deutschen Kurzarbeitsystem ableiten kann, bezieht sich auf die strukturelle Kurzarbeit. In Deutschland ist Qualifizierung während struktureller Kurzarbeit – auch wenn sie in der Tat nur gering in Anspruch genommen wird – institutionell besonders erwünscht, was m.E. zu befürworten ist, weil für die Strukturveränderung eines Betriebs nicht nur neue Maschinen und Einrichtungen, sondern auch neue Qualifikationen von Arbeitnehmern unentbehrlich sind. Im Vergleich dazu wird in Südkorea Qualifizierung bei struktureller Kurzarbeit, vor allem bei einem Branchenwechsel des Betriebs nicht besonders betont, obwohl sie zur Erhaltung bzw. zur Umplatzierung von mehreren Arbeitnehmern führen könnte. Deshalb ist es auch zu erwägen, die Strukturelle Kurzarbeit gegenüber der konjunkturellen durch Gewährung höherer Qualifizierungskosten bevorzugt zu fördern.[325]

---

[323]) Auch bei anderen Formen von Kurzarbeit folgt die Zahlung von Kurzarbeitergeld diesem Fall.

[324]) Trotzdem muss die Bestimmung des Arbeitsnormengesetzes bleiben, weil der Anteil der von der Beschäftigungsversicherung versicherten abhängigen Beschäftigten an den gesamten abhängigen Beschäftigten Ende 2001 nur 50,7% betrug (vgl. Seong/Shin/Park 2002, S. 7).

[325]) In Deutschland gibt es jetzt keinen Unterschied zwischen den Konditionen für die Teilnahme an Qualifizierungsmaßnahmen bei beiden Kurzarbeitformen. Bevor aber Qualifizierung 1994 auch während konjunktureller Kurzarbeit geöffnet wurde, war Qualifizierung während struktureller Kurzarbeit begünstigt, indem das Unterhaltsgeld etwas höher war als das Kurzarbeitergeld.

5.3. Arbeitsbeschaffungsmaßnahmen

5.3.1. Deutschland

5.3.1.1. Gesetzliche Regelungen

(1) Ziele

ABM sind das typische arbeitsmarktpolitische Instrument im SGB III, durch Lohnkostenzuschüsse an Träger der Maßnahmen auf direktem Wege zusätzliche Arbeitsplätze zu schaffen.[326] Die Ziele der Förderung von ABM liegen darin, Arbeitslosigkeit abzubauen, eine dauerhafte und qualifikationsgerechte Wiedereingliederung arbeitsloser Arbeitnehmer zu erreichen und Impulse zur Verbesserung der sozialen Infrastruktur und zu sonstigen Strukturverbesserungen zu geben, um auch dadurch zusätzliche Dauerarbeitsplätze zu schaffen (§ 1 (1) ABM-Anordnung vom 13. Dez. 1984).[327] Damit ist zu erkennen, dass durch ABM nicht nur die arbeitsmarktpolitischen, sondern auch die strukturpolitischen Ziele verfolgt werden.[328]

---

326) Bevor zu Beginn des Jahres 1993 eine öffentliche Beschäftigungsförderung in den neuen Bundesländern durch die sog. „produktive Arbeitsförderung Ost" (§ 249h AFG) eingeführt worden war, waren ABM das einzige Instrument des AFG zur unmittelbaren Schaffung von Arbeitsplätzen. Hier kann auf diese Maßnahmen, die im SGB III durch den Begriff „Strukturanpassungsmaßnahmen" (SAM: §§ 272-279, 415 SGB III) abgelöst wurden, nicht näher eingegangen werden, aber einige ihrer Unterschiede zu ABM liegen im Folgenden: Bei SAM ist das Ziel, die Eingliederungsaussichten der Teilnehmer in den ersten Arbeitsmarkt zu verbessern, nicht (explizit) formuliert, die Zielgruppe ist umfangreicher (Arbeitslose und von Arbeitslosigkeit bedrohte Arbeitnehmer), und die förderungsfähigen Maßnahmen sind begrenzter (Umweltsanierung, soziale Dienste und Jugendhilfe usw.) als bei ABM. Die Höhe des Lohnkostenzuschusses beträgt den Durchschnitt monatlicher Aufwendungen an Arbeitslosengeld und -hilfe aller Empfänger des Jahres, so dass SAM kostenneutral im Vergleich zur Arbeitslosenunterstützung ist (vgl. zu denen von ABM den Text).

327) Die wie dies explizit formulierte Zielsetzung liegt weder im AFG noch im SGB III vor und wurde auch aus der neuen ABM-Anordnung vom 23. Okt. 1997 gestrichen. Aber sie ist im „Grundsatz" der Förderung von ABM im SGB III (§ 260) implizit eingeschlossen.

328) Genauer betrachtet sind aber die Ziele von ABM umfangreicher. Nach Sell (1994c, S. 809) besteht das Zielspektrum aus folgenden vier Zielen:

- beschäftigungspolitisches Ziel: Erhöhung des Angebots an (zusätzlichen) Arbeitsplätzen und Verringerung der Zahl der Arbeitslosen
- arbeitsmarktpolitisches Ziel: Verbesserung der Wiedereingliederungschancen durch Kombination von Beschäftigung und Qualifizierung

(2) Voraussetzungen

1) Förderungsfähige Maßnahmen
Maßnahmen sind förderungsfähig, wenn die in ihnen verrichteten Arbeiten zusätzlich sind und im öffentlichen Interesse liegen.[329] Dabei sind Arbeiten zusätzlich, wenn sie ohne die Förderung nicht oder erst zu einem späteren Zeitpunkt durchgeführt werden, und liegen im öffentlichen Interesse, wenn das Arbeitsergebnis der Allgemeinheit dient (§ 261 SGB III). Maßnahmen im gewerblichen Bereich sind nur förderungsfähig, wenn sie an ein Wirtschaftsunternehmen vergeben werden (§ 262 (1) SGB III).[330]
2) Förderungsbedürftige Arbeitnehmer
Arbeitnehmer sind förderungsfähig, wenn sie arbeitslos sind, allein durch eine Förderung in einer Arbeitsbeschaffungs- und Strukturanpassungsmaßnahme eine Beschäftigung aufnehmen können und die Voraussetzungen erfüllen, um Entgeltersatzleistungen bei Arbeitslosigkeit, bei beruflicher Weiterbildung oder bei Leistungen zur Teilhabe am Arbeitsleben zu erhalten. Unabhängig davon gibt es auch verschiedene förderungsbedürftige Arbeitnehmer, z.B. diejenigen, die bei Beginn der Maßnahme das 25. Lebensjahr noch nicht vollendet und keine abgeschlossene Berufsausbildung haben (§ 263 SGB III).

(3) Leistungen (Zuschüsse) und Förderungsdauer

Der Zuschuss soll mindestens 30 Prozent des berücksichtigungsfähigen Arbeitsentgelts[331] eines zugewiesenen Arbeitnehmers betragen und darf regelmäßig 75

- strukturpolitisches Ziel: Ausweitung des Angebots von Leistungen, die im öffentlichen Interesse liegen
- sozialpolitisches Ziel: psychische und soziale Stabilisierung von (Langzeit) Arbeitslosen und Verbesserung der materiellen Lebenslage.

329) Mit dieser Regelung soll verhindert werden, dass es zu einer Verdrängung regulärer Beschäftigung in privatwirtschaftlichen oder auch in öffentlichen-rechtlichen Unternehmen kommt (Hagen/Steiner 2000, S. 125f.).

330) Auch damit wird vermieden, dass Maßnahmen der Arbeitsförderung öffentlicher Träger in Konkurrenz zur gewerblichen Tätigkeit der Wirtschaftsunternehmen treten. Diesbezüglich liegen keine Vorschriften über die Träger im SGB III vor, aber nach dem AFG (§ 92 (2)) können Träger juristische Personen des öffentlichen Rechts, Unternehmen oder Einrichtungen des privaten Rechts sein, die gemeinnützige Zwecke verfolgen, und sonstige Unternehmen oder Einrichtungen des privaten Rechts, wenn zu erwarten ist, dass die Förderung den Arbeitsmarkt in wirtschafts- oder sozialpolitisch erwünschter Weise belebt.

331) Arbeitsentgelt ist berücksichtigungsfähig, soweit es 80 Prozent des bis zu einer Obergrenze von 150 Prozent der Bezugsgröße nach § 18 des Vierten Buches maßgeblichen Arbeitsentgelts für eine gleiche oder vergleichbare ungeförderte Tätigkeit, höchstens jedoch 80 Prozent des tariflichen Arbeitsentgelts, nicht übersteigt (§ 265 (1) SGB III). Die Bezugsgröße nach dem SGB IV ist das Durchschnittsentgelt der gesetzlichen Rentenversicherung im vorvergangenen Kalenderjahr, aufgerundet auf den nächsthöheren, durch 420 teilbaren Betrag.

Prozent des berücksichtigungsfähigen Arbeitsentgelts nicht übersteigen. In besonderen Ausnahmefällen, insbesondere bei Maßnahmen, die bevorzugt zu fördern sind,[332] darf der Zuschuss auch bis zu 100 Prozent des berücksichtigungsfähigen Arbeitsentgelts betragen (§ 264 SGB III).
Daneben können zusätzliche Zuschüsse und Darlehen erbracht werden, wenn die Finanzierung einer Maßnahme auf andere Weise nicht erreicht werden kann, an der Durchführung der Arbeiten ein besonderes arbeitsmarktpolitisches Interesse besteht und das Land, in dem die Maßnahme durchgeführt wird, oder ein Dritter Darlehen und Zuschüsse in gleicher Höhe und zu vergleichbar günstigen Bedingungen erbringt (§ 266 (1) SGB III).
Die Förderung darf in der Regel nur zwölf Monate dauern, aber bis zur Gesamtdauer von 24 Monaten verlängert werden, wenn die Maßnahme bevorzugt zu fördern ist. Darüber hinaus darf eine bevorzugt zu fördernde Maßnahme bis zur Gesamtdauer von 36 Monaten verlängert werden, wenn der Träger die Verpflichtung übernimmt, dass die zugewiesenen Arbeitnehmer anschließend in ein Dauerarbeitsverhältnis bei ihm oder dem durchführenden Unternehmen übernommen werden (§ 267 (1)-(3) SGB III).

(4) Zuweisung und Abberufung

Das Arbeitsamt kann einen förderungsfähigen Arbeitnehmer in die Maßnahme zuweisen („Kann-Leistung“) (§ 269 (1) SGB III), aber eine Zuweisung ist ausgeschlossen, wenn seit der letzten Beschäftigung in einer Arbeitsbeschaffungs- und Strukturanpassungsmaßnahme noch nicht drei Jahre vergangen sind (§ 269 (1a) SGB III).
Ein wichtiges Charakteristikum von ABM besteht darin, dass das Arbeitsamt einen zugewiesenen Arbeitnehmer aus der Maßnahme abberufen soll, wenn es ihm einen zumutbaren Ausbildungs- oder Arbeitsplatz vermitteln oder ihn durch eine zumutbare Berufsausbildung oder Maßnahme der beruflichen Weiterbildung fördern kann (§ 269 (2) SGB III).

5.3.1.2. Entwicklung der Regelungen

In der originären Ausgestaltung des AFG wurde ABM keine große Bedeutung zugeschrieben, weil der arbeitsmarktpolitische Schwerpunkt vor dem Hinter-

---

[332]) Maßnahmen sind bevorzugt zu fördern, wenn durch sie die Voraussetzungen für die Schaffung von Dauerarbeitsplätzen erheblich verbessert werden, durch sie Arbeitsgelegenheiten für Arbeitnehmer mit besonderen Vermittlungserschwernissen geschaffen werden oder sie strukturverbessernde Arbeiten vorbereiten oder ergänzen, die soziale Infrastruktur verbessern oder der Verbesserung der Umwelt dienen (§ 260 (2) SGB III).

grund einer Arbeitskräfteknappheit auf die Förderung der beruflichen Bildung gelegt worden ist. Trotzdem wurde damit die heute noch gültige Grundstruktur der Fördersystematik bei ABM ausgestaltet, z.B. mit den Bestimmungen der Zusätzlichkeit und des öffentlichen Interesses usw. Die damaligen wichtigen Förderbedingungen von ABM bestanden darin, dass ABM für alle registrierten Arbeitslosen galt und die Höhe des Lohnkostenzuschusses mindestens 60% des tariflichen oder ortsüblichen Arbeitsentgelts betrug. Dabei richteten sich die Beziehungen zwischen den zugewiesenen Arbeitnehmern und dem Träger oder dem Unternehmer nach den Vorschriften des Arbeitsrechts. Deshalb waren ABM-Arbeitnehmer sozialversicherungs- und steuerrechtlich genauso zu behandeln wie andere Arbeitnehmer.[333] Darüber hinaus wurde mit den Lohnkostenzuschüssen für ältere Arbeitnehmer ein eigenständiges Fördersystem für Arbeitnehmer über 55 Jahre geschaffen, wobei der Lohnkostenzuschuss nur noch an die Bedingung einer zusätzlichen Beschäftigung geknüpft war (vgl. Sell 1994b, S. 804).[334]

Seit Mitte der 70er Jahre wurden aber auf ähnliche Weise wie bei anderen Instrumenten die Förderrechte zunehmend eingeschränkt, was durch die „Verstärkung der Selektivität" (Deeke 1994, S. 182) bzw. „Präzisierung der ABM-Voraussetzungen" (Sell 1994b, S. 804), d.h. die Konzentration von ABM auf Problemgruppen und -regionen gekennzeichnet wird. Die förderrechtlichen Veränderungen auf dieser Linie erfolgten zwar schon in der zweiten Hälfte der 70er Jahre durch die Änderung des AFG und der ABM-Anordnung, aber ein deutlicher Einschnitt in der Fördersystematik wurde durch das AFKG von 1982 verursacht. Damit verstärkten sich vor allem die Versicherungselemente bei der Förderung von ABM, so wurde der Kreis der Förderungsberechtigten auf die LeistungsempfängerInnen, darunter diejenigen, die innerhalb der letzten 12 Monate vor ihrer Zuweisung in eine Maßnahme mindestens 6 Monate arbeitslos gemeldet waren, begrenzt. Also wurden arbeitslose NichtleistungsempfängerInnen und erst kurzzeitig Arbeitslose, abgesehen von einigen Ausnahmen bei besonderen Problemlagen, ausgegrenzt. Dies ist darauf zurückzuführen, dass seit der zweiten Hälfte der 70er Jahre die Langzeitarbeitslosigkeit zu steigen begann (vgl. 3.2.1.2.). Zugleich konnten öffentlich-rechtliche Einrichtungen in der Regel nur noch dort ABM-Träger sein, wo die Arbeitslosenquote im Durchschnitt der letzten sechs Monate vor Bewilligung mindestens 30 Prozent über dem Bundesdurchschnitt lag. ABM in Arbeitsamtsbezirken mit im Vergleich zum Bundesdurchschnitt relativ guter Beschäftigungslage wurden ausgeschlossen.

[333]) Trotzdem bestehen für die geförderten Arbeitnehmer eine Reihe von Besonderheiten. Vgl. dazu Schickler (1989, S. 35ff.).

[334]) Diese Maßnahmen zur Arbeitsbeschaffung für ältere Arbeitnehmer, die Sonderformen von ABM waren, wurden bei der Ablösung des AFG durch das SGB III ins Instrument der allgemeinen Eingliederungszuschüsse inkorporiert. Deshalb wird unten nicht mehr darauf eingegangen.

Weitere Einschränkungen in den Förderrechten setzten sich auch Ende der 80er Jahre fort: Mit der 8. AFG-Novelle von 1987 wurde die sog. verstärkte Förderung von ABM, die bis dahin aus Bundesmitteln finanziert wurde, auf die BA übertragen. Mit der 9. AFG-Novelle von 1988 wurde ab 1989 schließlich die Höhe der Lohnkostenzuschüsse so abgesenkt, dass der Mindestzuschuss von 60% auf 50% und der Höchstsatz von 80% auf 75% herabgesetzt wurde (vgl. Schickler 1989, S. 22ff.; Deeke 1994, S. 182ff.; Sell 1994b, S. 804ff.).
Nach der starken Zunahme der Förderung von ABM nach der Wiedervereinigung erfolgte Mitte der 90er Jahre eine weitere Verengung der Förderrechte: Mit dem Beschäftigungsförderungsgesetz von 1994 wurde als Basis des Lohnkostenzuschusses der heute noch gültige Begriff des „berücksichtigungsfähigen Arbeitsentgelts" eingeführt, das 90% des bis dahin tariflich oder ortsüblich gegoltenen Arbeitsentgelts entspricht. Nur dieser Betrag war nun die Grundlage für den normalerweise zu zahlenden Förderbetrag in Höhe von 50% bis maximal 75%. Hiermit soll der Forderung entsprochen werden, einen ausreichenden Lohnabstand zwischen geförderter und ungeförderter Beschäftigung zu gewährleisten, um die Anreize für einen Wechsel in ungeförderte Beschäftigung zu erhöhen (vgl. Sell 1994b, S. 815). Aber die Begrenzung des Arbeitsentgelts bedeutete eine Abkopplung vom Tarifsystem und einen eklatanten Verstoß gegen den Grundsatz „gleicher Lohn für gleiche Arbeit" (vgl. Karasch 1997, S. 328).[335]
Darüber hinaus brachte das Arbeitslosenhilfe-Reformgesetz von 1996 eine Verschärfung der Zugangsvoraussetzungen für ABM. Also beschränkten sich die Förderungsberechtigten damit auf langzeitarbeitslose (mindestens 12 Monate arbeitslose) LeistungsempfämgerInnen.
Bei und auch nach der Ablösung des AFG durch das SGB III wurden die Förderrechte sehr häufig geändert. Zunächst sind die Förderungsberechtigten (förderungsbedürftige Arbeitnehmer) zwar immer noch auf Langzeitarbeitslose konzentriert, aber mit dem 1. SGB III-Änderungsgesetz von 1999 wurde eine gewisse Lockerung eingeführt, so dass nunmehr auch diejenigen, die innerhalb der letzten zwölf Monate mindestens sechs Monate arbeitslos gemeldet waren, förderungsbedürftig geworden sind. Aber mit dem Job-Aqtiv-Gesetz von 2002 wurde die Begrenzung der förderungsbedürftigen Arbeitnehmer aufgrund der Dauer der Arbeitslosigkeit abgeschafft, und die Förderung von ABM wurde daher wieder für alle arbeitslosen LeistungsempfängerInnen geöffnet, die aber nur durch ABM oder SAM eine Beschäftigung aufnehmen können. Gleichzeitig mit dieser Lockerung der Förderungsvoraussetzung wurde aber auch eine Einschränkung der Zuweisung durch die Bestimmung vorgenommen, dass eine er-

[335]) Aufgrund dessen, dass diese Lohnabstandsklausel die Koalitionsfreiheit verletzt, hatte die IG Metall eine Verfassungsbeschwerde eingereicht, aber das Bundesverfassungsgericht wies sie im April 1999 zurück: Solche Lohnabstandsklauseln würden zwar in die Tarifautonomie eingreifen, könnten aber in Zeiten hoher Arbeitslosigkeit gerechtfertigt sein, um Arbeitsplätze zu schaffen (vgl. Kress 1999, S. 371f.).

neute Teilnahme an ABM (und SAM) erst nach drei Jahren wieder möglich sein soll. Dies zielt auf die Einschränkung des „Drehtüreneffekts" (Körner 2002, S. 244) ab, dass Langzeitarbeitslose von einer Maßnahme zur nächsten weitergereicht werden. Hinsichtlich der Höhe des Lohnkostenzuschusses wurde zunächst das berücksichtigungsfähige Arbeitsentgelt bei der Ablösung des AFG durch das SGB III von bislang 90% auf 80% des Arbeitsentgelts für eine gleiche oder vergleichbare ungeförderte Tätigkeit herabgesetzt. Zugleich wurde bei der Berücksichtigungsfähigkeit auch eine Obergrenze eingeführt (s. oben). Darüber hinaus wurde der Mindestzuschuss von 50% auf 30% des berücksichtigungsfähigen Arbeitsentgelts abgesenkt (vgl. Clever 1998, S. 9ff.; Karasch 2001, S. 589ff.; Körner 2002, S. 243ff.).
Außerdem gab es bisher zwar eine ganze Menge von Änderungen der einzelnen Klauseln, aber es lässt sich durch den oberen Einblick festhalten, dass auch die Förderrechte von ABM seit Mitte der 70er Jahre zunehmend eingeschränkt wurden.

5.3.1.3. Entwicklung der Förderung von ABM

Auch die Förderung von ABM nahm wie die anderer Instrumente erst seit Mitte der 70er Jahre mit dem Anstieg der Arbeitslosigkeit zu. Als Merkmal der nachfolgenden Entwicklung ist in erster Linie auffällig, dass die Zahl der Beschäftigten in ABM abgesehen von der Ausnahmesituation von 1992 phasenweise zunahm. D.h. es wiederholte sich für den Zeitraum von 1975 bis 1982, von 1983 bis 1990 und von 1991 bis 2001 jeweils eine Zunahme und Abnahme (vgl. Abbildung 5.3). Natürlich nahmen die förderrechtlichen Einschränkungen wichtigen Einfluss auf die Umkehr zur Abnahme in diesen Phasen (s.o.).[336]
Vergleicht man aber diese Entwicklung mit derjenigen der Arbeitslosenquote, ist zu beobachten, dass sich die beiden in mehreren kleinen Phasen in die Gegenrichtung entwickelten. So nahm die Zahl der ABM-Beschäftigten in der zweiten Hälfte der 70er und 80er Jahre beim Sinken der Arbeitslosigkeit zu, und sank in der ersten Hälfte der 80er und 90er Jahre trotz der Zunahme der Arbeitslosigkeit. Diese deutliche prozyklische Entwicklung der Förderung von ABM ist auf das Charakteristikum des Finanzierungssystems, d.h. die gemeinsame Finanzierung der passiven und aktiven Arbeitsmarktpolitik zurückzuführen (vgl. 4.1.1.2 und 4.3.1.2.). Zwar gilt das prozyklische Muster für die gesamten Ausgaben der aktiven Arbeitsmarktpolitik, aber es ist besonders augenfällig bei ABM, weil sie eine typische „Kann-Leistung" sind. Dieses Merkmal zeigt sich auch bei der Ab-

336) Dass die Zahl der ABM-Beschäftigten in 1993 ohne erhebliche Einschränkung der Förderrechte stark sank, ist darauf zurückzuführen, dass im Februar 1993 jegliche Bewilligung neuer ABM vorläufig gestoppt wurde (vgl. Deeke 1994, S. 184).

federung der Arbeitslosen durch ABM, so dass sich der Anteil der ABM-Beschäftigten an den gesamten Arbeitslosen nach dem gleichen Muster entwickelte (vgl. Abbildung 5.3).

Abbildung 5.3: Entwicklung der Förderung von ABM in Deutschland

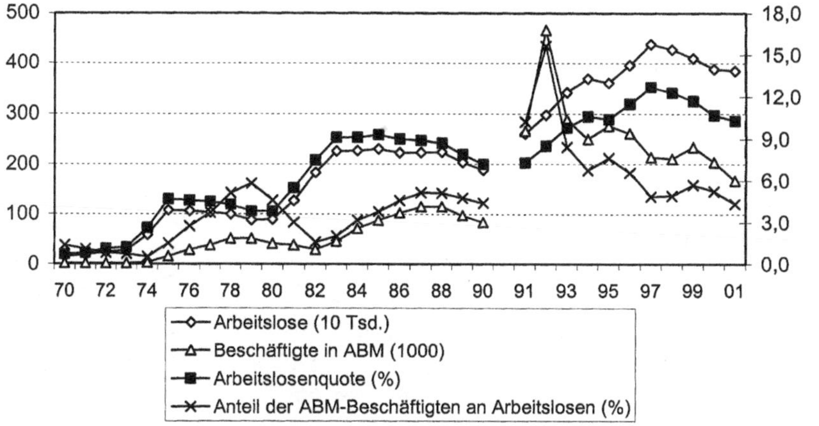

Quelle: BA: Arbeitsstatistik – Jahreszahlen (vers. Jg.)

Nach persönlichen Merkmalen der ABM-Beschäftigten war zunächst der Anteil von Frauen in ABM bis zum Anfang der 90er Jahre im Vergleich zu ihrem Anteil an den Arbeitslosen geringer, aber sie sind seitdem stärker vertreten (vgl. Abbildung 5.4 und Tabelle 3.3). Auch ältere, über 45 (bis 1985) bzw. 50 (seit 1987) Jahre alte Arbeitslose in ABM waren bis 1996 im Verhältnis zu ihrem Anteil an den Arbeitslosen unterrepräsentiert, aber ihr Anteil an den ABM-Beschäftigten entspricht seitdem grob ihrem Anteil an den Arbeitslosen (vgl. Abbildung 5.4 und BA: Strukturanalyse (vers. Jg.)). Dies ist darauf zurückzuführen, dass Daten für Frauen und Ältere in ABM jeweils ab 1991 und ab 1997 auch in den neuen Bundesländern erfasst wurden, wo ihr Anteil an den ABM-Beschäftigten deutlich höher ist als derjenige in den alten Bundesländern.
Dagegen war der Anteil der Langzeitarbeitslosen an den ABM-Beschäftigten schon seit 1982, in dem sie statistisch erfasst zu werden begannen, größer als derjenige an den Arbeitslosen und nahm anhaltend zu, was darauf zurückzuführen ist, dass sich die Zielgruppe von ABM durch das AFKG von 1982 auf länger als sechs Monate arbeitslose Arbeitnehmer verengte. Nachdem sich die Zielgruppe 1996 auf Langzeitarbeitslose weiter verengt hatte, nahm er weiter zu, so dass er 1999 mit 86,8% seinen Höhepunkt erreichte. Aber mit dem 1. SGB III-Änderungsgesetz von 1999, mit dem sich die Zielgruppe wieder auf länger als

sechs Monate arbeitslose Arbeitnehmer ausweitete, sank er leicht.[337] Auf jeden Fall lässt sich die bisherige Entwicklung der Förderung von ABM insoweit damit bewerten, dass ihre Zielgruppenorientierung gelang. Aber problematisch ist, dass Arbeitslose ohne Anspruch auf Lohnersatzleistungen bzw. Arbeitsförderung seit dem AFKG von 1982 in der Regel keinen Zugang zu ABM hatten, also viele Arbeitslose, für die gerade auch aus sozialpolitischen Gründen eine Förderung wichtig wäre, ausgegrenzt blieben (vgl. Deeke 1994, S. 185f.).

Abbildung 5.4: Entwicklung der Förderung von ABM nach persönlichen Merkmalen in Deutschland (Anteil)

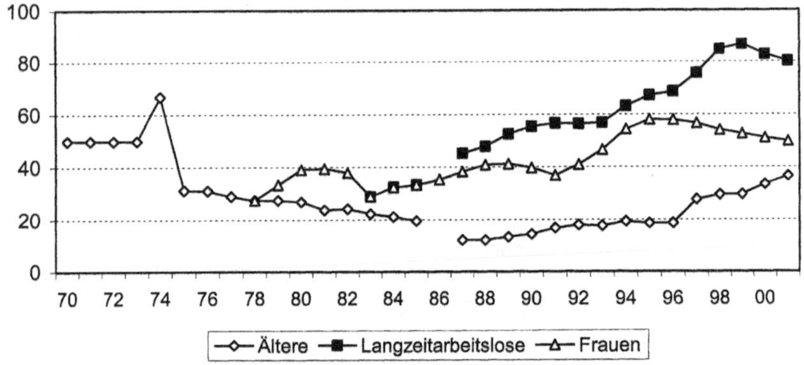

Quelle: BA: Arbeitsstatistik – Jahreszahlen (vers. Jg.)

Anmerkungen: 1) Für ältere Arbeitnehmer bis 1985 45 Jahre und älter, ab 1987 50 Jahre und älter. Daten für 1986 liegen nicht vor.

2) Für Ältere und Langzeitarbeitslose ab 1997 und für Frauen ab 1991 Deutschland.

3) Daten für Langzeitarbeitslose liegen vor 1983 und 1986, für Frauen vor 1978 nicht vor.

Schließlich veränderten sich die Einsatzfelder von ABM (Art der Maßnahmen) nach gesellschaftlichem Bedarf und sich verändernden TeilnehmerInnenstrukturen, weil sie nicht durch bestimmte gesetzliche Vorgaben, sondern durch die Kriterien Zusätzlichkeit, öffentliches Interesse und arbeitsmarktpolitische Zweckmäßigkeit abstrakt definiert sind (vgl. Bosch u.a. 1994, S. 60). Trotzdem zeigt die bisherige Entwicklung der Art der Maßnahmen mindestens seit Anfang der 80er Jahre und vor allem in den 90er Jahren eine relativ deutliche Tendenz. So verteilen sich die ABM vorrangig (20~30%) auf die Bereiche „Landwirt-

[337]) Da sich die Zielgruppe mit dem Job-Aqtiv-Gesetz ab 2002 auf alle Arbeitslosen (LeistungsempfänerInnen) noch weiter ausweitete, ist es zu erwarten, dass der Anteil der Langzeitarbeitslosen weiter sinkt.

schaft, Garten- und Landschaftsgartenbau", „Soziale Dienste" und „Sonstiges".[338] Hinzu kommen mit deutlich geringeren Anteilen (0,1~2%) die Bereiche „Küstenschutz und Landgewinnung", „Forstwirtschaft", „Verkehrswesen" und „Versorgungsanlagen". Dazwischen (ca. 10%) liegen die Bereiche „Büro und Verwaltung" und „Bau-, Industrie- und Freizeitgeländeerschließung" (vgl. BA: Arbeitsstatistik – Jahreszahlen, vers. Jg.).

5.3.1.4. Kontroverse um die Wirkungen von ABM bzw. des „zweiten Arbeitsmarkts"

Über kaum ein Instrument aktiver Arbeitsmarktpolitik wird schon seit langem so kontrovers diskutiert wie über ABM bzw. den „zweiten Arbeitsmarkt".[339] Diese heftige Kontroverse stammt nicht nur aus unterschiedlichen theoretischen Positionen, sondern auch aus der Vielfältigkeit der Ziele des zweiten Arbeitsmarkts. Diese Zielvielfalt ist angesichts der Massenarbeitslosigkeit und der heterogenen Struktur der Arbeitslosen notwendig, aber das Problem ist, dass unter Umständen Konflikte zwischen den Zielen entstehen können. So ist z.B. das strukturpolitische Ziel, zusätzliche und innovative Leistungen über ABM zu initiieren, mit dem sozialpolitischen Ziel der Beschäftigung möglichst vieler „Problemgrup-

---

338) Nach der Wiedervereinigung nahm die Teilnehmerzahl im Bereich „Landwirtschaft, Garten- und Landschaftsgartenbau" wegen der Sondersituation in den neuen Bundesländern sprunghaft zu, sank aber im Verlauf der Zeit allmählich, so dass sie sich auf das Niveau der anderen beiden zusammenzieht.

339) Der Begriff „zweiter Arbeitsmarkt" ist ein unscharfer Sammelbegriff für nicht reguläre, öffentlich geförderte Beschäftigung, der erst zu Beginn der 80er Jahre erstmals erwähnt wurde. Er unterscheidet sich vom ungeförderten und wettbewerbsmäßig strukturierten „ersten Arbeitsmarkt" durch folgende Merkmale (Bosch u.a. 1994, S. 50):

- Die öffentliche Förderung zielt auf Beschäftigung und nicht auf Investition oder Produkte.
- Die Einstellungskriterien richten sich nach arbeitsmarkt- und sozialpolitischen Zielen wie z.B. der Förderung von Langzeitarbeitslosen oder Schwervermittelbaren.
- Die Beschäftigung ist zeitlich befristet.
- Die ausgeführten Arbeiten müssen zusätzlich sein, damit reguläre Beschäftigung nicht verdrängt wird.

Zu ihm gehören ABM, SAM, Hilfe zur Arbeit nach dem Bundessozialhilfegesetz (BSHG) und Gesellschaften zur Arbeitsförderung, Beschäftigung und Strukturentwicklung (ABS-Gesellschaften) in den neuen Bundesländern usw. (vgl. zu den weiteren Maßnahmen Kress (1994, S. 15)), wobei ABM „die erste Säule des zweiten Arbeitsmarkts" (Setzer /Klopfleisch/Sesselmeier 1999, S. 15) darstellt. Durch diese Umstände werden die Diskussionen in den meisten Fällen nicht allein über ABM, sondern über den gesamten zweiten Arbeitsmarkt geführt. Vgl. zum Grundkonzept des zweiten Arbeitsmarkts neben den oben angeführten Literaturen auch Wagner (1994, S. 112f.; 1995, S. 208ff.) und Ehrlich (1997, S. 37ff.) u.a.m.

pen" häufig nur schwer in Übereinstimmung zu bringen, weil in den qualitativ hochwertigen Maßnahmen die Problemgruppen an den (berechtigten) Anforderungen der Maßnahmeträger scheitern (vgl. Sell 1994b, S. 808). Unter diesen Umständen entstehen eine ganze Menge Streitpunkte, je nachdem welche Ziele von welcher theoretischen Position betont werden.
Genau betrachtet sind die Streitpunkte zwar unzählbar (vgl. Kress 1994; Fischer/Scheffler 1996), aber die Debatten konzentrieren sich vor allem auf die Beschäftigungseffekte, die Effizienz der Ressourcenallokation und die Finanzierung. Hier wird kurz auf die Beschäftigungseffekte und die Effizienz eingegangen,[340] die sowohl mit den Wirkungen von Maßnahmen als auch mit ihren besseren Ausgestaltungen zusammenhängen.

(1) Beschäftigungseffekte

Bei den Beschäftigungseffekten geht es um zwei Facetten: Zum einen geht es um das gesamtwirtschaftliche Beschäftigungsniveau, das durch den zweiten Arbeitsmarkt an sich erzeugt wird, zum anderen um die Wiedereingliederung der Beschäftigten im zweiten Arbeitsmarkt in den ersten Arbeitsmarkt. Die beiden beziehen sich jeweils auf das beschäftigungspolitische Ziel und das arbeitsmarktpolitische Ziel. Zuvor ist es aber hilfreich, die Ergebnisse der empirischen Wirkungsforschungen über die Maßnahmen (z.B. ABM) einzusehen.
Zunächst zählen die ABM-Beschäftigten zum Beschäftigungsäquivalent. Aber die gesamte Beschäftigungswirkung von ABM ist wegen der in einer Reihe von Fällen ergänzenden Beschäftigung von Stammarbeitskräften und aufgrund von Einkommens-, Verbrauchs- und Vorleistungswirkungen (Multiplikatoreffekte) größer als die ABM-Beschäftigten, so dass sie in den 90er Jahren 260 Tsd. (2000) bis 653 Tsd. (1992) betrug. Die ABM-Beschäftigten entlasten auch die Arbeitslosigkeit in voller Höhe, aber der Entlastungseffekt von ABM entsteht zusätzlich durch die zusätzlichen Beschäftigten aufgrund der Multiplikatoreffekte, wobei die zusätzlichen Beschäftigten im Verhältnis von Arbeitslosigkeit zu Stiller Reserve aufgeteilt werden. So betrug der gesamte Entlastungseffekt von ABM in den 90er Jahren 248 Tsd. (2000) bis 639 Tsd. (1992) und reduzierte die Arbeitslosenquote um 0,6% (2000) bis 1,5% (1992) (vgl. Bach 2001, S. 1; Autorengemeinschaft 2002, S. 34; eigene Berechnung).
Im Hinblick auf die Auswirkungen der Teilnahme an ABM auf die Wiedereingliederung in den ersten Arbeitsmarkt liegen seit Mitte der 90er Jahre einige empirische Analysen vor, die allerdings fast alle aus dem Datengrund für die neuen Bundesländer stammen. Aber die Ergebnisse sind wegen der unterschiedlichen betrachteten Regionen, Zeiträume, Instrumente und Ergebnisvariablen

---

[340]) Auf das Finanzierungsproblem wurde schon im vierten Kapitel eingegangen (vgl. 4.3.3.).

sowie angewandten Evaluationsmethoden so heterogen, dass eine allgemeine Schlussfolgerung kaum möglich ist.[341]

Die Debatte um die Beschäftigungseffekte hängt auch mit der Interpretation dieser Ergebnisse der empirischen Wirkungsforschungen zusammen. So behaupten (neoklassische) Kritiker (z.B. Siebert 1994; Sperling 1994; Berthold/Fehn 1997; Berthold/Fehn/Berchem 2001) in erster Linie, dass die öffentlich geförderte Beschäftigung im zweiten Arbeitsmarkt die reguläre Beschäftigung im ersten verdrängt, was die negative Beurteilung der Beschäftigungserfolge des zweiten Arbeitsmarkts bedeutet. Ihnen zufolge tritt dieser Verdrängungseffekt auf, weil private Unternehmen durch öffentliche Beschäftigungsförderung einen Wettbewerbsvorteil gegenüber ihren nicht subventionierten Konkurrenten erhalten oder Träger des zweiten Arbeitsmarkts öffentliche Leistungen erstellen, die auch von privaten Unternehmen erfüllt werden können. Dazu kämen auch Mitnahmeeffekte, d.h. dass die Arbeiten (Beschäftigung) auch ohne die öffentliche Förderung durchgeführt worden wären.

Befürwortern des zweiten Arbeitsmarkts (z.B. Buttler 1993; Bosch u.a. 1994; Kromphardt/Scheidt 1994; Wagner 1994, 1995; Scherl 1995; Schneider 1995; Rabe 2000b) zufolge sind aber die Nebenwirkungen des zweiten Arbeitsmarkts nicht nur nicht zwingend, sondern können durch seine intelligente und immer wieder darauf hin zu kontrollierende Ausgestaltung vermieden werden. Da die Maßnahmen im zweiten Arbeitsmarkt wegen des Zusätzlichkeitskriteriums ohne öffentliche Förderung nicht oder erst zu einem späteren Zeitpunkt durchgeführt würden und bei der Vergabe von Maßnahmen ein absoluter Vorrang privaten Unternehmen eingeräumt werde, könne eine Verdrängung regulärer Beschäftigung grundsätzlich nicht eintreten. Da Handwerkskammern und Mittelstandsvereinigungen darüber hinaus gewissermaßen ein Veto-Recht hätten, indem sie die Unbedenklichkeit geplanter Maßnahmen bescheinigen müssten, könne eine offensichtliche und unmittelbare Verdrängung im Einzelfall vermieden werden. Das Zusätzlichkeitskriterium beuge auch möglichen Mitnahmeeffekten vor, und auch die tatsächliche Möglichkeit von Mitnahmeeffekten sei sehr gering, weil die öffentlichen Träger (Kommunen, Landkreis) (in den neuen Bundesländern) wegen ihrer schwachen finanziellen Ausstattung gar nicht in der Lage seien, die Maßnahmen selbst durchzuführen.[342]

341) Vgl. zur Übersicht über die Wirkungsanalyse von ABM Fitzenberger/Speckesser (2000, S. 366f.), Hagen/Steiner (2000, S. 199ff.), Rabe (2000a, S. 13ff.) und Caliendo/Hujer/Thomsen (2003, S. 10f.).

342) Auch eine Umfrage des Deutschen Instituts für Wirtschaftsforschung (DIW) bei ostdeutschen Unternehmen des verarbeitenden Gewerbes kam u.a. zu den folgenden Ergebnissen: „Kaum ein Unternehmen … sieht ABM-Projekte als unlautere Konkurrenz an" (DIW/IfW (1992): Gesamtwirtschaftliche und unternehmerische Anpassungsprozesse in Ostdeutschland. Sechster Bericht. DIW-Wochenbericht, Bd. 59, S. 467ff. Zitiert nach Schneider (1995, S. 253)).

Eine weitere Kritik am zweiten Arbeitsmarkt richtet sich gegen die niedrigen Wiedereingliederungserfolge[343] der Beschäftigten im zweiten Arbeitsmarkt in den ersten Arbeitsmarkt und ihren geringeren Anreiz zur Suche nach einer ungeförderten Beschäftigung. Hierbei würden die hohen Entgelte im zweiten Arbeitsmarkt eine zentrale Rolle spielen, so neige der Einzelne aufgrund einer hohen Entlohnung dazu, seine öffentlich geförderte Beschäftigung als regulären Arbeitsplatz zu betrachten, und suche fortan weniger hartnäckig nach einer nicht-subventionierten Stelle im ersten Arbeitsmarkt. Demzufolge bestehe die Gefahr, dass der zweite Arbeitsmarkt zur Dauereinrichtung werde, also sich rasch ausbreite und verfestige, und letztlich folgendes zur Folge habe: „Arbeitsbeschaffungsmaßnahmen sind, dauerhaft angewandt, einem süßen Gift zu vergleichen, an das sich eine Gesellschaft schleichend gewöhnen kann und dessen verheerende Wirkung im Zeitverlauf zur Lähmung führt“ (Baumeister 1997, S. 59).

Gegenargumente gegen diese Kritik lauten: Die Ursachen der nicht hohen bzw. „vermutlich geringen“ (Rabe 2000b, S. 18) Wiedereingliederungserfolge des zweiten Arbeitsmarkt seien systematisch angelegt. Ihnen zufolge führe der öffentliche und zusätzliche Charakter von Maßnahmen und die Einbeziehung von besonderen Problemgruppen in Maßnahmen dazu, dass die in den Maßnahmen vermittelte Arbeitserfahrung begrenzt bleibe bzw. auf dem ersten Arbeitsmarkt oftmals nicht verwertbar sei. Deshalb könnten die direkten Wiedereingliederungserfolge nicht der alleinige Erfolgsmaßstab sein. Auch wenn es solche systembedingten Grenzen gebe, würden sie ferner nur zum geringeren Anteil von der Art und Qualität von Maßnahmen selber und vielmehr vornehmlich von der Lage des ersten Arbeitsmarkts abhängen. D.h. es gebe keinen Wiedereingliederungsaussichten, wenn im ersten Arbeitsmarkt zu wenige Arbeitsplätze vorhanden seien, wie die Entwicklung des deutschen Arbeitsmarkts seit Jahrzehnten zeige.

Auch die Behauptung von Kritikern, dass die hohe Entlohnung im zweiten Arbeitsmarkt den Mobilitätsanreiz der Teilnehmer reduziert, ist nach den Befürwortern weder logisch nachvollziehbar noch empirisch nachgewiesen. Theoretisch betrachtet könne der neoklassische Ansatz, dass die Löhne der alleinige Anreizfaktor von Arbeit darstellen würden, wegen anderen sozialen und subjektiven Funktionen von Arbeit nicht völlig unterstützt werden, was auch in mehreren empirischen Studien gezeigt werde.[344] Darüber hinaus werde dem geringen Mobilitätsanreiz auch institutionell vorbeugt, weil Beschäftigung auf dem zweiten Arbeitsmarkt generell befristet sei, und weiterhin im Falle der Vermittelbar-

---

343) Wie oben gesehen lässt sich zwar aus den Ergebnissen der bestehenden Wirkungsforschungen über die Wiedereingliederung kein bestimmter Schluss ableiten, aber die Kritiker führen oft nur die negativen Ergebnisse an (z.B. Berthold/Fehn/Berchem 2001, S. 47).

344) Vgl. zu den empirischen Ergebnissen zu den Anreizwirkungen der Löhne Schneider (1995, S. 254ff.)

keit in ein ungefördertes Arbeitsverhältnis jederzeit die Abberufung (aus ABM) durch das Arbeitsamt möglich sei.

(2) Effizienz der Ressourcenallokation

Bei diesem Thema geht es um die Frage, ob der zweite Arbeitsmarkt die effiziente Ressourcenallokation des ersten Arbeitsmarkts durch fehlgeleitete Ressourcen verzerrt. Kritikern zufolge steht Beschäftigung auf dem zweiten Arbeitsmarkt kaum unter dem Zwang, Erträge erwirtschaften zu müssen, was schon dazu führe, dass in der Ersatzbeschäftigung im Allgemeinen mit geringerer Produktivität als in der Privatwirtschaft produziert werde und Ressourcen ineffizient eingesetzt würden. Darüber hinaus führe auch das Öffentlichkeits- und Zusätzlichkeitskriterium für die Vermeidung von Verdrängungseffekten oft zu unnützen Tätigkeiten, so dass manche Maßnahmen nur zu einer „sozialpädagogischen Beschäftigungstherapie" (Sperling 1994, S. 400) würden und schließlich zu einer kostenträchtigen Aufblähung der Beschäftigung im staatlichen Sektor führen. Deshalb entsteht aus der Sicht von Kritikern ein Dilemma zwischen der Verdrängung und der Effizienz: „Wenn ein zweiter Arbeitsmarkt effizient ist, so zieht er zwingend Aufträge aus dem regulären Arbeitsmarkt ab. Ist er hingegen ineffizient und wettbewerbsschwach, so stellt er eine Fehllenkung von öffentlichen Ressourcen dar" (Klös 1994, S. 29f.).
Diese geringe Effizienz der Maßnahmen des zweiten Arbeitsmarkts geben auch Befürworter einigermaßen zu, aber sie kritisieren die Einseitigkeit der Bewertung von Kritikern. Da dem betriebswirtschaftlichen Missverhältnis zwischen Aufwendungen und Erträgen sozioökonomisch als Nutzenfaktor die Kompensation der gesellschaftlichen Kosten, z.B. sozialer, politischer und gesundheitlicher Desintegration gegenüberstehe, sei „ineffizient (...) nicht gleichbedeutend mit ineffektiv im sozialökonomischen Sinne" (Trube 1993, S. 37f.). Darüber hinaus treffe die Ineffizienz-These auch aus rein ökonomischer Sicht nicht zu: Die durch die geförderte Beschäftigung erzielte Wertschöpfung sei zwar schwierig zu quantifizieren, dürfe aber keineswegs als unnütz eingeschätzt werden. Insbesondere seien die Maßnahmen zur Verbesserung der wirtschaftsnahen (Geländeerschließung und Abriss stillzulegender Industrieanlagen usw.) und sozialen (allgemeines Gesundheitswesen, Kinderbetreuung und Jugendhilfe usw.) Infrastruktur – sie seien die Haupteinsatzfelder von ABM – durchaus nützlich. Im Vergleich dazu stelle Arbeitslosigkeit als die Alternative der geförderten Beschäftigung „Null-Produktion" (Kromphardt/Scheidt 1994, S. 618), also die ineffizienteste Ressourcenallokation dar. Gehe man deshalb von der Alternative der geförderten Beschäftigung aus, sei sie nicht mit einer Beeinträchtigung der effizienten Ressourcenallokation verbunden, weil dadurch eine noch ineffizientere Allokation vermieden werden könne.

5.3.1.5. Reformvorschläge

Entsprechend der Logik des Pros und Kontras laufen auch die Reformvorschläge zu Maßnahmen des zweiten Arbeitsmarkts in entgegengesetzte Richtungen. So fordern Kritiker z.B. eine weitere Verengung der Zielgruppe, die Kürzung der Frist der Maßnahmen und vor allem die eindeutige Absetzung der Entlohnung, um Fehlanreize zu vermeiden. Darüber hinaus sollten die Mittel mehr als bisher auf private Unternehmen gerichtet, und die Kontrollen über Maßnahmen verstärkt werden, um die Effizienz der Maßnahmen zu erhöhen (vgl. Siebert 1994, S. 218f.; Sperling 1994, S. 402). Tatsächlich scheinen die bisherigen Einschränkungen der Förderrechte von ABM neben dem schlechten Haushaltsproblem dieser Logik verdankt zu sein. Dagegen fordern Befürworter eine Ausweitung und Verstetigung öffentlich geförderter Beschäftigung, wobei sie allerdings die Gegenargumente von Kritikern als zu beachtende „Randbedingungen" (Buttler 1993, S. 285) berücksichtigen. Im Folgenden werden die Reformvorschläge der Befürworter durchgesehen:[345]
Für die Ausweitung öffentlich geförderter Beschäftigung (einschließlich ABM) sei in erster Linie die Ausweitung der Zielgruppe erforderlich, so dass sie sich nicht auf Leistungsempfänger beschränken dürfe, sondern im Prinzip allen Erwerbslosen offen stehen müsse („Rechtsanspruch auf Erwerbsintegration" (Trube 1993, S. 38)).[346]
Aber die Ausweitung der Zielgruppe allein gewährleiste die Erfolge nicht. Um die vielfältigen Ziele harmonisch zu erreichen, sei eine „Flexibilisierung des zweiten Arbeitsmarkts" (Franck 1990, S. 229), mit der die Förderregelungen zielgruppengerecht bzw. entsprechend regionaler Arbeitsmarktsituationen flexibel ausgestaltet werden sollten, von zentraler Bedeutung. Dafür sollten die Fördervoraussetzungen, Förderdauer und Tätigkeitsfelder usw. von den arbeitsmarktpolitischen Akteuren in den einzelnen Regionen (und nicht zentral) definiert werden, weil individuelle Vermittlungshemmnisse und Wiedereingliederungschancen immer von den Bedingungen des regionalen Arbeitsmarkts abhängen würden. Wichtig sei dabei im Rahmen der Dezentralisierung der Arbeitsmarktpolitik und der Verzahnung von Arbeitsförderung mit regionaler

---

345) Vgl. neben den oben (5.1.1.4.) genannten Befürwortern auch Franck (1990), Trube (1993), Bergmann (1993), Arbeitskreis AFG-Refrom (1994), Schmid u.a. (1999), Karasch (1999), Arbeitskreis Arbeitsmarktpolitik (2000) usw.

346) Zu Beginn des AFG sind ABM allen registrierten Arbeitslosen geöffnet worden, aber seit Mitte der 70er Jahre schränkte sich ihre Zielgruppe immer wieder ein, so dass sie gerade vor der Verabschiedung des SGB III nur auf Langzeitarbeitslose mit dem Leistungsanspruch begrenzt wurde. Mit dem SGB III lockerte sich ihre Voraussetzung einigermaßen, so dass ab 2002 alle Arbeitslosen förderungsbedürftig wurden, aber sie müssen immer noch ein Bezugsrecht von Leistungen haben (vgl. 5.1.1.2.).

Wirtschafts- und Strukturpolitik ein enges Zusammenwirken der regionalen arbeitsmarktpolitischen und wirtschaftlichen Akteure (sowohl Arbeitsämter als auch Länder, Gebietskörperschaften, Kammern, Unternehmerverbände usw.), wodurch die arbeitsmarktpolitische Infrastruktur verstärkt werde (vgl. Bergmann 1993, S. 681; Arbeitskreis AFG-Reform 1994, S. 35; Wagner 1995, S. 231).
Als eine weitere Flexibilisierungsstrategie wird auch ein flexibles Arbeitszeitregime vorgeschlagen (Franck 1990, S. 230). Nach dem Vorschlag sollten ABM grundsätzlich nur in Teilzeitform gefördert werden, und die restliche freie Zeit nach Wunsch und Möglichkeit für Weiterbildungsaktivitäten bzw. selbständige Existenzgründungen genutzt werden, die durch das einschlägige Unterhaltsgeld bzw. Überbrückungsgeld gefördert werden.
Um die Verdrängungseffekte zu vermeiden und die Wiedereingliederung geförderter Beschäftigter in den ersten Arbeitsmarkt zu erhöhen, solle die Orientierung von Maßnahmen auf den ersten Arbeitsmarkt gestärkt werden. Dies sei zum einen dadurch möglich, dass mehrere Beschäftigungsfelder, die zwar theoretisch auch für private Unternehmen interessant sein könnten, aber praktisch derzeit nicht tätig würden, neu entwickelt und ihnen durch Ausschreibungsverfahren in größerem Umfang als bisher vergeben würden. In diesen Fällen könnten der Wettbewerb bei der Ausschreibung und das Management der Maßnahmen durch private Unternehmen dazu beitragen, die Effizienz des Mitteleinsatzes und die Wertschöpfung zu erhöhen. Durch Ausschreibung könnten insbesondere Verdrängungseffekte weitgehend ausgeschlossen werden. Was die Beschäftigten bei den privaten Untenehmen angehe, würden sie die Gelegenheit erhalten, durch den Kontakt mit den privaten Arbeitgebern „reguläre" Arbeitsabläufe kennen zu lernen, was ihre Wiedereingliederungschancen erheblich erhöhen könne.[347]
Zum anderen solle den Trägern geförderter Maßnahmen eine erwerbswirtschaftliche Tätigkeit erlaubt werden. Die Erfahrung mit den Bedingungen des ersten Arbeitsmarktes (z.B. Produktivitäts- und Qualitätsanforderungen) sowie mit einer wirtschaftlichen Wettbewerbssituation könne die Reintegrationsaussichten der einzelnen Beschäftigten verbessern. Ferner könne es möglicherweise auch dazu führen, dass sich das Beschäftigungsprojekt über die Erwirtschaftung von

---

[347]) Aber es gibt zahlreiche Hemmnisse bei der Durchführung der Vergabe von Beschäftigungsprojekten. In erster Linie sind es höhere Kosten: Der Projektierungsaufwand für Vergabemaßnahmen ist weit höher als bei solchen, die in eigener Regie durchgeführt werden. Außerdem entsteht ein höherer Abstimmungsaufwand bei der Koordinierung aller Beteiligten. Auch aus Sicht der Firmen büßen die Vergabeprojekte an Attraktivität ein, wenn ungeeignete Arbeitskräfte vom Arbeitsamt zugewiesen werden. Aus diesen Gründen lag der Anteil der Teilnehmer, die in Vergabe-ABM beschäftigt waren, sehr niedrig (vgl. Rabe 2000b, S. 19).

Erträgen nach einer gewissen Anlaufzeit auch ohne Förderung am Markt behaupte.[348] [349]
Im Lichte des nachgewiesenen Zusammenhangs zwischen Lohnhöhe und Produktivität könnten niedrige Entlohnung bzw. untertarifliche Bedingungen zu einem Produktivitätsrückgang führen. Sie könnten durch unlauteren Wettbewerb mit Privatwirtschaft und öffentlichem Dienst auch zur Verdrängung dort vorhandener Arbeitsplätze führen. Darüber hinaus könne der zweite Arbeitsmarkt nur dann als Brücke in den ersten Arbeitsmarkt dienen, wenn die Beschäftigten in geförderten Maßnahmen die Möglichkeit hätten, Arbeitserfahrungen unter Bedingungen, die denen des ersten Arbeitsmarkts vergleichbar seien, zu erwerben. Aus diesen Gründen sollten auch für öffentlich geförderte Beschäftigung die allgemein gültigen arbeits- und sozialversicherungsrechtlichen Bestimmungen sowie bestehende oder auszuhandelnde Tarifverträge gelten.
Schließlich sei zur Realisierung eines breiten Spektrums von unterschiedlichen Maßnahmearten, Beschäftigungsfeldern und zur Einbeziehung verschiedener Zielgruppen eine differenzierte und stabile Trägerlandschaft unabdingbar. Deshalb sei eine institutionelle Förderung von Trägern notwendig, damit professionelles Stammpersonal und ausreichende materielle Grundausstattung eine effiziente Verwendung der Fördermittel sicherstellen. Für private Unternehmen, die ausschließlich als Träger von Beschäftigungsprojekten tätig seien_(soziale Betriebe), solle eine anteilige, degressive Gemein- und Betriebskostenförderung den Übergang in die Markttätigkeit begleiten.

5.3.2. Südkorea

5.3.2.1. Institutionelle Ausgestaltung

ABM in Südkorea[350] werden, wie mehrmals erwähnt, nicht nach dem BVG, sondern durch die Durchführungsrichtlinie des Innenministeriums (*Ministry of*

---

[348]) Diese Idee liegt dem Konzept der „sozialen Betriebe“ bzw. „Arbeitsförderbetriebe“ zugrunde, die Anfang der 90er Jahre in Niedersachsen und Berlin als arbeitsmarktpolitisches Instrument mit degressiver Förderung für Zielgruppen des Arbeitsmarkts erprobt wurden. Vgl. dazu Ehrlich (1997, S. 83ff.).

[349]) Um zu verhindern, dass subventionierte Preise für auf dem Markt angebotene Güter und Dienstleistungen reguläre Anbieter verdrängen, bedarf es dabei spezifischer Regelungen zur Abgrenzung des Markteinflusses. So könnten z.B. subventionierte Preise nur denjenigen gewährt werden, die vergleichbare Güter und Dienstleistungen ansonsten vermutlich gar nicht nachfragen würden (Sozialhilfeempfänger, Behinderte, Jugendliche usw.) (vgl. Wagner 1995, S. 234).

Government Administration and Home Affairs) und Arbeitsministeriums durchgeführt, die auf dem GGB basiert.[351] Dass ABM nicht als ein Instrument nach dem BVG verankert wurden, ist einem Interview mit einem Beteiligten an der Konzipierung des BVG zufolge darauf zurückzuführen, dass bei der Konzipierung (Anfang der 90er Jahre) eine Massenarbeitslosigkeit gar nicht vorausgesehen wurde (vgl. 4.1.2.1.). Darüber hinaus gab es zwar seit den 60er Jahren Arbeitsbeschaffungsprogramme für Personen mit niedrigem Einkommen, aber sie wurden nicht im Rahmen einer Beschäftigungs- bzw. Arbeitsmarktpolitik, sondern im Rahmen einer Armutspolitik durchgeführt. Aus diesen Gründen wurden ABM in Südkorea nicht als ein Instrument nach dem BVG konzipiert[352] und sind insofern prinzipiell ein vorläufiges Sonderprogramm.
Unter diesen Umständen begann seit Ende 1997 eine Massenarbeitslosigkeit zu entstehen, und dementsprechend wurden seit Mai 1998 ABM durchgeführt. Ihr ins Auge fallendes Merkmal ist, dass sie bis auf 1998 (2 Stadien) näherungsweise quartalsweise (4 Stadien pro Jahr)[353] durchgeführt werden. Also wird je Stadium der Etat[354] aufgestellt, und Förderrechte und Art der Maßnahmen usw. werden geändert (vgl. jährliche allgemeine Richtlinien für ABM und Einzelpläne je Stadium).

(1) Ziele

ABM zielen darauf, durch die Beschaffung von Beschäftigung die Lebenshaltung von Arbeitslosen zu stabilisieren, öffentliche Maßnahmen durchzuführen und der öffentlichen Verwaltung beizustehen (vgl. Allgemeine Richtlinie für ABM 1999). Daraus lässt sich erkennen, dass zwar auch das strukturpolitische Ziel vorgeschrieben ist, aber dass das sozialpolitische Ziel relativ betont wird. Dies ist darauf zurückzuführen, dass es in Südkorea wegen des Mangels des so-

---

350) In Südkorea nennt man ABM „öffentliche Arbeiten" (*public works*), aber hier wird „ABM" für die Vereinheitlichung des Wortes verwendet.

351) „Der Arbeitsminister kann unter dem Zusammenwirken mit anderen Ministern Gegenmaßnahmen gegen Arbeitslosigkeit ergreifen, wenn eine große Anzahl von Arbeitslosen entstand oder in Gefahr zu entstehen ist, und Maßnahmen für Beschäftigungssicherung für notwendig gehalten werden" (§ 28 GGB).

352) In Deutschland wurden ABM nach dem AFG bzw. SGB III in Form von „wertschaffender Arbeitslosenfürsorge", „wertschaffender Arbeitslosenhilfe" bzw. „Gemeinschaftsarbeiten" schon im AVAVG geregelt (vgl. Sell 1994b, S. 798ff.). International gesehen gehört aber der Fall, dass ABM wie in Deutschland durch Arbeitslosenversicherung geregelt werden, zur Minderheit (vgl. Yoo/Hong 1999).

353) Zwischen den Stadien liegt eine Zwischenzeit von ca. zehn Tagen vor, die für Arbeitssuche auf dem regulären Arbeitsmarkt genutzt werden soll.

354) Die Mittel für Ministerien-Maßnahmen (s. unten) werden aus der zentralen Regierung, und die für Gebietskörperschaften-Maßnahmen werden gemeinsam aus der zentralen Regierung und den Gebietskörperschaften je Hälfte finanziert.

zialen Sicherungssystems einen sehr breiten „toten Winkel“ (Nichtsozialleistungsempfänger) (Kim, M.G. 1999, S. 2) gibt.[355]

(2) Voraussetzungen für Teilnehmer

Anfangs (1998) waren Arbeitnehmer förderungsbedürftig, wenn sie arbeitslos oder Tagearbeiter ohne regelmäßige Einkommen, mehr als 15 und weniger als 65 Jahre alt, keine Arbeitslosengeldempfänger und beim Arbeitsamt als arbeitslos angemeldet waren. Aber mit der Zunahme der Teilnahme der Nichtberechtigten verschärften sich die Voraussetzungen im ersten Stadium des Jahres 1999, so dass der/die Ehegatte/in der regelmäßigen Einkommensbezieher, Arbeitende in den Zweigen Land- und Forstwirtschaft und Fischerei und ihre Ehegatten/innen aus der Förderung ausgeschlossen wurden. Außerdem erhöhte sich das minimale Alter der Teilnehmer von 15 auf 18, und arbeitslose Haushaltungsvorstände und Arbeitslose mit geringerem Vermögen im Alter von 30 bis 55 waren bevorzugt. Im zweiten Stadium des Jahres 1999 wurde das maximale Alter der Teilnehmer von 65 auf 60 herabgesetzt, und ab dem dritten Stadium des Jahres 1999 veränderte sich die Auswahl der Teilnehmer auf das Zensurensystem, mit dem Alter, Vermögen, Zahl der Familienmitglieder, Behinderte, Dauer von Arbeitslosigkeit und Teilnahme in den vorherigen Stadien aggravierend berücksichtigt werden. Ab dem vierten Stadium des Jahres 1999 wurden Obdachlose zusätzlich in die förderungsbedürftigen Arbeitnehmer eingeschlossen, aber das Zensursystem besteht weiter fort. Allerdings gibt es zahlreiche Ausnahmevoraussetzungen, beispielsweise werden in den Winterstadien arbeitslose Hochschulabsolventen und Bauern bevorzugt.

(3) Art der Maßnahmen

Im Hinblick auf die Art der Maßnahmen liegt zwar auf der allgemeinen Ebene das Kriterium „öffentliche und produktive Maßnahmen“ vor (Allgemeine Durchführungsrichtlinie für ABM 1998), aber in der Praxis werden die Bereiche der Maßnahmen jährlich vom Ausschuss für Beschäftigungspolitik (vgl. 4.3.2.1.) festgesetzt.
Zunächst werden die Maßnahmen in diejenigen, die Ministerien der Zentralregierung durchführen (Ministerien-Maßnahmen), und diejenigen, die Gebietskörperschaften durchführen (Gebietskörperschaften-Maßnahmen), geteilt. Die Bereiche der Ministerien-Maßnahmen bestanden aus informationsverarbeitenden

---

[355]) Während der Anteil der Arbeitslosengeld- und Sozialhilfeempfänger an den gesamten Arbeitslosen 1998 jeweils 6,6% und 6,9% und 1999 jeweils 13,5% und 11,3% betrug, betrug derjenige der Nichtsozialleistungsempfänger jeweils 66,5% und 55,2% (vgl. Kim, M.G. 1999, S. 2).

Maßnahmen (z.B. Aufbau der Datenbanken), öffentlichen Diensten und öffentlichen-produktiven Maßnahmen (z.B. Aufforstung), und innerhalb dieser Bereiche führten betreffende Ministerien ihnen zustehende konkrete Maßnahmen durch. Aber diese Ministerien-Maßnahmen wurden mit dem erheblichen Sinken der Arbeitslosenquote ab 2003 abgeschafft.
Gebietskörperschaften-Maßnahmen werden in bevorzugte Maßnahmen und Empfehlungsmaßnahmen geteilt, wobei zu ersteren die Maßnahmen gehören, für die national einheitliche Kriterien erforderlich sind (informationsverarbeitende Maßnahmen für Verwaltungsmaterialien, Herrichtung von Wasserversorgungs- und Abwasserkläranlagen usw.), und zu letzteren die Maßnahmen in denselben Bereichen wie diejenigen der Ministerien-Maßnahmen und Umweltsanierungsmaßnahmen, die aber den örtlichen Situationen entsprechen und nicht die bestehenden öffentlichen Verwaltungen ersetzen (Zusätzlichkeitsprinzip). Gebietskörperschaften-Maßnahmen können nur nichtgewinnstrebenden gemeinnützigen Verbänden aufgetragen werden, aber der eventuelle Gewinn aus den Auftragsmaßnahmen muss prinzipiell an die Auftragsgeber (Gebietskörperschaften) zurückfallen.

(4) Leistungen und Förderungsdauer

Die Standardlöhne der ABM-Beschäftigten, die der Arbeitsminister jährlich bekannt gibt, beträgt seit 2000 je nach Charakteristika und Intensität der Arbeit täglich 19 Tsd. *Won* (einfache Büro- und Außenarbeit), 24 Tsd. *Won* (qualifizierte oder hochintensive Arbeit) und 29 Tsd. *Won* (hochqualifizierte Arbeit).[356] Innerhalb dieser Niveaus entscheiden Träger (Ministerien und Gebietskörperschaften) selbst die konkrete Lohnhöhe. Dazu kommen 3.000 *Won* pro Tag für Fahrkosten und Essen hinzu.
Die Förderungsdauer darf höchstens ein Jahr nicht überschreiten, und eine kontinuierliche Teilnahme an drei hintereinander liegenden Stadien ist seit 2000 nicht erlaubt.

5.3.2.2. Entwicklung der Förderung von ABM

Die Förderung von ABM in Südkorea begann mit der starken Zunahme der Arbeitslosigkeit erst seit Mai 1998, aber es federte mehr Arbeitslose als irgendein anderes aktives arbeitsmarktpolitisches Instrument ab. So erreichte die Zahl der ABM-Beschäftigten 1999 mit 379 Tsd. ihren Höhepunkt, und auch ihr Anteil an

---

[356]) Die Standardlöhne waren bis 1999 jeweils um 3.000 *Won* so hoch wie derzeitige Löhne, wurden aber ab 2000 mit dem Sinken der allgemeinen Lohnhöhe herabgesetzt.

den gesamten Arbeitslosen (Aktivitätsrate) betrug sogar 28%. Aber mit dem Sinken der Arbeitslosigkeit sanken auch die beiden Zahlen stark (vgl. Tabelle 5.8). Die Erfahrungen der Förderung von ABM sind zwar noch kurz, aber eine prozyklische Entwicklung wie in Deutschland zeigt sich nicht,[357] was auf die Finanzierung aus Steuermitteln zurückzuführen ist.
Nach persönlichen Merkmalen der ABM-Beschäftigten waren die Anteile der schwervermittelbaren Arbeitslosen, also Frauen, ältere Arbeitnehmer (über 50 Jahre alt) und Geringqualifizierte (Grundschule und darunter) besonders groß, und die ersten beiden nahmen allmählich zu (vgl. Tabelle 5.8). Sie waren auch im Vergleich zu ihren Anteilen an den gesamten Arbeitslosen sehr groß.[358]

Tabelle 5.8: Entwicklung der Förderung von ABM in Südkorea

	1998	1999	2000	2001
Arbeitslosenquote (%)	6,8	6,3	4,1	3,7
ABM-Beschäftigte[1)]	219	379	222	144
Aktivitätsrate (%)[2)]	15,0	28,0	25,0	17,6
Anteil nach Merkmalen (%)[3)]				
Männer	59,3	48,1	42,2	40,6
Frauen	40,7	51,9	57,8	59,4
~20	0,8	1,3	1,5	1,4
20~29	9,5	13,0	13,1	12,8
30~39	19,8	18,7	15,2	13,6
40~49	26,7	27,1	26,2	25,1
50~59	30,0	32,8	38,0	40,9
60~65	13,2	7,1	6,0	6,1
Grundschule u. darunter	-	38,3	41,1	41,4
Mittelschule	-	22,7	21,4	20,5
Oberschule	-	25,7	23,3	23,8
Hochschule	-	13,2	14,2	14,3

Quelle: Arbeitsministerium (2003); Innenministerium; Eigene Berechnung.
1) Durchschnitt je Stadium.
2) Anteil der ABM-Beschäftigten an den gesamten Arbeitslosen.
3) an den Teilnehmern an Gebietskörperschaften-Maßnahmen.

[357]) 1998 waren die Zahl der ABM-Beschäftigten und ihr Anteil an den gesamten Arbeitslosen trotz der hohen Arbeitslosenquote gering, was darauf zurückzuführen ist, dass die Zahl der ABM-Beschäftigten im ersten Stadium wegen der mangelhaften Vorbereitung für die Implementierung an sich nur 79 Tsd. betrug.
[358]) Von 1998 bis 2001 betrug der Anteil der Frauen, der älteren Arbeitnehmer und der Geringqualifizierten jeweils ca. 33%, 13% und 15%.

Im Hinblick auf die Einsatzfelder von ABM waren im Durchschnitt von 1999 bis 2002 die Bereiche „öffentliche-produktive Maßnahmen“ (34%) und „öffentliche Dienste“ (32%) vorrangig, blieben „informationsverarbeitende Maßnahmen“ (28%) ein weinig dahinter zurück und „Umweltsanierungsmaßnahmen“ (7%) waren nachrangig (vgl. Innenministerium)
Nach der vorliegenden einzigen Wirkungsanalyse (vgl. Kang, B. G. 2000; 2001) entstehen bei der Förderung von ABM in Südkorea ein Verdrängungseffekt und ein Zusatzeffekt (*additional worker effect*), weil nicht nur Arbeitslose, sondern auch Nichtarbeitslose (Beschäftigte auf dem ersten Arbeitsmarkt (z.B. Tagearbeiter) und Stille Reserve (z.B. Hausfrau)) gefördert werden.[359] Deshalb sei der Entlastungseffekt von ABM kleiner als die ABM-Beschäftigten, so dass er in der ersten Hälfte von 1999 303 Tsd. (im ersten Stadium) und 329 Tsd. (im zweiten Stadium) betragen habe, was die Arbeitslosenquote jeweils um 1,5% reduziert habe.[360]
Hinsichtlich der Auswirkungen der Teilnahme an ABM auf die Wiedereingliederung in den ersten Arbeitsmarkt liegt keine systematische Analyse vor. Aber nach einer Befragung erfuhren 26,5% der Teilnehmenden von 1998 bis zum dritten Stadium des Jahres 1999 zum Zeitpunkt Juni 2000 eine Wiedereingliederung. Diese Wiedereingliederungsquote ist niedriger als diejenige der nicht teilgenommenen Arbeitslosen (35,9% für Mai bis September 1998 und 46,4% für Januar bis Juni 1999), was darauf zurückzuführen ist, dass die Teilnehmenden vornehmlich schwervermittelbare Arbeitslose bzw. Problemgruppen sind (vgl. Kang u.a. 2000, S. 13).

5.3.2.3. Reformvorschläge

Da die Erfahrungen von ABM in Südkorea noch kurz sind und insbesondere ABM an sich seit 2000 stark eingeschränkt wurden, liegen systematische Wirkungsanalysen oder heftige Kontroversen darum nicht vor. Allerdings tauchten verschiedene Probleme wegen der hastigen Vorbereitung und Durchführung auf, und dementsprechend werden zahlreiche Reformvorschläge eingebracht. Einige darunter wurden in der sich je Stadium ändernden Richtlinie akzeptiert, aber es bleiben immer noch viele Probleme ungelöst. Unten wird auf einige wichtige Punkte eingegangen.
Die wichtigste Kritik an ABM bezieht sich auf das zentralisierte bzw. bürokratische Fördersystem. Auch wenn der Etat an sich auf der Regierungsebene aufge-

---

[359]) Nach Kim, M. G. (1999, S. 7) wird geschätzt, dass der Anteil von Nichtarbeitslosen an den ABM-Beschäftigten 20~30% beträgt.
[360]) Aber er berücksichtigte keine Multiplikatoreffekte durch ABM (vgl. 5.1.1.4.). Bei der Berücksichtigung der Multiplikatoreffekte erhöht sich der Entlastungseffekt.

stellt werden muss, führt die einseitige Verteilung des regionalen Etats vom Innenministerium oft zur Inkongruenz zwischen der Nachfrage (regionale Arbeitsmarktsituationen) und dem Angebot (Etat) von ABM. So wird manchmal den Regionen mit höherer Arbeitslosenquote ein geringerer Etat zugeteilt, und umgekehrt.[361] Deshalb wird gefordert, dass sich die regionale Arbeitslosenquote in der Verteilung des Etats mehr als bisher widerspiegelt, damit mehr Arbeitslose gefördert werden können (vgl. Lee, J.W. 1998, S. 182; Kim, M.G. 1999, S. 11; Kang, B.G. 2000, S. 27). Darüber hinaus sollten sich auch andere regionale Situationen wie Merkmale der Arbeitslosen und Finanzlage der Gebietskörperschaften in der Verteilung widerspiegeln.

Das auf die sozialpolitische Funktion von ABM bezogene Problem ist, dass die Arbeitsbedingungen von ABM-Beschäftigten sehr schlecht sind. Da ihr rechtlicher Status der von Tagearbeitern ist, deren Arbeitsvertrag Tag für Tag erneuert wird, und die Teilnahme an einer Maßnahme nur ca. drei Monate (ein Stadium) lang dauert,[362] ist ihre Beschäftigung sehr instabil. Darüber hinaus sind auch ihre Löhne sehr niedrig im Vergleich zu denjenigen für eine vergleichbare ungeförderte Tätigkeit.[363] Aus diesen Gründen traten viele Teilnehmer während der Maßnahmen aus ABM aus,[364] und wegen des häufigen Unterbrechens der Teilnahme ist es auch schwierig, durch die Teilnahme Arbeitserfahrungen zu erwerben. Aufgrund dieser Tatsachen fordern Yoon (1999, S. 65) und Kim, T.H. (1999, S. 1) die Verlängerung der Dauer von Maßnahmen und die Erhöhung und die den Qualifikationen entsprechende weitere Differenzierung der Löhne.

Nach Lee, J.W. (1998, S. 177f.) ist im Hinblick auf die Art der Maßnahmen problematisch, dass viele Maßnahmen Beschäftigung auf dem ersten Arbeitsmarkt verdrängen, weil sie weder öffentlich noch zusätzlich sind. Die Zuweisung von Teilnehmern mit hoher technischer Qualifikation an mittlere und kleine Betriebe stelle ein typisches Beispiel der Nichtöffentlichkeit dar. Das Ziel der Maßnahme liege zwar in der Erhöhung des technischen Niveaus der Betriebe und der Verbesserung der Wiedereingliederungschancen der Teilnehmer. Aber solch eine Maßnahme habe eine große Gefahr, zum einen bestehende Arbeit-

---

[361]) Dieses Problem ist darauf zurückzuführen, dass bei der Etatverteilung nicht nur die regionale Arbeitslosenquote, sondern auch die regionale Bewerberzahl berücksichtigt wird. Aber das Gewicht der regionalen Arbeitslosenquote beträgt z. Z. nur 60%.

[362]) Man kann zwar dreimal hintereinander an derselben Maßnahme teilnehmen, aber es ist nicht garantiert (s. oben).

[363]) Während der monatliche durchschnittliche Lohn der Arbeitnehmer, die z.B. eine „einfache Arbeit" auf dem regulären Arbeitsmarkt leisten, 2001 819 Tsd. *Won* betrug (vgl. http://kosis.nso.go.kr), betrug der Lohn (einschließlich der Nebenkosten) der ABM-Beschäftigten bei „einfacher Büro- und Außenarbeit" ca. 500 Tsd. *Won*, so dass die letztere nur 60% des ersteren betrug.

[364]) Die Austrittsquote betrug 1998 sogar 34% und sank seitdem mit 26% (1999) und 24% (2000, 2001) (vgl. Innenministerium).

nehmer der Betriebe zu verdrängen[365] und zum anderen durch die Erhöhung der Wettbewerbsfähigkeit der Betriebe auch Arbeitnehmer der anderen Betriebe in demselben Zweige zu verdrängen (Substitutionseffekt). Außerdem seien die informationsverarbeitenden Maßnahmen für Ministerien und Gebietskörperschaften keine zusätzlichen Maßnahmen, weil sie im heutigen Informationszeitalter auch ohne ABM so schnell wie möglich durchgeführt werden müssten. So würden sie Arbeitnehmer verdrängen, die ohnehin im öffentlichen Sektor eingestellt worden wären. Um diese unerwünschten Nebeneffekte zu vermeiden, müssten deshalb die Kriterien der Maßnahmen, d.h. Öffentlichkeit und Zusätzlichkeit bei der Konzipierung von Maßnahmen durchaus durchgesetzt werden.
Als ein Weg zur Erhöhung der Produktivität von Maßnahmen ist die Vergabe von Auftragsmaßnahmen an private gemeinnützige Organisationen von Anfang an erlaubt. Aber trotz der allmählichen Zunahme ist der Anteil der Auftragsmaßnahmen an den gesamten Maßnahmen immer noch sehr niedrig, und zwar nur weniger als 1% (2000: 0,7% ~ 2001: 0,2%). Berücksichtigt man, dass Auftragsmaßnahmen die Möglichkeit haben, sich durch das selbstständige Management der Maßnahmen (sog. „Selbsthilfeprogramm") in ein reguläres Geschäft weiterzuentwickeln und damit Wiedereingliederungschancen der ABM-Beschäftigten zu erhöhen, ist eine Ausweitung von Auftragsmaßnahmen von großer Bedeutung. Diesbezüglich ist bemerkenswert, dass Selbsthilfeprogramme für Sozialhilfeempfänger gesondert von der Förderung von ABM im Rahmen einer Sozialpolitik seit Oktober 2000 durch das Gesetz zur Garantie des Volksexistenzminimums gefördert werden. Aber die beiden Förderungen stehen bezüglich ihrer Voraussetzungen bzw. Bedingungen noch nicht in reibungslosem Kooperationszusammenhang. Unter diesen Umständen wird dringend gefordert, neben der Ausweitung von Auftragsmaßnahmen bei ABM eine enge Kooperation zwischen den beiden Förderungen (z.B. Errichtung eines gemeinsamen Trägers zwischen den einschlägigen Ministerien) zu erstellen (vgl. Cho 1999, S. 19; Kim, T.H. 1999, S. 4; Kang, B.G. 2000, S. 28ff. und 2001, S. 139; Jeong 2001, S. 37).[366]
Schließlich kritisiert Kang, B.G. (2001, S. 137f.) die kürzliche stark einschränkende Tendenz von ABM und fordert die Verstärkung der Förderung. Auch wenn die Arbeitslosigkeit in den letzten Jahren abnehme, gebe es immer noch ca. 20% (2002: vgl. Innenministerium) mehr Bewerber als Zugewiesene, und auch die Arbeitslosen im „toten Winkel" des sozialen Sicherungssystems würden immer noch über 40% betragen (Juni 2002). Die Funktion von ABM als das ein-

[365]) In der Durchführungslichtlinie ist zwar vorgeschrieben, dass die ABM-Beschäftigten umgehend abberufen werden, falls die Betriebe aufgrund der zugewiesenen ABM-Beschäftigten reguläre Arbeitnehmer „illegal" entlassen. Aber die Zusammenhänge zwischen ABM-Beschäftigten und der Entlassung von regulären Arbeitnehmern sind schwer zu untersuchen.
[366]) Vgl. zum ausführlichen Verbindungsplan der beiden Förderungen Kang u.a. (2000).

zige soziale Netz, das diese ungesicherten Arbeitslosen abfedere, solle deshalb erhalten und ausgeweitet werden.

5.3.3. Implikationen für Südkorea

Ebenso wie bei anderen Instrumenten unterscheidet sich auch das konkrete Fördersystem von ABM in beiden Ländern. Der zentrale Unterschied liegt darin, dass ABM in Südkorea unabhängig vom Beschäftigungsversicherungssystem im Rahmen einer Beschäftigungs- bzw. Arbeitsmarktpolitik der Regierung (durch die Durchführungsrichtlinie) geregelt werden, während sie in Deutschland im Arbeitslosenversicherungssystem (durch das SGB III) geregelt werden. Daraus leiten sich weitere Unterschiede ab: Erstens, in Südkorea sind förderungsbedürftige Arbeitnehmer grundsätzlich Arbeitslose ohne Leistungsansprüche, dagegen sind sie in Deutschland Arbeitslose mit Leistungsansprüchen. Der zweite Unterschied bezieht sich auf die Finanzierungsquelle für ABM, es werden ABM in Südkorea aus Steuermitteln und in Deutschland aus Beiträgen von Arbeitnehmern und -gebern finanziert. Noch wichtiger ist diesbezüglich, dass Mittel für ABM in Südkorea von denjenigen für passive Arbeitsmarktpolitik getrennt sind, dagegen in Deutschland in einem gemeinsamen Haushalt mit passiver Arbeitsmarktpolitik vereinigt sind. Die Folge ist, dass sich die Förderung von ABM in Deutschland nach einem prozyklischen Muster entwickelte, aber in Südkorea nicht (vgl. 4.3.).

Beim Vergleich dieser Unterschiede sind ABM in Südkorea im Finanzierungsmodus vorteilhaft, weil sie entsprechend der Schwankungen von Arbeitslosigkeit gefördert werden können. Aber das Problem in Südkorea ist, dass die Förderung von ABM nicht auf einem Gesetz beruht, sondern durch eine Durchführungsrichtlinie geregelt wird. Demzufolge ist die Möglichkeit der Schwankungen der Förderung an sich („Stop-and-Go Politik“) größer als im Fall, dass sie durch ein Gesetz geregelt werden.[367] Für die Stabilisierung der Förderung ist es deshalb notwendig, sie in einem Gesetz – ob im BVG, ob in anderen Gesetzen – zu verankern. Für den Fall, dass ein breiter toter Winkel des sozialen Sicherungssystems auch zukünftig lange fortbestehen würde, wäre eine Institutionalisierung der Förderung von ABM auf Gesetzebene sehr wichtig.

Außerdem lassen sich im Hinblick auf die Verbesserung der konkreten Ausstattung von ABM einige Lehren aus den deutschen Erfahrungen und Reformvorschlägen ableiten, die die Reformvorschläge in Südkorea ergänzen können. Zunächst fehlt der Zielsetzung in Südkorea das arbeitsmarktpolitische Ziel. Zwar

---

[367]) Es könnte ein Beispiel dafür darstellen, dass die Förderung von ABM seit 1999 stark eingeschränkt und Ministerien-Maßnahmen ab 2003 abgeschafft wurden.

müssen die Ziele von ABM vielfältig sein, aber für die praktische Implementierung und die Wirkungen ist ausschlaggebend, welche Ziele im Gesetz (in Südkorea in der Richtlinie) deutlich gesetzt werden. Während in Deutschland neben dem strukturpolitischen Ziel das arbeitsmarktpolitische Ziel betont wird, wird in Südkorea das sozialpolitische Ziel in den Vordergrund gestellt. Dies stammt, wie erwähnt, aus dem mangelnden sozialen Netz, aber führt jedenfalls zum Mangel der institutionellen Rahmenbedingungen für die Wiedereingliederung von Teilnehmern in den ersten Arbeitsmarkt. So erfolgt z.B. die Bewerbung um Teilnahme und die Auswahl von Teilnehmern nicht durch das Arbeitsamt, sondern direkt durch die Gebietskörperschaft, was die den Merkmalen von Teilnehmern entsprechende Zuweisung erschwert und sich letzten Endes auf ihre weiteren Berufsaussichten negativ auswirkt.[368] Darüber hinaus werden Maßnahmen an sich ohne Erwägung z.B. der Qualifizierung für Wiedereingliederung vornehmlich allein mit einfacher Arbeit konzipiert. Damit ABM nicht zu einem vorläufigen einkommensdeckenden (passiven) Instrument werden, sind die Verdeutlichung des arbeitsmarktpolitischen Ziels und die damit verbundenen institutionellen Erneuerungen notwendig.

Im Übrigen gilt der Vorschlag zu einer Flexibilisierung bzw. Dezentralisierung von ABM in Deutschland auch für Südkorea. Zur Zeit ist die Autonomie auf der regionalen Ebene nur hinsichtlich einer Erschließung von regionalen Situationen entsprechenden konkreten Maßnahmen vergeben, aber auch sie ist nur innerhalb der Bereiche der Empfehlungsmaßnahmen möglich, die in der Richtlinie vorgeschrieben sind. Für die übrigen Förderbedingungen wie Voraussetzungen für Teilnahme, Förderdauer und Lohnhöhe usw. liegen zwar wegen der zahlreichen Ausnahmebestimmungen Spielräume des ABM-Ausschusses von Gebietskörperschaften vor, aber die Wesentlichsten sind zentral vorgeschrieben.[369] Um die Situationen auf dem regionalen Arbeitsmarkt besser widerzuspiegeln, sollten den regionalen arbeitsmarktpolitischen Akteuren mehr Entscheidungsrechte zu den Förderbedingungen als bisher gegeben werden, wobei auch die Beteiligung von anderen wirtschaftlichen Akteuren an der Entscheidung ausgeweitert werden sollte.

Bei der Trägerschaft liegt ein großer Unterschied zwischen beiden Ländern darin, dass eine Vergabe von Maßnahmen an ein privates Unternehmen in Südkorea ausgeschlossen ist, während in Deutschland Maßnahmen im gewerblichen Bereich an ein Wirtschaftsunternehmen vergeben werden können. Betrachtet man, dass das Management der Maßnahmen durch private Unternehmen nicht nur

---

[368]) Arbeitsämter bieten den Teilnehmern eine Berufsberatung von nur zwei Stunden je Stadium an.

[369]) Obwohl nach der Richtlinie beispielsweise die Löhne in drei eingestuft sind und vom ABM-Ausschuss weiter differenziert werden können, wird in der Praxis „wegen der Kompliziertheit der Differenzierungsarbeit" (Jeong u.a. 1999, S. 33) oft allen Teilnehmern ein einheitlicher Lohn ausgezahlt.

dazu beiträgt, die Effizienz des Mitteleinsatzes zu erhöhen, sondern auch den geförderten Arbeitnehmern die Gelegenheiten anbietet, Arbeitserfahrungen auf dem regulären Arbeitsmarkt zu erwerben und in ein reguläres Beschäftigungsverhältnis überzugehen, wäre es auch für Südkorea sehr wichtig, eine Vergabe von Maßnahmen an ein privates Unternehmen zu erlauben. Dafür wäre es allerdings notwendig, zum einen für die Vergabe geeignete, d.h. privaten Unternehmen Anreiz gebende Maßnahmen zu erschließen, zum anderen Maßregeln für die Vermeidung von Verdrängungseffekten (z.B. Ausschreibung) zu ergreifen. Schließlich ist es sehr wünschenswert, auch den ABM-Beschäftigten die allgemein gültigen Arbeits- und Sozialversicherungsrechte zu gewähren, wie sie in Deutschland in großem Maße gewährt sind und ihre weitere Ausweitung gefordert wird, um die sog. „Zweitklassigkeit" zu vermeiden. Bezüglich der Sozialversicherungen sind ABM-Beschäftigte auch in Südkorea seit dem vierten Stadium 1999 unfallversicherungspflichtig und seit 2000 arbeitslosenversicherungspflichtig.[370] Aber die Gewährung der Arbeitsrechte wie vor allem die Aushandlung der Tarifverträge oder eine Anbindung an Tarifverträge im ersten Arbeitsmarkt ist zu weit entfernt von der Realität der südkoreanischen Arbeitsbeziehungen. In der Situation, dass die herrschende Organisationsform der Gewerkschaften die Betriebsgewerkschaft ist, ist es noch nicht erlaubt, dass Arbeitslose die Mitgliedschaft einer Gewerkschaft erwerben oder selbst ihre eigene Gewerkschaft gründen. Deshalb ist die Gewährung der Arbeitsrechte für ABM-Beschäftigte in Südkorea eine Aufgabe, die mit der Entwicklung der Arbeitsbeziehungen langfristig verfolgt werden soll, aber keineswegs außer Acht gelassen werden darf.

[370]) In Südkorea sind Leute, die sich nicht in einem regulären Beschäftigungsverhältnis befinden, krankenversicherungspflichtig auf der regionalen Ebene und rentenversicherungspflichtig zur Volksrente für Selbstständige (vgl. Lee 2003).

6. Zusammenfassung

(Massen)Arbeitslosigkeit ist schon seit ca. dreißig Jahren das soziale Hauptproblem in den meisten entwickelten Ländern, so dass sie nicht mehr eine Abnormalität darstellt, sondern vielmehr zu einem normalen Phänomen geworden ist. Wenn man aber auf die ganze Geschichte des Kapitalismus zurückblickt, ist hohe Arbeitslosigkeit nicht nur das gegenwärtige Problem, sondern das allgemeine Problem des Kapitalismus. Umgekehrt könnte man auch sagen, dass die Vollbeschäftigung in den 50er und 60er Jahren einen Ausnahmefall darstellte. Auch wenn Arbeitslosigkeit in der Natur des Kapitalismus liegt, so kann sie doch nicht ignoriert werden, weil sie verschiedene wirtschaftliche, politische und soziale Probleme herbeiführt und weil es insbesondere bei den Arbeitslosen selbst, die abgesehen von ihrer Arbeitskraft keine Produktions- und Lebenshaltungsmittel besitzen, um das Überleben geht. Deshalb setzten sich bei hoher Arbeitslosigkeit auch die politischen Anstrengungen dagegen fort.

Es gibt grob gesehen zwei solche gegen Arbeitslosigkeit eingerichtete Politikbereiche: Zum einen beeinflusst Beschäftigungspolitik dadurch die Nachfrage nach Arbeitskräften, dass sie vorwiegend durch Finanz- und Geldpolitik die gesamtwirtschaftliche Nachfrage beeinflusst. Zum anderen beeinflusst Arbeitsmarktpolitik durch direkt und allein auf den Arbeitsmarkt gerichtete Instrumente das Angebot und die Nachfrage der Arbeitskräfte. Diese Arbeitsmarktpolitik ist wiederum in passive Arbeitsmarktpolitik, die die Lebenshaltung von Arbeitslosen sichert, und aktive Arbeitsmarktpolitik, die auf die Vermeidung oder Reduzierung von Arbeitslosigkeit abzielt, unterteilt. Diese Arbeit thematisierte die Verbesserung der aktiven Arbeitsmarktpolitik in Südkorea gerade dadurch, dass sie mit derjenigen in Deutschland verglichen wurde.

Aber es gibt zwei einander schroff gegenüberstehende Grundpositionen dazu, ob aktive Arbeitsmarktpolitik für die Beseitigung von Arbeitslosigkeit überhaupt notwendig bzw. wirksam ist oder nicht: Zunächst behaupten Neoklassiker, dass aktive Arbeitsmarktpolitik für die Reduzierung von Arbeitslosigkeit wirkungslos sei, weil Beschäftigungsprobleme über den Marktmechanismus (Lohnmechanismus) von selbst gelöst würden. Nach dieser Position ist der Arbeitsmarkt ein vollkommener Markt mit Homogenität der Arbeitskräfte, vollkommener Information, vollständiger Mobilität usw. Dabei entstehe Arbeitslosigkeit aufgrund der im Verhältnis zu den Gleichgewichtslöhnen auf den Arbeitsmärkten zu hohen Löhnen, und verschwinde daher von selbst, wenn nur die Löhne sinken würden (Selbstheilungskräfte des Marktes). Da aktive Arbeitsmarktpolitik aber durch die Intervention in Nachfrage und Angebot der Arbeitskräfte eine flexible Senkung der Löhne verhindere, sei sie für die Bekämpfung von Arbeitslosigkeit wirkungslos. Deshalb müsse der Einsatz der Instrumente aktiver Arbeitsmarktpolitik reduziert werden, stattdessen seien Flexibilisierung und Deregulierung

auf dem Arbeitsmarkt erforderlich, damit der Arbeitsmarkt normal funktionieren könne.
Keynesianer gehen hingegen davon aus, dass Beschäftigungsprobleme aus Besonderheiten des Arbeitsmarktes folgen und deswegen politische Intervention zur Lösung erfordern. Nach dieser Position hat der Arbeitsmarkt im Gegensatz zu den realitätsfernen Prämissen von Neoklassikern verschiedene Besonderheiten. Beispielsweise sei die Ware Arbeitskraft untrennbar mit dem Anbieter verbunden und äußerst heterogen, und die Nachfrage nach Arbeitskräften werde nicht vom Lohnsatz, sondern von der Absatzerwartung auf dem Gütermarkt bestimmt, so dass dem Lohn keine allgemeine Indikations- und Lenkungsfunktion zukomme. Deshalb könne Arbeitslosigkeit nicht durch Lohnsenkung beseitigt werden, sondern es bedürfe für die Bekämpfung der Arbeitslosigkeit einer politischen Intervention. Dabei unterscheide sich – wie erwähnt – der Politikbereich nach Arten von Arbeitslosigkeit: Zur Bekämpfung der niveaubedingten Arbeitslosigkeit, die aus dem Nachfragemangel auf den Gütermärkten entstehe, bedürfe es einer Beschäftigungspolitik. Hingegen müsse strukturbedingter Arbeitslosigkeit, die aus der Uneinigkeit zwischen der Nachfrage- und der Angebotsstruktur auf dem Arbeitsmarkt entstehe, durch (aktive) Arbeitsmarktpolitik begegnet werden.
In dieser Arbeit wurde im Grunde die zweite Position befürwortet, weil die erstere nicht nur theoretisch auf realitätsfernen Prämissen beruht, sondern weil auch ihre Gültigkeit in der Praxis nicht nachgewiesen wurde. Aber die Notwendigkeit einer Intervention an sich garantiert noch nicht die Effektivität aktiver Arbeitsmarktpolitik. Deshalb wurde auch auf den institutionalistischen Ansatz verwiesen, der behauptet, dass es für die Erhöhung der Effektivität aktiver Arbeitsmarktpolitik der Verbesserung der institutionellen Rahmenbedingungen bedürfe. Damit lässt sich die Grundposition dieser Arbeit begründen, die dafür plädiert, dass das allgemeine System und die Instrumente der aktiven Arbeitsmarktpolitik verbessert und erweitert werden müssen.
Für einen Vergleich der Arbeitsmarktlage beider Länder ist es entscheidend festzustellen, dass die hohe Arbeitslosigkeit bzw. die gegenwärtige Krise des Arbeitsmarktes in beiden Ländern eng mit der Krise der vorherigen Akkumulationsweise zusammenhängt, auch wenn es Unterschiede zwischen den konkreten Situationen gibt. Die Akkumulationsweise Deutschlands von Ende des zweiten Weltkrieges bis zu den 60er Jahren wurde als das sog. „Modell Deutschland“ bzw. als der „rheinische Kapitalismus“ bezeichnet, dessen charakteristische Kennzeichen das Wirtschaftswunder, die Vollbeschäftigung, der Sozialstaat usw. darstellen. Aber das Modell Deutschland lässt sich im Grunde genommen begreifen als die deutsche Form des globalen Fordismus, der durch Massenproduktion (aufgrund hoher Produktivität durch tayloristische Arbeitsorganisation), Massenkonsum (aufgrund hoher Löhne), hohe soziale Sicherung, Wertumverteilung zu Gunsten der kapitalistischen Zentren im Weltmarkt usw.

gekennzeichnet wird. Seit den 70er Jahren geriet der Fordismus aber durch die Widerstände gegen den tayloristischen Arbeitsprozess, die Veränderung der Konsumwünsche, die Destabilisierung des fordistischen internationalen Regulationssystems usw. in die Krise. Zur Lösung der Krise des Fordismus wurden verschiedene postfordistische Strategien versucht, die auf den neuen Informations- und Kommunikationstechnologien („mikroelektronische Revolution") und der neuen Arbeitsorganisation („*lean production*") basiert. Dieses neue Produktionssystem brachte eine enorme Rationalisierung und Flexibilisierung der Produktion und damit der Beschäftigung und der Arbeitsverhältnisse mit sich, was die grundlegende Ursache der hohen Arbeitslosigkeit und der Zunahme der atypischen Arbeitsverhältnisse in Deutschland (und auch in vielen entwickelten Ländern) darstellt. Dieser Prozess wurde im Zuge der Globalisierung seit Anfang der 90er Jahre beschleunigt: Mit der Globalisierung erfolgten für die verstärkte Internalisierung der Produktion und des Handels die Liberalisierung der Märkte und umfangreiche Deregulierungen auf der inländischen und internationalen Ebene, und insbesondere die verselbstständigten Finanzmärkte (Spekulationskapital) weiteten sich rasch aus. Im Zuge dessen wurde der „Kostenfaktor" Arbeit weiter wegrationalisiert und flexibilisiert, und auch der neoliberale Sozialabbau setzte sich fort. Vor diesem Hintergrund nahm die Arbeitslosigkeit in Deutschland seit Mitte der 70er Jahre kontinuierlich zu und konzentrierte sich auf Problemgruppen wie Frauen, Jugendliche, Ältere, Geringqualifizierte usw.
In Südkorea, in dem eine industriekapitalistische Entwicklung erst seit den 60er Jahren begann, wurde die Kapitalakkumulation vor allem vom starken Staat mit der Entwicklungsplanung geleitet, wobei der Chaebol (Konglomerat) als das Subjekt der Akkumulation funktionierte. Dieser sog. Staat-Chaebol-Komplex konzentrierte die Ressourcenallokation auf einige strategische Sektoren und ermöglichte dadurch eine beispiellos schnelle Wirtschaftsentwicklung und eine erfolgreiche (untergeordnete) Integration in den Weltmarkt, und dabei erreichte auch die Beschäftigung ein hohes Niveau. Seit Ende der 80er Jahre begannen sich aber die inneren Widersprüche dieser Akkumulationsweise zu enthüllen, so dass die Macht der Chaebol zunehmend diejenige des Staates bedrohte und die Widerstände der bisher unterdrückten ArbeiterInnen explosiv zunahmen. Auch der Druck zur Öffnung der Märkte, der im Zuge der Globalisierung vom internationalen Kapital ausgeübt wurde, führte zur Destabilisierung der Akkumulationsweise. Schließlich löste sich der Staat-Chaebol-Komplex aus Anlass der Wirtschaftskrise 1998 endgültig auf, und eine umfangreiche neoliberalistische Umstrukturierung wurde durch die Liberalisierung der Märkte, die Privatisierung der öffentlichen Unternehmen, die Flexibilisierung auf dem Arbeitsmarkt usw. durchgeführt. Im Zuge dessen nahmen die Arbeitslosigkeit und die „atypischen Beschäftigungsverhältnisse" kräftig zu.
Aber die Struktur der Arbeitslosigkeit Südkoreas unterscheidet sich von derjenigen Deutschlands: In Südkorea ist die Arbeitslosenquote der meisten Problem-

gruppen niedriger als diejenige der normalen Arbeitnehmergruppen, was darauf zurückzuführen ist, dass die Problemgruppen wegen des mangelnden sozialen Sicherungssystems lieber in die Stille Reserve überwechseln als aktiv eine Stelle zu suchen (Frauen, Ältere) oder sogar eine geringfügige Stelle suchen (Geringqualifizierte).

Nun sollen die zentralen Implikationen für Südkorea, die sich aus dem Vergleich der aktiven Arbeitsmarktpolitik in beiden Ländern ableiten, zusammengefasst werden. Zunächst im Hinblick auf das allgemeine System der Arbeitsmarktpolitik:

▪ Das Grundkonzept des deutschen AFG, d.h. aktive Arbeitsmarktpolitik, war ein Vorbild der südkoreanischen Arbeitsmarktpolitik. Mit der ständigen Zunahme der Arbeitslosigkeit seit Mitte der 70er Jahren verschob sich aber der Schwerpunkt der Arbeitsmarktpolitik Deutschlands auf die passive und reaktive Arbeitsmarktpolitik, und aus Anlass der Ablösung des AFG durch das SGB III (1998) entwickelte sich das Grundkonzept an sich zu einer aktivierenden Arbeitsmarktpolitik, die die Eigenverantwortung der Arbeitnehmer bzw. den Zwang bei der Arbeitsförderung („Fördern und Fordern“) betont. Diese Strömung, die mit dem Sozialabbau in der Krise des Fordismus bzw. Globalisierung zusammenhängt, führt zum einen durch die Sanktionen bei der Ablehnung der Arbeitsförderung zur Zerstörung sozialer Standards, zum anderen durch den Zwang zur Arbeitsaufnahme zur Zunahme „irgendeiner Beschäftigung“ bzw. von „Arbeitsplätzen um jeden Preis“, also zur Ausweitung der niedrig entlohnten oder „atypischen“ Beschäftigungsverhältnisse. In Südkorea ist aber die soziale Sicherung noch sehr niedrig, und der Anteil der „atypischen“ Beschäftigten, die meistens vom arbeits- und sozialrechtlichen Schutz ausgeschlossen sind, an allen Beschäftigten überschreitet schon 50%. Unter diesen Umständen könnte die Aktivierung der Arbeitsmarktpolitik zu einer sozialen Katastrophe führen. Deshalb ist die Anwendung des derzeitigen arbeitsmarktpolitischen Grundkonzeptes in Deutschland auf die südkoreanische Arbeitsmarktpolitik nicht zu befürworten.

▪ Im Gegensatz dazu sollte das Prinzip der Selbstverwaltung bei der Trägerschaft der Arbeitsmarktpolitik Deutschlands, das bei der Konzipierung des südkoreanischen BVG nicht vorgesehen wurde, in die südkoreanische Arbeitsverwaltung eingeführt werden. In Deutschland setzt sich die BA, der Hauptträger der Arbeitsmarktpolitik, drittelparitätisch aus Vertretern der Arbeitgeber (Arbeitgeberverbände), der Arbeitnehmer (Gewerkschaften) und der öffentlichen Körperschaften (Bund, Länder und Gemeinde) zusammen, und durch die Selbstverwaltung zwischen ihnen spiegeln sich jeweilige Interessen in der Arbeitsmarktpolitik wider. Dagegen ist der Träger der Arbeitsmarktpolitik Südkoreas der Arbeitsminister, so dass die Arbeitsverwaltung Südkoreas zu einer typisch staatlichen Arbeitsverwaltung gehört. Zwar beteiligen sich Vertreter der Arbeitgeber und -nehmer am Ausschuss für Beschäftigungspolitik beim Arbeitsminister, aber sie sind in der absoluten Minderzahl. Daher werden ihre Interessen selten berücksichtigt, obwohl sie Beitragszahler sind. Um diese Widersinnigkeit zu korrigieren, sollte das Selbstverwaltungsprinzip sobald wie möglich eingeführt werden. Aber das Problem ist nicht die Notwendigkeit, sondern die Realisierbarkeit: In Südkorea fehlen die geschichtlichen und gesellschaftlichen Rahmenbedingungen, aufgrund derer die Selbstverwaltung Deutschlands entstand, z.B. die Tradition der kommunalen und sozialen Selbstverwaltung, die zentralisierten starken Gewerkschaften, die das Interesse der Arbeiterklasse vertretende sozialdemokratische Partei, der Korporatismus zum Klassenkompromiss usw. Deshalb ist es unwahrscheinlich, die drittelparitätische Selbstverwaltung in absehbarer Zeit in Südkorea einzuführen.

- Im Hinblick auf das Finanzierungssystem der Arbeitsmarktpolitik, das aus Beiträgen der Arbeitgeber und -nehmer besteht, ist dasjenige Südkoreas vorteilhaft im Vergleich zu demjenigen Deutschlands. In Deutschland liegt ein zentraler Konstruktionsmangel des Finanzierungssystems in der gemeinsamen Finanzierung der passiven und der aktiven Arbeitsmarktpolitik, mit der ein Konkurrenz- bzw. Verdrängungsverhältnis zwischen den beiden Leistungsarten entsteht: Je größer die Arbeitslosigkeit ist, desto mehr Lohnersatzleistungen (Muss-Leistung) müssen ausgegeben werden, desto weniger Spielraum gibt es damit für die Ausgaben für die aktiven Leistungen (Kann-Leistung). Es ist gerade hierauf zurückzuführen, dass die aktive Arbeitsmarktpolitik Deutschlands mit der Zunahme der Arbeitslosigkeit eingeschränkt wurde und sich nach einem prozyklischen Muster entwickelte. Im Vergleich dazu sind in Südkorea die Haushalte der passiven und der aktiven Arbeitsmarktpolitik voneinander getrennt, so dass ein solches Verdrängungsverhältnis nicht entsteht. Angesichts der Realität, dass sich die südkoreanische Regierung, die die Arbeitsverwaltung monopolisiert, nicht an der Finanzierung beteiligt, sollten aber die Reformvorschläge in Deutschland, die die Ausweitung der Steuerfinanzierung z.B. durch das Modell eines regelgebundenen Bundeszuschusses fordern, auch in Südkorea aktiv in Erwägung gezogen werden.

Bezüglich der Kerninstrumente der aktiven Arbeitsmarktpolitik zeigt sich, dass ihre Förderung in Deutschland seit den 90er Jahren trotz der Zunahme der Arbeitslosigkeit tendenziell reduziert wird, während sie in Südkorea trotz der Abnahme der Arbeitslosigkeit ausgeweitet wird oder – wenn auch während des kurzen Zeitraums – mindestens der Entwicklung der Arbeitslosigkeit entspricht. Deshalb lassen sich Implikationen für Südkorea eher anhand der institutionellen Ausgestaltungen herausfinden als anhand der quantitativen Entwicklung. Gemeinsam ist diesbezüglich, dass das Leistungsniveau in Südkorea bei allen Instrumenten viel niedriger als dasjenige in Deutschland ist. Deshalb soll zunächst darauf hingewiesen werden, dass das Leistungsniveau für die sinnvolle Förderung erhöht werden sollte.

▪ Die Förderung der beruflichen Weiterbildung konzentriert sich in Südkorea auf die betriebliche Weiterbildung, während diese in Deutschland grundsätzlich aus der Förderung ausgeschlossen wird. Da aber die Förderung der betrieblichen Weiterbildung zur Abhängigkeit der Qualifikationen von Einzelbetrieben und zugleich zur Vernachlässigung der Förderung der Problemgruppen führen könnte, sollte die öffentliche Förderung der beruflichen Weiterbildung wie in Deutschland in eine individuelle Förderung umgewandelt werden. Eine weitere Implikation lässt sich aus einem deutschen Reformvorschlag ableiten, der eine Verzahnung der Förderung der beruflichen Weiterbildung mit regionaler Strukturpolitik fordert. Eine solche Verzahnung ermöglicht das möglichst korrekte Voraussehen der zukünftigen Nachfrage nach Qualifikationen und kann damit zur Erhöhung der Effektivität der Förderung führen. Schließlich ist auch die Einführung eines neuen Weiterbildungsprogramms wie z.B. die Jobrotation erforderlich, die durch die außerbetriebliche Weiterbildung von Beschäftigten und die befristete Einstellung von Arbeitslosen als ihre Stellvertretung eine gleichzeitige Förderung von Beschäftigten und Arbeitslosen ermöglicht.

▪ Im Vergleich zum deutschen Kurzarbeitssystem hat dasjenige Südkoreas zwei Probleme: Erstens gibt es in Südkorea zu viele (fünf) Formen von Kurzarbeit, während es in Deutschland nur zwei Formen gibt (konjunkturelle und strukturelle Kurzarbeit). Wegen der Kompliziertheit, die aus dem Vorhandensein so vieler Formen entsteht, wird zum einen die Inanspruchnahme verhindert, und die Kurzarbeit könnte zum anderen manchmal von Arbeitgebern zum Zweck der Vermeidung des Ausgleichs der Entgeltsausfälle der KurzarbeiterInnen missbraucht werden. Da darüber hinaus einige von den fünf Formen im Wesentlichen gleichartig sind, sollte die Form von Kurzarbeit durch die Unterscheidung von konjunktureller und struktureller Kurzarbeit vereinfacht werden. Zweitens wird in Südkorea Qualifizierung bei struktureller Kurzarbeit anders als in Deutschland nicht besonders gefördert, obwohl sie für die Strukturveränderung eines Betriebs unentbehrlich ist. Deshalb ist Qualifizierung bei struktureller Kurzarbeit im Vergleich zu konjunktureller Kurzarbeit bevorzugt zu fördern.

▪ Der deutlichste Unterschied der institutionellen Ausgestaltung der Instrumente zwischen beiden Ländern wird bei ABM beobachtet. Während sie in Deutschland im Arbeitslosenversicherungssystem (durch das SGB III) geregelt werden, werden sie in Südkorea nicht durch das BVG, sondern im Rahmen einer Beschäftigungs- bzw. Arbeitsmarktpolitik der Regierung geregelt. Daher sind die ABM Südkoreas zwar im Finanzierungsmodus vorteilhaft, aber in der Stabilität der Förderung nachteilig. Um die sog. Stop-and-Go Politik zu vermeiden, ist deshalb eine Institutionalisierung der Förderung auf einer Gesetzebene notwendig. Im Hinblick auf die Zielsetzung von ABM fehlt in Südkorea das arbeitsmarktpolitische Ziel, weil sie sich vornehmlich auf den sog. toten Winkel der sozialen Sicherung richten. Um die Wiedereingliederung von Arbeitslosen zu erhöhen, sollte das arbeitsmarktpolitische Ziel betont werden, und die damit verbundenen Institutionen sollten erneuert werden. In diesem Zusammenhang ist eine Flexibilisierung bzw. Dezentralisierung von ABM notwendig, um die Situationen auf dem regionalen Arbeitsmarkt besser widerzuspiegeln. Eine Vergabe von Maßnahmen an ein privates Unternehmen sollte ausgeweitet werden, um die Effizienz des Mitteleinsatzes zu erhöhen und den TeilnehmerInnen die Arbeitserfahrungen auf dem regulären Arbeitsmarkt anzubieten. Schließlich sollte die Gewährung der allgemein gültigen Arbeits- und Sozialversicherungsrechte an ABM-Beschäftigte ausgeweitet werden, um die sog. Zweitklassigkeit zu vermeiden.

Diese Arbeit zeigte, dass sich aus dem Vergleich der aktiven Arbeitsmarktpolitik in Deutschland und Südkorea einige Politikempfehlungen für Südkorea ableiten lassen, obwohl sich beide Länder in einem unterschiedlichen Entwicklungsstand und in einer unterschiedlichen Stellung in der Weltwirtschaft befinden. Diese Politikempfehlungen könnten zwar einen kleinen Beitrag zur Weiterentwicklung der aktiven Arbeitsmarktpolitik Südkoreas leisten, müssen aber natürlich als sehr begrenzt gelten, weil sie nur durch den Vergleich mit einem Land und mit wenigen Instrumenten erzielt wurden. Deshalb müssen weitere Instrumente einer größeren Anzahl von Ländern untersucht werden, und wichtiger ist noch – wie in der Einleitung erwähnt –, den eigenen spezifischen Situationen entsprechende Maßnahmen zu entwickeln. Aber hier ist noch einmal zu betonen, dass „ungeachtet all dieser (...) Reformen der Arbeitsmarktpolitik (...) der politische Wille zur wirksamen Bekämpfung der Massenarbeitslosigkeit die entscheidende Determinante aktiver Arbeitsmarktpolitik ist“ (Keller/Seifert 1995, S. 34). So müssten sich Betroffene, also Arbeitslose und Arbeitnehmer, selbst zur Bildung solches politischen Willens aufraffen.

Literaturverzeichnis

Abrahamsen, Yngve/**Kaplanek**, Heinz/**Schips**, Bernd (1986): Arbeitsmarkttheorie, Arbeitsmarktpolitik und Beschäftigung in der Schweiz, Greusch

Adamy, Wilhelm (1994): 25 Jahre Arbeitsförderungsgesetz – Bilanz und Perspektiven aus der Sicht der Gewerkschaften - , in: Arbeit und Sozialpolitik, 7-8/94

Altvater, Elmar/**Mahnkopf**, Birgit (1996): Grenzen der Globalisierung, Münster

Ammermüller, Martin (1997): Reform der Arbeitsförderung – Grundlinien, in: Bundesarbeitsblatt, 7-8/1997

Arbeitskreis AFG-Reform (Hg.) (1994): Memorandum für ein neues Arbeitsförderungsgesetz, Frankfurt a.M.

Arbeitskreis Arbeitsbeziehungen (1993): Fünf-Jahre Plan der neuen Wirtschaft: Umbau der Arbeitsbeziehungen (*koreanisch*), Kwacheon

Arbeitskreis Arbeitsmarktpolitik (2000): Eckpunkte für die Reform der Arbeitsförderung, in: MittAB, 2/2000

Arbeitskreis Beschäftigungsversicherung (1993): Studie über den Ausführungsplan des Beschäftigungsversicherungssystems (Zusammenfassung) (*koreanisch*), Seoul

Arbeitsministerium (1999, 2001a, 2002): Weißbuch zur Beschäftigungsversicherung (*koreanisch*), Kwacheon

Arbeitsministerium (2001b, 2003): Weißbuch zur Maßnahmen gegen Arbeitslosigkeit (*koreanisch*), Kwacheon

Autorengemeinschaft (1994): Der Arbeitsmarkt 1994 und 1995 in der Bundesrepublik Deutschland, in: MittAB, 4/94

Autorengemeinschaft (2001): Der Arbeitsmarkt in der Bundesrepublik Deutschland in den Jahren 2000 und 2001, in: MittAB, 1/2001

Autorengemeinschaft (2002): Der Arbeitsmarkt in den Jahren 2001 und 2002 mit Ausblick auf 2003, in: MittAB, 1/2002

BA (1970): Die Selbstverwaltung in der Bundesanstalt für Arbeit, Beilage zum Geschäftsbericht 1969 der Bundesanstalt für Arbeit, Nürnberg

BA (1974): Überlegungen zu einer vorausschauenden Arbeitsmarktpolitik II, Nürnberg

BA (1999): Der kompetente Partner für Arbeit und Beruf. Die Bundesanstalt für Arbeit stellt sich vor, Nürnberg

BA (2000): Amtliche Nachricht der Bundesanstalt für Arbeit (ANBA), Nr.4/2000

BA (vers. Jg.): Arbeitsmarkt, Nürnberg

BA (vers. Jg.): Arbeitsstatistik – Jahreszahlen, Nürnberg

BA (vers. Jg.): Strukturanalyse, Nürnberg

BA: http://www.arbeitsamt.de

Bach, Hans-Uwe (2001): Zur Berechnung der Entlastung der Arbeitslosigkeit durch arbeitsmarktpolitische Maßnahme der BA, unveröffentlichtes Manuskript.

Bach, Hans-Uwe/**Spitznagel**, Eugen (1992): Arbeitsmarktpolitische Maßnahmen – Entlastungswirkungen und Budgeteffekt, in: **Brinkmann**, Christian/**Schober**, Karen (Hrsg.): Erwerbsarbeit und Arbeitslosigkeit im Zeichen des Strukturwandels, BeitrAB 163, Nürnberg

Bach, Heinz Willi (1994): 25 Jahre Arbeitsförderungsgesetz – ein Grund zum Feiern?, in: Sozialer Fortschritt 1994/6

Bach, Heinz Willi (1995): Der Arbeitsmarkt in der Bundesrepublik Deutschland. Eine synoptische, theoretische und empirische Analyse, in: Arbeit und Beruf 1, 2/1995

Bäcker, Gerhard/**Bispinck**, Reinhard/**Hofemann**, Klaus/**Naegele**, Gerhard (2000): Sozialpolitik und soziale Lage in der Bundesrepublik Deutschland, Bd. 3, Wiesbaden

Baumeister, Brigitte (1997): Leistung statt Beschäftigung, in: Die politische Meinung, Januar 1997

Becker, Rolf (1999): Wirksamkeit und Nutzen von Weiterbildung: Berufliche Weiterbildung auf dem Prüfstand, in: Grundlagen der Weiterbildung, 1999/5

Beier, Angelika (2001): Die Eckpunkte der Regierungskoalition für ein Job-AQTIV-Gesetz, in: **Kittler**, Klaus/**ZEPRA e.V.** (Hrsg.): Paradigmenwechsel in der Arbeitsmarktpolitik, Hamburg

Bergmann, Christine (1993): Initiative für einen öffentlich geförderten Beschäftigungssektor (Zweiten Arbeitsmarkt), WSI Mitteilungen, 10/1993

Berthold, Norbert/**Fehn**, Rainer (1997): aktive Arbeitsmarktpolitik – wirksames Instrument der Beschäftigungspolitik oder politische Beruhigungspille?, in: ORDO, Bd. 48

Berthold, Norbert/**Fehn**, Rainer/**Berchem**, Sascha von (2001): Innovative Beschäftigungspolitik – Wege aus der Strukturkrise, Bad Homburg v.d. Höhe

Blancke, Susanne (1999): Die aktive Arbeitsmarktpolitik der Bundesländer im Vergleich, Tübingen

Blaschke, Dieter/**Plath**, Hans-Eberhard/**Nagel**, Elisabeth (1992): Konzepte und Probleme der Evaluation aktiver Arbeitsmarktpolitik am Beispiel Fortbildung und Umschulung, in: MittAB, 3/92

Bosch, Gerhard (1981): Zur Finanzierung der Arbeitsmarktpolitik, in: WSI Mitteilungen, 11/1981

Bosch, Gerhard (1983): Arbeitsmarktbeitrag: Eine gerechtere Verteilung der Lasten in der Arbeitsmarktpolitik, in: WSI Mitteilungen, 8/1983

Bosch, Gerhard (1986): Perspektiven der Finanzierung der Arbeitsmarktpolitik, in: **Bieback**, Karl-Jürgen (Hrsg.): Die Sozialversicherung und ihre Finanzierung: Bestandsaufnahme und Perspektiven, Frankfurt a.M.

Bosch, Gerhard/**Frick**, Frank/**Krone**, Sirikit/**Weinkopf**, Klaudia (1994): Der Zweite Arbeitsmarkt: Perspektiven und Chancen, in: **Daheim**, Hansjürgen/**Krahn**, Karl/**Schneider**, Renate (Hg.): Standortfaktor Industrielle Beziehungen, München/Mering

Brinkmann, Christian (1998): Regionalisierung der Arbeitsmarktpolitik, in: ibv, Nr. 17 vom 29. April 1998

Brinkmann, Christian (1999): Zielcontrolling und Evaluation im Rahmen von Arbeitsförderung, IAB Werkstattbericht, Nr. 2/1999

Bruche, Gert/**Reissert**, Bernd (1985a): Die Finanzierung der Arbeitsmarktpolitik. System, Effektivität, Reformansätze, Frankfurt/New York

Bruche, Gert/**Reissert**, Bernd (1985b): Das Finanzierungssystem als institutionelle Determinante der Arbeitsmarktpolitik, in: Politische Vierteljahresschrift, Bd. 26. 1

Bruche, Gert/**Reissert**, Bernd (1986): Strukturen steuern ungeplant – Über die Folgen von Finanzierungssystem und Budgetprozess für die Effektivität der Arbeitsmarktpolitik, in: **Bieback**, Karl-Jürgen (Hrsg.): Die Sozialversicherung und ihre Finanzierung: Bestandsaufnahme und Perspektiven, Frankfurt a.M.

Bundesregierung (1973): Bericht der Bundesregierung nach § 239 des Arbeitsförderungsgesetzes, Bundestags-Drucksache 4/703

Buttler, Friedrich (1987): Einführung: Einige Probleme und Wege institutionalistischer Arbeitsmarktanalyse, in: **Buttler**, Friedrich/**Gerlach**, Knut /**Schmiede**, Rudi (Hg.): Arbeitsmarkt und Beschäftigung, Frankfurt/New York

Buttler, Friedrich (1993): Ein zweiter Arbeitsmarkt ist unverzichtbar, in: Wirtschaftsdienst, 1993/VI

Buttler, Friedrich (1994a): Arbeitsmarktpolitik – sind wir am Ende?, in: IFO Schnelldienst 16-17/94

Buttler, Friedrich (1994b): Finanzierung der Arbeitsmarktpolitik, IAB Werkstattbericht, Nr. 8/1994

Caliendo, Marco/Hujer, Reinhard/**Thomsen**, Stephan L. (2003): Evaluation der Netto-Effekte von ABM in Deutschland, IAB Werkstattbericht, Nr.2/2003

Calmfors, Lars (1995): What Can We Expect from Active Labour Market Policy?, in: **Keller**, Bernd (Hg.): Wege aus der Arbeitslosigkeit, Berlin

Castellucci, Lars (2001): Zur Zukunft des „Rheinischen Kapitalismus“, in: Aus Politik und Zeitgeschichte, B 6-7/2001

Chang, Ji-Yeun (2000): Eigenschaft des Arbeitsmarkts der Ältere und Beschäftigungsunterstützungspolitik (*koreanisch*), Seoul

Chang, Ji-Yeun (2001): Wirtschaftskrise und Frauenarbeit (*koreanisch*), Seoul

Cho, Woo-Hyun (1999): Maßnahmen gegen Arbeitslosigkeit in Südkorea: eine liberalistische Annäherung (*koreanisch*), in: **Bae**, Mu-Gi/**Cho**, Woo-Hyun (Hrsg.): Arbeitsökonomie in Südkorea, Seoul

Cho, Young-Cheol (2001): Finanzierung und Herrschaftsstruktur der deutschen Unternehmen (*koreanisch*), in: **Arbeitskreis „koreanische Wirtschaft unter der Wirtschaftsöffnung"** (Hrsg.): Kritische Bewertungen des Modells des europäischen Kapitalismus, Seoul

Cho, Young-Hoon (2000): Produktive Wohlfahrt und Zukunft des koreanischen Wohlfahrtsstaates (*koreanisch*), in: Wirtschaft und Gesellschaft, Vol. 45

Choi, Young-Gi (2001): Entwicklungsrichtung der Arbeitsverwaltung, Seoul

Chung, Yeon-Taek (1995): Probleme koreanischer Arbeitsmarktpolitik im Vergleich zu den Problemen deutscher Arbeitsmarktpolitik (*koreanisch*), in: **Koreanische Gesellschaft für Sozialwohlfahrtsforschung** (Hrsg.): Tagungsband für die Herbst-Tagung.

Clever, Peter (1998): Sozialgesetzbuch III – Das neue Recht der Arbeitsförderung, in: Zeitschrift für Sozialhilfe und Sozialgesetzbuch, H. 1/1998

Dahrendorf, Ralf (1982): Wenn der Arbeitsgesellschaft die Arbeit ausgeht, in: **Matthes**, Joachim (Hg.): Krise der Arbeitsgesellschaft? Verhandlungen des 21. Deutschen Soziologentages in Bamberg, Frankfurt a.M.

Deeke, Axel (1994): Zwischen Anspruch und Wirklichkeit – 25 Jahre Arbeitsförderungsgesetz, in: **Arbeitskreis AFG-Reform** (Hg.): Memorandum für ein neues Arbeitsförderungsgesetz, Frankfurt a.M.

Deeke, Axel (1999): Vier Jahre ESF-BA-Programm, IAB Werkstattbericht, Nr. 17/1999

Deregulierungskommission (1991): Marktöffnung und Wettbewerb, Stuttgart

Deutscher Bundestag (1996): Entwurf eines Gesetzes zur Reform der Arbeitsförderung (Arbeitsförderungs-Reformgesetz – AFRG), Bundestags-Drucksache 13/4941, Bonn

Deutsches Institut für Wirtschaftsforschung (DIW) (2000): Stille Reserve wichtig für die Arbeitsmarktflexibilität in Deutschland, in: DIW Wochenbericht, 29/2000

Dingeldey, Irene/**Gottschall**, Karin (2001): Alte Leitbilder und neue Herausforderungen: Arbeitsmarktpolitik im konservativ-korporatistischen Wohlfahrtsstaat, in: Aus Politik und Zeitgeschichte, B21/2001

Dobischat, Rolf (1987): Betriebliche Weiterbildung und staatliche Qualifizierungsoffensive, in: WSI Mitteilungen, 10/1987

Dobischat, Rolf (1998a): Die Zukunft der Weiterbildungs-Branche. Perspektiven der beruflichen Weiterbildung nach dem Arbeitsförderungsreformgesetz (AFRG), in: **Gewerkschaft Erziehung und Wissenschaft (GEW)** (Hrsg.): Die Zukunft der AFG-AFRG geförderten beruflichen Weiterbildung, Frankfurt a.M.

Dobischat, Rolf (1998b): Neue Anforderungen an die Inhalte beruflicher Weiterbildung und an Beschäftigung im zweiten Arbeitsmarkt, in: **Gewerkschaft Erziehung und Wissenschaft (GEW)** (Hrsg.): Die Zukunft der AFG-AFRG geförderten beruflichen Weiterbildung, Frankfurt a.M.

Egle, Franz/**Kühl**, Jürgen (1997): Arbeitsmarktpolitik, in: Gabler Wirtschaftslexikon, Wiesbaden

Ehrlich, Volker (1997): Arbeitslosigkeit und zweiter Arbeitsmarkt. Theoretische Grundlagen, Probleme und Erfahrungen, Frankfurt a.M.

Engelen-Kefer, Ursula (1981): Schwerpunkte für die Arbeit der Selbstverwaltung des Systems sozialer Sicherheit (V), in: Soziale Sicherheit, 3/1981

Engelen-Kefer, Ursula/**Kühl**, Jürgen/**Peschel**, Peter/**Ullmann**, Hans (1995): Beschäftigungspolitik, Köln

Eo, Su-Bong (1993): Strategie zur Entwicklung der menschlichen Ressource für die Erhöhung der Wettbewerbsfähigkeit des Landes (*koreanisch*), in: **KLI** (Hrsg.): Richtung der neuen Arbeitskräftepolitik für die Erhöhung der Wettbewerbsfähigkeit des Landes, Seoul

Eo, Su-Bong (1999): Einführung des Experience-Rating Systems in das Arbeitslosengeld (*koreanisch*), in: Trend der Beschäftigungsversicherung, 2/1999

Eom, Kyu-Suk (1999): Beteiligung der Gewerkschaften an der Beschäftigungsversicherung und der Beschäftigungspolitik in Korea (*koreanisch*), in: **Kwon**, Hyun-Ji/**Eom**, Kyu-Suk/**Lee**, Ho-Chang: Beschäftigungspolitik, Beschäftigungsversicherung und Beteiligung der Gewerkschaften, Seoul

Fels, Gerhard/**Heinze**, Rolf/**Pfarr**, Heide/**Schmid**, Günther/**Streeck**, Wolfgang (2001): Aktivierung der Arbeitsmarktpolitik. Thesen der Benchmarking-Gruppe, Berlin

Fischer, Axel/**Scheffler**, Bernhard (1996): Konzepte gegen die Arbeitslosigkeit – Stand der wissenschaftlichen Diskussion, in: **Paraskewopoulos**, Spridon (Hg.): Das Beschäftigungsproblem im vereinten Deutschland, Berlin

Fitzenberger, Bernd/**Speckesser**, Stefan (2000): Zur wissenschaftlichen Evaluation der Aktiven Arbeitsmarktpolitik in Deutschland: Ein Überblick, in: MittAB, 3/2000

Flechsenhar, Hans Rolf (1980): Kurzarbeit als Maßnahme der betrieblichen Anpassung, Frankfurt a.M.

Franck, Michael (1990): Aktive Arbeitsmarktpolitik zugunsten langzeitarbeitsloser Kräfte – Vorschläge für eine Wiederbelebung der Arbeitsbeschaffungsmaßnahmen, in: Sozialer Fortschritt, 1990/10

Frank, Rüdiger (1999): Die Krise am Ende der 90er Jahre, in: **Köllner**, Patrick/**Frank**, Rüdiger (Hg.): Politik und Wirtschaft in Südkorea, Hamburg

Franke, Heinrich (1990): Brennpunkt Arbeitsmarkt – Ein Lehrbuch für politische und betriebliche Praxis, Nürnberg

Friedrich, Horst/**Wiedemeyer**, Michael (1998): Arbeitslosigkeit – ein Dauerproblem, Opladen

Gabler Wirtschaftslexikon (1997), Wiesbaden
Hagen, Tobias/**Steiner**, Viktor (2000): Von der Finanzierung der Arbeitslosigkeit zur Förderung von Arbeit. Analysen und Handlungsempfehlungen zur Arbeitsmarktpolitik, Baden-Baden
Hammer, Roswitha (1994): Kurzarbeit und Qualifizierung, in: Bundesarbeitsblatt, 3/1994
Hammer, Roswitha/**Weiland**, Martin J. (1997): Die Neuregelungen beim Kurzarbeitgeld im Dritten Buch des Sozialgesetzbuches (SGB III), in: Betriebs-Berater, Heft 50/1997
Hartz-Kommission (2002): Moderne Dienstleistung am Arbeitsmarkt, Berlin
Heide, Holger (1993): Krise des „Modell Korea“, in: **Massarrat**, M. u.a. (Hg.): Die dritte Welt und wir: Bilanz und Perspektiven für Wissenschaft und Praxis, Freiburg
Heide, Holger (1997a): Soziale Implikationen der erfolgreichen Strategie der Weltmarktintegration Südkoreas, Arbeitspapier zur sozialökonomischen Ost-Asien-Forschung, Nr.1, SEARI, Universität Bremen
Heide, Holger (1997b): Wege aus der Arbeitsgesellschaft?, Bremer Diskussionspapiere zur Institutionellen Ökonomie und Sozialökonomie, Universität Bremen
Heide, Holger (1998a): Die Erzeugung individueller und kollektiver Überlebensstrategien als Vorraussetzung für kapitalistische Entwicklung. Das Beispiel Südkorea. Arbeitspapier zur sozialökonomischen Ost-Asien-Forschung, Nr.4, SEARI, Universität Bremen
Heide, Holger (1998b): The Crises-Spurred Transition to a New Mode of Accumulation, Arbeitspapier zur sozialökonomischen Handlungsforschung, No.5, SEARI, Universität Bremen
Heide, Holger (1999): Zur Bedeutung der Subjektivität für die Südkoreanische Akkumulationsweise, in: **Heide**, Holger (Hg.): Südkorea. Bewegung in der Krise, Bremen
Heide, Holger (2000): Schumpeterian Dynamics in Crisis? – The Case of Korea, in: **Heide**, Holger: East Asia and the Illusion of Inexhaustability – Two Notes, Arbeitspapier zur sozialökonomischen Ost-Asien-Forschung, Nr.8, SEARI, Universität Bremen
Heinelt, Hubert/**Weck**, Michael (1998): Arbeitsmarktpolitik. Vom Vereinigungskonsens zur Standortdebatte, Opladen
Heise, Arne (1995): Wachstum ohne Beschäftigung – Langzeitarbeitslosigkeit eine Folge der „Eurosklerose“?, in: WSI Mitteilungen, 12/1995
Heise, Arne (1996): Arbeit für Alle – Vision oder Illusion?, Marburg
Henkelmann, Walter (1972): Die Bundesanstalt – Vorbild oder Partner in internationaler Betrachtung?, in: Arbeit, Beruf und Arbeitslosenhilfe, 5/1972
Herdt, Ursula (1998): Vom AFG zum AFRG – Stationen beim Abbau von Fortbildungs- und Umschulungsleistungen – Forderungen der GEW, in:

Gewerkschaft Erziehung und Wissenschaft (GEW) (Hrsg.): Die Zukunft der AFG-AFRG geförderten beruflichen Weiterbildung, Frankfurt a.M.

Hickel, Rudolf (1996a): Arbeitslosigkeit: Ökonomisch politische Ansätze zum Abbau der Arbeitsplatzlücke, in: **Bremer Gesellschaft für Wirtschaftsforschung e.V.** (Hrsg.), Massenarbeitslosigkeit durch Politikversagen?, Frankfurt a.M., 1996

Hickel, Rudolf (1996b): Internationalisierung der Produktion und Globalisierung der Finanzmärkte – Folgen für Arbeit und Gewerkschaften, in: Gewerkschaftliche Monatshefte, 11-12/96

Hirsch, Joachim (1985): Fordismus und Postfordismus, in: Politische Vierteljahresschrift, 1985, Heft 2

Hirsch, Joachim (1986): Das neue Gesicht des Kapitalismus, Hamburg

Hirsch, Joachim (1996): Der nationale Wettbewerbsstaat, Berlin

Hirsch, Joachim (1998): Vom Sicherheits- zum nationalen Wettbewerbsstaat, Berlin

Hoffmann, Edeltraut/**Walwei**, Ulrich (1998): Normalarbeitsverhältnis: ein Auslaufmodell? Überlegungen zu einem Erklärungsmodell für den Wandel der Beschäftigungsformen, in: MittAB, 3/98

Hoffmann, Jürgen (1996): Politische Handeln und gesellschaftliche Struktur. Grundzüge deutscher Gesellschaftsgeschichte, Münster

Hoffmann, Jürgen (1997a): Gewerkschaften in der »Globalisierungsfalle«?, in: PROKLA, Heft 106, Nr. 1/1997

Hoffmann, Jürgen (1997b): Geht das „Modell Deutschland" an seinem Erfolg zugrunde?, in: Gewerkschaftliche Monatshefte, 4/97

Hong, Ju-Hwan/**Kim**, Young-Du (2001): Transformation of Public Sector Industrial Relations and Labor Union's Policy (*koreanisch*), Seoul

Huffschmid, Jörg (1995): Ist Vollbeschäftigungspolitik noch möglich?, in : **Schmitthenner**, Horst (Hrsg.): Der >schlanke< Staat, Hamburg

Huffschmid, Jörg (2002): Europäische Beschäftigungspolitik: Arbeitsplätze um jeden Preis?, in: **Heseler**, Heine u.a. (Hrsg.): Gegen die Markt-Orthodoxie. Perspektiven einer demokratischen und solidarischen Wirtschaft, Hamburg

Hur, Jai-Joon (2000): Evaluation und Entwicklungsrichtung der Finanzierung der Beschäftigungsversicherung und der Kontrolle des Beschäftigungsversicherungsfonds (*koreanisch*), in: **KLI** (Hrsg.): Evaluation und Entwicklungsrichtung des Beschäftigungsversicherungssystems, Seoul

Hur, Jai-Joon (2002): Veränderungssystem des Beitragssatzes der Beschäftigungsversicherung und Verbesserungsplan für Kontrollierung der Versicherten der Bauindustrie (*koreanisch*), in: **KLI** (Hrsg.): Plan für die mittel- und langfristigen Entwicklung der Beschäftigungsversicherung, Seoul

Hur, Jai-Joon/**Kim**, Dong-Heon/**Seong**, Jae-Min (2001): Studie über die Finanzierung der Beschäftigungsversicherung (*koreanisch*), Seoul

Hwang, Deok-Soon (1999): Zur Aktivierung der Beschäftigungssicherungsmaßnahmen für die Kleinbetriebe (*koreanisch*), Kwacheon

Hwang, Deok-Soon (2000): Grundlinie und Aufgaben der Arbeitspolitik für produktive Wohlfahrt (*koreanisch*), in: **Hwang**, Deok-Soon (Hrsg.): Arbeitspolitik für produktive Wohlfahrt, Seoul

Hwang, Sun-Gil (1998): Das Wildgänsemodell für Ost-Asien, Arbeitspapier zur sozialökonomischen Ost-Asien-Forschung, Nr. 3, SEARI, Universität Bremen

Hwang, Sun-Gil (2003): Region Ostasien, Bremen

IAB (Hrsg.) (vers. Jg.): Zahlen-Fibel, BeitrAB 101, Nürnberg

IAB: http://www.iab.de

ILO (1996): Sources and Methods. Labour Statistics, Volume 5. Total and Economically Active Population, Employment and Unemployment (Population Censuses), Geneva

ILO (2000): Yearbook of Labour Statistics, Geneva

Jagoda, Bernhard (1994): 25Jahre Arbeitsförderungsgesetz, in: Arbeit und Beruf, 6/1994

Jakob, Johannes (1998): Beurteilung der Sozialen Sicherung gegen Arbeitslosigkeit in der Bundesrepublik Deutschland aus Sicht der Gewerkschaften, in: **KLI/Friedrich-Ebert-Stiftung** (Hrsg.): Ein Vergleich der Stabilisierung der Beschäftigung in Korea und Deutschland (*koreanisch*), Seoul

Jang, Sang-Hwan (2001): Neoliberalismus und die südkoreanische Wirtschaft (*koreanisch*), in: Yonsei, 12/2001

Jeong, In-Su, u.a. (2000): Evaluation der Maßnahmen gegen Arbeitslosigkeit in 1999 (*koreanisch*), Seoul

Jeong, Ji-In (2001): Wie veränderte das System zur Garantie des Volksexistenzminimums die Lebenshaltung von Armen? (*koreanisch*), in: Wohlfahrtstrend, 12/2001

Jeong, Taeg-Su/**Im**, Eon/**Hong**, Seon-I (1999): Zur Verbesserung des Berufsbildungssystems für Arbeitslose (*koreanisch*), Seoul

Jeong, Taeg-Su/**Kim**, Cheol-Hee (2001): Erfolgsanalyse der beruflichen Bildung der Arbeitslose im Jahr 2000 (*koreanisch*), Seoul

Jetter, Christoph (1994): Zur Reform der Finanzierung der Arbeitsmarktpolitik, in: Arbeit und Sozialpolitik 5-6/94

Jungnickel, Rolf (1996): Globalisierung: Wandert die deutsche Wirtschaft aus?, in: Wirtschaftsdienst, 1996/VI

Kamppeter, Werner (2000): Das voreilige Ende des „koreanischen Modells". Staatlicher Rückzug als Ursache der Finanzkrise, Friedrich-Ebert-Stiftung, Bonn

Kang, Byeong-Gu (2000): Wirkungsanalyse der Arbeitsbeschaffungsmaßnahmen und politische Aufgaben (*koreanisch*), Seoul

Kang, Byeong-Gu (2001): Arbeitsbeschaffungsmaßnahmen als soziales Sicherungsnetz (*koreanisch*), Seoul

Kang, Byeong-Gu u.a. (2000): Studie über die Institutionalisierung von ABM (*koreanisch*), Seoul

Kang, Soon-Hie (2000): Trend und Aussicht des Arbeitsmarkts (*koreanisch*), Seoul

Kang, Soon-Hie (2001): Innovation der beruflichen Bildung in der Wissensgesellschaft (*koreanisch*), Seoul

Kang, Soon-Hie u.a. (2001): Zur Förderung der Entwicklung des Humankapitals der kleinen und mittleren Unternehmen (*koreanisch*), Seoul

Kang, Soon-Hie/**Kim**, Dong-Woo (1999): Zur Aktivierung der beruflichen Bildung der kleinen Betriebe (*koreanisch*), Seoul

Kang, Soon-Hie/**No**, Heung-Seong (2000): Beschäftigungs- und Lohneffekte der beruflichen Bildung (*koreanisch*), in: Bulletin of Labour Economics, 4/2000

Kang, Su-Dol (1995): Fordismus und Hyundäismus. Rationalisierung und Wandel der Automobilindustrie in der BRD und in Südkorea, Saarbrücken

Karasch, Jürgen (1994): 25 Jahre Arbeitsförderungsgesetz – Das lange Sterben eines guten Gesetzes –, in: Arbeit und Beruf, 5/1994

Karasch, Jürgen (1997): Das AFG ist tot – es lebe das SGB III, in: Zentralblatt für Sozialversicherung, Sozialhilfe und Versorgung, 11/97

Karasch, Jürgen (2000): Neue Entwicklungen im Arbeitsförderungsrecht seit In-Kraft-Treten des SGB III 1998, in: Zentralblatt für Sozialversicherung, Sozialhilfe und Versorgung, 5/2000

Karasch, Jürgen (2001): Vor der Reform der Reform – Vier Jahre neues Arbeitsförderungsrecht (SGB III), in: Zeitschrift für Sozialhilfe und Sozialgesetzbuch, 10/2001

Karr, Werner (1999): Kann der harte Kern der Arbeitslosigkeit durch einen Niedriglohnsektor aufgelöst werden?, IAB Kurzbericht, Nr. 3/1999

KCTU (2002): Probleme des Grundgesetzes für die Kontrolle der Fonds und Kritik an der Senkung der Beitragssätze für die Beschäftigungs- und die Unfallversicherung (*koreanisch*), Seoul

Keller, Berndt (1997a): Einführung in die Arbeitspolitik, München; Wien

Keller, Berndt (1997b): Atypische Beschäftigungsverhältnisse: Beschäftigungswirkungen und Bedingungen der Regulierung, in: **Sadowski**, Dieter/**Pull**, Kerstin(Hg.): Vorschläge jenseits der Lohnpolitik. Optionen für mehr Beschäftigung II, Frankfurt a.M., New York

Keller, Berndt/**Seifert**, Hartmut (1995): Chancen und Grenzen des Arbeitsförderungsgesetzes, in: **Seifert**, Hartmut (Hrsg.), Reform der Arbeitsmarktpolitik, Köln

Keller, Berndt/**Seifert**, Hartmut (1997): Eine Zwischenbilanz der Deregulierung, in: WSI Mitteilungen, 8/1997

Keller, Berndt/**Seifert**, Hartmut (2002): Flexicurity – Wie lassen sich Flexibilität und soziale Sicherheit vereinbaren?, in: MittAB, 1/2002

Keum, Jae-Ho (2000): Strukturwandel des Arbeitsmarktes und politische Aufgaben (*koreanisch*), in: **KLI** (Hg.): Evaluation des Beschäftigungsversicherungssystems und Entwicklungsrichtung, Seoul

Keum, Jae-Ho (2001): Strukturwandel der Langzeitarbeitslosen und politische Aufgaben (*koreanisch*), Seoul

Keum, Jae-Ho/**Yoo**, Kil-Sang/**Chang**, Ji-Yeun/**Kim**, Jeong-Woo (2002): Entwicklungsrichtung der Beschäftigungssicherungsmaßnahmen und der Infrastruktur des Arbeitsmarktes (*koreanisch*), in: **KLI** (Hrsg.): Tagungsband zur mittel- und langfristigen Entwicklung der Beschäftigungsversicherung, Seoul

Kim, Dong-Heon (2000): Evaluation der Wirkungen des Kurzarbeitergeldes (*koreanisch*), in: Bulletin of Labour Economics, 2000/6

Kim, Dong-Heon u.a. (1999): Zur Aktivierung der Kurzarbeit nach der Beschäftigungsversicherung (*koreanisch*), Kwacheon

Kim, Dong-Heon/**Kim**, Mi-Ran/**Lee**, Ju-Hwan (1999): Fallstudie zum Kurzarbeitergeld und Reformvorschläge (*koreanisch*), Seoul

Kim, Dong-Heon/**Park**, Ui-Gyeong (2000): Evaluation und Entwicklungsplan der Beschäftigungssicherungsmaßnahmen (*koreanisch*), in: **KLI** (Hg.): Gesammelte Abhandlungen für die Jubiläumstagung zum 5 jährigen Beschäftigungsversicherungsgesetz, Seoul

Kim, Gi-Won (2000): WtW-politik und produktive Wohlfahrt (*koreanisch*), in: **Korea Association of Social Welfare Policy** (Hrsg.): Tagungsband für die Frühlingstagung 2000

Kim, Jin-Gu (1995a): Einführung des Beschäftigungsversicherungssystems und Arbeiterklasse (*koreanisch*), in: Das Aktuelle und Ausblick, Nr. 25, Frühling 1995

Kim, Jin-Gu (1995b): Erfolge und Grenzen der Einführung des Beschäftigungsversicherungssystems (*koreanisch*), in: **Korea Social Science Institute** (Hrsg.): Verstehen der koreanischen Wohlfahrt, Seoul

Kim, Joo-Seop (2002): Entwicklungsrichtung der beruflichen Bildung (*koreanisch*), in: **KLI** (Hrsg.): Tagungsband zur mittel- und langfristigen Entwicklung der Beschäftigungsversicherung, Seoul

Kim, Joo-Seop/**Lee**, Gyu-Yong/**Kim**, Jeong-Woo (2001): Erfolge des Kurzarbeitgeldes und Verbesserungsvorschläge (*koreanisch*), Seoul

Kim, Mi-Gon (1999): Evaluation und Verbesserung der Arbeitsbeschaffungsmaßnahmen (*koreanisch*), Seoul

Kim, Tae-Gi/**Nam**, Jae-Ryang/**An**, Jong-Beom (1999): Mittel- und langfristige Entwicklungsrichtung unseres Beschäftigungsversicherungssystems (*koreanisch*), Seoul

Kim, Taeg-Su/**Oh**, Young-Hoon/**Ko**, Hye-Won (1999): Zur Aktivierung der eigenständigen beruflichen Bildung von Arbeitgeber (*koreanisch*), Seoul

Kim, Tae-Hyeon (1999): Auftragung von ABM, Arbeitsbeschaffung und dritter Sektor (*koreanisch*), Seoul

Kim, Won-Sik (1998): Einführung des Experience-Rating Systems in die Beschäftigungsversicherung (*koreanisch*), Seoul

Kim, Young-Du (1999): Ergebnisse der Befragung der Beschäftigungsanpassung (*koreanisch*), in: **Yoon**, Jin-Ho/**Lee**, Byung-Hee/**Chae**, Jin-Ho/**Kim**, Young-Du: Veränderung der Beschäftigungsstruktur und Beschäftigungspolitik der Gewerkschaften, Seoul

Kim, Yun-Ja (2002): Streitpunkte der Privatisierung der Elektrizitätsindustrie Koreas (*koreanisch*) , in: Wöchentlicher Trend, 11.03.02

Kim, Yu-Sun (2001): Ausmaß und Sachverhalt atypischer Beschäftigten (*koreanisch*), in: Labour Society Bulletin, 11/2001

Kim, Yu-Sun (2003): Vergleich des Flexibilisierungsgrades des Arbeitsmarktes in Südkorea und den USA (*koreanisch*), in: Labour Society Bulletin, 3/2003

Klammer, Ute/**Tillmann**, Katja (2001): Vielfalt als Normalität? – Querschnittsergebnisse zur Ausdifferenzierung der Arbeitsverhältnisse in Deutschland und in NRW, in: **Klammer**, Ute/**Tillmann**, Katja (Hrsg.): Flexicurity: Soziale Sicherung und Flexibilisierung der Arbeits- und Lebensverhältnisse, Düsseldorf

KLI (1998): Maßnahmen gegen Arbeitslosigkeit in der Ära der hohen Arbeitslosigkeit (*koreanisch*), Seoul

KLI (vers. Jg.): Trend der Beschäftigungsversicherung (*koreanisch*), Seoul

Klös, Hans-Peter (1992): Investive Arbeitsmarktpolitik statt konsumtiver Lohnersatz, in: **Friedrich-Ebert-Stiftung** (Hg.): Neue Ansätze in der Arbeitsmarktpolitik, Bonn

Klös, Hans-Peter (1994): Ordnungskonforme Beschäftigungspolitik, in: IW-Gewerkschaftsreport, 1/1994

KNSO (2001, 2002): Annual Report on the Economically Active Population Survey, Seoul

KNSO: http://kosis.nso.go.kr/

Koch, Susanne/**Walwei**, Ulrich/**Wießner**, Frank/**Zika**, Gerd (2002): Wege aus der Arbeitsmarktkrise, IAB Werkstattbericht, Nr. 11/2002

Köhn, Ruth (1993): Selbstverwaltung in der Bundesanstalt für Arbeit – Modell für Europa –, in: **Buttler**, Friedrich/**Reiter**, Heinrich/**Günther**, Horst /**Wanka**, Richard (Hrsg.): Europa und Deutschland, Stuttgart/Berlin/Köln

Koo, Choon-Kweon (1998): Asiatischer Kapitalismus, Köln

Korea Social Science Institute (KSSI) (1994): Sachlage und politische Aufgabe der koreanischen Sozialversicherungen (*koreanisch*), Seoul

Körner, Marita (2002): Die Reform des SGB III durch das Job-AQKTIV-Gesetz, in: Neue Zeitschrift für Arbeitsrecht, 5/2002

Krautkrämer, Uta/**Blanckenburg**, Erhard (1978): Labour Market Administration in the Federal Republic of Germany, IIM-Papers, 78-14b

Kress, Ulrike (1994): Der zweite Arbeitsmarkt in der Diskussion. Ein Überblick über Argumente und Positionen von Wirtschaft, Wissenschaft und Politik, IAB Werkstattbericht, Nr. 5/1994

Kress, Ulrike (1996): Reform des Arbeitsförderungsgesetzes. Zum Stand der aktuellen Diskussion, IAB Werkstattbericht, Nr. 3/1996

Kress, Ulrike (1999): Chronik der Arbeitsmarktpolitik, in: MittAB, 3 /1999

Kress, Ulrike/**Brinkmann**, Christian/**Wiedemann**, Eberhard (1995): Entwicklung und Struktur der Langzeitarbeitslosigkeit, in: WSI Mitteilungen, 12/1995

Kröger, Martin/**Suntum**, Ulrich van (1999): Mit aktiver Arbeitsmarktpolitik aus der Beschäftigungsmisere?, Gütersloh

Kromphardt, Jürgen (1992): Plädoyer gegen die Reduzierung von Beschäftigungspolitik auf Arbeitsmarktpolitik, in: MittAB, 3/92

Kromphardt, Jürgen (1994): Arbeitsmarktpolitik in Ostdeutschland: theoretische Grundlagen, Maßnahmen, Probleme, Berlin

Kromphardt, Jürgen (1998): Arbeitslosigkeit und Inflation, Göttingen

Kromphardt, Jürgen (1999): Ansatzpunkte der Beschäftigungspolitik aus keynesianischer Sicht, in: MittAB, 4/99

Kromphardt, Jürgen/**Scheidt**, Beate (1994): Chancen des „zweiten Arbeitsmarktes“, in: Wirtschaftsdienst, 1994/XII

Kruhøffer, Jens (1999): Jobrotation in Denmark. Status and Problems, in: **Schmid**, Günther/**Schömann**, Klaus (Hg.): Von Dänemark lernen, WZB discussion paper, FS I 99-201

Kühl, Jürgen (1982): Das Arbeitsförderungsgesetz (AFG) von 1969, in: MittAB, 3/82

Kühl, Jürgen (1986): Arbeitsmarktpolitik bei Massenarbeitslosigkeit, in: Arbeitslosigkeit, Frankfurt

Kühl, Jürgen (1994a): Finanzierungsprobleme der Arbeitsmarktpolitik, in: Arbeit und Sozialpolitik, 5-6/94

Kühl, Jürgen (1994b): Finanzierung der Arbeitsmarktpolitik, Berlin

Kwon, Hyun-Ji (1999): Vergleich der Institutionen der Arbeitsmarktpolitik und Arbeitslosenversicherung verschiedener Länder (*koreanisch*), in: **Kwon**, Hyun-Ji/**Eom**, Kyu-Suk/**Lee**, Ho-Chang: Beschäftigungspolitik, Beschäftigungsversicherung und Beteiligung der Gewerkschaften, Seoul

Lampert, Heinz (1982): Beschäftigungspolitische Leistungsfähigkeit und Grenzen der Arbeitsmarktpolitik in der Bundesrepublik Deutschland, in: **Her-**

der-Dorneich, P. (Hrsg.), Arbeitsmarkt und Arbeitsmarktpolitik, Berlin, 1982
Lampert, Heinz (1989): 20 Jahre Arbeitsförderungsgesetz, in : MittAB, 2/89
Lampert, Heinz (1998): Lehrbuch der Sozialpolitik, 5. Auflage, Berlin
Lee, Byung-Hee (2000a): Wiederholungsarbeitslosigkeit und Verlängerung der Dauer der Arbeitslosigkeit (*koreanisch*), in: Bulletin of Labour Economics, 6/2000
Lee, Byung-Hee (2000b): Quasi-Experimentelle Evaluation über Beschäftigungserfolge der beruflichen Weiterbildung für Arbeitslose (*koreanisch*), in: Bulletin of Labour Economics, 12/2000
Lee, Byung-Hee (2001a): Ursachen und Gegenmaßnahmen der Arbeitslosigkeit der Jugendlichen (*koreanisch*), Seoul
Lee, Byung-Hee (2001b): Studie über das autonome Bildungssystem der Arbeitnehmer für die lebenslange Bildung (*koreanisch*), in: Vocational Education and Training, 1/2001
Lee, Byung-Hee/**Kim**, Mi-Ran (2000a): Plan zur Rationalisierung des Beitragssatzes der beruflichen Bildung (*koreanisch*), Seoul
Lee, Byung-Hee/**Kim**, Mi-Ran (2000b): Evaluation und politische Aufgaben der beruflichen Bildung (*koreanisch*), Seoul
Lee, Dal-Gon u.a. (1998): Umstrukturierung der Beschäftigungsstabilisierungsorganisationen und der Verwaltung der Beschäftigungsversicherung (*koreanisch*), Seoul
Lee, Ho-Chang (1999a): Die Wichtigkeit und die Methode der Beteiligung der Gewerkschaften an der Beschäftigungspolitik und Beschäftigungsversicherung (*koreanisch*), in: **Kwon**, Hyun-Ji/**Eom**, Kyu-Suk/**Lee**, Ho-Chang: Beschäftigungspolitik, Beschäftigungsversicherung und Beteiligung der Gewerkschaften, Seoul
Lee, Ho-Chang (1999b): Vorschläge zur Erhöhung der Beteiligung der Gewerkschaften an der Beschäftigungspolitik und Beschäftigungsversicherung (*koreanisch*), in: **Kwon**, Hyun-Ji/**Eom**, Kyu-Suk/**Lee**, Ho-Chang: Beschäftigungspolitik, Beschäftigungsversicherung und Beteiligung der Gewerkschaften, Seoul
Lee, Jeong-Woo (1998): Studie über die Aufstellung der Rolle von ABM in der Epoche der Massenarbeitslosigkeit (*koreanisch*), in: Koreanische Sozialpolitik, 2/1998
Lee, Jong-Sun (2001): Neoliberalistische Umstrukturierung und aktive Arbeitsmarktpolitik in Korea: Evaluation und Aufgabe (*koreanisch*), in: Sozialpolitik, 2001/12
Lee, Joo-Hwan (1999): Alles der beruflichen Bildung der Arbeitnehmer (*koreanisch*), Seoul

Lee, Shin-Yong (2003): Gestaltung und Entwicklungstendenz der Sozialpolitik und Struktur der sozialpolitischen Programme in Südkorea, Diplomarbeit an der Universität Bremen

Lee, Won-Duck (2002): Strukturwandel des Arbeitsmarkts der Jugendlichen und politische Aufgaben (*koreanisch*), Seoul

Linke, Lothar (1993): Kurzarbeit im Strukturwandel. Eine Analyse in der Bundesrepublik während der achtziger Jahre unter Einbeziehung erster Erfahrungen in den neuen Bundesländern, WZB discussion paper, FS I 93-206

Lødemel, I./**Dahl**, E (2000): Public Works Programmes in Korea: A comparison to Active Labour Market Policies and Workfare in Europe and the US, in: **Park**, Funkoo/**Park**, Young-bum/**Betcherman**, Gordon/**Dar**, Amit (ed.): Labor Market Reforms in Korea: Policy Options for the Future, Seoul

Lotzkat, Nanne/**Ochs**, Christiane (1995): Weiterbildung in betrieblichen Krisenzeiten. Qualifizierung während der Kurzarbeit, in: WSI Mitteilungen, 7/1995

Mackscheidt, Klaus (1991): Finanzierung der Arbeitslosigkeit, in: Aus Politik und Zeitgeschichte, B34-35/91

Mahnkopf, Birgit/**Altvater**, Elmar (2001): Der Weltmarkt und die Welt der Arbeit – Gewerkschaften in Zeiten der Globalisierung, in: Gewerkschaftliche Monatshefte, 3/2001

Malcher, Wilfried (1987): Qualifizierungsoffensive: Zwischenbilanz und Perspektiven einer arbeitsmarktpolitischen Strategie, in: Berufsbildung in Wissenschaft und Praxis, 5/87

Manow, Philip/**Seils**, Eric (2000): The Employment Crisis of the German Welfare State, in: West European Politics, April 2000

Matthäi, Ingrid (1999): Die Globalisierung als strategische Herausforderung, in: **Eckardt**, Andrea/**Köhler**, Holm-Detlev/**Pries**, Ludger (Hg.): Global Players in lokalen Bindungen. Unternehmensglobalisierung in soziologischer Perspektive, Berlin

Mayer, Peter (2000): Lehren aus der Währungs- und Finanzkrise – Südkorea und die Reform der internationalen Finanzarchitektur, in: **Köllner**, Patrick (Hrsg.): Korea 2000. Politik, Wirtschaft, Gesellschaft, Hamburg

Meier-Grob, Felix (1986): Arbeit, Arbeitsmarkt und Arbeitsmarktpolitik, Amriswil

Meifort, Barbara/**Sauter**, Edgar (1991): Qualität in der beruflichen Weiterbildung, Berlin/Bonn

Mertens, Dieter (1981): Haushaltsprobleme und Arbeitsmarktpolitik, in: Aus Politik und Zeitgeschichte, B 38/1981

Mertens, Dieter/**Kühl**, Jürgen (1977): Arbeitsmarkt I: Arbeitsmarktpolitik, in: **Albers**, Willi u.a. (Hg.): Handwörterbuch der Wirtschaftswissenschaften, Band I, Stuttgart

Mertens, Dieter/**Reyher**, Lutz/**Kühl**, Jürgen (1981): Ziele und Möglichkeiten von Wirkungs-Analysen, in: MittAB, 3/81

Mussel, Gerhard/**Pätzold**, Jürgen (1995): Grundfragen der Wirtschaftspolitik, München

Na, Young-Seon (2001): Customized Contract Training Programmes for the unemployed *(koreanisch)*, Seoul

Nimscholz, Bernhard (1998): Neuregelungen zum Kurzarbeitgeld ab Januar 1998, in: Arbeit und Arbeitsrecht, 1/1998

North, Michael (Hrsg.) (2000): Deutsche Wirtschaftsgeschichte, München

OECD (1988, 1993): Employment Outlook, Paris

OECD (2000, 2001): OECD Economic Outlook, Paris

Park, Tae-Ju (2001): Atypische Arbeitnehmer – vom vergessenen Wesen zu einer Achse des Zentrums (*koreanisch*), in: Labour Society Bulletin, 5/2001

Pfuhlmann, Herbert/**Spiegel**, Günther (1987): Die Bundesanstalt für Arbeit – Überblick –, Stuttgart

Pieper, Nobert H. (1996): Arbeitsmarktpolitik in Deutschland und Japan im Vergleich, Frankfurt a.M.

Priewe, Jan (1978): Zur Kritik neoklassischer Arbeitsmarkttheorien, in: **Bieback**, Karl-Jürgen u.a.: Arbeitsmarktpolitik, Wiesbaden

Rabe, Birgitta (2000a): Wirkungen aktiver Arbeitsmarktpolitik. Evaluierungsergebnisse für Deutschland, Schweden, Dänemark und die Niederlande, WZB Discussion Paper, FS I 00 – 208

Rabe, Birgitta (2000b): ABM – eher Ersatzarbeit denn eine Brücke, in: Mitbestimmung, 9/2000

Rabe, Birgitta (2001): Aktivierende Arbeitsmarktpolitik: Chancen und Risiken für Frauenbeschäftigung, in: WSI Mitteilungen, 5/2001

Rabe, Birgitta/**Emmerich**, Knut (1996): Arbeitsmarktpolitik zwischen Markt und Staat, in: Wirtschaftsdienst, 1996/V

Rabe, Birgitta/**Schmid**, Günther (1999): Eine Frage der Balance: Reform der Arbeitsmarktpolitik, in: Aus Politik und Zeitgeschichte, B 37/99

Rabe, Birgitta/**Schmid**, Günther (2000): Strategie der Befähigung: Zur Weiterentwicklung der Arbeitsmarkt- und Rentenpolitik, in: WSI Mitteilungen, 5/2000

Reichling, Robert (1994): Neue Wege der Beschäftigungspolitik aus der Sicht der Arbeitgeber, in: Arbeit und Sozialpolitik, 5-6/94

Reissert, Bernd (1988): Regionale Inzidenz der Arbeitsmarktpolitik und ihrer Finanzierung, in: **Akademie für Raumforschung und Landesplanung** (Hrsg.): Politikansätze zu regionalen Arbeitsmarktproblemen, Hannover

Reissert, Bernd (1994a): Beitrags- oder Steuerfinanzierung der Arbeitsmarktpolitik? Rückblick und Ausblick auf eine Debatte, in: **Heinelt**, Hubert/**Bosch**,

Gerhard/**Reissert**, Bernd (Hg.): Arbeitsmarktpolitik nach der Vereinigung, Berlin

Reissert, Bernd (1994b): Finanzierung von Arbeit statt Finanzierung von Arbeitslosigkeit: Wege aus dem „Inkongruenzproblem“, in: **Senatsverwaltung für Arbeit und Frauen** (Hrsg.): Zukunftsorientierte Arbeitsmarktpolitik. Ausbau eines öffentlich geförderten Beschäftigungssektors, Schriftenreihe der Senatsverwaltung für Arbeit und Frauen, Bd. 5, Berlin

Richter, Rudolf (1999): Warum Arbeitslosigkeit? Antworten von Wirtschaftstheoretikern seit Keynes (1936), in: **Filc**, Wolfgang/**Köhler**, Claus (ed.): Macroeconomic causes of unemployment: dagnosis and policy recommendations, Berlin

Rifkin, Jeremy (1995): The End of Work, New York

Rothschild, Kurt W. (1975): Marktmechanismus und Arbeitsmarktpolitik, in: **Butschek**, Felix (Hg.): Die ökonomischen Aspekte der Arbeitsmarktpolitik, Wien

Rottenecker, Heribert/**Schneider**, Jürgen (1996): Geschichte der Arbeitsverwaltung in Deutschland, Stuttgart/Berlin/Köln

Rürup, Bert (1983): Institutionelle Hemmnisse der Arbeitsmarktpolitik, in: **Hödl**, Erich/**Schiller**, Günther (Hrsg.): Stagnation und Beschäftigung: Ursachen und Handlungsspielräume, Frankfurt a.M.

Sauter, Edgar (1987): Qualifizierungsoffensive und Qualität der beruflichen Weiterbildung, in: Gewerkschaftliche Bildungspolitik, 10/87

Sauter, Edgar (1988): Qualität und Wirtschaftlichkeit beruflicher Weiterbildung, Berlin/Bonn

Sauter, Edgar (1992): Ansätze zur Qualitätssicherung in der beruflichen Weiterbildung, in: WSI Mitteilungen, 6/1992

Scharpf, Fritz W. (1983a): Zur Bedeutung institutioneller Forschungsansätze, in: **Scharpf**, Fritz W./**Brockmann**, Marlene (Hg.): Institutionelle Bedingungen der Arbeitsmarkt- und Beschäftigungspolitik, Frankfurt/Main

Scharpf, Fritz W. (1983b): Institutionelle Bedingungen der Arbeitsmarkt- und Beschäftigungspolitik, in: **Scharpf**, Fritz W./**Brockmann**, Marlene (Hg.): Institutionelle Bedingungen der Arbeitsmarkt- und Beschäftigungspolitik, Frankfurt/Main

Scherl, Hermann (1995): Zur Forderung: Statt die Kosten von Arbeitslosigkeit hinzunehmen, sollte der Staat besser in großem Umfang Arbeitsbeschaffungsmaßnahmen finanzieren, in: Schachtschneider, **Karl** Albrecht (Hrsg.): Wirtschaft, Gesellschaft und Staat im Umbruch, Berlin

Schettkat, Ronald (1993): Neuere Entwicklungen in der Arbeitsmarkt- und Beschäftigungstheorie, in: Wirtschaftsdienst, 1993/V

Schettkat, Ronald (1996): Das Beschäftigungsproblem der Industriegesellschaften, in: Aus Politik und Zeitgeschichte, B 26/96

Schickler, Wilhelm (1989): Arbeitsbeschaffungsmaßnahmen, Stuttgart/Berlin/Köln

Schickler, Willi (1993): Möglichkeiten der Bundesanstalt für Arbeit im Bereich der Weiterbildung, in: Gewerkschaftliche Bildungspolitik, 4/93

Schmid, Alfons (1984): Beschäftigung und Arbeitsmarkt. Eine sozialökonomische Einführung, Frankfurt

Schmid, Günther (1975): Möglichkeiten und Grenzen „aktiver Arbeitsmarktpolitik" am Beispiel Bundesrepublik Deutschland und Schweden, Berlin

Schmid, Günther (1982a): Zur Effizienz der Arbeitsmarktpolitik: ein Plädoyer für einen Schritt zurück und zwei Schritt vor, WZB discussion paper IIM/LMP 82-3

Schmid, Günther (1982b): Zur Konzeption einer aktiven Arbeitsmarktpolitik, in: **Scharpf**, Fritz W. u.a. (Hg.): Aktive Arbeitsmarktpolitik. Erfahrungen und neue Wege, Frankfurt/NewYork

Schmid, Günther (1983): Handlungsspielräume der Arbeitsämter beim Einsatz aktiver Arbeitsmarktpolitik: Theoretische und empirische Evidenzen institutioneller Handlungsbedingungen, in: **Scharpf**, Fritz W./**Brockmann**, Marlene (Hg.): Institutionelle Bedingungen der Arbeitsmarkt- und Beschäftigungspolitik, Frankfurt/Main

Schmid, Günther (1986a): Steuer- oder Beitragsfinanzierung der Arbeitsmarktpolitik?, in: Wirtschaftsdienst, 1986/III

Schmid, Günther (1986b): Finanzierung der Arbeitsmarktpolitik – Plädoyer für einen regelgebundenen Bundeszuschuss an die Bundesanstalt für Arbeit, in: **Bieback**, Karl-Jürgen (Hrsg.): Die Sozialversicherung und ihre Finanzierung: Bestandsaufnahme und Perspektiven, Frankfurt a.M.

Schmid, Günther (1987a): Arbeitsmarktpolitik im Wandel, WZB discussion paper IIM/LMP 87-17

Schmid, Günther (1987b): Der organisierte Arbeitsmarkt, in: **Buttler**, Friedrich/**Gerlach**, Knut/**Schmiede**, Rudi (Hg.): Arbeitsmarkt und Beschäftigung, Frankfurt/New York

Schmid, Günther (1987c): Zur politisch-institutionellen Theorie des Arbeitsmarktes. Die Rolle der Arbeitsmarktpolitik bei der Wiederherstellung der Vollbeschäftigung, in: Politische Vierteljahresschrift, Bd. 28. 2.

Schmid, Günther (1990a): Beschäftigungs- und Arbeitsmarktpolitik, in: **Beyme**, K.v./**Schmidt**, M.G. (Hg.): Politik in der Bundesrepublik Deutschland, Opladen

Schmid, Günther (1990b): Vollbeschäftigung in der integrierten Sozialen Marktwirtschaft, in: **Bertelsmann Stiftung** (Hg.): Arbeitslosigkeit ist vermeidbar – Wege aus der Arbeitslosigkeit (Ein Symposium der Bertelsmann Stiftung), Gütersloh

Schmid, Günther (1994): Übergänge in die Vollbeschäftigung, in: Aus Politik und Zeitgeschichte, B12-13/94

Schmid, Günther (1995): Institutional Incentives to Prevent Unemployment: Unemployment Insurance and Activ Labor Market Policy in a Comparative Perspective, in: The Journal of Socio-Economics, Vol.24, No. 1, 1995

Schmid, Günther (1999): Jobrotation – Ein Modell für investive Arbeitszeitverkürzung, in: **Schmid**, Günther/**Schömann**, Klaus (Hg.): Von Dänemark lernen, WZB discussion paper, FS I 99-201

Schmid, Günther (2000): Internationale Erfahrungen mit Maßnahmen der Arbeitsmarktpolitik, in: **Steiner**, Viktor/**Wolff**, Heimfrid (Hrsg.): Missmatch am Arbeitsmarkt – Was leistet die Arbeitsmarktpolitik?, Münster

Schmid, Günther (2001): Finanzierung interaktiver Arbeitsmarktpolitik: Grundprinzipien, Reformoptionen, Beispiele, in: **Henke**, Klaus-Dirk/**Schmähl**, Winfred (Hrsg.): Finanzierungsverflechtung in der Sozialen Sicherung, Baden-Baden

Schmid, Günther/**Mosley**, Hugh/**Hilbert**, Christoph/**Schütz**, Holger (1999): Zur Effektivität aktiver Arbeitsmarktpolitik, in: MittAB, 4/1999

Schmid, Günther/**Reissert**, Bernd/**Bruche**, Gert (1987): Arbeitslosenversicherung und aktive Arbeitsmarktpolitik, Berlin

Schmid, Günther/**Semlinger**, Klaus (1980): Instrumente gezielter Arbeitsmarktpolitik: Kurzarbeit, Einarbeitungszuschüsse, Eingliederungsbeihilfen, Königstein/Ts.

Schmid, Günther/**Wiebe**, Nicola (1999): Die Politik der Vollbeschäftigung im Wandel. Von der passiven zur interaktiven Arbeitsmarktpolitik, in: **Kaase**, Max/**Schmid**, Günther (Hg.): Eine lernende Demokratie. 50 Jahre Bundesrepublik Deutschland, WZB Jahrbuch 1999, Berlin

Schmid, Josef (2002): Große Probleme und kleine Lösungen? Aktuelle Entwicklungen in der deutschen Arbeitsmarktpolitik, in: Deutschland-Archiv, 2002.1

Schmid, Josef/**Blancke**, Susanne (2001): Arbeitsmarktpolitik der Bundesländer: Chancen und Restriktionen einer aktiven Arbeitsmarktpolitik- und Strukturpolitik im Föderalismus, Berlin

Schmidt, Manfred G. (1987): Einleitung: Politikwissenschaftliche Arbeitsmarktforschung, in: **Abromeit**, Heidrun/**Blanke**, Bernhard (Hrsg.): Arbeitsmarkt, Arbeitsbeziehungen und Politik in den 80er Jahren, Opladen

Schmidt, Manfred G. (1995): Wörterbuch zur Politik, Stuttgart

Schmitthenner, Horst/**Gerntke**, Axel (1998): Vier Schritte zu einer besseren Arbeitsmarktpolitik, in: Soziale Sicherheit 12/1998

Schneider, Martin (1995): Der „zweite Arbeitsmarkt" als legitime und funktionsfähige Institution der Beschäftigungspolitik? Ein ökonomischer Aufriss der Debatte, in: Jahrbuch für Wirtschaftswissenschaften, Bd. 46

Schöman, Klaus (1995): Active Labour Market Policy in the European Union, WZB discussion paper, FS I 95-201

Schömann, Klaus (1999): Institutionelle und finanzielle Rahmenbedingungen für Jobrotation in neuen europäischen Ländern, in: **Schmid**, Günther/**Schömann**, Klaus (Hg.): Von Dänemark lernen, WZB discussion paper, FS I 99-201

Schömann, Klaus/**Mytzek**, Ralf/**Gülker**, Silke (1998): Institutional and Financial Framework for Job Rotation in Nine European Countries, WZB discussion paper, FS I 98-207

Schramm, Edgar (1989): 20 Jahre Förderung der beruflichen Bildung und Umschulung auf der Grundlage des Arbeitsförderungsgesetz (AFG), in: Gewerkschaftliche Bildungspolitik, 10/89

Schröder, Gerhard (2003): Regierungserklärung von Bundeskanzler Schröder am 14. März 2003 vor dem Deutschen Bundestag

Schroeder, Wolfgang/**Esser**, Josef (1999): Modell Deutschland: Von der Konzertierten Aktion zum Bündnis für Arbeit, in: Aus Politik und Zeitgeschichte, B37/99

Schubert, Klaus (1999): Arbeitsmarkt- und Beschäftigungspolitik: eine Einleitung, Bayreuth

Schulze-Böing, Matthias (1999): Aktivierung und Arbeitsmarkt. Ansatzpunkte für aktive Beschäftigungspolitik, in: Gewerkschaftliche Monatshefte 6/99

Seifert, Hartmut (1984): Öffentliche Arbeitsmarktpolitik in der Bundesrepublik Deutschland, Köln

Seifert, Hartmut (1994): Kurzarbeit und Qualifizierung – ein neues Instrument zur Förderung des Strukturwandels?, in: **Heinelt**, Hubert/**Bosch**, Gerhard/**Reissert**, Bernd (Hrsg.): Arbeitsmarktpolitik nach der Vereinigung, Berlin

Sekretariat des Staatspräsidenten (1999): Wege zur produktiven Wohlfahrt (*koreanisch*), Seoul

Sell, Stefan (1994a): Abbau der aktiven Arbeitsmarktpolitik am Beispiel der Fortbildungs- und Umschulungsmaßnahmen, in: WSI Mitteilungen, 9/1994

Sell, Stefan (1994b): Strukturwandel der Arbeitsbeschaffungsmaßnahmen, in: Zeitschrift für Sozialreform, 12/1994

Sell, Stefan (1994c): Polarisierung der Arbeitsverwaltung, in: Sozialer Fortschritt 1994/12

Sell, Stefan (1995): Umbau der Finanzierungsstruktur der Arbeitsmarktpolitik, in: Wirtschaftsdienst, 1995/IV

Sell, Stefan (1996): Reform der Arbeitsmarktpolitik, in: Wirtschaftsdienst, 1996/X

Sell, Stefan (1998): Entwicklung und Reform des Arbeitsförderungsgesetzes als Anpassung des Sozialrechts an flexible Erwerbsformen? Zur Zumutbarkeit von Arbeit und Eigenverantwortung von Arbeitnehmern, in: MittAB, 3/98

Semmler, Otto (1994): Reform von Arbeitsmarktpolitik und Arbeitsverwaltung. Positionen des DGB, in: **Schulze-Böing**, Matthias (hg.): Die Zukunft des Arbeitsmarktes – Institutionenreform und neue Wege in der Arbeitsmarktpolitik, Düsseldorf

Seong, Jae-Min/**Shin**, Hyeon-Gu/**Park**, Hyeok (2002): Deckung der Beschäftigungsversicherung (*koreanisch*), in: Trend der Beschäftigungsversicherung, Frühling 2002

Sesselmeier, Werner (1994): Der Arbeitsmarkt aus neoinstitutionalistischer Perspektive, in: Wirtschaftsdienst, 1994/III

Sesselmeier, Werner/**Blauermel**, Gregor (1997): Arbeitmarkttheorien, Heidelberg

Setzer, Martin/**Klopfleisch**, Roland/**Sesselmeier**, Werner (1999): Langzeitarbeitslose und Erster Arbeitsmarkt, Frankfurt a.M.

Shim, Jae-Yong (1997): Berufsbildung und Rolle der Regierung (*koreanisch*), Seoul

Shin, Dong-Gyun (1999): Langzeitarbeitslosigkeit und politische Aufgaben (*koreanisch*), Seoul

Siebert, Horst (1994): Geht den Deutschen die Arbeit aus? Wege zu mehr Beschäftigung, München

Soltwedel, Rüdiger (1981): Krise der Arbeitsmarktpolitik, in: Die Weltwirtschaft, 1981 Heft 2, Tübingen

Soltwedel, Rüdiger (1984): Mehr Markt am Arbeitsmarkt. Ein Plädoyer für weniger Arbeitsmarktpolitik, München/Wien

Song, Tae-Gyeong (2001): IMF, koreanische Gesellschaft und demokratische Arbeitspartei Südkoreas (*koreanisch*), Seoul

Sperling, Ingeborg (1994): Probleme des „zweiten Arbeitsmarktes", in: Wirtschaftsdienst 1994/VIII

Sperling, Ingeborg (1995): Möglichkeiten und Grenzen von Qualifizierungsmaßnahmen, in: Keller, Bernd (Hg.): Wege aus der Arbeitslosigkeit, Berlin

Spitznagel, Eugen/**Bach**, Hans-Uwe (2000): Volkswirtschaftliche Kosten der Arbeitslosigkeit und gesamtfiskalische Budgeteffekte arbeitsmarktpolitischer Maßnahmen, in: MittAB, 3/2000

Statistisches Bundesamt (vers. Jg.): Statistisches Jahrbuch, Wiesbaden

Stein, Peter (1995): Analyse des Träger- und Finanzierungsproblems der Arbeitsmarktpolitik: Zur Notwendigkeit seiner Weiterentwicklung, Berlin

Steinke, Rudolf (1996): Die Reform des Arbeitsförderungsgesetztes (AFG), in: Soziale Sicherheit, 5/1996

Steinke, Rudolf (1998): Die Reform des Arbeitsförderungsgesetzes (AFG), in: **Gewerkschaft Erziehung und Wissenschaft (GEW)** (Hrsg.): Die Zukunft der AFG-AFRG geförderten beruflichen Weiterbildung, Frankfurt a.M.

Strange, Susan (1986): Casino Capitalism, Oxford
SVR (2001): Chancen auf einen höheren Wachstumspfad. Jahresgutachten 2000 /2001, Stuttgart
Tergeist, Peter (2000): Industrielle Beziehungen und Arbeitsrechtsreform in Korea, in: **Köllner**, Patrick (Hrsg.): Korea 2000. Politik, Wirtschaft, Gesellschaft, Hamburg
Thon, Manfred/**Bach**, Hans-Uwe (1998): Die Schätzung von Potential-Erwerbsquoten, Stiller Reserve und Erwerbspersonenpotential für die alten Bundesländer 1970 – 1995, IAB Werkstattbericht, Nr. 8/1998
Trube, Achim (1993): Strukturprobleme des Ersten und Zweiten Arbeitsmarktes, in: Arbeit und Sozialpolitik, 3-4/93
Trube, Achim (2002): Entwicklungslinien in der Arbeitsmarkt- und Sozialhilfepolitik, in: Arbeit und Sozialpolitik, 1-2/2002
Ulber, Jürgen/**Unterhinninghofen**, Hermann (1998): Kurzarbeit – zwischen Beschäftigungssicherung und Kündigung, in: Das Arbeitsrecht der Gegenwart, Bd. 35
Viehof, Hanshorst (1993): Ziele der beruflichen Weiterbildung und der Arbeitsmarktpolitik, in: Gewerkschaftliche Bildungspolitik, 4/93
Völkel, Brigitte (1996): „Strukturelles Kurzarbeitgeld". Ein arbeitspolitische Instrument unter der Lupe, IAB Kurzbericht, Nr. 4/1996
Völkel, Brigitte (1997): Kurzarbeitgeld in den neuen Bundesländern, in: MittAB, 1/97
Wagner, Alexandra (1994): Ein zweiter Arbeitsmarkt – notwendig und sinnvoll, in: Sozialer Fortschritt, 1994/5
Wagner, Alexandra (1995): Zweiter Arbeitsmarkt mit neuem Anspruch?, in: **Seifert**, Hartmut (Hrsg.): Reform der Arbeitsmarktpolitik, Köln
Walwei, Ulrich (1996): aktive Arbeitsmarktpolitik in OECD-Ländern – Entwicklungstendenzen und Effekte, in: MittAB, 3/96
Walwei, Ulrich (2002): Aktivieren durch Fördern und Fordern, in: **IAB**: Aktivierende Arbeitsmarktpolitik (IAB Werkstattbericht, Nr. 9/2002)
Weimer, Wolfram (1998): Deutsche Wirtschaftsgeschichte, Hamburg
Weinkopf, Claudia/**Bosch**, Gerhard (1992): Berufliche Weiterbildung in der Arbeitsmarktpolitik: Anforderungen an ein Reformkonzept, in: WSI Mitteilungen, 6/1992
Welzmüller, Rudolf (1997): Zu den Folgen der Globalisierung für die nationalen Güter-, Finanz- und Arbeitsmärkte, in: Aus Politik und Zeitgeschichte, B 33-34/97
Wilk, Christoph (1995): Arbeitsmarktpolitik im Zeichen der Beschäftigungskrise, in: Caritas, Bd. 96 (1995), 10
Willke, Gerhard (1990): Arbeitslosigkeit: Diagnosen und Therapien, Hannover

Wübbels, Michael (1984): Zum Verhältnis von Interessengruppen und Selbstverwaltung. Eine Analyse am Beispiel der Bundesanstalt für Arbeit, Bochum

Yoo, Kil-Sang (1993): Studie über die Zusammenhänge zwischen dem Beschäftigungsversicherungssystem und den einschlägigen Systemen (*koreanisch*), Seoul

Yoo, Kil-Sang (1995): Beschäftigungsversicherungssystem und aktive Arbeitsmarktpolitik (*koreanisch*), Seoul

Yoo, Kil-Sang (1998): Erweiterungsprogramm der Berufsstabilisierungsorganisation (*koreanisch*), in: Trend der Beschäftigungsversicherung, Herbst 1998

Yoo, Kil-Sang (2000a): Evaluation des 5 jährigen Beschäftigungsversicherungsgesetzes und seine Entwicklungsrichtung (*koreanisch*), in: **KLI** (Hrsg.): Evaluation und Entwicklungsrichtung des Beschäftigungsversicherungssystems, Seoul

Yoo, Kil-Sang (2000b): Evaluation des 5 jährigen Beschäftigungsversicherungsgesetzes und seine Entwicklungsrichtung (*koreanisch*), in: **KLI** (Hrsg.): Tagungsband zum 5 jährigen Jubiläum des BVG, Seoul

Yoo, Kil-Sang (2002): Entwicklungsrichtung des Arbeitslosengeldes (*koreanisch*), in: **KLI** (Hrsg.): Tagungsband zur mittel- und langfristigen Entwicklung der Beschäftigungsversicherung, Seoul

Yoo, Kil-Sang u.a. (1994): Studie über die Verwaltung der Beschäftigungsversicherung (*koreanisch*), Seoul

Yoo, Kil-Sang/**Hong**, Seong-Ho (1999): Studie über das Beschäftigungsversicherungssystem der gewählten Länder (*koreanisch*), Seoul

Yoo, Kil-Sang/**Kang**, Sun-Hie/**Hong**, Seong-Ho (1997): Studie über die Aktivierung der beruflichen Bildung (*koreanisch*), Seoul

Yoo, Kil-Sang/**Keum**, Jae-Ho/**Hur**, Jai-Joon/**Lee**, Byung-Hee/**Chang**, Ji-Yeun (2001): Labor Market Trend and the Employment Insurance System in Korea, in: International Workshop on the Role of Employment/Unemployment Insurance under New Economic Environment, Seoul

Yoo, Kil-Sang/**Seong**, Jae-Min (2000): Internationaler Vergleich zwischen den Finanzierungssystemen der Arbeitsmarktpolitik (*koreanisch*), Seoul

Yoo, Man-Hee/**Yoon**, Jeong-Hyang (2000): IWF Wirtschaftskrise und Politik gegen Arbeitslosigkeit (*koreanisch*), in: **Korea Social Science Institute** (Hrsg.): Sachverhalte und Streitpunkte der koreanischen Sozialwohlfahrt, Seoul

Yoon, Jin-Ho (1999): Probleme und Verbesserungsrichtung der Arbeitslosigkeitspolitik (*koreanisch*), in: Wirtschaft und Gesellschaft, Nr. 40.

Yoon, Jin-Ho/**Lee**, Byung-Hee (1998): Gegenwärtiger Kapitalismus in der Krise, Arbeitsbeziehungen in der Krise (*koreanisch*), in: **Kim**, Soo-Haeng (Hrsg.): Wirtschaftswissenschaft für Jugend, Seoul

You, Jong-Il (1995): Changing capital-labour relations in South Korea, in: **Schor**, J./**You**, J.I. (ed.): Capital, the State and Labour. A Global Perspektive, Aldershot (UK)/Brookfield (US)

Zerche, Jürgen/**Schönig**, Werner/**Klingenberger**, David (2000): Arbeitsmarktpolitik und –theorie, München/Wien

Zilian, Hans Georg (2000): „Aktivierung und *workfare*". Arbeitsmarktpolitische Herrschaftsinstrumente in der flexibilisierten Wirtschaft, in: PROKLA, Nr. 4/2000

FSC
www.fsc.org
MIX
Papier | Fördert
gute Waldnutzung
FSC® C083411

Kolibri 360 GmbH
Ferdinand-Jühlke-Straße 7
99095 Erfurt, Deutschland
produktsicherheit@kolibri360.de

Druck:
CPI Druckdienstleistungen GmbH
im Auftrag der
Kolibri 360 GmbH
Ferdinand-Jühlke-Str. 7
99095 Erfurt